2024 CPA

会 计

注册会计师考试辅导用书·冲刺飞越
（全 2 册·上册）

斯尔教育　组编

北京理工大学出版社
BEIJING INSTITUTE OF TECHNOLOGY PRESS

·北 京·

版权专有　侵权必究

图书在版编目（CIP）数据

冲刺飞越. 会计：全2册 / 斯尔教育组编. -- 北京：北京理工大学出版社, 2024.5
注册会计师考试辅导用书
ISBN 978-7-5763-4024-2

Ⅰ. ①冲… Ⅱ. ①斯… Ⅲ. ①会计学—资格考试—自学参考资料 Ⅳ. ①F23

中国国家版本馆CIP数据核字(2024)第101119号

责任编辑：申玉琴	**文案编辑**：申玉琴
责任校对：刘亚男	**责任印制**：边心超

出版发行 / 北京理工大学出版社有限责任公司
社　　址 / 北京市丰台区四合庄路6号
邮　　编 / 100070
电　　话 / （010）68944451（大众售后服务热线）
　　　　　　（010）68912824（大众售后服务热线）
网　　址 / http://www.bitpress.com.cn

版 印 次 / 2024年5月第1版第1次印刷
印　　刷 / 三河市中晟雅豪印务有限公司
开　　本 / 787mm×1092mm　1/16
印　　张 / 23.25
字　　数 / 590千字
定　　价 / 45.50元（全2册）

图书出现印装质量问题，请拨打售后服务热线，负责调换

使用指南 66记篇

各位同学，你们好，经过3个多月的基础学习，现在进入冲刺阶段了，考试离同学们越来越近了。部分同学完成了基础阶段的学习，我相信有大部分同学们基础阶段学习尚未完成，但是，我想告诉你们的是，无论你们是哪种情况，都不要轻言放弃，你们要明白一个道理，能够走进考场就有50%的概率通过考试，而不参加考试则是100%无法通过考试。在最后冲刺阶段如果能够科学、高效地复习，还是有很大希望能够实现"逆袭"。

接下来，我和你们说说如何在冲刺阶段高效复习。

第一，必须完课。

无论你有任何理由，请记住，绝大多数考试成为"分母"的同学都是因为没有完课，即基础班还没有学完。因此，我奉劝同学们一定要克服任何困难，必须把基础班的课学完，最好也能把配套的《只做好题》做完。

第二，切莫大意。

很多同学认为学完基础班就是"完事大吉"，更有甚者学习了两遍。但是，我想说的是，无论你基础班学习几遍，请一定要记住我下面的话："你离60分还有很长的距离。"从过往数据看，会计科目成绩在45分至55分的人数是最多的，60分真的不太容易。如何解决呢？

首先，大部分同学有可能是基础不牢，想着靠冲刺突击，抑或是在冲刺阶段懈怠了等，因此，同学们从心态上不能"轻敌"，不要认为题目都做过了，课也都听完了就"完事大吉"。这段时间你需要分析你是哪种情况：如果是基础不牢，就需要补课；如果是有所懈怠，请你"保温"。

其次，这段时间也是针对之前错题进行第二轮练习的绝佳时间。

最后，如果你是去年"失利"的考生，请一定要利用好这段时间，总结去年失败的教训，不断地将自己薄弱的知识在此时完成"加固"，切记不可在这段时间松懈。

第三，坚持到底。

冲刺阶段非常难熬，有时你会感觉什么都会，而大部分时间你会自我否定，感觉什么都不会了，自己学了个"寂寞"。我想告诉同学们的是，这是绝大多数同学们的状况，你可以把它理解为考前焦虑症。既然我们知道了病因，接下来就需要对症下药。来吧，同学们，你的"灵丹妙药"就是本书。

2024年注会会计教材774页，近112万字，就算你读一遍，大概需要200多个小时，如果你不吃、不喝、不睡，也需要近10天，并且只是读，还未必记得住。所以，我们需要为同学们减负。本书内容不足教材的1/3，是高度浓缩，高度总结的考点，去除冗余，保留精华。

接下来，同学们应该如何高效使用这本书呢？首先，每一记都会有配套的飞越必刷题，都这个时候了，这些题目是你必须要做且要100%掌握的；其次，对于涉及"通关绿卡"的部分，一定要认真对待，这不是专业知识点，而是你答题的策略，它是你在考场上的"参谋"；最后，需要背记的知识点，辛苦你一定要背下来，这部分内容不多，请放心背。

第四，调整身体。

正所谓"身体是革命的本钱"，最后这段时间一定要把自己的身体保护好，注意劳逸结合，切不可连续熬大夜，更不要听信任何伪科学的谣言。同学们注意及时补充蛋白质，保证适当的睡眠。临近考前一定要身心愉悦，切不可自暴自弃。你就想，大不了明年再和我见上一面，看看老了一岁的刘老师有啥变化！

最后，诚挚地祝福我们的同学们，今年必过！

期待你们及格的老师：

使用指南

飞越必刷题篇

本书按3个模块进行拆分，以便帮助同学在复习时建立框架感，更好应对注会考试的综合性题目。同时，为了提升同学们的解题能力，还特地设置了应试攻略专栏，该专栏主要帮助同学们整理考试中的常考点及"雷区"，以便在今年考场上发挥得更加游刃有余。

以下是飞越必刷题做题的建议：

第一，合理规划做题时间，提升做题效率。

为了提升复习效率，建议大家能够按照模块学习99记篇内容，同时按照模块完成相应题目。额外要提醒同学们的是，不要盲目为了提升做题效率和速度而忽略了对知识的消化吸收，正确的复习思路应该是先夯实基础知识，然后再通过题目强化，特别是针对多选题，每个选项对错的原因都要做到了如指掌。

第二，应试攻略。

该专栏是精心为同学们设计的内容。本专栏主要告诉同学们考查频率、考查方式以及潜在的黑马考点，因此，遇到该专栏时，同学们务必要能够按照专栏所述内容，对照99记篇的内容，把相关考点再进行强化。特别是不清楚章节重点，盲目做一些偏题、怪题、难题的同学们，务必要仔细阅读专栏内容，以及时纠正自己复习时出现的偏差。

第三，高亮标记背记内容。

快考试了，哪些需要背？这是这个阶段广大考生共同的心声。虽然会计科目考查背记的内容不多，但是近两年对理论表述题目的考查频率有所上升，而理论表述属于大多数同学的短板。因此，我们在【斯尔解析】以下画线的方式标注了哪些内容在做题之后，还需要进一步背记，以提高知识点掌握程度、专业表述能力以及适应语境的阅读能力。同时，针对主观题我也将采分点进行标注，以便同学们更清楚各类题目的重点所在。

第四，相信相信的力量。

同学们，我能够深刻体会到你们现在的焦灼与紧张，但是我想对你们说的是，有些困难，咬一咬牙就过去了；有一些你以为的高山，过去以后其实就是一个小土坡。在你几近崩溃的时候，给自己一个发泄的机会，但要尽快调整自己，因为，注会考试，除了考查你的专业能力，还在考查你的心理素质。越早突破瓶颈期，你就会离及格线更近一步！相信自己，你可以！

最后，希望同学们能够认真对待飞越阶段的题目，认真对待考试，认真对待自己！

期待你们及格的老师：

目 录

99 记篇

第一模块
基础必拿 40 分

第 1 记 会计基础 / 3
第 2 记 存货的计量 / 4
第 3 记 固定资产的计量 / 6
第 4 记 无形资产的计量 / 11
第 5 记 投资性房地产的计量 / 14
第 6 记 负 债 / 17
第 7 记 职工薪酬 / 18
第 8 记 借款费用概述 / 20
第 9 记 借款费用的确认和计量 / 21
第 10 记 所有者权益 / 22
第 11 记 资产（组）减值范围和会计处理 / 23
第 12 记 商誉减值的会计核算 / 25
第 13 记 政府补助概述 / 26
第 14 记 政府补助会计处理 / 27
第 15 记 外币折算 / 29
第 16 记 外币财务报表折算 / 31
第 17 记 非货币性资产交换的确认 / 33
第 18 记 非货币性资产交换的计量 / 34

第 19 记 债务重组概述 / 35
第 20 记 债务重组的会计处理 / 37
第 21 记 或有事项的确认和计量 / 39
第 22 记 或有事项的具体应用 / 40
第 23 记 资产负债表 / 42
第 24 记 利润表 / 44
第 25 记 现金流量表 / 45
第 26 记 关联方关系和中期财报 / 46
第 27 记 公司债券 / 49
第 28 记 基本每股收益计算 / 51
第 29 记 稀释每股收益计算 / 52
第 30 记 持有待售非流动资产和处置组的确认 / 54
第 31 记 持有待售非流动资产和处置组的计量和列报 / 56
第 32 记 会计政策变更和会计估计变更 / 58
第 33 记 资产负债表日后事项会计处理 / 59
第 34 记 前期差错更正的会计处理 / 60

第二模块
突破提升 50 分

第 35 记 资产和负债的账面价值与计税基础 / 61
第 36 记 递延所得税负债的确认和计量 / 62
第 37 记 递延所得税资产的确认和计量 / 64
第 38 记 与股份支付相关的递延所得税 / 65

第 39 记　与单项交易相关的递延所得税 / 65

第 40 记　发行方分类为权益工具相关股利的递延所得税处理 / 66

第 41 记　所得税费用的计量和列报 / 66

第 42 记　股份支付主要类型 / 67

第 43 记　股份支付的会计处理 / 68

第 44 记　限制性股票的会计处理 / 70

第 45 记　金融工具基础 / 71

第 46 记　金融资产分类 / 72

第 47 记　以摊余成本计量的金融资产的会计核算 / 75

第 48 记　以公允价值计量且其变动计入其他综合收益的金融资产的会计核算 / 76

第 49 记　以公允价值计量且其变动计入当期损益的金融资产的会计核算 / 78

第 50 记　金融负债的分类和会计核算 / 80

第 51 记　金融负债和权益工具的区分 / 81

第 52 记　金融工具重分类 / 84

第 53 记　金融工具减值 / 85

第 54 记　金融资产转移 / 86

第 55 记　非企业合并形成长期股权投资的会计核算 / 87

第 56 记　非同一控制下企业合并形成长期股权投资的会计核算 / 91

第 57 记　同一控制下企业合并形成长期股权投资的会计核算 / 93

第 58 记　成本法核算与权益法核算对比 / 93

第 59 记　因增资导致长期股权投资核算方法的转换 / 94

第 60 记　因减资导致长期股权投资核算方法的转换 / 96

第 61 记　企业合并 / 98

第 62 记　合并财务报表编制基础 / 100

第 63 记　合并财务报表调整分录 / 100

第 64 记　合并财务报表抵销分录 / 102

第 65 记　合并财务报表特殊交易之"增资" / 107

第 66 记　合并财务报表特殊交易之"减资" / 109

第 67 记　合并财务报表特殊交易之"集团股份支付" / 111

第 68 记　识别与客户订立的合同 / 112

第 69 记　识别合同中的单项履约义务 / 114

第 70 记　确定交易价格 / 115

第 71 记　将交易价格分摊至各单项履约义务 / 117

第 72 记　履行每一单项履约义务时确认收入 / 118

第 73 记　合同成本 / 120

第 74 记　附有销售退回条款的销售 / 120

第 75 记　附有质量保证条款的销售 / 122

第 76 记　主要责任人和代理人 / 123

第 77 记　附有客户额外购买选择权的销售 / 124

第 78 记　授予知识产权许可 / 124

第 79 记　售后回购 / 125

第 80 记　客户未行使的权利 / 126

第 81 记　无须退回的初始费 / 127

第 82 记　租赁识别、分拆与合并 / 127

第 83 记　租赁期 / 128

第 84 记　承租人的会计处理 / 129

第 85 记 短期租赁、低价值资产租赁的会计处理 / 131

第 86 记 出租人融资租赁的会计处理 / 131

第 87 记 出租人经营租赁的会计处理 / 132

第 88 记 租赁变更的会计处理 / 133

第三模块
不必纠结 10 分

第 89 记 企业合并相关的递延所得税的会计处理 / 135

第 90 记 合并报表调整分录涉及所得税的会计处理 / 135

第 91 记 合并报表抵销分录涉及所得税的会计处理 / 136

第 92 记 合并报表考虑少数股东权益（损益）抵销的会计处理 / 138

第 93 记 合并报表特殊交易总结 / 138

第 94 记 PPP 项目合同的会计处理 / 142

第 95 记 售后租回交易的会计处理 / 142

第 96 记 公允价值计量 / 143

第 97 记 政府会计 / 144

第 98 记 民间非营利组织会计 / 145

第 99 记 会计分录大全 / 146

必备清单 / 177

飞越必刷题篇

必刷客观题

第一模块　基础必拿40分　/ 187
第二模块　突破提升50分　/ 208
第三模块　不必纠结10分　/ 224

必刷主观题

第一模块　基础夯实40分　/ 227
第二模块　突破提升50分　/ 231

通关绿卡 速览表

模块	记次	命题角度	页码
第一模块 基础必拿40分	第1记	选项中给定具体业务进行会计信息质量要求的判断	3
	第2记	根据经济业务计算外购存货的入账成本	4
		计算存货期末应计提的存货跌价准备金额	6
		计算存货期末账面价值或资产负债表中应列示的金额	6
	第3记	判断与固定资产相关经济事项的会计处理是否正确	8
		根据经济业务针对固定资产处置做出相关的会计处理	10
	第4记	根据经济业务判断企业内部研发无形资产的会计表述是否正确	12
		关于土地使用权的会计处理是否正确	12
		关于无形资产的后续计量会计处理的正误判断	13
	第5记	对相关资产是否构成投资性房地产作出判断，同时，结合租赁进行考核	14
		计算投资性房地产后续计量模式变更对期初留存收益的影响金额	15
		计算投资性房地产后续计量模式变更对期初未分配利润（或盈余公积）的影响金额	15
		根据相关资料判断投资性房地产转换会计处理是否正确	16
	第7记	根据经济业务对非货币性职工福利进行确认和计量	19
		设定受益计划发生的各项支出是否影响损益	19
	第9记	根据资料计算企业发生的应资本化的借款费用	21
	第10记	涉及所有者权益的交易或事项的会计处理	23
	第11记	根据具体经济业务分析判断计提减值准备后是否可以转回	24
		根据资料计算资产组应计提减值准备的金额	25

续表

模块	记次	命题角度	页码
第一模块 基础必拿40分	第12记	根据相关资料计算商誉应计提减值准备的金额	26
	第14记	根据实务热点案例进行政府补助相关会计处理	29
	第15记	根据资料选择在资产负债表日应根据即期汇率进行折算项目	31
		根据资料计算汇兑差额	31
	第16记	根据资料选择需要采用资产负债表日即期汇率折算的报表项目	32
		合并报表中少数股东分摊外币报表折算差额的正误判断	32
	第17记	根据经济业务判断是否执行非货币性资产交换准则	33
	第18记	根据资料计算以公允价值计量的非货币性资产交换换入单项资产的入账成本和交换损益	35
	第19记	判断经济业务是否属于债务重组	36
	第20记	根据资料进行债务重组的会计处理	38
	第22记	判断合同中企业为客户提供延保服务是否构成单项履约义务	41
	第23记	根据经济事项判断相关资产或负债是否属于流动（或非流动）项目	42
		合同履约成本、合同取得成本和合同结算如何在资产负债表中列报	44
	第24记	考核具体经济业务是否影响营业利润	44
	第25记	根据经济业务判断现金流量的具体分类	45
	第26记	结合具体经济业务判断是否构成关联方关系	47
	第27记	根据资料计算应付债券期末摊余成本	49
		一般公司债券结合借款费用计算资本化的利息金额	49
		可转债在转股时确认的资本公积（股本溢价）金额	50
	第28记	结合具体经济业务计算基本每股收益	52

续表

模块	记次	命题角度	页码
第一模块 基础必拿40分	第30记	母公司计划将处置子公司股权满足持有待售划分条件在个别报表和合并报表中的会计处理	55
		投资方计划处置联营企业或合营企业股权投资满足持有待售划分条件的会计处理	55
	第32记	判断经济业务属于会计政策变更还是会计估计变更	58
	第33记	选择属于资产负债表日后调整事项	60
	第34记	根据经济业务判断是否属于会计差错,并进行会计处理	60
第二模块 突破提升50分	第35记	说明某项资产的计税基础	62
	第36记	根据经济业务判断是否需要确认递延所得税负债,并说明理由	63
	第37记	根据经济业务判断是否需要确认递延所得税资产,并说明理由	64
	第38记	根据具体业务判断是否应该确认递延所得税,并说明理由	65
	第39记	根据经济业务,针对单项交易涉及递延所得税进行会计处理	66
	第41记	计算利润表中列报的所得税费用金额	67
	第42记	根据经济业务判断是否属于股份支付,以及属于哪种股份支付	67
	第43记	根据经济业务,说明股份支付结算、取消或作废等不同情形如何进行会计处理	70
	第44记	根据经济业务编制与限制性股票相关的会计分录	71
	第46记	结合具体的实务案例判断金融资产的具体分类	73
	第47记	根据经济业务计算债权投资的摊余成本	76
	第48记	根据经济业务对其他债权投资进行会计核算	78
		根据经济业务对其他权益工具投资进行会计核算	78

续表

模块	记次	命题角度	页码
第二模块 突破提升50分	第49记	根据经济业务，针对金融资产进行会计核算	79
	第51记	根据经济业务，判断金融工具合同义务方应分类为金融负债还是权益工具，并说明理由	83
		根据经济业务，判断永续债（或优先股）应分类为金融负债还是权益工具，并说明理由	84
	第54记	根据资料，分析判断金融资产是否应终止确认，并说明理由	87
	第55记	根据经济业务，对权益法核算的长期股权投资进行会计处理	90
		根据经济业务，计算因被投资单位其他投资方单方增资导致投资方股权被动稀释应调整长期股权投资的金额	91
	第59记	根据经济业务，编制增资相关业务会计分录	96
	第60记	因处置子公司股权而丧失控制权，长期股权投资由成本法核算转为权益法核算	97
		计算因其他方增资导致投资方对子公司丧失控制权应确认的投资收益	97
	第61记	根据相关资料判断企业合并类型，并说明理由	99
		根据资料，对企业合并过程中涉及或有对价进行会计处理	99
	第63记	根据资料编制合并报表中的调整分录	102
	第64记	根据资料，编制合并报表中涉及所有者权益的抵销分录	103
		根据资料，编制合并报表中涉及内部债权债务的抵销分录	104
		根据经济业务，编制集团内部商品交易中涉及存货跌价准备的抵销分录	105
	第66记	母公司因处置对子公司长期股权投资而丧失控制权时，在合并报表中应确认的投资收益金额	110
		因子公司少数股东增资导致母公司股权稀释在合并报表中应确认的资本公积金额	110

续表

模块	记次	命题角度	页码
第二模块 突破提升50分	第67记	根据经济业务，分析交易费用会计处理是否正确	111
	第68记	根据经济业务分析合同变更应如何进行账务处理，并说明理由	113
	第69记	根据经济业务判断是否构成合同中单项履约义务，并说明理由	114
	第70记	判断合同的交易价格中是否包含可变对价	116
		合同中存在重大融资成分的计算	116
		合同中存在非现金对价时交易价格如何确定	116
	第72记	判断履约义务属于某一时段内履行还是某一时点履行，并说明理由	119
	第73记	判断相关支出属于合同取得成本还是合同履约成本	120
	第74记	根据经济业务，对附有销售退回条款的销售进行账务处理	122
	第75记	根据资料判断合同中企业为客户提供的延保服务是否构成单项履约义务	123
	第76记	根据经济业务判断企业是主要责任人还是代理人，并说明理由	123
	第78记	判断授予客户知识产权许可属于某一时段履行的履约义务还是某一时点履行的履约义务	125
	第79记	根据经济业务对售后回购交易进行会计处理	126
	第84记	根据经济业务，编制承租人租赁资产相关会计分录	130
	第88记	根据资料判断租赁合同采用的折现率	134
第三模块 不必纠结10分	第91记	合并报表中存货涉及递延所得税抵销分录的编制	137
		合并报表中固定资产（无形资产）涉及递延所得税抵销分录的编制	137
	第95记	售后租回属于销售时，企业应确认的使用权资产、租赁负债和资产处置损益金额	142

记忆口诀速览表

命题角度	记忆口诀	页码
选择属于会计人员职业道德或注册会计师职业道德的内容	"坚守" "乘客独立开车要保密"	4
根据资料选择属于非货币性资产交换且执行非货币性资产交换准则的内容	"四舍五入"	34
关联方的判断	实施控制少不了,共同控制能传导,重大影响传不了	48

99 记篇

第一模块

基础必拿 40 分

● 根据历年真题统计,属于基础知识的题目分值大概在38-42分,很多同学顾此失彼,基础知识没有完全掌握的情况下一味的研究难题,同学们,你问问自己如果考试考到基础知识,你能拿到90%以上的分值吗?如果不能,请安心复习第一模块内容。

 第1记 2分 **会计基础**

飞越必刷题:1、2、41、42

(一)会计职业道德

1.会计人员职业道德

坚持诚信,守法奉公。坚持准则,守则敬业。坚持学习,守正创新。

2.中国注册会计师职业道德

诚信、客观公正、独立性、专业胜任能力和勤勉尽责、保密、良好职业行为。

(二)会计基本假设

会计基本假设包括会计主体、持续经营、会计分期、货币计量。其中,会计主体和会计分期可以结合差错更正进行考核。

(三)会计信息质量要求

会计信息质量要求是对企业财务报告中所提供会计信息质量的基本要求,主要包括可靠性、相关性、可理解性、可比性、实质重于形式、重要性、谨慎性和及时性等。

其中,可比性、实质重于形式、重要性、谨慎性和及时性作为重点。

 **通关绿卡**

命题角度:选项中给定具体业务进行会计信息质量要求的判断。

(1)同学们需要注意,如果考试中出现"指鹿为马"的现象,一般就是实质重于形式要求的体现,易错易考点包括合并范围的确定(例如"小股合并")、金融负债与权益工具的区分(例如"名股实债"或"名债实股")、分期付款购买固定资产、具有重大融资成分的收入确认、附有追索权的票据贴现、控股股东债务豁免等。

(2)重要性要求企业在进行会计处理时"抓大放小","大"和"小"需要从金额和性质两个角度判断,易考点包括单项金额不重大的金融资产可以合并进行减值测试、前期重大的会计差错需要进行追溯重述等。

(3)所有资产计提减值准备均体现谨慎性,预计负债的确认本身也是谨慎性的体现。

(4)及时性要求既不能"迟到",也不能"早退"。

记忆口诀

命题角度：选择属于会计人员职业道德或注册会计师职业道德的内容。

（1）会计人员职业道德口诀为"坚守"。
（2）注册会计师职业道德口诀为"乘客独立开车要保密"。

 存货的计量

飞越必刷题：3、43、44

（一）存货的初始计量

1.外购的存货入账成本

外购的存货入账成本=买价+相关税费+运费+装卸费+保险费+途中合理损耗+入库前挑选整理费等

2.外购存货的特殊说明

（1）外购存货合理损耗部分无须单独处理，不影响存货总成本，但是由于入库数量减少，会导致单位成本上升。外购存货非合理损耗部分不构成其成本，应暂作为待处理财产损溢进行核算，查明原因后再作处理。

（2）存货采购入库后发生的储存费用，应在发生时计入当期损益。但是，在生产过程中为达到下一个生产阶段所必需的仓储费用应计入存货成本。

（3）企业采购用于广告营销活动的特定商品，向客户预付货款未取得商品时，应作为预付账款进行会计处理，待取得相关商品时计入销售费用。

（4）外购数据资源用于销售的，符合存货定义和确认条件的，应作为存货核算，其入账成本包括购买价款、相关税费、保险费，以及数据权属鉴证、质量评估、登记结算、安全管理等所发生的其他可归属于存货采购成本的费用。

（5）外购数据资源不满足资产定义和确认条件的，应根据使用情况计入当期损益。

 通关绿卡

命题角度：根据经济业务计算外购存货的入账成本。

此类题目重点在于哪些计入存货成本，哪些不计入存货成本，总结如下：

存货成本	项目
计入	（1）存货的采购成本。 （2）进口关税、进口消费税以及不能抵扣的增值税的进项税额。 （3）在生产过程中为达到下一个生产阶段所必需的仓储费。

续表

存货成本	项目
计入	(4) 生产过程中发生的正常的材料费、人工费以及机器设备的折旧费。 (5) 季节性的停工损失等
不计入	(1) 非正常消耗的直接材料、直接人工和制造费用，例如，超定额的废品损失等。 (2) 采购入库后发生的储存费用（在生产过程中为达到下一个生产阶段所必需的仓储费用除外）。 (3) 不能归属于使存货达到目前场所和状态的其他支出，例如，采购人员差旅费等。 (4) 企业采购用于广告营销活动的特定商品等

（二）存货期末计量

1.计量原则

（1）资产负债表日，存货应当按照成本与可变现净值孰低计量。存货成本高于其可变现净值的，应当计提存货跌价准备，计入当期损益。会计分录为：

借：资产减值损失
　　贷：存货跌价准备

需要说明的是，存货成本高于可变现净值的差额是存货跌价准备科目的期末余额，未必是当期计提的金额，如果期初存货跌价准备科目有余额，需要分析当前应计提或转回的金额。

（2）当减值因素消失，原计提的存货跌价准备应转回。会计分录为：

借：存货跌价准备
　　贷：资产减值损失

（3）已计提存货跌价准备的存货出售，对应的存货跌价准备应一并结转。会计分录为：

借：主营业务成本、其他业务成本
　　　存货跌价准备
　　贷：库存商品、原材料等

2.存货可变现净值的计算

存货类别	可变现净值计算
库存商品	库存商品估计售价−销售商品预计的销售税费
生产产品用原材料	生产产品估计售价−进一步加工成本−销售产品预计的销售税费
对外销售用原材料	原材料估计售价−销售原材料预计的销售税费

需要说明的是，预计销售费用包括增量成本，还包括企业将在销售存货过程中必须发生的、除增量成本以外的其他成本，例如，销售门店的水电费、摊销费用等。

命题角度1：计算存货期末应计提的存货跌价准备金额。

此类题目分以下两种情况：

第一，直接对外出售的商品，此时需要注意是否存在部分签订合同，部分未签订合同的情况，如果有，应视为两批存货。对于没有减值的存货无须计提存货跌价准备，发生减值的存货需要计提存货跌价准备，切记不能将有合同部分和没有合同部分的计算结果合并。

第二，生产用原材料，此时需要注意题目中可能会有原材料的估计售价，因该材料是用于生产产品的，所以，原材料的估计售价是给你挖的坑，要避开。同学们需要按以下步骤计算。第一步，需要计算产品是否发生减值，如果产品没有发生减值，无须计提原材料的存货跌价准备。第二步，根据产品的估计售价倒算原材料的可变现净值，从而计算应计提的存货跌价准备。

此外，如果题目仅要求计算应计提的存货跌价准备金额，而选项中均为正数且没有零，生产用原材料存货跌价准备计算时可以省略第一步，直接从第二步开始计算。

命题角度2：计算存货期末账面价值或资产负债表中应列示的金额。

此类题目关键还是计算存货跌价准备，在资产负债表中填列的应当是存货的账面价值，即存货成本减存货跌价准备后的净额。

 固定资产的计量

飞越必刷题：4、5、6

（一）初始计量

1.购入不需要安装的固定资产

入账成本=买价+装卸费+运输费+相关税费+保险费+专业人员服务费等

需要说明的是，专业人员培训费不构成固定资产入账成本，在发生时应计入当期损益。

2.购入需要安装的固定资产

需要安装的固定资产，通过"在建工程"科目核算，待达到预定可使用状态时再转入"固定资产"科目。安装过程中领用存货的会计分录为：

借：在建工程
　　贷：库存商品、原材料等

3.外购固定资产的其他情形

（1）以一笔款项购入多项没有单独标价的固定资产，应当按照各项固定资产的公允价值比例对总成本进行分配，分别确定各项固定资产的成本。

（2）购买固定资产的价款超过正常信用条件延期支付，实质上具有融资性质的，固定资产的成本以购买价款的现值为基础确定。实际支付的价款与购买价款的现值之间的差额，应当在信用期间内采用实际利率法进行摊销，摊销金额除满足借款费用资本化条件应当计入固定资产成本外，均应当在信用期间内确认为财务费用，计入当期损益。会计分录为：

①购入时：
借：固定资产、在建工程（本金）
　　未确认融资费用（利息）
　　贷：长期应付款（本利和）

②期末摊销未确认融资费用时：
借：在建工程、财务费用等
　　贷：未确认融资费用（年初摊余成本×实际利率）

③支付款项时：
借：长期应付款
　　应交税费——应交增值税（进项税额）
　　贷：银行存款

4.自营方式建造固定资产

（1）企业通过自营方式建造的固定资产，其入账价值应当按照该项资产达到预定可使用状态前所发生的必要支出确定，包括工程物资成本、人工成本、交纳的相关税费、应予资本化的借款费用以及应分摊的间接费用等。建设期间发生的工程物资盘亏、报废及毁损，减去残料价值以及保险公司、责任人等赔款后的净损失，计入所建工程项目的成本。盘盈的工程物资或处置净收益，冲减所建工程项目的成本。

需要说明的是，工程完工后发生的工程物资盘盈、盘亏、报废、毁损，计入当期损益。

（2）企业将固定资产达到预定可使用状态前或者研发过程中产出的产品或副产品对外销售的，应对试运行销售相关的收入和成本分别进行会计处理，计入当期损益。

5.存在弃置费用的固定资产

（1）弃置费用的金额与其现值的差额通常较大，需要考虑货币时间价值，企业应当按照弃置费用的现值计入相关固定资产成本，同时确认预计负债。在固定资产的使用寿命内，按照预计负债的摊余成本和实际利率计算确定的利息费用应在发生时计入财务费用。

（2）由于技术进步、法律要求或市场环境变化等原因，特定固定资产的履行弃置义务可能发生支出金额、预计弃置时点、折现率等变动而引起的预计负债变动，应按照以下原则调整该固定资产的成本：

①对于预计负债的减少，以该固定资产账面价值为限扣减固定资产成本。如果预计负债的减少额超过该固定资产账面价值，超出部分确认为当期损益。

②对于预计负债的增加，增加该固定资产的成本。

按照上述原则调整的固定资产，在资产剩余使用年限内计提折旧，一旦该固定资产的使用寿命结束，预计负债的所有后续变动应在发生时确认为损益。

通关绿卡

命题角度：判断与固定资产相关经济事项的会计处理是否正确。

此类题目主要考查的是对固定资产相关规定的判断，此部分易错易混知识点总结如下：

（1）总体原则为使固定资产达到预定可使用状态前发生的一切合理必要支出构成固定资产入账成本。

（2）为未来支付的费用不计入固定资产入账成本，例如，未来的维修费、车辆的交强险等。

（3）分期付款购买固定资产，实质上具有融资性质的，应以购买价款的现值为基础确定固定资产入账成本。

（4）建设期间发生的工程物资盘亏、报废及毁损，减去残料价值、保险赔偿后的净损失计入在建工程，盘盈工程物资冲减在建工程。完工后，工程物资的盘盈和盘亏计入当期损益。

（5）工程联合试车试生产产品按收入准则规定进行会计处理，不得冲减在建工程成本。

（6）自行建造的固定资产涉及土地使用权的，土地使用权价值不计入在建工程，其摊销金额满足资本化条件时计入固定资产成本。

（二）后续计量

1.固定资产折旧

（1）固定资产应当按月计提折旧，当月增加的固定资产，当月不计提折旧，从下月起计提折旧。当月减少的固定资产，当月仍计提折旧，从下月起停止计提折旧。

需要说明的是，因进行大修理而停用的固定资产，正常计提折旧，计提的折旧额应计入相关资产的成本或当期损益。

（2）企业应当根据与固定资产有关的经济利益的预期消耗方式，合理选择固定资产折旧方法，但是，不得以包括使用固定资产在内的经济活动所产生的收入为基础进行折旧。固定资产的折旧方法一经确定，不得随意变更。

（3）企业至少应当于每年年度终了，对固定资产的使用寿命、预计净残值和折旧方法进行复核。除有确凿证据表明经济利益的预期消耗方式发生了重大变化，或者取得了新的信息、积累了更多的经验，能够更准确地反映企业的财务状况和经营成果，否则，不得随意变更。固定资产使用寿命、预计净残值和折旧方法的改变应当作为会计估计变更。

2.安全生产费

高危行业企业按照国家规定提取的安全生产费,应当计入相关产品的成本或当期损益。会计分录为:

(1)计提时:

借:制造费用

　　贷:专项储备

(2)使用时:

借:专项储备

　　贷:银行存款等

(3)使用专项储备资金购入相关固定资产的,应将固定资产全额计提折旧同时冲减专项储备。会计分录为:

借:专项储备

　　贷:累计折旧

3.后续支出

(1)资本化后续支出。

①固定资产后续支出符合资本化条件时,应相关固定资产的账面价值转入在建工程,并停止计提折旧,考试时一般常见的资本化后续支出关键词包括"更新改造""改扩建""改良支出"等。会计分录为:

借:在建工程、累计折旧、固定资产减值准备

　　贷:固定资产

借:在建工程

　　贷:银行存款等

②企业发生的固定资产后续支出可能涉及替换原固定资产的某组成部分,应将被替换部分的账面价值从"在建工程"科目中扣除。会计分录为:

借:原材料、营业外支出

　　贷:在建工程

③工程完工,达到预定可使用状态将在建工程转入固定资产。会计分录为:

借:固定资产

　　贷:在建工程

(2)费用化后续支出。

①与存货的生产和加工相关的固定资产的修理费用按照存货成本原则进行处理,即相关支出计入制造费用。

②行政管理部门等发生的固定资产修理费用等后续支出计入管理费用。

③企业专设销售机构的,其发生的与专设销售机构相关的固定资产修理费用等后续支出计入销售费用。

（三）处置

当固定资产处于处置状态（出售、转让、报废和毁损、对外投资等），或该固定资产预期通过使用或处置不能产生经济利益时，应终止确认。具体会计处理如下表所示：

经济业务		会计分录
结转固定资产账面价值		借：固定资产清理 　　累计折旧 　　固定资产减值准备 贷：固定资产
发生清理费用等支出		借：固定资产清理 贷：银行存款等
存在残料变价（入库） 及保险公司或责任人赔偿		借：银行存款（残料变价） 　　原材料（残料入库） 　　其他应收款（保险公司或责任人赔偿） 贷：固定资产清理
出售或处置收入		借：银行存款 贷：固定资产清理
结转固定资产清理	因出售、转让等原因产生的固定资产处置利得或损失	借或贷：固定资产清理 贷或借：资产处置损益
	因已丧失使用功能、自然灾害发生毁损等原因而报废清理产生的利得或损失	借：固定资产清理 贷：营业外收入 借：营业外支出 贷：固定资产清理

通关绿卡

命题角度：根据经济业务针对固定资产处置做出相关的会计处理。

此处客观题和主观题均会涉及，如果涉及客观题，处置固定资产是否影响企业营业利润，需要分清是什么原因，如果是因为丧失功能、自然灾害等原因报废而产生的净损益是不影响营业利润的（关键词是"报废"）；其他情况，例如出售或用于对外投资会影响营业利润。主观题则需要同学们准确编制上述会计分录。同时，需要说明的是，以固定资产进行交换、重组、投资均会涉及固定资产清理相关会计处理，比照上述规定进行会计核算。

第4记 无形资产的计量 (2分)

飞越必刷题：7、45、46

无形资产，是指企业拥有或者控制的没有实物形态的可辨认非货币性资产。

商誉不属于无形资产，其与企业整体相关且不具有可辨认性，商誉通常在个别报表中不确认（吸收合并除外），在合并报表中予以确认。

（一）初始计量

1. 外购无形资产的成本

外购无形资产成本＝购买价款＋相关税费＋直接归属于使该项资产达到预定用途所发生的其他支出

其中，外购数据资源作为无形资产核算的，上述其他支出包括：数据脱敏、清洗、标注、整合、分析、可视化等加工过程所发生的有关支出，以及数据权属鉴证、质量评估、登记结算、安全管理等费用。

2. 其他方式取得无形资产的成本

（1）购买无形资产的价款超过正常信用条件延期支付，实质上具有融资性质的，无形资产的成本以购买价款的现值为基础确定。实际支付的价款与购买价款的现值之间的差额，除按照准则规定应予资本化的以外，应当在信用期间内计入当期损益。

（2）内部研发形成的无形资产（含数据资源）会计核算如下表所示：

阶段		会计处理
研究阶段		借：研发支出——费用化支出 　　贷：银行存款等 借：管理费用 　　贷：研发支出——费用化支出
开发阶段	不满足资本化条件	
	满足资本化条件	借：研发支出——资本化支出 　　贷：银行存款等 借：无形资产 　　贷：研发支出——资本化支出

需要说明的是，企业委托外单位进行研发的，如果委托方承担一切风险，并对研发结果拥有所有权的，比照自行研发进行会计处理（实质上为研发劳务外包的自主开发）。如果委托方仅就受托方研发后的成果支付研发费，并且针对研发结果拥有所有权的，视同外购无形资产进行会计处理。

> **通关绿卡**
>
> **命题角度：根据经济业务判断企业内部研发无形资产的会计表述是否正确。**
>
> 此处需要注意以下两点问题：
> （1）研究阶段支出一律费用化，开发阶段支出只有在满足资本化条件时才能资本化，并不是进入开发阶段后，所有支出均资本化。
> （2）无法区分研究阶段和开发阶段支出的，根据谨慎性原则一律费用化。

3.土地使用权的会计处理

性质	分类
（1）已出租的土地使用权。 （2）持有并准备增值后转让的土地使用权	投资性房地产
房地产开发企业用于建造对外出售的土地使用权	存货
企业外购房屋建筑物所支付的价款中包括土地使用权和地上建筑物价值	（1）建筑物和土地使用权价值可以合理分配的，分别作为固定资产和无形资产。 （2）建筑物和土地使用权价值无法合理分配的，全部作为固定资产
其他土地使用权	无形资产

> **通关绿卡**
>
> **命题角度：关于土地使用权的会计处理是否正确。**
>
> 此处需要注意以下三点问题：
> （1）土地使用权用于建造厂房等自行使用的地上建筑物时，相关的土地使用权账面价值不转入在建工程成本，土地使用权与地上建筑物分别计提摊销和折旧。但在厂房等不动产建造期间，在满足资本化条件时应将土地使用权的摊销金额计入在建工程，构成不动产的成本。
> （2）房地产开发企业取得的土地使用权用于建造对外出售的房屋建筑物，相关的土地使用权应当计入所建造的房屋建筑物成本。
> （3）土地使用权专门用于新厂房建设，在建设过程中，占用了该无形资产并且消耗了其一部分的经济利益，土地使用权的摊销费用应构成新厂房在建工程成本的一部分，应计入在建工程成本，而不应当直接计入当期损益。考试中，还应当关注在建工程的建设活动开始的时点，非正常中断以及达到预定可使用状态的时点，以确定摊销是否属于厂房正常建设期间的在建工程成本。

（二）后续计量

（1）确定无形资产摊销年限时，一般为孰短原则。

（2）无法合理确定无形资产为企业带来经济利益的期限的，应将该无形资产作为使用寿命不确定的无形资产，使用寿命不确定的无形资产无须摊销，但应当在每个会计期间进行减值测试。如经减值测试表明已发生减值，需要计提相应的减值准备。无形资产减值准备一经计提，在其持有期间不得转回。

（3）无法可靠确定其预期消耗方式的，应当采用直线法摊销。

（4）企业通常不应以包括使用无形资产在内的经济活动所产生的收入为基础进行摊销，但是，下列极其有限的情况除外：

①企业根据合同约定确定无形资产固有的根本性限制条款，当该条款为因使用无形资产而应取得的固定的收入总额时，取得的收入可以成为摊销的合理基础。

②有确凿的证据表明收入的金额和无形资产经济利益的消耗是高度相关的。

需要说明的是，企业采用车流量法对高速公路经营权进行摊销的，不属于以包括使用无形资产在内的经济活动产生的收入为基础的摊销方法。

（三）处置

经济业务	会计分录
出售无形资产	借：银行存款等 　　累计摊销 　　无形资产减值准备 贷：无形资产 差额：资产处置损益
出租无形资产	借：其他业务成本等 贷：累计摊销
报废无形资产	借：营业外支出 　　累计摊销 　　无形资产减值准备 贷：无形资产

通关绿卡

命题角度：关于无形资产的后续计量会计处理的正误判断。

此处需要注意以下三点问题：

（1）使用寿命不确定的无形资产无须计提摊销。

（2）使用寿命有限的无形资产取得当月开始摊销，减少当月停止摊销。

（3）无形资产出售净损益计入资产处置损益，无形资产报废净损失计入营业外支出。

第 5 记 [2分] 投资性房地产的计量

飞越必刷题：8、47、151

（一）投资性房地产的范围

范围	说明
已出租的土地使用权	企业通过出让或转让方式取得的、以经营租赁方式出租的土地使用权
持有并准备增值后转让的土地使用权	按照国家有关规定认定的闲置土地，不属于投资性房地产
已出租的建筑物	（1）以经营租赁方式租入再转租的建筑物不属于投资性房地产。 （2）企业持有以备经营出租的空置建筑物或在建建筑物，如董事会或类似机构作出书面决议，明确表明将其用于经营出租且持有意图短期内不再发生变化的，即使尚未签订租赁协议，也应视为投资性房地产。"空置建筑物"是指企业新购入、自行建造或开发完工但尚未使用的建筑物，以及不再用于日常生产经营活动且经整理后达到可经营出租状态的建筑物。 （3）企业将建筑物出租，按租赁协议向承租人提供的相关辅助服务在整个协议中不重大的，应当将该建筑物确认为投资性房地产

通关绿卡

命题角度：对相关资产是否构成投资性房地产作出判断，同时，结合租赁进行考核。

需要同学们掌握以下不属于投资性房地产的常见情形：

（1）自用房地产：为生产商品、提供劳务或者经营管理而持有的房地产。例如，企业拥有并自行经营的旅店或饭店、企业自用的办公楼、企业持有的准备建造办公楼等建筑物的土地使用权等。

（2）作为存货的房地产：房地产开发企业在正常经营过程中销售的或为销售而正在开发的商品房和土地。例如，房地产开发企业开发的商品房、房地产企业持有准备增值后出售的商品房等。

（二）后续计量

（1）投资性房地产后续计量可以选择成本模式或公允价值模式。但是，同一企业只能采用一种模式对其所有的投资性房地产进行后续计量。具体会计处理如下表所示：

内容	成本模式	公允价值模式
收租金	借：银行存款等 　　贷：其他业务收入	
计提折旧（摊销）	借：其他业务成本 　　贷：投资性房地产累计折旧（摊销）	无
计提减值准备	借：资产减值损失 　　贷：投资性房地产减值准备（在持有期间计提减值准备不得转回）	无
按公允价值调整	无	借或贷：投资性房地产——公允价值变动 　　贷或借：公允价值变动损益
发生费用化支出	借：其他业务成本 　　贷：银行存款等	

（2）后续计量模式的变更。

已采用成本模式计量的投资性房地产满足条件可以变更为公允价值模式计量（会计政策变更），但采用公允价值计量的投资性房地产不得变更为成本模式。会计分录为：

借：投资性房地产——成本（变更日公允价值）
　　投资性房地产累计折旧（摊销）（原房地产已计提的折旧或摊销）
　　投资性房地产减值准备（原房地产已计提的减值准备）
　　递延所得税资产（账面价值＜计税基础）
贷：投资性房地产（原值）
　　递延所得税负债（账面价值＞计税基础）
差额：盈余公积、利润分配——未分配利润

通关绿卡

命题角度1：计算投资性房地产后续计量模式变更对期初留存收益的影响金额。

影响期初留存收益的金额=（变更日投资性房地产公允价值−原投资性房地产账面价值）×（1−所得税税率）

命题角度2：计算投资性房地产后续计量模式变更对期初未分配利润（或盈余公积）的影响金额。

影响期初未分配利润的金额=（变更日投资性房地产公允价值−原投资性房地产账面价值）×（1−所得税税率）×90%

影响期初盈余公积的金额=（变更日投资性房地产公允价值−原投资性房地产账面价值）×（1−所得税税率）×10%

（三）投资性房地产的转换

（1）成本模式下房地产的转换。

成本模式下，房地产转换后的入账价值为转换前相关资产的账面价值。固定（无形）资产转为投资性房地产的特点为"对转"，都是一一对应的关系。存货转为投资性房地产是将账面价值进行结转。

（2）公允价值模式下房地产的转换。

①非投资性房地产转为采用公允价值模式计量的投资性房地产，应按转换日房地产的公允价值计量，公允价值与原资产账面价值的差额处理如下：

a.公允价值＞账面价值：其他综合收益。

b.公允价值＜账面价值：公允价值变动损益。

②采用公允价值模式计量的投资性房地产转为非投资性房地产，应按转换日房地产的公允价值计量，公允价值与其账面价值的差额计入公允价值变动损益。

> **通关绿卡**
>
> **命题角度**：根据相关资料判断投资性房地产转换会计处理是否正确。
>
> 此部分最容易和投资性房地产后续计量模式的变更混淆，所以同学们在做题时一定要重点关注是后续计量模式的变更（成本模式计量的投资性房地产→公允价值模式计量的投资性房地产），还是投资性房地产的转换（固定资产等→投资性房地产），前者是会计政策变更，差额计入留存收益，后者需要区分是非投资性房地产转投资性房地产，还是投资性房地产转非投资性房地产。

（四）处置

内容	成本模式	公允价值模式
确认收入	借：银行存款 　　贷：其他业务收入 　　　　应交税费——应交增值税（销项税额）	
结转成本	借：其他业务成本 　　投资性房地产累计折旧（摊销） 　　投资性房地产减值准备 　　贷：投资性房地产	借：其他业务成本 　　贷：投资性房地产——成本 　　　　　　　　　　——公允价值变动 借或贷：公允价值变动损益 　　贷或借：其他业务成本 借：其他综合收益 　　贷：其他业务成本

第 6 记 负债 [2分]

飞越必刷题：9、48

（一）相关税费是否构成相关资产成本及会计处理

税费	是否计入相关资产成本
增值税	×
消费税	× 委托加工收回后连续生产应税消费品 √ 委托加工物资收回后直接对外出售时
关税	√ （存货、固定资产等）
契税	√ （固定资产、无形资产）
印花税、房产税、城镇土地使用税、城市维护建设税、教育费附加	× （计入税金及附加）
土地增值税	× （"房企"计入税金及附加，"非房企"计入固定资产清理）

（二）增值税特殊规定

（1）增值税一般纳税人直接减免的增值税的会计分录为：

借：应交税费——应交增值税（减免税款）

　　贷：其他收益

（2）增值税一般纳税人收到即征即退的增值税的会计分录为：

借：银行存款

　　贷：其他收益

（3）税控系统的会计分录为：

借：应交税费——应交增值税（减免税款）

　　贷：管理费用等

（三）应付股利

企业宣告发放现金股利，需经过企业股东会审议批准的利润分配方案进行会计处理，董事会做出拟分配现金股利方案无须进行账务处理，不确认负债，但是，应在报表附注中进行披露。

职工薪酬

飞越必刷题：10、49、50、134

（一）货币短期薪酬的确认与计量

企业应当根据职工提供服务情况和工资标准计算应计入职工薪酬的工资总额，按照受益对象计入当期损益或相关资产成本。

（1）短期带薪缺勤。

①累积带薪缺勤，企业应当在职工提供服务从而增加了其未来享有的带薪缺勤权利时，确认与累积带薪缺勤相关的职工薪酬，并以累积未行使权利而增加的预期支付金额计量。

②非累积带薪缺勤，企业应当在职工实际发生缺勤的会计期间确认与非累积带薪缺勤相关的职工薪酬。通常情况下，与非累积带薪缺勤相关的职工薪酬已经包括在企业每期向职工发放的工资等薪酬中，因此，不必额外作相应的账务处理。

（2）短期利润分享计划。

短期利润分享计划属于职工薪酬，所以在计提时根据受益对象计入成本或费用，而不能做利润分配的会计处理。

（二）非货币性职工福利的确认和计量

企业为职工提供非货币性福利的计量应以商品的公允价值确定相关的职工薪酬，公允价值不能可靠取得的，可以采用成本计量。

（1）自产产品提供职工福利的会计分录为：

借：应付职工薪酬

　　贷：主营业务收入、应交税费——应交增值税（销项税额）

借：主营业务成本

　　贷：库存商品

（2）外购商品提供职工福利的会计分录为：

借：应付职工薪酬

　　贷：库存商品、应交税费——应交增值税（进项税额转出）

（3）向职工提供企业支付了补贴的商品或服务的会计分录为：

核算时点	在购买商品协议中规定了最低服务年限，且职工提前离开需要退回部分差价	未规定购得商品后的最低服务年限
购入住房时	借：固定资产等 　　贷：银行存款	
向职工出售住房时	借：银行存款（职工支付的金额） 　　长期待摊费用（差额） 　　贷：固定资产（账面原值）	借：银行存款 　　应付职工薪酬 　　贷：固定资产 借：管理费用等 　　贷：应付职工薪酬

核算时点	在购买商品协议中规定了最低服务年限，且职工提前离开需要退回部分差价	未规定购得商品后的最低服务年限
摊销长期待摊费用时	借：应付职工薪酬——非货币性福利 　　贷：长期待摊费用 借：管理费用等 　　贷：应付职工薪酬——非货币性福利	—

通关绿卡

命题角度：根据经济业务对非货币性职工福利进行确认和计量。

总体原则应按非货币性资产的公允价值计量职工薪酬。具体需要看题目中的条件。

（1）将自产的产品用于职工福利，按产品的公允价值（售价）确认职工薪酬。

（2）将外购的商品用于职工福利，按商品的公允价值（购买价格，需要看题目中是否给定增值税，如果有增值税，此公允价值中包括增值税）确认职工薪酬。

（3）如果是将企业外购高价值资产（例如商品房、小汽车等）以低于公允价值转让给职工，其实际转让价格与其公允价值的差额应作为职工薪酬。此时需要看合同如何约定，如果规定了职工最低服务年限，此部分简化处理，作为长期待摊费用，然后在职工提供服务期间分期确认职工薪酬。如果没有规定职工最低服务年限，直接确认为职工薪酬。

（三）离职后福利的确认与计量

企业应当将离职后福利计划分类为设定提存计划和设定受益计划两种类型。其中，设定提存计划的风险（精算风险和投资风险）实质上要由职工来承担。设定受益计划的风险（精算风险和投资风险）实质上由企业来承担。

通关绿卡

命题角度：设定受益计划发生的各项支出是否影响损益。

设定受益计划支出包括计入当期损益的部分和其他综合收益的部分，具体总结如下：

（1）设定受益计划净负债或净资产计入其他综合收益的包括：精算利得和损失。计划资产回报，扣除包括在设定受益计划净负债或净资产的利息净额中的金额。资产上限影响的变动，扣除包括在设定受益计划净负债或净资产的利息净额中的金额。

（2）设定受益计划净负债或净资产计入当期损益的包括：当期服务成本、过去服务成本、结算利得和损失、设定受益计划净负债或净资产的利息净额。

（四）辞退福利的确认与计量

在确认辞退福利时，需要注意以下两个方面：

（1）对于分期或分阶段实施的解除劳动关系计划或自愿裁减建议，企业应当将整个计划看作是由各单项解除劳动关系计划或自愿裁减建议组成，在每期或每阶段计划符合预计负债确认条件时，将该期或该阶段计划中由提供辞退福利产生的预计负债予以确认，计入该部分计划满足预计负债确认条件的当期管理费用，同时确认应付职工薪酬。不能等全部计划都符合确认条件时再予以确认（分段满足分段确认和计量）。

（2）对于企业实施的职工内部退休计划，由于这部分职工不再为企业带来经济利益，企业应当比照辞退福利处理（国企职工内退制度）。

需要说明的是，或有事项准则中规定的重组，满足负债确认条件确认的负债中，因自愿遣散和强制遣散发生的费用确认负债为应付职工薪酬。此部分内容与辞退福利是两个准则同时规范的同一个问题。

第8记 借款费用概述 （2分）

飞越必刷题：11

（一）借款费用的范围

借款利息费用（包括借款折价、溢价及相关辅助费用的摊销）以及因外币借款而发生的汇兑差额等。承租人租赁使用权资产发生的融资费用属于借款费用。

需要说明的是，企业发生的权益工具的融资费用（发行股票支付券商的佣金等），不应包括在借款费用中。

（二）符合借款费用资本化的条件

企业发生的借款费用，可直接归属于符合资本化条件的资产的购建或者生产的，应当予以资本化，计入符合资本化条件的资产成本。

（1）符合资本化条件的资产，是指需要经过相当长时间（≥1年）的购建或者生产活动才能达到预定可使用或者可销售状态的固定资产、投资性房地产和存货等资产。

需要说明的是，经过相当长时间并不等同于跨年购建资产。

（2）只有在购建或者生产符合资本化条件的资产占用了一般借款时，才应将与一般借款相关的借款费用资本化。否则，所发生的借款费用应当计入当期损益。

（3）其他借款费用，应当在发生时计入当期损益。

第9记 借款费用的确认和计量 [2分]

飞越必刷题：12、13、14

（一）借款费用的确认

（1）开始资本化需要同时满足三个条件，即资产支出已经发生（支付现金、转移非现金资产、承担带息债务）、借款费用已经发生、为使资产达到预定可使用或者可销售状态所必要的购建或者生产活动已经开始。

（2）暂停资本化需要同时满足两个条件，即符合资本化条件的资产在购建或者生产过程中发生非正常中断，且中断时间连续超过3个月。

（3）停止资本化满足一个条件，即购建或者生产符合资本化条件的资产达到预定可使用或者可销售状态。

（二）借款费用的计量

项目	专门借款	一般借款
利息资本化金额	发生在资本化期间的专门借款全部利息费用-闲置专门借款的利息收益或投资收益	累计资产支出超过专门借款部分的资产支出加权平均数×所占用一般借款的资本化率，即"占用多少，多少资本化，占用多长时间，多长时间资本化"
是否扣除闲置资金收益	√	×
是否需要考虑使用资金量	×	√
专门借款和一般借款同时存在时	先使用专门借款	专门借款使用完毕再占用一般借款
外币借款	本金和利息的汇兑差额资本化	利息资本化，本金和利息的汇兑差额费用化

通关绿卡

命题角度：根据资料计算企业发生的应资本化的借款费用。

当既存在专门借款，又存在一般借款时，请同学们按以下步骤计算：

第一步：首先确定专门借款和一般借款的金额，先使用专门借款，专门借款不足部分使用一般借款（一定要画图）。

第二步：计算专门借款利息费用资本化金额，为从开始资本化时点至停止资本化时点（存在暂停的需扣除）期间的利息（无须考虑未使用部分资金的利息支出）扣除专门借款闲置资金收益后的余额。

第三步：计算一般借款利息资本化金额时，需要计算累计资产支出加权平均数，如果存在两笔以上一般借款的还需要计算资本化率（资本化率的计算原理为资本化期间的利息除以资本化期间的本金）。再次强调，一般借款无须考虑闲置资金收益的问题。

第四步：将专门借款利息资本化金额加上一般借款利息资本化金额的合计数计入在建工程等。

第五步：计算费用化利息金额（此金额可以通过借贷平衡关系倒挤）。

第10记 2分 所有者权益

飞越必刷题：15、51、52

（一）其他综合收益的核算

其他综合收益，是指企业根据其他会计准则规定未在当期损益中确认的各项利得和损失。其他综合收益以后会计期间是否可重分类进入损益，具体参见下表：

以后会计期间重分类	具体经济业务
可以重分类计入损益	（1）以公允价值计量且其变动计入其他综合收益的金融资产（债务工具）产生的其他综合收益。 （2）按照金融工具准则规定，对金融资产重分类按规定可以将原计入其他综合收益的利得或损失转入当期损益的部分。 （3）权益法核算的长期股权投资。 （4）自用房地产或存货转换为以公允价值计量的投资性房地产。 （5）外币报表折算差额。 （6）现金流量套期工具产生的利得或损失中属于有效套期的部分。 （7）以公允价值计量且其变动计入其他综合收益的金融资产（债务工具）发生的预期信用损失
不能重分类计入损益	（1）重新计量设定受益计划净负债或净资产导致的变动。 （2）权益法下被投资方因重新计量设定受益计划净负债或净资产导致的变动而享有的权益份额调整。 （3）以公允价值计量且其变动计入其他综合收益的非交易性权益工具投资，其公允价值变动及处置利得和损失。 （4）金融负债因自身信用风险变动形成的利得或损失

（二）权益性交易

（1）从对象来看，权益性交易除了所有者以其所有者身份与主体之间进行交易外，还包括不同所有者之间的交易（多为合并报表层面的不同所有者）。

（2）从对主体权益总额来看，所有者之间的权益性交易不影响权益总额，但会改变权益内部各项目金额。

（3）从对权益性交易的会计处理来看，与其相关的利得和损失应计入所有者权益，而不能影响当期损益。

（4）除此以外，如果权益性交易涉及合并财务报表的，应当从合并报表主体的范围来界定其是否属于权益性交易。

（5）对于上市公司的股东、股东控制的其他关联方、上市公司的实际控制人对上市公司进行直接或间接的捐赠、债务豁免等单方面的利益输送行为，由于交易是基于双方的特殊身份才得以发生，且使得上市公司明显的、单方面的从中获益，因此，应认定其经济实质具有资本投入性质，形成的利得应计入所有者权益。例如，母公司向子公司捐赠，经济实质属于股东对企业的资本性投入，应计入"资本公积——资本（股本）溢价"科目中。

通关绿卡

命题角度： 涉及所有者权益的交易或事项的会计处理。

第一，直接考核所有者权益的会计核算，这种是最简单的一种方式，重点关注易错易混的内容，例如，董事会做出拟分配现金股利方案无须进行账务处理，可以在财务报表的附注中披露，而股东会做出的利润分配方案需要进行账务处理等。

第二，将所有者权益融入其他题目中进行考核，特别是关于股权投资、企业合并和合并财务报表的编制等内容。

最后，需要提示同学们的是，权益性交易的基本理论必须搞懂，后续很多知识点会涉及权益性交易的相关内容。

第11记 2分 资产（组）减值范围和会计处理

飞越必刷题：53、54

（一）资产减值总结（含金融负债减值）

相关资产减值总结如下表所示：

适用准则	资产、负债	是否考虑减值	会计处理	是否可以转回
资产减值	固定资产（含在建工程和工程物资）、无形资产、以成本模式计量的投资性房地产、商誉、长期股权投资、使用权资产	√	借：资产减值损失 　　贷：××资产减值准备	×

续表

适用准则	资产、负债	是否考虑减值	会计处理	是否可以转回
存货	原材料/库存商品等	√	借：资产减值损失 　　贷：存货跌价准备	√
收入	合同资产	√	借：资产减值损失 　　贷：合同资产减值准备	√
金融工具确认和计量	应收款项/债权投资	√	借：信用减值损失 　　贷：坏账准备 　　　　债权投资减值准备	√
	其他债权投资	√	借：信用减值损失 　　贷：其他综合收益	√
	交易性金融资产/其他权益工具投资	×	—	—
	财务担保、贷款承诺	√	借：信用减值损失 　　贷：预计负债	√
投资性房地产	以公允价值模式计量的投资性房地产	×	—	—
持有待售的资产、处置组及终止经营	持有待售资产、处置组	√	借：资产减值损失 　　贷：持有待售资产减值准备	√
所得税会计	递延所得税资产	√	借：所得税费用 　　贷：递延所得税资产	√

通关绿卡

命题角度：根据具体经济业务分析判断计提减值准备后是否可以转回。

此类题目的原则为，属于《资产减值》准则规范的资产计提减值准备后，在相关资产持有期间不得转回，其他准则规范的资产计提减值准备后，满足条件可以转回。

（二）资产组的认定及减值处理

1.资产组的认定

应当以资产组产生的主要现金流入是否独立于其他资产或者资产组的现金流入为依据。同时，还应当考虑企业管理层对生产经营活动的管理或者监控方式（如是按照生产线、业务种类还是按照地区或者区域等）和对资产的持续使用或者处置的决策方式等。

2.资产组减值的会计处理

减值损失金额应当按照下列顺序进行分摊：

（1）首先，抵减分摊至资产组中商誉的账面价值。

（2）然后，根据资产组中除商誉之外的其他各项资产的账面价值所占比重，按比例抵减其他各项资产的账面价值。抵减后的各资产的账面价值不得低于以下三者之中最高者：

①该资产的公允价值减去处置费用后的净额（如可确定的）。

②该资产预计未来现金流量的现值（如可确定的）。

③零。

因此而导致的未能分摊的减值损失金额，应当按照相关资产组中其他各项资产的账面价值所占比重继续进行分摊。

命题角度：根据资料计算资产组应计提减值准备的金额。

此类题目考核方式有两种，其一，对资产组的认定，然后对资产组计提减值准备。其二，直接给定资产组，然后对资产组计提减值准备。无论是哪种方式，计算资产组减值时均需要考虑是否包含商誉，如果包含商誉，需要将整个资产组减值金额冲减商誉的账面价值，剩余部分在资产组中单项资产进行分摊。需要说明的是，如果资产组中单项资产给定可收回金额，单项资产分摊减值损失后的金额不应低于其可收回金额。

 ## 商誉减值的会计核算

飞越必刷题：16、17、147

（1）商誉应当结合与其相关的资产组或者资产组组合进行减值测试。

（2）企业进行资产减值测试，对于因企业合并形成的商誉的账面价值，应当自购买日起按照合理的方法分摊至相关的资产组。难以分摊至相关的资产组的，应当将其分摊至相关的资产组组合。

（3）对包含商誉的资产组或者资产组组合进行减值测试，比较这些相关资产组或者资产组组合的账面价值（包括所分摊的商誉的账面价值部分）与其可收回金额，如相关资产组或者资产组组合的可收回金额低于其账面价值的，应当就其差额确认减值损失，减值损失金额应当首先抵减分摊至资产组或者资产组组合中商誉的账面价值。

（4）根据资产组或者资产组组合中除商誉之外的其他各项资产的账面价值所占比重，按比例抵减其他各项资产的账面价值。与资产减值测试的处理一样，以上资产账面价值的抵减，也都应当作为各单项资产（包括商誉）的减值损失处理，计入当期损益。

需要说明的是，因企业合并所形成的商誉是母公司根据其在子公司所拥有的权益而确认的商誉，子公司中归属于少数股东的商誉并没有在合并财务报表中予以确认。因此，在对与商誉相关的资产组或者资产组组合进行减值测试时，由于其可收回金额的预计包括归属于少数股东的商誉价值部分，为了使减值测试建立在一致的基础上，企业应当调整资产组的账面价值，将归属于少数股东权益的商誉包括在内，然后，根据调整后的资产组账面价值与其可收回金额进行比较，以确定资产组（包括商誉）是否发生了减值。

通关绿卡

命题角度：根据相关资料计算商誉应计提减值准备的金额。

此类题目需要先看清楚是控股合并形成的商誉还是吸收合并形成的商誉。如果是控股合并形成的商誉按以下步骤进行会计处理：

第一步，分析子公司是否为全资子公司，如果不是，则需要将商誉还原为完全商誉，即完全商誉=母公司商誉/母公司持股比例。

第二步，计算子公司可辨认净资产账面价值，如果题目中没有给定在资产负债表日子公司可辨认净资产账面价值时，需要以购买日子公司可辨认净资产公允价值为基础持续计算，即子公司可辨认净资产账面价值=购买日子公司可辨认净资产公允价值+持有期间实现净利润（−净亏损）−分派现金股利+其他导致所有者权益增加的事项（−其他导致所有者权益减少的事项）。一般情况下，购买日子公司可辨认净资产的账面价值与公允价值相同，如果不同，需要运用长期股权投资部分学习的内容进行计算。

第三步，将含完全商誉的子公司净资产账面价值与可收回金额进行比较，如果没有减值则无须计提商誉减值准备，如果减值，需要将减值金额先冲减完全商誉的账面价值，仍有不足部分再分配给其他资产。

第四步，将第三步分配给商誉减值金额按母公司持股比例，计算母公司应在合并报表中确认的商誉减值准备金额。

如果是吸收合并形成的商誉，则完全将商誉与其他资产合并计算减值金额，即在吸收合并方式下，商誉体现在个别报表中，已经是完全商誉，无须还原。将含商誉在内的资产组或资产组组合减值金额先冲减商誉账面价值，仍有不足部分冲减其他资产的账面价值。

第13记 2分 政府补助概述

飞越必刷题：18、137

（一）政府补助的范围

（1）属于政府补助的包括：无偿拨款、税收返还、财政贴息、无偿给予非货币性资产等。

（2）不属于政府补助的包括：直接减征、免征、增加计税抵扣额、抵免部分税额、出口退税等。

需要说明的是，企业从政府取得的经济资源，如果与企业销售商品或提供劳务等活动密切相关，且来源于政府的经济资源是企业商品或服务的对价或者是对价的组成部分，应当按照《企业会计准则第14号——收入》的规定进行会计处理，不属于政府补助。以及政府如以企业所有者身份向企业投入资本，享有相应的所有者权益，应当作为政府对企业的投资，不属于政府补助。

（二）政府补助的分类

（1）与资产相关的政府补助，即企业取得的、用于购建或以其他方式形成长期资产的政府补助。

（2）与收益相关的政府补助，即除与资产相关的政府补助之外的政府补助。

需要说明的是，综合性项目政府补助同时包含与资产相关的政府补助和与收益相关的政府补助，企业需要将其进行分解并分别进行会计处理。难以区分的，企业应当将其整体归类为与收益相关的政府补助进行处理。

政府补助会计处理

飞越必刷题：19、20、21、22、137

企业应当根据经济业务的实质，判断某一类政府补助业务应当采用总额法还是净额法，通常情况下，对同类或类似政府补助业务只能选用一种方法，同时，企业对该业务应当一贯地运用该方法，不得随意变更。

（一）与资产相关政府补助的会计处理

业务内容	总额法	净额法
收到补助时	借：银行存款、××资产等（公允价值） 　　贷：递延收益	借：银行存款等 　　贷：递延收益
购入资产时	借：固定资产等 　　贷：银行存款	借：固定资产等 　　贷：银行存款 借：递延收益 　　贷：固定资产等
摊销时	借：递延收益 　　贷：其他收益	无
提前处置或报废资产时	借：递延收益 　　贷：固定资产清理 借：固定资产清理 　　贷：其他收益（营业外收入）	无

续表

业务内容	总额法	净额法
特殊说明	（1）企业先取得政府补助资金而后再购建长期资产，则应在开始对相关资产计提折旧或摊销时开始将递延收益分期计入损益。 （2）企业先购建长期资产而后再取得政府补助资金，则应在相关资产剩余使用寿命内按合理、系统的方法将递延收益分期计入损益	以名义金额（1元）计量的政府补助，在取得时计入当期损益

（二）与收益相关政府补助的会计处理

对于与收益相关的政府补助，企业应当选择采用总额法或净额法进行会计处理。选择总额法的，应当计入其他收益或营业外收入。选择净额法的，应当冲减相关成本费用或营业外支出。

（1）用于补偿企业以后期间的相关成本费用或损失的会计分录为：

借：银行存款等
　　贷：递延收益

借：递延收益
　　贷：管理费用、其他收益等

需要说明的是，如收到时暂时无法确定，应当先将其计入其他应付款，待客观情况表明企业能够满足政府补助所附条件后，再确认递延收益。

（2）用于补偿企业已发生的相关成本费用或损失的会计分录为：

借：银行存款
　　贷：管理费用、其他收益等

需要说明的是，如果会计期末企业尚未收到补助资金，但企业在符合了相关政策规定后就相应获得了收款权，且与之相关的经济利益很可能流入企业，企业应当在这项补助成为应收款时按照应收的金额予以确认，计入当期损益或冲减相关成本。

（三）政府补助的退回

已计入损益的政府补助需要退回的，应当分别按下列情况进行会计处理：

（1）初始确认时冲减相关资产账面价值的，应当调整资产账面价值。

（2）存在尚未摊销的递延收益的，冲减相关递延收益账面余额，超出部分计入当期损益。

（3）属于其他情况的，直接计入当期损益。

命题角度：根据实务热点案例进行政府补助相关会计处理。

在考试时会与实务热点问题结合内容总结如下：

（1）新能源汽车财政补贴。

对新能源汽车厂商而言，其从政府取得的补贴实际上与其销售新能源汽车密切相关，如果没有政府财政补贴，企业通常也不会以低于成本的价格进行销售，因而政府补贴实际上是新能源汽车销售对价的组成部分。从实质来看，该补贴是为消费者购买新能源汽车承担和支付了部分销售价款，其拨付的补贴金额应属于新能源汽车厂商销售商品的资金流入，对于企业来讲应当作为企业的收入进行核算。

（2）公司通过非常规渠道与相关部门达成协定，实质上来自控股股东或集团内其他公司的捐赠，不应作为政府补助。例如，控股股东或其他关联方将资产通过政府以补助形式转移给公司。

（3）政府补助资金先划拨到母公司银行账户，再由母公司划拨至子公司银行账户。此业务属于子公司的政府补助，而不属于母公司的政府补助，母公司在收到补助资金时的会计分录为：

借：银行存款
　　贷：其他应付款

实际划拨给子公司时：

借：其他应付款
　　贷：银行存款

子公司收到母公司划拨资金时：

借：银行存款
　　贷：递延收益、其他收益等

需要提示同学们的是，与资产相关的政府补助看清题目要求是按总额法核算还是净额法核算，与收益相关的政府补助是补偿已经发生的成本费用还是补偿未来将会发生的成本费用。

第15记　外币折算　2分

飞越必刷题：23、55、56

（一）记账本位币的变更

企业因经营所处的主要经济环境发生重大变化，确需变更记账本位币的，应当采用变更当日的即期汇率将所有项目折算为变更后的记账本位币，折算后的金额作为以新的记账本位币计量的历史成本，由于采用同一即期汇率进行折算，不会产生汇兑差额。同时，需要在附注中披露变更的理由。

（二）外币交易的会计处理

1.资产负债表日的会计处理

项目	外币货币性项目	外币非货币项目
内容	持有的货币和将以固定或可确定金额的货币收取的资产或者偿付的负债。例如，库存现金、银行存款、应收账款、其他应收款、长期应收款、短期借款、应付账款、其他应付款、长期借款、应付债券和长期应付款等	货币性项目以外的项目。例如，存货、长期股权投资、交易性金融资产（股票、基金）、固定资产、无形资产、预收账款、预付账款、合同资产、合同负债等
期末折算	（1）计算外币账户的期末外币余额=期初外币余额+本期增加的外币发生额-本期减少的外币发生额。 （2）计算调整后记账本位币余额=期末外币余额×期末即期汇率。 （3）计算汇兑差额=调整后记账本位币余额-调整前记账本位币余额	无

2.特殊情况

（1）企业接受外币资本投入时，应按交易日（投资款到账当日）的即期汇率进行折算，不得采用其他汇率折算。

（2）特殊情况的非货币性资产项目在期末调整或结算时的会计处理如下表所示：

资产	说明	会计处理
存货	①先将可变现净值按资产负债表日即期汇率折算为记账本位币金额，再与以记账本位币反映的存货成本进行比较，从而确定该项存货的期末价值。 ②存货计算可变现净值使用资产负债表日的即期汇率，不属于对原以历史成本计量存货的调整	借：资产减值损失 　贷：存货跌价准备
交易性金融资产（非货币性项目）	交易性金融资产（非货币性项目）无论是汇率的变动，还是公允价值的变动，其差额均计入公允价值变动损益	借或贷：交易性金融资产 　贷或借：公允价值变动损益

续表

资产	说明	会计处理
其他债权投资	①其他债权投资公允价值变动计入其他综合收益。 ②其他债权投资汇兑差额计入财务费用	借或贷：其他综合收益、财务费用 贷或借：其他债权投资
其他权益工具投资	①其他权益工具投资形成的汇兑差额，与其公允价值变动一并计入其他综合收益。 ②其他权益工具投资现金股利产生的汇兑差额，应当计入当期损益	借或贷：其他权益工具投资 贷或借：其他综合收益 借或贷：应收股利 贷或借：财务费用

通关绿卡

命题角度1：根据资料选择在资产负债表日应根据即期汇率进行折算项目。

此类题目属于基础知识点的考核，应该选择的是货币性项目（包括资产和负债），而非货币性项目则不应选择。

命题角度2：根据资料计算汇兑差额。

对于资产类项目而言，汇率上升是收益，汇率下降是损失。对于负债类项目而言，汇率上升是损失，汇率下降是收益。秉承这个思路分项计算，切不可合并一起算，因为这样大概率你会被绕懵的。

第16记 2分 外币财务报表折算

飞越必刷题：24、57、58

（一）外币财务报表折算原则

企业选定的记账本位币不是人民币的，应当按照境外经营财务报表折算原则将其财务报表折算为人民币财务报表。企业对境外经营的财务报表进行折算时，应当遵循下列规定：

（1）资产负债表中的资产和负债项目，采用资产负债表日的即期汇率折算，所有者权益项目除"未分配利润"项目外，其他项目采用发生时的即期汇率折算。

（2）利润表中的收入和费用项目，采用交易发生日的即期汇率折算。也可以采用按照系统合理的方法确定的、与交易发生日即期汇率近似的汇率折算。

（3）按照上述规定折算产生的外币财务报表折算差额，在资产负债表中"其他综合收益"项目下列报。

（二）合并报表处理

（1）在企业境外经营为其子公司的情况下，企业在编制合并财务报表时，应按少数股东在境外经营所有者权益中所享有的份额计算少数股东应分担的外币报表折算差额，并入少数股东权益列示于合并资产负债表。

借或贷：其他综合收益

　贷或借：少数股东权益

（2）母公司含有实质上构成对子公司（境外经营）净投资的外币货币性项目的情况下，在编制合并财务报表时，应分别以下两种情况编制抵销分录：

①实质上构成对子公司净投资的外币货币性项目以母公司或子公司的记账本位币反映，则应在抵销长期应收应付项目的同时，将其产生的汇兑差额转入"其他综合收益"项目。

借或贷：其他综合收益

　贷或借：财务费用

②实质上构成对子公司净投资的外币货币性项目以母、子公司的记账本位币以外的货币反映，则应将母、子公司此项外币货币性项目产生的汇兑差额相互抵销，差额转入"其他综合收益"项目。

通关绿卡

命题角度1：根据资料选择需要采用资产负债表日即期汇率折算的报表项目。

此类题目属于基础内容，你需要选择的是资产负债表中的资产项目和负债项目。此部分需要与外币货币性项目资产负债表日根据即期汇率折算进行区分。

命题角度2：合并报表中少数股东分摊外币报表折算差额的正误判断。

如果子公司为非全资子公司，则少数股东同样需要承担外币报表折算差额，而且此知识点需要与企业合并报表结合，但是如果真的在考场上你懵圈了，好吧，那就选择"其他综合收益"。但是这个我需要说清楚，以上选择仅供参考，我不对正确与否负责。

第17记 非货币性资产交换的确认 (2分)

飞越必刷题：25、59、60

涉及少量货币性资产的交换认定为非货币性资产交换，通常补价占整个资产交换金额的比重低于25%时（<25%），该交易被定性为非货币性资产交换，否则（≥25%），应被定性为货币性资产交换。

需要说明的是，计算补价比例时分子和分母均无须考虑增值税。

通关绿卡

命题角度：根据经济业务判断是否执行非货币性资产交换准则。

如果题目问题为选择执行非货币性资产交换准则，请注意以下列举的属于非货币性资产交换，但不执行非货币性资产交换准则，具体包括：

（1）以存货换取客户的非货币性资产。

（2）交换的资产包括属于非货币性资产的金融资产（其他权益工具投资、交易性金融资产等）。

（3）非货币性资产交换中涉及使用权资产或应收融资租赁款。

（4）在企业合并中取得的非货币性资产，例如，以长期股权投资（成本法）换取固定资产等。

（5）非货币性资产交换构成权益性交易。

同时，需要说明的是，以下不属于非货币性资产交换，具体包括：

（1）以商业汇票（包括银行承兑汇票和商业承兑汇票）交换其他资产。

（2）以摊余成本计量的金融资产（债权投资、应收账款等）交换其他资产。

（3）以增发本公司股票（不属于资产）方式交换其他资产。

（4）以非货币性资产偿还债务（不属于换入资产）。

（5）以非货币性资产换入货币性资产（例如，应收票据等）。

（6）企业从政府无偿取得非货币性资产。

（7）企业将非流动资产或处置组分配给所有者。

（8）企业以非货币性资产向职工发放非货币性福利。

（9）企业以发行股票形式取得的非货币性资产。

（10）企业用于交换的资产未满足资产定义且未列示于资产负债表中的。

属于非货币性资产交换，且执行非货币性资产交换准则的交易包括：

（1）以固定资产换取其他企业存货、固定资产、无形资产、投资性房地产和长期股权投资（权益法）。

（2）以无形资产换取其他企业存货、固定资产、无形资产、投资性房地产和长期股权投资（权益法）。

（3）以投资性房地产换取其他企业存货、固定资产、无形资产、投资性房地产和长期股权投资（权益法）。

（4）以长期股权投资（权益法）换取其他企业存货、固定资产、无形资产、投资性房地产和长期股权投资（权益法）等。

记忆口诀

命题角度：根据资料选择属于非货币性资产交换且执行非货币性资产交换准则的内容。

属于非货币性资产交换且执行非货币性资产交换准则记忆口诀为"四舍五入"。

第18记 非货币性资产交换的计量 （2分）

飞越必刷题：26

非货币性资产交换的计量包括公允价值计量和账面价值计量，具体适用和会计处理如下表所示：

基础	公允价值计量	账面价值计量
适用条件	（1）该项交换具有商业实质。只有当换出资产和换入资产预计未来现金流量或其现值两者之间的差额较大时，才能表明交易的发生使企业经济状况发生了明显改变，非货币性资产交换因而具有商业实质。 （2）换入资产或换出资产的公允价值能够可靠地计量	（1）该项交换不具有商业实质。 （2）该项交换虽具有商业实质，但换入和换出资产的公允价值均不能可靠计量
换入资产入账价值	换出资产的公允价值+换出资产的销项税额+支付补价的公允价值（–收到补价的公允价值）–换入资产进项税额+应计入换入资产成本的相关税费 换入资产的公允价值+应计入换入资产成本的相关税费	换出资产的账面价值+换出资产的销项税额+支付补价的账面价值（–收到补价的公允价值）–换入资产进项税额
交换损益	换出资产的公允价值–换出资产的账面价值=换入资产的公允价值–支付补价的公允价值（或+收到补价的公允价值）–换出资产的账面价值	无论是否涉及补价，均不确认损益

续表

基础	公允价值计量	账面价值计量
会计分录	借：换入资产（换出资产的公允价值或换入资产的公允价值） 　　应交税费——应交增值税（进项税额） 　　银行存款等（收到的补价） 　贷：换出资产的公允价值 　　应交税费——应交增值税（销项税额） 　　银行存款等（支付的补价+为换入资产支付的相关税费） 　　换出资产公允价值与账面价值的差额计入当期损益（收入、成本、投资收益、资产处置损益等）	借：换入资产 　　应交税费——应交增值税（进项税额） 　　银行存款等（收到补价的公允价值） 　贷：换出资产的账面价值 　　应交税费——应交增值税（销项税额） 　　银行存款等（支付补价的账面价值+为换入资产而支付的相关税费）

通关绿卡

命题角度：根据资料计算以公允价值计量的非货币性资产交换换入单项资产的入账成本和交换损益。

（1）对于以公允价值计量的非货币性资产交换，换入单项资产的入账成本，无论是否涉及补价，应该是换入资产的公允价值。

（2）对于以公允价值计量的非货币性资产交换，交换损益=换出资产的公允价值–换出资产的账面价值+其他结转（资本公积、其他综合收益的结转）。

第19记 债务重组概述 （2分）

飞越必刷题：61

（一）债务重组的定义

债务重组，是指在不改变交易对手方的情况下，经债权人和债务人协定或法院裁定，就清偿债务的时间、金额或方式等重新达成协议的交易。

（二）债权债务的范围

（1）债权债务的范围包括《企业会计准则第22号——金融工具确认和计量》规范的债权债务，以及租赁应收款和租赁应付款，不包括合同资产、合同负债、预计负债。

（2）通过债务重组形成企业合并的，以及债务人以股权清偿或将债务转为权益工具的，在合并报表层面，债权人取得资产、负债的确认和计量适用《企业会计准则第20号——企业合并》的有关规定。

（3）债务重组构成权益性交易的，应当适用权益性交易的相关规定，即不确认重组损益。企业在判断债务重组是否构成权益性交易时，应遵循实质重于形式原则。

需要说明的是，债务重组中不属于权益性交易的部分仍然应当确认债务重组相关损益。

（4）债务重组构成权益性交易的情况：

①债权人直接或间接对债务人持股，或者债务人直接或间接对债权人持股，且持股方以股东身份进行债务重组。

②债权人与债务人在债务重组前后受同一方或相同多方最终控制，且该债务重组的交易实质是债权人或债务人进行了权益性分配或接受了权益性投入。

通关绿卡

命题角度：判断经济业务是否属于债务重组。

按以下三点进行判断：

第一，是否改变交易对手方，如果改变交易对手方则不属于债务重组。例如，甲公司作为债权人将对乙公司的债权以低于债权账面价值的金额转让给A公司，该业务不属于债务重组。

第二，是否是关联方之间的债务重组，如果是，应关注关联方是否有超过其他非关联方债权人对债务人作出债务豁免，如果有，超过部分应作为权益性交易，不得确认债务重组损益。

第三，无论何种原因导致债务人未按原定条件偿还债务，也无论双方是否同意债务人以低于债务金额偿还债务，只要债权人和债务人就债务条款重新达成了协议，就符合债务重组的定义。

第20记 债务重组的会计处理 (2分)

飞越必刷题：27

债务重组相关会计处理如下表所示：

债务重组方式	债权人会计处理	债务人会计处理
以金融资产清偿	借：交易性金融资产（债务重组日的公允价值） 　　投资收益（交易费用） 　　坏账准备 　贷：应收账款等 　　银行存款（交易费用） 差额：投资收益 借：债权投资、其他债权投资、其他权益工具投资（债务重组日的公允价值+交易费用） 　　坏账准备 　贷：应收账款等 　　银行存款（交易费用） 差额：投资收益	借：应付账款等（账面价值） 　贷：交易性金融资产（账面价值） 　　债权投资 　　其他债权投资① 　　其他权益工具投资② 差额：投资收益 借或贷：其他综合收益 贷或借：投资收益① 　　　　留存收益②
以非金融资产清偿	借：库存商品、固定资产、无形资产等（放弃债权的公允价值+相关税费） 　　应交税费——应交增值税（进项税额） 　　坏账准备 　贷：应收账款等 　　银行存款（相关税费） 差额：投资收益	借：应付账款等（账面价值） 　　累计摊销 　　无形资产减值准备 　贷：库存商品（账面价值） 　　无形资产 　　固定资产清理（账面价值） 　　应交税费——应交增值税（销项税额） 差额：其他收益
以资产（含金融资产）清偿	借：交易性金融资产等（债务重组日的公允价值） 　　固定资产、无形资产、库存商品等（合同生效日公允价值比例分配放弃债权公允价值扣除金融资产公允价值后的金额） 　　应交税费——应交增值税（进项税额） 　　坏账准备 　贷：应收账款等 差额：投资收益	借：应付账款等（账面价值） 　贷：库存商品（账面价值） 　　固定资产清理（账面价值） 　　应交税费——应交增值税（销项税额） 　　交易性金融资产（账面价值） 差额：其他收益

续表

债务重组方式	债权人会计处理	债务人会计处理
债转股方式清偿	同一控制： 借：长期股权投资（最终控制方合并报表中净资产账面价值份额+最终控制方收购被合并方时形成的商誉） 　　坏账准备 　贷：应收账款等 借方差额：资本公积、留存收益 贷方差额：资本公积	借：应付账款等 　贷：股本、资本公积（发行权益的公允价值） 差额：投资收益 支付发行费用： 借：资本公积、留存收益 　贷：银行存款
	非同一控制： 借：长期股权投资（放弃债权的公允价值） 　　坏账准备 　贷：应收账款等 差额：投资收益（放弃债权的公允价值与其账面价值的差额）	借：应付账款等 　贷：股本、资本公积（发行权益的公允价值） 差额：投资收益 支付发行费用： 借：资本公积、留存收益 　贷：银行存款
	非企业合并： 借：长期股权投资（放弃债权公允价值+相关税费） 　　坏账准备 　贷：应收账款等 　　银行存款（相关税费） 差额：投资收益（放弃债权的公允价值与其账面价值的差额）	

通关绿卡

命题角度：根据资料进行债务重组的会计处理。

在进行账务处理时需要确认是债权人还是债务人，会计主体不要弄混。债权人和债务人会计处理归纳如下：

（1）债务人如果以其他权益工具投资清偿债务，债务账面价值与其他权益工具投资账面价值的差额计入投资收益，而不是留存收益，同时，其他权益工具投资在持有期间计入其他综合收益的金额仍需要转入留存收益。

（2）债务人如果以非金融资产清偿债务，无须区分是存货还是固定（无形）资产，债务账面价值与非金融资产账面价值的差额计入其他收益。

（3）债务人如果以金融资产和非金融资产组合清偿债务，抵债资产账面价值与债务账面价值的差额计入其他收益。

（4）债权人通过债务重组取得金融资产的，应按金融资产准则的相关规定进行会计处理，即按债务重组日金融资产公允价值作为入账金额，与放弃债权的公允价值无关。

（5）债权人通过债务重组取得非金融资产的，应以放弃债权的公允价值为基础确定非金融资产的入账金额。

（6）债权人通过债务重组取得资产（包括金融资产），其中，金融资产按债务重组日金融资产公允价值作为入账金额，其他非金融资产按照以下公式计算：

资产A入账金额=（放弃债权的公允价值−合同生效日金融资产公允价值）×资产A合同生效日的公允价值/（资产A合同生效日公允价值+资产B合同生效日公允价值）

资产B入账金额=（放弃债权的公允价值−合同生效日金融资产公允价值）×资产B合同生效日的公允价值/（资产A合同生效日公允价值+资产B合同生效日公允价值）

 或有事项的确认和计量

飞越必刷题：62、63

（一）预计负债的确认

与或有事项相关的义务同时满足以下三个条件时确认为预计负债：

（1）该义务是企业承担的现时义务。

（2）履行该义务很可能（50%＜发生的可能性≤95%）导致经济利益流出企业。

（3）该义务的金额能够可靠地计量。

或有资产不满足资产定义，不确认为资产，或有资产很可能导致经济利益流入企业的，可以在报表附注中披露。或有负债不满足负债定义，不确认为负债，应在报表附注中批注，但是，极小可能导致经济利益流出企业的或有负债无须披露。

（二）预计负债的计量

1.最佳估计数的确定

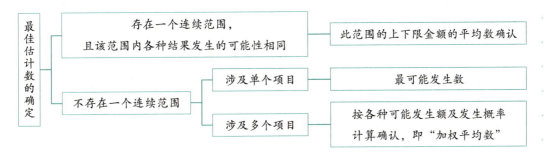

2.预期可获得补偿的处理

企业清偿预计负债所需支出全部或部分预期由第三方补偿的，补偿金额只有在基本确定能够收到时才能作为资产单独确认。确认的补偿金额不应超过所确认预计负债的账面价值。会计分录为：

借：其他应收款
　　贷：营业外支出等

第22记 [2分] 或有事项的具体应用

飞越必刷题：64、65

（一）未决诉讼或未决仲裁

诉讼尚未裁决之前，对于被告而言，可能形成一项或有负债或者预计负债。对于原告而言，可能形成一项或有资产，针对被告具体情况如下表所示：

情形	会计处理原则	会计分录
前期资产负债表日已经合理预计了预计负债	将当期实际发生的诉讼损失金额与已计提的相关预计负债之间的差额，直接计入或冲减当期营业外支出	借或贷：营业外支出 　　贷或借：预计负债 借：预计负债 　　贷：其他应付款
前期资产负债表日，依据当时实际情况和掌握的证据，原本应当能够合理估计但所做估计与当时的事实严重不符	属于前期会计差错，按前期会计差错更正方法进行处理	借或贷：营业外支出 　　贷或借：预计负债
前期资产负债表日，依据当时实际情况和所掌握的证据，确实无法合理预计诉讼损失	在该项损失实际发生的当期，直接计入当期营业外支出	借：营业外支出 　　贷：其他应付款
资产负债表日至财务报告批准报出日之间发生的需要调整或说明的未决诉讼	按照资产负债表日后事项的相关规定进行处理	借或贷：营业外支出 　　贷或借：预计负债 借：预计负债（如涉及） 　　贷：其他应付款

（二）产品质量保证

企业按相关法律法规提供售出产品质量保证的，属于保证类质保，应按或有事项进行会计处理，会计分类为：

借：主营业务成本
　　贷：预计负债

> **命题角度**：判断合同中企业为客户提供延保服务是否构成单项履约义务。
>
> 此类题目需要结合题目的已知条件进行判断，此项延保服务是否在向客户保证所销售商品符合既定标准之外提供了一项单独的服务。如果满足，属于提供服务类质保服务，应将其作为单项履约义务，并把交易价格按合同开始日单独售价相对比例进行分配，并在履行该项履约义务时确认收入。如果经过判断未提供一项单独的服务，属于保证类质保服务，满足条件确认预计负债。

（三）亏损合同

待执行合同变亏损合同的，应按退出合同的最低净成本进行会计处理，具体情况如下表所示：

退出合同最低净成本选择	会计处理原则	会计分录
未履行合同	按预计支付金额确认预计负债	借：营业外支出 　贷：预计负债
继续履行合同	不存在标的资产的，将预计损失确认负债	借：主营业务成本 　贷：预计负债 借：预计负债 　贷：库存商品
	存在标的资产的，对标的资产计提存货跌价准备，损失金额超过计提的存货跌价准备金额	借：资产减值损失 　贷：存货跌价准备 借：主营业务成本 　贷：预计负债 借：预计负债 　贷：库存商品

（四）重组义务

下列情况同时存在时，表明企业承担了重组义务：

（1）有详细、正式的重组计划。

（2）该重组计划已对外公告。

企业承担的重组义务满足或有事项确认条件的，应当确认为负债。企业应当按照与重组有关的直接支出（自愿遣散、强制遣散、不再使用固定资产撤销租赁费）确定负债金额。

第23记 资产负债表 [2分]

飞越必刷题：28、66、67、146

（一）资产和负债列报流动与非流动项目的标准

具体分类标准如下表所示：

项目	流动性划分标准（满足之一）
资产	（1）预计在一个正常营业周期（含因生产周期较长等导致正常营业周期长于一年）中变现、出售或耗用。 （2）主要为交易目的而持有。 （3）预计在资产负债表日起一年内（含一年）变现。 （4）自资产负债表日起一年内，交换其他资产或清偿负债的能力不受限制的现金或现金等价物
负债	（1）预计在一个正常营业周期中清偿，包括超过一年才予以清偿的经营性负债，也属于流动负债。 （2）主要为交易目的而持有。 （3）自资产负债表日起一年内到期应予以清偿。 （4）企业在资产负债表日没有将负债清偿推迟至资产负债表日后一年以上的实质性权利

通关绿卡

命题角度：根据经济事项判断相关资产或负债是否属于流动（或非流动）项目。

（1）并非所有的交易性金融资产均属于流动资产，例如，自资产负债表日起超过12个月到期且预期持有超过12个月的衍生工具应当划分为非流动资产（若衍生工具划分为交易性金融负债，则其流动性划分与上述处理相同）。

（2）对于在资产负债表日起一年内到期的负债，企业存在将负债清偿推迟至资产负债表日后一年以上的实质性权利，应当归类为非流动负债。企业没有将负债清偿推迟至资产负债表日后一年以上的实质性权利，即使在资产负债表日后财务报告批准报出日前签订了重新安排清偿计划协议，从资产负债表日来看，此项负债仍应当归类为流动负债。同时，如果企业在资产负债表日享有将负债清偿推迟至资产负债表日后一年以上的实质性权利，即使后续发生提前偿还或者企业计划提前偿还，也不影响企业在资产负债表日将该负债划分为非流动负债。

（3）企业在资产负债表日或之前违反了长期借款协议，导致贷款人可随时要求清偿的负债，应当归类为流动负债。但是，如果贷款人在资产负债表日或之前同意提供在资产负债表日后一年以上的宽限期，在此期限内企业能够改正违约行为，且贷款人不能要求随时清偿的，在资产负债表日此项负债并不符合流动负债的判断标准，应当归类为非流动负债。

(4) 对负债的流动性进行划分时的负债清偿是指,企业向交易对手方以转移现金、其他经济资源(如商品或服务)或企业自身权益工具的方式解除负债。

需要说明的是,如果该选择权按照《企业会计准则第37号—金融工具列报》的相关规定应当分类为权益,并作为复合金融工具的权益组成部分单独确认的,不影响该项负债的流动性划分。

(二) 重点报表项目填列说明

报表项目	填表说明
交易性金融资产	应根据"交易性金融资产"科目的相关明细科目的期末余额分析填列。自资产负债表日起超过一年到期且预期持有超过一年的以公允价值计量且其变动计入当期损益的非流动金融资产的期末账面价值,在"其他非流动金融资产"项目反映
应收款项融资	资产负债表日以公允价值计量且其变动计入其他综合收益的应收票据和应收账款等
债权投资	根据"债权投资"科目的相关明细科目期末余额,减去"债权投资减值准备"科目中相关减值准备的期末余额后的金额分析填列。自资产负债表日起一年内到期的长期债权投资的期末账面价值,在"一年内到期的非流动资产"项目反映。企业购入的以摊余成本计量的一年内到期的债权投资的期末账面价值,在"其他流动资产"项目反映
其他债权投资	根据"其他债权投资"科目的相关明细科目的期末余额分析填列。自资产负债表日起一年内到期的长期债权投资的期末账面价值,在"一年内到期的非流动资产"项目反映。企业购入的以公允价值计量且其变动计入其他综合收益的一年内到期的债权投资的期末账面价值,在"其他流动资产"项目反映
一年内到期的非流动资产	按照相关会计准则采用折旧(或摊销、折耗)方法进行后续计量的固定资产、使用权资产、无形资产和长期待摊费用等非流动资产,折旧(或摊销、折耗)年限(或期限)只剩一年或不足一年的,或预计在一年内(含一年)进行折旧(或摊销、折耗)的部分,不得归类为流动资产,仍在各该非流动资产项目中填列,不转入"一年内到期的非流动资产"项目
租赁负债	应根据"租赁负债"科目的期末余额填列。自资产负债表日起一年内到期应予以清偿的租赁负债的期末账面价值,在"一年内到期的非流动负债"项目反映

> **通关绿卡**
>
> **命题角度**：合同履约成本、合同取得成本和合同结算如何在资产负债表中列报。
>
> 合同履约成本初始确认时摊销期不超过一年或一个正常营业周期的部分填列"存货"项目。
>
> 合同履约成本和合同取得成本初始确认时摊销期在一年或一个正常营业周期以上的期末余额，减去"合同履约成本减值准备"科目和"合同取得成本减值准备"科目中相应余额后，填列"其他非流动资产"项目。
>
> "合同结算"科目的期末余额在借方的，根据其流动性，在资产负债表中分别列示为"合同资产"或"其他非流动资产"项目；期末余额在贷方的，根据其流动性，在资产负债表中分别列示为"合同负债"或"其他非流动负债"项目。

第24记 利润表 （2分）

飞越必刷题：29、68

（一）营业利润

营业利润=营业收入−营业成本−税金及附加−销售费用−管理费用−研发费用−财务费用−资产减值损失−信用减值损失+其他收益+投资收益（−投资损失）+净敞口套期收益（−净敞口套期损失）+公允价值变动收益（−公允价值变动损失）+资产处置收益（−资产处置损失）

（二）利润总额

利润总额=营业利润+营业外收入−营业外支出

（三）净利润

净利润=利润总额−所得税费用

> **通关绿卡**
>
> **命题角度**：考核具体经济业务是否影响营业利润。
>
> 在作答此类题目时按以下步骤判断：
> 第一步，该事项是否影响损益。
> 第二步，影响损益的应该计入哪个损益类会计科目。
> 第三步，如果计入的是营业外收入、营业外支出和所得税费用，不影响营业利润，其他损益类科目影响营业利润。

第25记 现金流量表

2分

飞越必刷题：69、70、71

现金流量表分为经营活动产生的现金流量、投资活动产生的现金流量和筹资活动产生的现金流量。

（1）投资活动产生的现金流量，是指企业长期资产的购建和不包括在现金等价物范围内的投资及其处置活动。

（2）筹资活动产生的现金流量，是指导致企业资本及债务规模和构成发生变化的活动。

（3）经营活动产生的现金流量，是指投资活动和筹资活动以外的所有交易和事项。

通关绿卡

命题角度：根据经济业务判断现金流量的具体分类。

现金流量三大分类的区分按以下步骤进行：

第一步，判断是否属于投资活动或筹资活动，如果均不属于则是经营活动。

第二步，投资活动是广义的投资，既包括对外投资（买卖股票、债券等）也包括对内投资（买卖固定资产、无形资产等）。

第三步，筹资活动也是广义的筹资，既包括向债权人筹资（向银行借款、发行公司债券等）也包括向股东筹资（发行普通股等）。

第四步，追根溯源，无论是投资活动还是筹资活动需要找到"根源"，即经济业务的本质。

近5年常考和本年实务热点现金流量区分如下表所示：

分类	案例
经营活动产生的现金流量	（1）代扣代缴个人所得税手续费返还款项。 （2）与资产相关政府补助收到的款项。 （3）支付应付账款（应付票据）。 （4）支付给离退休人员的薪酬。 （5）不附追索权商业汇票贴现收到的款项。 （6）支付的按租赁准则简化处理的短期租赁付款额和低价值资产租赁付款额以及未纳入租赁负债的可变租赁付款额等
投资活动产生的现金流量	（1）购买定期存单支付的款项。 （2）购建固定资产和支付工程人员薪酬支付的款项。 （3）发行股份向母公司购买业务相关的过渡期以现金补偿支出。 （4）PPP项目确认为无形资产部分的现金流量等

续表

分类	案例
筹资活动产生的现金流量	(1) 在合并报表中购买少数股东股权。 (2) 分期付款购入资产具有融资性质分期支付的款项。 (3) 支付发行股票的手续费。 (4) 附追索权商业汇票的贴现。 (5) 回购股票用于激励职工支付的款项。 (6) 回购已授予但未解锁的限制性股票支付的现金。 (7) 支付的预付租金和租赁保证金。 (8) 支付租赁负债本金和利息等

第26记 [2分] 关联方关系和中期财报

飞越必刷题：30、72、73

（一）关联方披露

关联方关系的存在是以股权投资为前提，投资方能够控制、共同控制或对被投资方施加重大影响的，存在关联方关系。具体情况如下表所示：

分类	情形
构成关联方关系	(1) 该企业的母公司： ①某一个企业直接控制一个或多个企业。 ②某一个企业通过一个或若干个中间企业间接控制一个或多个企业。 ③一个企业直接地和通过一个或若干中间企业间接地控制一个或多个企业。 (2) 该企业的子公司。 (3) 与该企业受同一母公司控制的其他企业。 (4) 对该企业实施共同控制的投资方。 (5) 对该企业施加重大影响的投资方。 (6) 该企业的合营企业，企业与其所属企业集团的其他成员单位（包括母公司和子公司）的合营企业或联营企业。 (7) 企业的合营企业与企业的其他合营企业或联营企业，合营企业包括合营企业及其子公司。 (8) 该企业的联营企业，联营企业包括联营企业及其子公司。 (9) 该企业的主要投资者个人及与其关系密切的家庭成员。 (10) 该企业或其母公司的关键管理人员及其关系密切的家庭成员。

分类	情形
构成关联方关系	（11）该企业主要投资者个人、关键管理人员或与其关系密切的家庭成员控制、共同控制的其他企业。 （12）该企业关键管理人员提供服务的提供方与服务接受方（需具体判断）。 （13）企业与其所属企业集团的其他成员单位（包括母公司和子公司）的合营企业或联营企业。 （14）该企业设立的企业年金基金等
不构成关联方关系	（1）与该企业发生日常往来的资金提供者、公用事业部门、政府部门和机构，以及因与该企业发生大量交易而存在经济依存关系的单个客户、供应商、特许商、经销商和代理商之间，不构成关联方关系。 （2）与该企业共同控制合营企业的合营者之间，通常不构成关联方关系。 （3）仅仅同受国家控制而不存在控制、共同控制或重大影响关系的企业，不构成关联方关系。 （4）两方或两方以上同受一方重大影响的，不构成关联方

（二）中期财务报告

（1）中期财务报告至少应当包括资产负债表、利润表、现金流量表和附注，需要注意的是，企业可以根据需要自行决定是否在中期财务报告中编制所有者权益（股东权益）变动表。

（2）中期财务报告编制应遵循与年度财务报告相一致的会计政策原则，同时，企业应当以中期财务数据为基础，而不得以预计的年度财务数据为基础。

（3）中期财务报告中各会计要素的确认和计量原则应当与年度财务报表所采用的原则相一致。在编制中期财务报告时，中期会计计量应当以年初至本中期末为基础，财务报告的频率不应当影响年度结果的计量。企业在中期不得随意变更会计政策，应当采用与年度财务报表相一致的会计政策。

（4）企业取得季节性、周期性或者偶然性收入，应当在发生时予以确认和计量，不应当在中期财务报表中预计或者递延，但会计年度末允许预计或者递延的除外。

（5）企业在会计年度中不均匀发生的费用，应当在发生时予以确认和计量，不应当在中期财务报表中预提或者待摊，但会计年度末允许预提或者待摊的除外。

命题角度：结合具体经济业务判断是否构成关联方关系。

此类题目按以下原则进行判断：

（1）判断是否存在投资关系（重大影响以上），包括直接投资和间接投资，如果不存在投资关系，不构成关联方关系。

（2）存在投资关系特殊情况见下图（50%以上为控制，50%为共同控制，30%为重大影响）：

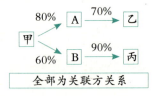

全部为关联方关系

A、B不属于关联方关系

甲、乙不属于关联方关系

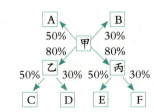

B、D，B、F，D、F，不属于关联方关系

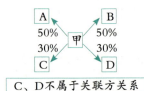

C、D不属于关联方关系

（3）通过个人进行关联，包括父母、子女、兄弟姐妹、配偶。

记忆口诀

命题角度：关联方的判断。

实施控制少不了，共同控制能传导，重大影响传不了。

第27记 公司债券 (2分)

飞越必刷题：31、154

（一）一般公司债券

具体会计处理如下表所示：

经济业务	会计分录
发行时	借：银行存款（扣除发行费用后的净额） 　　贷：应付债券——面值（债券面值） 差额：应付债券——利息调整（折价借方、溢价贷方）
期末计提利息时	借：在建工程等（期初债券的摊余成本×市场利率×当期期限） 　　贷：应付债券——应计利息（到期一次还本付息） 　　　　应付利息（分期付息到期还本）（债券面值×票面利率×当期期限） 差额：应付债券——利息调整
到期归还本金和利息时	借：应付债券——面值 　　　　　　——应计利息（到期一次还本付息债券利息） 　　应付利息（分期付息债券的最后一次利息） 　　贷：银行存款

通关绿卡

命题角度1：根据资料计算应付债券期末摊余成本。

（1）如果债券是分期付息、到期还本债券，按以下公式计算：

应付债券期末摊余成本=期初摊余成本×（1+实际利率）–应付债券面值×票面利率

（2）如果债券是到期一次还本付息的，按以下公式计算：

应付债券期末摊余成本=期初摊余成本×（1+实际利率）

命题角度2：一般公司债券结合借款费用计算资本化的利息金额。

此部分内容需要提示同学们的是，如果是非平价发行的一般公司债券，应予资本化的利息费用为每期实际利息费用，即期初摊余成本乘以实际利率计算的金额。

（二）可转换公司债券

在初始确认时将其包含的负债成分和权益成分进行分拆，将负债成分确认为应付债券，将权益成分确认为其他权益工具（满足"固定换固定"的相关规定），具体计算如下：

（1）可转债权益成分的公允价值=可转债发行价格–负债成分的公允价值。

（2）负债成分的公允价值=没有转股权一般公司债券的实际发行价格（未来现金流量的现值）。

具体会计处理如下表所示：

经济业务	会计分录
发行时	借：银行存款（扣除发行费用后的净额） 　　贷：应付债券——可转换公司债券（面值） 　　　　其他权益工具（权益成分公允价值） 差额：应付债券——可转换公司债券（利息调整）（折价借方、溢价贷方）
期末计提利息时	借：在建工程等（期初债券的摊余成本×市场利率×当期期限） 　　贷：应付债券——可转换公司债券（应计利息）（到期一次还本付息） 　　　　应付利息（分期付息到期还本）（债券面值×票面利率×当期期限） 差额：应付债券——可转换公司债券（利息调整）
转股时	借：应付债券——可转换公司债券（面值） 　　　　　　——应计利息（到期一次还本付息） 　　　　　　——可转换公司债券（利息调整）（折价借方、溢价贷方） 　　应付利息——可转换公司债券利息（分期付息，一次还本） 　　其他权益工具（权益成分公允价值） 　　贷：股本（转股数量） 　　　　资本公积——股本溢价（差额） 　　　　库存现金（不足1股的部分）

通关绿卡

命题角度：可转债在转股时确认的资本公积（股本溢价）金额。

此类题目有两种方式解决，具体包括：

（1）直接根据转股时的会计分录进行计算，借方金额合计减除贷方股本金额后的差额即为应确认的资本公积金额。

（2）可以根据如下公式计算：

可转债转股时应确认的资本公积（股本溢价）金额=应付债券的账面价值+其他权益工具的账面价值+尚未支付的债券利息（此内容需要看题目要求）–股本金额（转换的股数）

第28记 基本每股收益计算 (2分)

飞越必刷题：32、74

（一）确定分子

计算基本每股收益时，分子为归属于普通股股东的当期净利润，即企业当期实现的可供普通股股东分配的净利润或应由普通股股东分担的净亏损金额。

需要说明的是，发生亏损的企业，每股收益以负数列示。以合并财务报表为基础计算的每股收益，分子应当是归属于母公司普通股股东的当期合并净利润，即扣减少数股东损益后的余额。与合并财务报表一同提供的母公司财务报表中企业自行选择列报每股收益的，以母公司个别财务报表为基础计算的每股收益，分子应当是归属于母公司全部普通股股东的当期净利润。

（二）确定分母

计算基本每股收益时，分母为当期发行在外普通股的算术加权平均数，即期初发行在外普通股股数根据当期新发行或回购的普通股股数与相应时间权数的乘积进行调整后的股数。

需要说明的是，库存股不属于发行在外的普通股，且无权参与利润分配，应当在计算分母时扣除。在计算基本每股收益时，当年派发股票股利、资本公积转增资本、拆股、并股和送股不需要考虑时间权重。

非同一控制下企业合并，作为对价发行的普通股股数，从购买日起计算。

同一控制下企业合并，作为对价发行的普通股股数，应当计入与合并净利润口径一致的相关各列报期间普通股的加权平均数。

（三）计算公式

基本每股收益=归属于普通股股东的当期净利润÷发行在外普通股的加权平均数

发行在外普通股加权平均数=期初发行在外普通股股数+当期新发行普通股股数×已发行时间÷报告期时间-当期回购普通股股数×已回购时间÷报告期时间

（四）重新计算

企业派发股票股利、公积金转增资本、拆股或并股等，会增加或减少其发行在外普通股或潜在普通股的数量，但并不影响所有者权益总额，这既不影响企业所拥有或控制的经济资源也不改变企业的盈利能力。为了保持会计指标的前后期可比性，企业应当在相关报批手续全部完成后，按调整后的股数重新计算各列报期间的每股收益。

上述变化发生于资产负债表日至财务报告批准报出日之间的，应当以调整后的股数重新计算各列报期间的每股收益。

> **命题角度**：结合具体经济业务计算基本每股收益。
>
> 基本每股收益的计算属于基础内容，需要提示同学们的是，派发股票股利、资本公积转增资本、拆股、并股和送股不需要考虑时间权重。

第29记 2分 稀释每股收益计算

飞越必刷题：33、34、143

潜在普通股是否具有稀释性的判断标准是看其对持续经营每股收益的影响，即假定潜在普通股当期转换为普通股，如果会减少持续经营每股收益或增加持续经营每股亏损，表明具有稀释性，否则，具有反稀释性。

（一）分子的调整

计算稀释每股收益时，应当根据下列事项对归属于普通股股东的当期净利润进行调整：

（1）当期已确认为费用的稀释性潜在普通股的利息。

（2）稀释性潜在普通股转换时将产生的收益或费用。

需要说明的是，上述调整应当考虑相关的所得税影响。

（二）分母的调整

（1）计算稀释每股收益时，当期发行在外普通股的加权平均数应当为计算基本每股收益时普通股的加权平均数与假定稀释性潜在普通股转换为已发行普通股而增加的普通股股数的加权平均数之和。

（2）计算稀释性潜在普通股转换为已发行普通股而增加的普通股股数的加权平均数时，以前期间发行的稀释性潜在普通股，应当假设在当期期初转换为普通股。当期发行的稀释性潜在普通股，应当假设在发行日转换普通股。

（三）具体项目

1.可转换公司债券（分子和分母均需要调整）

在确定可转换公司债券是否具有稀释性时，首先计算增量股的每股收益，只有增量每股收益小于基本每股收益，才具有稀释性，具体计算公式如下：

增量每股收益=增加的净利润÷增加的普通股股数加权平均数

稀释每股收益=当期已确认为费用的利息等的税后影响额÷假定可转换公司债券当期期初（或发行日）转换为普通股的股数加权平均数

2.认股权证、股份期权（分母调整）

假设这些认股权证、股份期权在当期期初（或发行日）已经行权，分母调整具体计算公式如下：

增加的普通股股数=拟行权时转换的普通股股数-行权价格×拟行权时转换的普通股股数÷当期普通股平均市场价格

需要说明的是，对于盈利企业，认股权证、股份期权等的行权价格低于当期普通股平均市场价格时，具有稀释性。对于亏损企业，认股权证、股份期权的假设行权一般不影响净亏损，但增加普通股股数，从而导致每股亏损金额的减少，实际上产生了反稀释的作用，因此，这种情况下，不应当计算稀释每股收益。

3.企业承诺将回购其股份的合同（分母调整）

分母调整具体计算公式如下：

增加的普通股股数=回购价格×承诺回购的普通股股数÷当期普通股平均市场价格-承诺回购的普通股股数

4.限制性股票

具体计算情况如下表所示：

限制性股票	计算	说明	
		现金股利可撤销	现金股利不可撤销
基本每股收益	分子：归属于普通股东的当期净利润。 分母：不应当包括限制性股票在内	分子应扣除当期分配给预计未来可解锁限制性股票持有者的现金股利。 分母不应包含限制性股票的股数	分子应扣除归属于预计未来可解锁限制性股票的净利润。 分母不应包含限制性股票的股数
稀释每股收益	（1）解锁条件仅为服务期限条件： 分子应加回计算基本每股收益分子时已扣除的当期分配给预计未来可解锁限制性股票持有者的现金股利或归属于预计未来可解锁限制性股票的净利润。 稀释每股收益=当期净利润÷（普通股加权平均数+调整增加的普通股加权平均数）=当期净利润÷[普通股加权平均数+（限制性股票股数-行权价格×限制性股票股数÷当期普通股平均市场价格）] 行权价格=限制性股票的发行价格+资产负债表日尚未取得的职工服务的公允价值 （2）解锁条件包含业绩条件： 公司应假设资产负债表日即为解锁日并据以判断资产负债表日的实际业绩情况是否满足解锁要求的业绩条件。若满足业绩条件的，应当参照上述解锁条件仅为服务期限条件的有关规定计算稀释性每股收益。 若不满足业绩条件的，计算稀释性每股收益时不必考虑此限制性股票的影响		

第30记 持有待售非流动资产和处置组的确认 （2分）

飞越必刷题：35、36、139

（一）持有待售类别的分类

1.分类原则

非流动资产或处置组划分为持有待售类别，应当同时满足两个条件：

（1）可立即出售。

（2）出售极可能发生（同时满足以下三个条件）：

①企业出售非流动资产或处置组的决议一般需要由企业相应级别的管理层作出，如果有关规定要求企业相关权力机构或者监管部门批准后方可出售，应当已经获得批准。

②企业已经获得确定的购买承诺。

③预计自划分为持有待售类别起一年内，出售交易能够完成。

2.延长一年期限的例外条款

如果涉及的出售不是关联方交易，且有充分证据表明企业仍然承诺出售非流动资产或处置组，允许放松一年期限条件（如果涉及的出售是关联方交易，不允许放松一年期限条件），企业可以继续将非流动资产或处置组划分为持有待售类别。企业无法控制的原因包括：

（1）意外设定条件。

（2）发生罕见情况（因不可抗力引发的情况、宏观经济形势发生急剧变化等不可控情况）。

3.不再继续符合划分条件的处理

持有待售的非流动资产或处置组不再继续满足持有待售类别划分条件的，企业不应当继续将其划分为持有待售类别。部分资产或负债从持有待售的处置组中移除后，如果处置组中剩余资产或负债新组成的处置组仍然满足持有待售类别划分条件，企业应当将新组成的处置组划分为持有待售类别，否则应当将满足持有待售类别划分条件的非流动资产单独划分为持有待售类别。

（二）某些特定持有待售类别分类的具体应用

1.专为转售而取得的非流动资产或处置组

对于企业专为转售而新取得的非流动资产或处置组，如果在取得日满足"预计出售将在一年内完成"的规定条件，且短期（通常为3个月）内很可能满足划分为持有待售类别的其他条件，企业应当在取得日将其划分为持有待售类别。

其他条件包括：

（1）根据类似交易中出售此类资产或处置组的惯例，在当前状况下即可立即出售。

（2）企业已经就一项出售计划作出决议且获得确定的购买承诺。

2.持有待售的长期股权投资

情形	个别报表会计处理	合并报表会计处理
100%→0%	全部股权（100%或60%）划分为持有待售	所有资产、负债划分为持有待售。无论对子公司是否划分为持有待售类别，企业始终应当按准则规定确定合并范围，编制合并报表
100%（60%）→40%（重大影响）		
45%（50%）→10%（公允价值计量）	出售部分终止权益法核算（35%或40%），并划分为持有待售，剩余股权（10%）在出售股权处置前仍采用权益法核算	不涉及
100%→80%（控制）	未丧失控制权，不属于"主要通过出售而非持有使用收回其账面价值"，因此，不应当将拟出售部分股权划分为持有待售类别	

命题角度1：母公司计划将处置子公司股权满足持有待售划分条件在个别报表和合并报表中的会计处理。

此类题目按以下步骤进行处理：

第一步，需要判断是否丧失控制权，如果没有丧失控制权，在个别报表中按处置股权投资进行处理，在合并报表按权益性交易进行处理。

第二步，如果丧失控制权，则在个别报表中应将全部股权划分为持有待售类别，在合并报表中将子公司100%资产和负债划分为持有待售类别。

命题角度2：投资方计划处置联营企业或合营企业股权投资满足持有待售划分条件的会计处理。

此类题目按以下步骤进行处理：

第一步，将出售部分终止权益法核算，但剩余股权在出售股权处置前仍采用权益核算。

第二步，分析处置股权后是否终止权益法核算，如果没有终止权益法核算，处置部分股权在持有期间所对应的资本公积和可转损益的其他综合收益需要按比例结转至投资收益。如果终止权益法核算，需要将原投资在持有期间确认的资本公积和可转损益的其他综合收益全部转入投资收益。

持有待售非流动资产和处置组的计量和列报

飞越必刷题：37

（一）持有待售非流动资产和处置组的计量

具体会计处理如下表所示：

时点	会计处理原则	会计分录
划分为持有待售类别前	按照相关会计准则规定计量非流动资产或处置组中各项资产和负债的账面价值。对于拟出售的非流动资产或处置组，企业应当在划分为持有待售类别前考虑进行减值测试，计提减值准备后，该减值金额后续不得转回	发生减值时： 借：资产减值损失 　贷：××减值准备
划分为持有待售类别时	（1）如果持有待售的非流动资产或处置组整体的账面价值低于其公允价值减去出售费用后的净额，企业不需要对账面价值进行调整。 （2）如果账面价值高于其公允价值减去出售费用后的净额，企业应当将账面价值减记至公允价值减去出售费用后的净额，减记的金额确认为资产减值损失，计入当期损益，同时计提持有待售资产减值准备	借：资产减值损失 　贷：持有待售资产减值准备
划分为持有待售类别后（非流动资产）	如果其账面价值高于公允价值减去出售费用后的净额 持有待售的非流动资产公允价值减去出售费用后的净额增加，以前减记的金额应当予以恢复。 需要说明的是，划分为持有待售类别前确认的资产减值损失不得转回。持有待售的非流动资产不应计提折旧或摊销	借：资产减值损失 　贷：持有待售资产减值准备 借：持有待售资产减值准备 　贷：资产减值损失
划分为持有待售类别后（处置组）	按照相关会计准则规定计量处置组中的流动资产、适用其他准则计量规定的非流动资产和负债的账面价值。 需要说明的是，持有待售的处置组中的非流动资产不应计提折旧或摊销	—

续表

时点	会计处理原则	会计分录
划分为持有待售类别后（处置组）	如果账面价值高于其公允价值减去出售费用后的净额。 需要说明的是，对于持有待售的处置组确认的资产减值损失金额，如果该处置组包含商誉，应当先抵减商誉的账面价值，再根据处置组中适用本准则规定的各项非流动资产账面价值所占比重，按比例抵减其账面价值	借：资产减值损失 　贷：持有待售资产减值准备
	如果后续持有待售的处置组公允价值减去出售费用后的净额增加，以前减记的金额应当予以恢复，但不得恢复已抵减商誉的账面价值	借：持有待售资产减值准备 　贷：资产减值损失

（二）持有待售报表列报

（1）持有待售资产和负债不应当相互抵销，"持有待售资产"和"持有待售负债"应当分别作为流动资产和流动负债列示。

①对于当期首次满足持有待售类别划分条件的非流动资产或划分为持有待售类别的处置组中的资产和负债，不应当调整可比会计期间资产负债表。

②非流动资产或处置组在资产负债表日至财务报告批准报出日之间满足持有待售类别划分条件的，应当作为资产负债表日后非调整事项进行会计处理，并在附注中披露相关信息。

（2）企业专为转售而取得的持有待售子公司的列报。

在合并资产负债表中，允许采用简便方法处理，将企业专为转售而取得的持有待售子公司的全部资产和负债分别作为持有待售资产和持有待售负债项目列示。

在合并利润表中，企业专为转售而取得的持有待售子公司的列示要求与其他终止经营一致，即将该子公司净利润与其他终止经营净利润合并列示在"终止经营净利润"项目中。企业在附注中披露的信息也可以更为简化。

（3）不再继续划分为持有待售类别的列报。

对于非流动资产或处置组，如果其不再继续划分为持有待售类别或非流动资产从持有待售的处置组中移除，在资产负债表中，企业应当将原来分类为持有待售类别的非流动资产或处置组重新作为固定资产、无形资产等列报，并调整其账面价值。在当期利润表中，企业应当将账面价值调整金额作为持续经营损益列报。企业还应在附注中披露相关信息。

第32记 会计政策变更和会计估计变更

飞越必刷题：38、39

（1）会计政策变更采用追溯调整法或未来适用法进行会计处理，跨年涉及损益类会计科目替换为"盈余公积""利润分配"，无须调整应交所得税，满足条件确认递延所得税。

（2）会计估计变更采用未来适用法进行会计处理。

（3）难以对某项变更区分为会计政策变更或会计估计变更的，应当将其作为会计估计变更处理。会计政策变更和会计估计变更区分如下表所示：

项目	经济业务
会计政策变更	①发出存货计价方法的变更。 ②投资性房地产后续计量模式由成本模式改为公允价值模式。 ③执行新收入准则将原以风险报酬转移确认收入改为以控制权转移确认收入。 ④执行新金融工具准则将原来金融资产"四分类"改为"三分类"。 ⑤新租赁准则要求将原经营租赁资产满足条件确认为使用权资产。 ⑥因执行新准则，而对原准则规定的会计处理进行变更等
会计估计变更	①存货可变现净值的确定。 ②采用公允价值模式计量的投资性房地产公允价值的确定。 ③固定（无形）资产的预计使用寿命、净残值和折旧（摊销）方法。 ④可收回金额按照资产（组）的公允价值减去处置费用后的净额确定的，确定公允价值减去处置费用后的净额的方法。可收回金额按照资产（组）预计未来现金流量的现值确定的，预计未来现金流量的确定。 ⑤预计负债初始计量的最佳估计数的确定。 ⑥各类资产公允价值的确定（含输入值的确定）。 ⑦承租人对未确认融资费用的分摊，出租人对未实现融资收益的分配。 ⑧某一时段履行履约进度的计算方法等

通关绿卡

命题角度：判断经济业务属于会计政策变更还是会计估计变更。

此类题目需要准确把握会计政策变更和会计估计变更的定义，然后作出准确的选择。建议同学们将上述表格中列举的会计政策变更情形记住，剩余的即为会计估计变更。同时，会计估计变更的案例大概率会出现"数字"，例如，使用年限、百分率、净额、净值等。

第33记 资产负债表日后事项会计处理 (2分)

飞越必刷题：40、75、76、137

资产负债表日后事项不是在这个特定期间内发生的全部事项，而是那些与资产负债表日存在状况有关的事项或对企业财务状况具有重大影响的事项。具体会计内容和会计处理如下表所示：

项目	内容	会计处理
资产负债表日后调整事项	（1）资产负债表日后诉讼案件结案，法院判决证实了企业在资产负债表日已经存在现时义务，需要调整原先确认的与该诉讼案件相关的预计负债，或确认一项新负债。 （2）资产负债表日后取得确凿证据，表明某项资产在资产负债表日发生了减值或者需要调整该项资产原先确认的减值金额。 （3）资产负债表日后进一步确定了资产负债表日前购入资产的成本或售出资产的收入，包括资产负债表日前购入的资产已经按暂估金额入账，资产负债表日后获得证据，可以进一步确定该资产成本，以及资产负债表日已经确认收入，资产负债表日后期间获得关于收入的进一步证据等。 （4）资产负债表日后发现了财务报表舞弊或差错等	应当如同资产负债表所属期间发生的事项一样，作出相关账务处理，并对资产负债表日已经编制的财务报表进行调整。但不包括现金流量表正表和资产负债表"货币资金"项目
资产负债表日后非调整事项	（1）资产负债表日后发生重大诉讼、仲裁、承诺。 （2）资产负债表日后资产价格、税收政策、外汇汇率发生重大变化。 （3）资产负债表日后因自然灾害导致资产发生重大损失。 （4）资产负债表日后发行股票和债券以及其他巨额举债。 （5）资产负债表日后资本公积转增资本。 （6）资产负债表日后发生巨额亏损。 （7）资产负债表日后发生企业合并或处置子公司。 （8）资产负债表日后，企业利润分配方案中拟分配的以及经审议批准宣告发放的股利或利润。 （9）对于在报告期已经开始协商，但在报告期资产负债表日后的债务重组等	应当在报表附注中披露每项重要的资产负债表日后非调整事项的性质、内容及其对财务状况和经营成果的影响

> **命题角度**：选择属于资产负债表日后调整事项。
>
> 此类题目按以下步骤进行判断：
> 第一步，是否发生在资产负债表日后期间，不是，不属于资产负债表日后事项。是，进入第二步。
> 第二步，是否对财务报表产生有利或不利影响，不是，属于当年正常事项。是，进入第三步。
> 第三步，是否在报告期或资产负债表日已经存在，不是，属于资产负债日后非调整事项。是，属于资产负债日后调整事项。

第34记 [2分] 前期差错更正的会计处理

飞越必刷题：135、136

（1）重要的前期差错更正采用追溯重述法进行会计处理，跨年调整涉及损益类会计科目在考试时需要关注考题要求，历年考题均说明直接使用会计科目或报表项目，无须通过"以前年度损益调整"。

（2）关于前期差错更正调整所得税时，需要关注考题要求，如果题目中要求调整当期应交税费时，正常调整"应交税费"。如果题目中要求不能调整当期应交税费的，还需要分析是否满足递延所得税的确认条件，如果满足，需要确认递延所得税资产（负债）。

> **命题角度**：根据经济业务判断是否属于会计差错，并进行会计处理。
>
> 此类题目涉及调整分录，同学们按以下步骤进行处理：
> 第一步，将此业务正确的会计分录写出来。
> 第二步，把错误的会计分录全部反过来写。
> 第三步，"合并同类项"，剩余没有合并和自动抵销的会计科目组合即是调整分录。

第二模块

突破提升 50 分

● 注会证书的含金量在于并不是一看就懂，一学就会，一做就对，一考就过，考注会哪有一帆风顺，考的就是你的坚持、你的毅力，你的决心和你的心态。此部分内容大概率在主观题中考查，因此，需要同学们适当的背记，同时要掌握原理，记住注会会计考试不能死记硬背，要原理为王！

 第35记 1分 **资产和负债的账面价值与计税基础**

飞越必刷题：144、149

（一）资产的账面价值和计税基础

（1）资产账面价值，是指资产账面余额扣除其备抵科目后的净额。

（2）资产计税基础，是指企业收回资产账面价值过程中，计算应纳税所得额时按照税法规定可以自应税经济利益中抵扣的金额。

（3）具体资产账面价值与计税基础对比如下表所示：

资产	账面价值	计税基础
固定资产	固定资产原值–累计折旧–固定资产减值准备	固定资产原值–税法口径的累计折旧
无形资产	无形资产原值–累计摊销–无形资产减值准备	无形资产原值–税法口径的累计摊销
交易性金融资产 其他权益工具投资	期末公允价值	历史成本
债权投资	账面价值	账面余额（未扣除减值）
投资性房地产	成本模式：投资性房地产原值–投资性房地产累计折旧（摊销）–投资性房地产减值准备 公允价值模式：期末公允价值	资产原值–税法口径的累计折旧（摊销）需要说明的是，采用公允价值模式计量的投资性房地产在税法中仍需要计提折旧（摊销）

（二）负债的账面价值和计税基础

（1）负债账面价值，是指负债账面余额扣除备抵科目后的净额。

（2）负债计税基础，是指负债账面价值减去未来期间计算应纳税所得额时按照税法规定可予抵扣的金额。

（3）具体负债账面价值与计税基础对比如下表所示：

负债	账面价值	计税基础
产品质量保证确认的预计负债	账面余额–备抵科目	0
债务担保确认的预计负债		如果税法规定不得税前扣除，则计税基础=账面价值
合同负债		如果税法规定应计入当期应纳税所得额，则计税基础为0
		如果税法中对于收入的确认原则一般与会计规定相同，则计税基础=账面价值
应付职工薪酬		超过部分在发生当期不允许税前扣除，在以后期间也不允许税前扣除，则计税基础=账面价值
		以现金结算的股份支付形成的应付职工薪酬，实际支付时可计入应纳税所得额，则计税基础为0
其他负债		罚款和滞纳金不得税前扣除，则计税基础=账面价值

通关绿卡

命题角度：说明某项资产的计税基础。

资产的计税基础本质上就是税法口径认可资产在某个时点的价值，一般情形下，资产的账面价值和计税基础在初始计量时不会产生差异（内部研发无形资产除外），在后续计量时因税法和会计计量口径不一致才会产生差异。因此，某项资产按税法标准计算就是该项资产的计税基础。

第36记 [1分] 递延所得税负债的确认和计量

飞越必刷题：104、106、137、138、144

（一）递延所得税负债的确认

1.一般原则

除企业会计准则中明确规定可不确认递延所得税负债的情况以外，企业对于所有的应纳税暂时性差异均应确认相关的递延所得税负债。除直接计入所有者权益的交易或事项（对应科目为资本公积、盈余公积、利润分配、其他综合收益）以及企业合并外（对应科目为商誉），在确认递延所得税负债的同时，应增加利润表中的所得税费用。

需要说明的是，单位价值在500万元以下的固定资产一次性税前扣除，会形成应纳税暂时性差异，满足条件应确认递延所得税负债。

2.不确认递延所得税负债的特殊情况

有些情况下，虽然资产、负债的账面价值与其计税基础不同，产生了应纳税暂时性差异，但出于各方面考虑，企业会计准则中规定不确认相应的递延所得税负债，主要包括：

（1）商誉的初始确认。

非同一控制下的企业合并中，企业合并成本大于合并中取得的被购买方可辨认净资产公允价值份额的差额，按照会计准则规定应确认为商誉。因会计与税法的划分标准不同，会计上作为非同一控制下的企业合并，但如果按照税法规定计税时作为免税合并的情况下，商誉的计税基础为零，其账面价值与计税基础形成应纳税暂时性差异，准则中规定不确认与其相关的递延所得税负债。

（2）除企业合并以外的其他交易或事项中，如果该项交易或事项发生时既不影响会计利润，也不影响应纳税所得额，则所产生的资产、负债的初始确认金额与其计税基础不同，形成应纳税暂时性差异的，交易或事项发生时不确认相应的递延所得税负债。

（3）权益法核算的长期股权投资，其计税基础与账面价值产生的有关暂时性差异是否应确认相关的所得税影响，应当考虑该项投资的持有意图：

①在准备长期持有的情况下，对于采用权益法核算的长期股权投资账面价值与计税基础之间的差异，投资企业一般不确认相关的所得税影响。

②在持有意图由长期持有转变为拟近期出售的情况下，因长期股权投资的账面价值与计税基础不同产生的有关暂时性差异，均应确认相关的所得税影响。

（二）递延所得税负债的计量

递延所得税负债的发生额=新增（或转回）应纳税暂时性差异×未来期间适用的所得税税率

通关绿卡

命题角度：根据经济业务判断是否需要确认递延所得税负债，并说明理由。

首先，要给出是否确认的答案，其次，阐述理由主要基于不确认的情形，请同学们注意不确认的情形，即上述总结的2。额外提示同学们的是，商誉在初始确认时是否确认递延所得税负债，一定要看清是"同控"还是"非同控"，是"应税合并"还是"免税合并"。

第37记 递延所得税资产的确认和计量 [2分]

飞越必刷题：102、138

（一）递延所得税资产的确认

1.一般原则

资产、负债的账面价值与其计税基础不同产生可抵扣暂时性差异的，在估计未来期间能够取得足够的应纳税所得额用以利用该可抵扣暂时性差异时，应当以很可能取得用来抵扣可抵扣暂时性差异的应纳税所得额为限，确认相关的递延所得税资产。

2.不确认递延所得税资产的特殊情况

某些情况下，如果企业发生的某项交易或事项==不是企业合并==，并且该交易发生时==既不影响会计利润也不影响应纳税所得额==，且该项交易中产生的资产、负债的初始确认金额与其计税基础不同，产生可抵扣暂时性差异的，企业会计准则中规定在交易或事项发生时不确认相应的递延所得税资产。

3.递延所得税资产的减值

资产负债表日，企业应当对递延所得税资产的账面价值进行复核。如果未来期间很可能无法取得足够的应纳税所得额用以利用递延所得税资产的利益，应当减记递延所得税资产的账面价值。递延所得税资产的账面价值减记以后，在以后期间根据新的环境和情况判断能够产生足够的应纳税所得额利用可抵扣暂时性差异，使得递延所得税资产包含的经济利益能够实现的，应相应恢复递延所得税资产的账面价值。

（二）递延所得税资产的计量

递延所得税资产的发生额=新增（或转回）可抵扣暂时性差异×未来期间适用的所得税税率

通关绿卡

命题角度：根据经济业务判断是否需要确认递延所得税资产，并说明理由。

此类题目首先要给出是否确认的答案，其次，阐述理由主要基于不确认的情形，历年考核较多的情况是内部研发形成的无形资产，满足税法规定"三新研发"的税收优惠，这点同学们应该都能准确的判断。关键是说明理由的部分，同学们可以将理由分层记忆，第一层，企业发生的某项交易或事项不是企业合并。第二层，交易发生时既不影响会计利润也不影响应纳税所得额，第三层，得出结论。

第38记 与股份支付相关的递延所得税 （1分）

飞越必刷题：78、103

与股份支付相关的支出在按照会计准则规定确认为成本费用时，其相关的所得税影响应区别于税法的规定进行处理：

（1）如果税法规定与股份支付相关的支出不允许税前扣除，不形成暂时性差异。

（2）如果税法规定与股份支付相关的支出允许税前扣除，在按照会计准则规定确认成本费用的期间内，企业应当根据会计期末取得的信息估计可税前扣除的金额计算确定其计税基础及由此产生的暂时性差异，符合确认条件的情况下，应当确认相关递延所得税。

（3）如果预计未来可抵扣暂时性差异超过等待期内确认的成本费用，超过部分递延所得税资产计入所有者权益，会计分录为：

借：递延所得税资产
　　贷：所得税费用
　　差额：资本公积——其他资本公积

通关绿卡

命题角度：根据具体业务判断是否应该确认递延所得税，并说明理由。

权益结算的股份支付递延所得税确认，此处一定要关注题目已知条件中给定税法的规定，如果税法规定与股份支付相关的支出在未实际支付时不得税前扣除，在实际支付时可以税前扣除，产生可抵扣暂时性差异，满足条件确认递延所得税资产，其对应科目是所得税费用。如果税法规定不得税前扣除，不产生暂时性差异，应属于永久性差异，不确认相关递延所得税影响。

第39记 与单项交易相关的递延所得税 （1分）

不符合初始计量豁免确认递延所得税的情形，具体包括：

（1）承租人在租赁期开始日确认租赁负债，其账面价值为尚未支付的租赁付款现值，计税基础为0，产生可抵扣暂时性差异，满足条件确认递延所得税资产。

（2）承租人在租赁期开始日确认使用权资产，其账面价值为租赁负债确认金额和其他相关支出之和，计税基础为0，产生应纳税暂时性差异，确认递延所得税负债。

（3）固定资产存在弃置费用确认预计负债，其账面价值为预计弃置费用的现值，计税基础为0，产生可抵扣暂时性差异，满足条件确认递延所得税资产。

> **通关绿卡**
>
> 命题角度：根据经济业务，针对单项交易涉及递延所得税进行会计处理。
>
> 与租赁相关单项交易确认递延所得税的会计分录为：
> 借：递延所得税资产（租赁负债产生的可抵扣暂时性差异×所得税税率）
>   贷：递延所得税负债（使用权资产产生的应纳税暂时性差异×所得税税率）
> 差额：所得税费用（基于初始直接费用等形成的税会差异×所得税税率）

第40记 [1分] 发行方分类为权益工具相关股利的递延所得税处理

发行方按照会计准则规定将发行的金融工具分类为权益工具的，相关股利支出按照税收政策相关规定在企业所得税税前扣除的，企业应当在确认应付股利时，确认与股利相关的所得税影响，会计处理如下表所示：

分配利润来源	所得税处理	会计分录
以前产生损益的交易或事项	计入当期损益	借：应交税费——应交所得税 贷：所得税费用
以前确认为所有者权益的交易或事项	计入所有者权益	借：应交税费——应交所得税 贷：其他综合收益等

第41记 [2分] 所得税费用的计量和列报

飞越必刷题：77、105、138、144

（一）当期所得税

应纳税所得额=会计利润±纳税调整事项

当期所得税=应纳税所得额×所得税税率

（二）递延所得税

递延所得税费用（或收益）=当期递延所得税负债的增加+当期递延所得税资产的减少-当期递延所得税负债的减少-当期递延所得税资产的增加

（三）所得税费用

所得税费用=当期所得税+递延所得税费用（或-递延所得税收益）

计入当期损益的所得税费用（或收益）不包括企业合并（商誉）和直接在所有者权益中确认的交易或事项产生的所得税影响（其他综合收益、资本公积、留存收益）。与直接计入所有者权益的交易或者事项相关的递延所得税，应当计入所有者权益。

通关绿卡

命题角度：计算利润表中列报的所得税费用金额。

所得税费用的计算我们可以根据"有借必有贷，借贷必相等"的原理来进行处理。同学们在做此类题目时可以通过编制会计分录的方式"倒挤"借方的所得税费用。

（1）确定经济业务中递延所得税资产和递延所得税负债是否影响损益，计入当期损益的所得税费用不包括企业合并（递延所得税对应商誉）和直接在所有者权益中确认的交易或事项产生的所得税影响（递延所得税对应其他综合收益、资本公积、留存收益），如果有不影响损益的需要单独编制会计分录。

（2）将剩余影响损益的部分确定递延所得税资产和递延所得税负债本期发生额，通过编制会计分录计算所得税费用。

第42记 2分 股份支付主要类型

飞越必刷题：79、143

股份支付包括权益结算的股份支付和现金结算的股份支付。

（1）以权益结算的股份支付，是指企业为获取服务而以股份或其他权益工具作为对价进行结算的交易，包括限制性股票和股票期权等。

（2）以现金结算的股份支付，是指企业为获取服务而承担的以股份或其他权益工具为基础计算的交付现金或其他资产义务的交易，包括现金股票增值权和模拟股票等。

通关绿卡

命题角度：根据经济业务判断是否属于股份支付，以及属于哪种股份支付。

在考试中，判断一项激励属于权益结算的股份支付还是现金结算的股份支付，解题要点在于抓住两者本质上的区别，即以权益结算股份支付需支付"股票"，而以现金结算的股份支付需支付现金（只是现金的金额是以"股票"为基础确定的）。

第43记 股份支付的会计处理

飞越必刷题：80、143、153

（一）会计核算

1.授予日

情形	权益结算	现金结算
立即可行权	借：管理费用等 　贷：资本公积——股本溢价（授予日权益工具的公允价值）	借：管理费用等 　贷：应付职工薪酬（授予日企业承担负债的公允价值）
非立即可行权	无须进行会计处理	

2.后续各资产负债表日

阶段	权益结算	现金结算
等待期内	借：管理费用等 　贷：资本公积——其他资本公积（授予日权益工具的公允价值×最佳估计数×当期天数/等待期天数−上期余额）	借：管理费用等 　贷：应付职工薪酬（资产负债表日负债公允价值×最佳估计数×当期天数/等待期天数−上期余额）
可行权日之后	无须进行会计处理	借或贷：公允价值变动损益 　贷或借：应付职工薪酬
行权日	借：银行存款 　　资本公积——其他资本公积 　贷：股本（或库存股） 　　资本公积——股本溢价	借：应付职工薪酬 　贷：银行存款

3.特殊情形

（1）如果为"一次授予、分期行权"，即在授予日一次授予给员工若干权益工具，之后每年分批达到可行权条件。每个批次是否可行权的结果通常是相对独立的，即每一期是否达到可行权条件并不会直接影响其他几期是否能够达到可行权条件。在会计处理时应将其作为同时授予的几个独立的股份支付计划。

（2）企业修改以现金结算的股份支付协议中的条款和条件，使其成为以权益结算的股份支付的，在修改日，企业应当按照当日所授予权益工具的公允价值计量以权益结算的股份支付，将截至修改日已取得的服务计入资本公积，同时终止确认以现金结算的股份支付在修改日已确认的负债，两者之间的差额计入当期损益。会计分录为：

借：应付职工薪酬——股份支付
　贷：资本公积——其他资本公积
差额：管理费用等

（二）可行权条件的种类、修改和取消

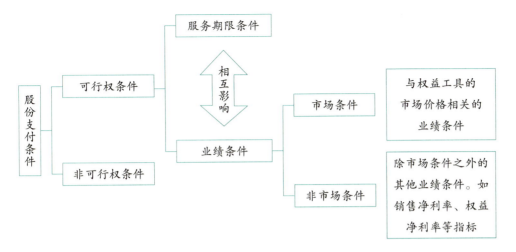

（1）非可行权条件和市场条件未满足而不能行权的，已经确认的费用或成本不作转回处理。非市场条件未满足而不能行权的（实质为作废），已经确认的费用或成本应作转回处理。

（2）条件、条款的有利修改需要进行相应账务处理，而条款和条件的不利修改，如同该变更从未发生（视而不见），除非企业取消了部分或全部已授予的权益工具。

（3）取消或结算应作为加速可行权处理，立即确认原本应在剩余等待期内确认的金额，在取消或结算时支付给职工的所有款项均应作为权益的回购处理，回购支付的金额高于该权益工具在回购日公允价值的部分，计入当期费用，会计分录为：

借：资本公积——其他资本公积
　　管理费用等
　贷：银行存款

（4）股份支付存在非可行权条件的，只要职工或其他方满足了所有可行权条件中的非市场条件（如服务期限等），企业应当确认已得到服务相对应的成本费用；职工或其他方能够选择满足非可行权条件但在等待期内未满足的，企业应当将其作为授予权益工具的取消处理；在等待期内如果取消了授予的权益工具（因未满足可行权条件而被取消的除外），企业应当对该取消作为加速行权处理，将剩余等待期内应确认的金额立即计入当期损益，同时确认资本公积。

（5）在实务中，职工自愿退出股权激励计划不属于未满足可行权条件的情况，而属于股权激励计划的取消，因此，企业应当作为加速行权处理，将剩余等待期内应确认的金额立即计入当期损益，同时确认资本公积，不应当冲回以前期间确认的成本或费用。

命题角度：根据经济业务，说明股份支付结算、取消或作废等不同情形如何进行会计处理。

（1）如果取消或结算，应作为加速可行权处理，立即确认原本应在剩余等待期内确认的金额。

（2）如果作废，其本质是因为非市场条件没有满足而被取消，已经确认的费用或成本应作转回处理。

第44记 [2分] 限制性股票的会计处理

飞越必刷题：143、153

限制性股票本质仍属于权益结算的股份支付，因此，其在锁定期（等待期）的会计处理与权益结算的股份支付相同，具体会计处理如下表所示：

时点	内容		会计处理
授予日	收到认股款		借：银行存款 　　贷：股本 　　　　资本公积——股本溢价 借：库存股 　　贷：其他应付款——限制性股票回购义务
等待期	按权益结算股份支付确认与计量原则处理		借：管理费用 　　贷：资本公积——其他资本公积
分派现金股利	预计未来可解锁	现金股利可撤销	借：利润分配——应付现金股利或利润 　　贷：应付股利——限制性股票股利 同时，按分配的现金股利金额： 借：其他应付款——限制性股票回购义务 　　贷：库存股
		现金股利不可撤销	借：利润分配——应付现金股利或利润 　　贷：应付股利——限制性股票股利
	预计未来不可解锁	现金股利可撤销	借：其他应付款——限制性股票回购义务 　　贷：应付股利——限制性股票股利
		现金股利不可撤销	借：管理费用等 　　贷：应付股利——限制性股票股利

续表

时点	内容	会计处理
解锁日	对未达到限制性股票解锁条件而需回购的股票	借：其他应付款——限制性股票回购义务 　　贷：银行存款 借：股本 　　资本公积——股本溢价（差额） 　　贷：库存股
	对达到限制性股票解锁条件而无须回购的股票	借：其他应付款——限制性股票回购义务（按照解锁股票相对应的负债的账面价值） 　　贷：库存股（按照解锁股票相对应的库存股的账面价值） 差额：资本公积——股本溢价

通关绿卡

命题角度：根据经济业务编制与限制性股票相关的会计分录。

此类题目只要按上表中总结的内容进行会计处理即可。额外提示以下两点问题：

（1）如果在持有期间上市公司发放现金股利，需要明确现金股利是否可撤销，如果现金股利可撤销，无论未来是否可解锁，在编制会计分录时均涉及"其他应付款"科目。如果现金股利不可撤销，无论未来是否可解锁，在编制会计分录时均不涉及"其他应付款"科目。

（2）在解锁日，达到解锁条件而解锁的应将"其他应付款"科目和"库存股"科目冲销，差额记入"资本公积"科目。而未达到解锁条件需要回购的股票，应将股本冲销，同时结合现金股利是否可撤销将剩余其他应付款冲销。

第45记 1分 **金融工具基础**

飞越必刷题：107

金融工具，是指形成一方的金融资产并形成其他方的金融负债或权益工具的合同。

非合同的资产和负债不属于金融工具，例如，应交税费不符合金融工具的定义。应付职工薪酬不属于此准则规范的内容。

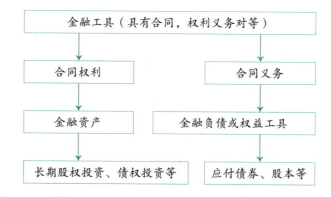

需要说明的是，合同权利一方作为金融资产核算时需要分析合同义务一方的核算类别，如果合同义务一方作为金融负债核算，合同权利一方应按债务工具投资进行分类。如果合同义务一方作为权益工具核算，合同权利一方应按权益工具投资进行分类（满足条件的可回售工具等除外）。

第46记 金融资产分类 2分

飞越必刷题：81、108、139、145、146

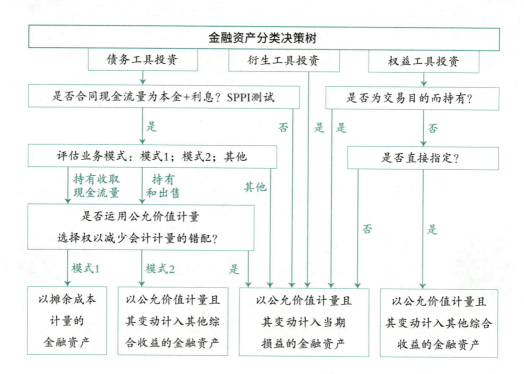

通关绿卡

命题角度：结合具体的实务案例判断金融资产的具体分类。

请同学们结合上图并按以下步骤对金融资产进行分类：

第一步：分析该项金融工具属于债务工具投资、权益工具投资还是衍生工具投资（需要站在被投资单位的角度进行分析），如果是衍生工具投资（购入看涨期权或看跌期权等）则直接将其分类为以公允价值计量且其变动计入当期损益的金融资产（以下简称"第三类金融资产"）。

第二步：如果属于权益工具投资，分析是否为交易目的而持有，如果是，应将其分类为"第三类金融资产"。如果不是，需进一步分析是否可以将该项非交易性权益工具投资指定为以公允价值计量且其变动计入其他综合收益的金融资产（以下简称"第二类金融资产"），企业如果指定，属于"第二类金融资产"。企业如果不指定，属于"第三类金融资产"。

第三步：如果属于债务工具投资，需要进行合同现金流量测试（以下简称"SPPI测试"），如果不能通过"SPPI测试"，则属于"第三类金融资产"。如果可以通过"SPPI测试"，企业需要对持有该金融资产的业务模式进行评估，对于业务模式一和业务模式二还需要分析企业管理层是否运用公允价值计量选择权以减少会计计量的错配，如果是，属于"第三类金融资产"，如果不是，业务模式一属于以摊余成本计量的金融资产，业务模式二属于"第二类金融资产"。

需要说明的是，如果一项金融资产对外"出售"但并未终止确认，意味着企业仍将通过收取该金融资产存续期内合同现金流量的方式实现经济利益，该种业务模式不满足"通过持有并出售金融资产产生整体回报"的情形。因此，金融资产管理业务模式中"出售"，应当是满足会计终止确认条件下的金融资产出售行为。

部分特殊经济事项分类结果如下：

（1）可转换公司债券。

可转换公司债券虽然具有债务工具投资的特征成分，但因嵌入了一项转股权（未来转为权益的权利），所以整体上不符合本金加利息的合同现金流量特征，应分类为"第三类金融资产"。

（2）人民币结构性存款。

结构性存款，即为嵌入金融衍生产品的存款，通过与利率、汇率、指数等挂钩或者与某实体的信用情况挂钩，使存款人在承担一定风险的基础上获得相应的收益。因挂钩基本借贷安排以外的因素，不符合本金加利息的合同现金流量特征，应分类为"第三类金融资产"。

（3）非保本浮动收益型理财。

此类题目需要分析，主要包括以下两种情况：

其一，穿透来看，该理财产品投资于各类股票、债券等底层资产组合，很显然，不符合本金加利息的合同现金流量特征，故应分类为"第三类金融资产"。

其二，穿透来看，该理财产品投资严格满足本金加利息的合同现金流量特征的某项或某几项金融资产（如贷款组合），且存续期与底层资产相一致，收益也均来源于底层资产并全部用于向持有人分配，假设不考虑其他条件，该理财产品可能符合本金加利息的合同现金流量特征，在"持有收取合同现金流量"的业务模式下，应分类为"第一类金融资产"。

此外，有些题目会这样"挖坑"——企业购买理财产品是为了到期获得收益。这容易形成一种误导，即误认为该理财产品必然属于"持有收取合同现金流量"的"第一类金融资产"，而忽略了对其合同现金流量特征的判断。

（4）国债投资。

通常符合本金加利息的合同现金流量特征，需要结合管理金融资产的业务模式进行判断。

（5）应收账款和应收票据。

需要说明的是，不能"想当然"认为其必然属于"第一类金融资产"，应结合保理贴现、背书转让的频率和金额，综合判断业务模式，进而确定其分类。

（6）各类形式的对外借款或投资。

例如，与收益率挂钩底层项目的运营情况（如高速公路的车流量），或者合同现金流量特征中包含杠杆因素等。很显然，不符合本金加利息的合同现金流量特征，应分类为"第三类金融资产"。

（7）基金。

对于常见的股票型基金、债券型基金、货币基金或混合基金，由于其通常投资于动态管理的资产组合，不符合本金加利息的合同现金流量特征，应分类为"第三类金融资产"。

（8）浮动利率债券。

需注意是否有引入基本借贷安排以外的汇率风险、经营风险等，还应在必要时，根据管理金融资产业务模式进行进一步分类。

（9）股票。

对于二级市场股票、非上市公司股权、优先股等，均不符合本金加利息的合同现金流量特征，通常分类为"第三类金融资产"。同时，需要关注是否满足非交易性权益工具投资的定义，是否予以人为指定。

（10）可回售工具的特殊情况。

投资方在对某项金融资产进行分类时，首先需要判断该项目属于债务工具投资还是权益工具投资，判断标准是站在发行方（即被投资单位）的角度，该金融工具属于金融负债还是权益工具。如果发行方将其分类为金融负债，则投资方应将该项金融资产分类为债务工具投资。如果发行方将其分类为权益工具，则投资方应将该项金融资产分类为权益工具投资。不难发现，投资方和发行方对同一项金融工具的分类结果，是完全"镜像对称"的。

但在满足一定条件时，发行方将原本满足金融负债定义的可回售金融工具列示为权益工具，投资方仍应将该项金融资产分类为债务工具投资，而非权益工具投资。因此，实务中，部分投资方将持有的上述"可回售工具"指定为其他权益工具投资，这种做法是不妥的。

（11）非同一控制下的企业合并中的或有对价应分类为"第三类金融资产"。

（12）如果企业判断以"贷款基准利率"为基础确定利息的金融资产符合本金加利息的合同现金流量特征，企业根据中国人民银行改革完善贷款市场报价利率（LPR）形成机制的决定，将确定该金融资产利息的基础调整为"贷款市场报价利率"的，除非存在其他导致不符合本金加利息的合同现金流量特征的因素，从"贷款基准利率"调整为"贷款市场报价利率"本身不会导致相关金融资产不符合本金加利息的合同现金流量特征。例如，利率为"贷款市场报价利率+200基点"的贷款符合本金加利息的合同现金流量特征。但是，如果利率为"贷款市场报价利率向上浮动20%"的贷款，则不符合本金加利息的合同现金流量特征。

以摊余成本计量的金融资产的会计核算

飞越必刷题：82、111、145

以摊余成本计量的金融资产会计核算如下表所示：

内容	会计处理原则	会计分录
初始取得	按照公允价值计量，相关交易费用应当计入初始确认金额	借：债权投资——成本（面值） 　　　　　　——应计利息（到期一次付息） 　　　应收利息（已到期但尚未领取的债券利息） 　贷：银行存款等 差额：债权投资——利息调整
后续计量	以摊余成本进行后续计量	借：应收利息（分期付息债券面值×票面利率） 　　　债权投资——应计利息（到期一次还本付息债券面值×票面利率） 　贷：投资收益（账面余额×实际利率） 差额：债权投资——利息调整
发生信用减值	按预期信用减值损失法计算（满足条件可以转回）	借：信用减值损失 　贷：债权投资减值准备
到期或提前处置	处置价款与账面价值的差额计入投资收益	借：银行存款 　贷：债权投资——成本 　　　　　　——应计利息（到期一次还本付息） 　　　　　　——利息调整（或借方） 　　　应收利息（分期付息最后一期利息） 差额：投资收益

> **命题角度：根据经济业务计算债权投资的摊余成本。**
>
> 在计算期末的摊余成本时，需要关注该债权投资属于分期付息到期还本还是到期一次性还本付息：
>
> （1）分期付息到期还本：
>
> 期末债权投资的摊余成本=债权投资期初摊余成本×（1+实际利率）–债券面值×票面利率–计提的减值准备
>
> （2）到期一次性还本付息：
>
> 期末债权投资的摊余成本=债权投资期初摊余成本×（1+实际利率）–计提的减值准备

第48记 [2分] 以公允价值计量且其变动计入其他综合收益的金融资产的会计核算

飞越必刷题：83、84、140、154

以公允价值计量且其变动计入其他综合收益的金融资产包括分类为以公允价值计量且其变动计入其他综合收益的金融资产和指定为以公允价值计量且其变动计入其他综合收益的金融资产。

（一）其他债权投资

其他债权投资会计处理如下表所示：

内容	会计处理原则	会计分录
初始取得	按照公允价值计量，<u>相关交易费用应当计入初始确认金额</u>	借：其他债权投资——成本（面值） 　　　　　　　　——应计利息（到期一次付息） 　　应收利息（已到期但尚未领取的债券利息） 　贷：银行存款等 　差额：其他债权投资——利息调整
后续计量	以公允价值进行后续计量	（1）按实际利率计提利息时： 　借：应收利息（分期付息债券面值×票面利率） 　　　其他债权投资——应计利息（到期一次还本付息债券面值×票面利率） 　　贷：投资收益（账面余额×实际利率） 　差额：其他债权投资——利息调整 （2）调整公允价值时： 　借或贷：其他债权投资——公允价值变动 　　贷或借：其他综合收益

续表

内容	会计处理原则	会计分录
发生信用减值	按预期信用减值损失法计算（满足条件可以转回）	借：信用减值损失 　　贷：其他综合收益——信用减值准备
处置	处置价款与账面价值的差额计入投资收益，原计入其他综合收益的金额转入投资收益	借：银行存款 　　贷：其他债权投资——成本 　　　　　　　　　　——应计利息（到期一次还本付息） 　　　　　　　　　　——利息调整（或借方） 　　　　　　　　　　——公允价值变动（或借方） 　　　　　　应收利息（分期付息最后一期利息） 差额：投资收益 借或贷：其他综合收益 　贷或借：投资收益

（二）其他权益工具投资

其他权益工具投资会计处理如下表所示：

内容	会计处理原则	会计分录
初始取得	按照公允价值计量，相关交易费用应当计入初始确认金额	借：其他权益工具投资——成本 　　应收股利（已宣告但尚未发放的现金股利） 　　贷：银行存款等
后续计量	按公允价值进行后续计量	（1）调整公允价值时： 借或贷：其他权益工具投资——公允价值变动 　贷或借：其他综合收益 （2）被投资单位宣告发放现金股利时： 借：应收股利 　　贷：投资收益
发生信用减值	不考虑	无
处置	处置价款与账面价值的差额，以及原计入其他综合收益的金额计入留存收益	借：银行存款等 　　贷：其他权益工具投资——成本 　　　　　　　　　　　——公允价值变动（或借方） 差额：盈余公积、利润分配——未分配利润 借或贷：其他综合收益 　贷或借：盈余公积、利润分配——未分配利润

通关绿卡

命题角度1：根据经济业务对其他债权投资进行会计核算。

此类题目主要注意以下两点问题：
(1) 各期实际利息收入的计量与金融资产的公允价值无关。
(2) 其他债权投资计提减值准备不影响其账面价值，通过"其他综合收益"科目核算。

命题角度2：根据经济业务对其他权益工具投资进行会计核算。

此类题目需要关注以下两点问题：
(1) 其他权益工具投资无须计提减值准备。
(2) 处置其他权益工具投资不会影响损益，同时，将原计入其他综合收益的金额结转至留存收益。

第49记 [2分] 以公允价值计量且其变动计入当期损益的金融资产的会计核算

飞越必刷题：85、145、147

交易性金融资产会计处理如下表所示：

内容	会计处理原则	会计分录
初始取得	按照公允价值计量，相关交易费用应当计入投资收益	借：交易性金融资产——成本（公允价值） 　　投资收益（交易费用） 　　应收股利（已宣告但尚未发放的现金股利） 　　应收利息（已到期但尚未领取的债券利息） 　贷：银行存款等
后续计量	按公允价值进行后续计量	(1) 调整公允价值时： 借或贷：交易性金融资产——公允价值变动 　贷或借：公允价值变动损益 (2) 被投资单位宣告发放现金股利（或分期付息债券到期利息）时： 借：应收股利（应收利息） 　贷：投资收益

续表

内容	会计处理原则	会计分录
发生信用减值	不考虑	无
处置	处置价款与账面价值的差额计入投资收益	借：银行存款等（扣除手续费后的净额） 　　贷：交易性金融资产——成本 　　　　　　　　　　——公允价值变动（或借方） 差额：投资收益

通关绿卡

命题角度：根据经济业务，针对金融资产进行会计核算。

同学们可以参看以下三类金融资产的会计核算总结：

项目	债权投资	其他债权投资	其他权益工具投资	交易性金融资产
交易费用	入账成本	入账成本	入账成本	投资收益（借方）
尚未发放利息或股利	应收利息	应收利息	应收股利	应收股利（利息）
期末计量	摊余成本计量	公允价值计量	公允价值计量	公允价值计量
公允价值变动	—	其他综合收益	其他综合收益	公允价值变动损益
利息计算	摊余成本×实际利率	摊余成本×实际利率	—	面值×票面利率
是否计提减值	√（债权投资减值准备）	√（其他综合收益）	—	—
处置是否影响损益	√	√	×	√
处置时影响的会计科目	投资收益	投资收益（其他综合收益转投资收益）	留存收益（其他综合收益转留存收益）	投资收益

第50记 金融负债的分类和会计核算 (2分)

飞越必刷题：146

（一）金融负债分类

除下列各项外，企业应当将金融负债分类为以摊余成本计量的金融负债：

（1）以公允价值计量且其变动计入当期损益的金融负债，包括交易性金融负债（含属于金融负债的衍生工具）和指定为以公允价值计量且其变动计入当期损益的金融负债。

（2）金融资产转移不符合终止确认条件或继续涉入被转移金融资产所形成的金融负债。

（3）部分财务担保合同。

（4）不属于以公允价值计量且其变动计入当期损益的金融负债的以低于市场利率贷款的贷款承诺。

在非同一控制下的企业合并中，企业作为购买方确认的或有对价形成金融负债的，该金融负债应当按照以公允价值计量且其变动计入当期损益进行会计处理。

（二）金融负债会计核算

1. 初始计量

对于以公允价值计量且其变动计入当期损益的金融负债，相关交易费用应当直接计入当期损益（投资收益）。对于其他类别的金融负债，相关交易费用应当计入初始确认金额，具体会计处理如下表所示：

类型	会计分录
以公允价值计量的金融负债	借：银行存款等 　　投资收益（交易费用） 贷：交易性金融负债——成本
以摊余成本计量的金融负债	借：银行存款等 贷：应付债券——面值（成本） 差额：应付债券——利息调整

2. 后续计量

对于以公允价值进行后续计量的金融负债，其公允价值变动形成利得或损失，除与套期会计有关外，应当计入当期损益。对于以摊余成本计量的金融负债，按实际利率法计算利息费用，计入相关资产成本或当期损益，具体会计处理如下表所示：

类型	会计分录
以公允价值计量的金融负债	（1）公允价值上升时： 借：公允价值变动损益 　　贷：交易性金融负债——公允价值变动

续表

类型	会计分录
以公允价值计量的金融负债	（2）公允价值下降时： 借：交易性金融负债——公允价值变动 　贷：公允价值变动损益 （3）确认利息费用时： 借：财务费用 　贷：应付利息 （4）到期时： 借：交易性金融负债——成本 　　　　　　　　　——公允价值变动（或贷方） 　贷：银行存款等 差额：公允价值变动损益
以摊余成本计量的金融负债	（1）确认利息费用时： 借：财务费用、在建工程等 　贷：应付债券——应计利息（到期一次还本付息） 　　　应付利息（分期付息，到期还本） 差额：应付债券——利息调整 （2）到期时： 借：应付债券——面值 　　　　　　——应计利息（到期一次还本付息） 　　应付利息（分期付息，最后一期利息） 　贷：银行存款

需要说明的是，因企业自身信用风险变动引起的交易性金融负债公允价值的变动金额计入其他综合收益，未来处置时不得转入当期损益。

第51记 2分 金融负债和权益工具的区分

飞越必刷题：109、139、145、146

（一）基本分类原则

金融工具合同义务一方，应根据金融工具合同相关条款进行分类。分类为金融负债的底层是负债，而负债的本质是需要支付现金或其他金融资产（利息+本金）。分类为权益工具的本质是享有净资产所有权（无须还本付息）。

满足下列条件之一的应分类为金融负债，均不满足的分类为权益工具。

（1）向其他方交付现金或其他金融资产的合同义务。

（2）在潜在不利条件下，与其他方交换金融资产或金融负债的合同义务。

（3）将来须用或可用企业自身权益工具进行结算的非衍生工具合同，且企业根据该合同将交付可变数量的自身权益工具。

（4）将来须用或可用企业自身权益工具进行结算的衍生工具合同，但以固定数量的自身权益工具交换固定金额的现金或其他金融资产的衍生工具合同除外。

（二）具体分类原则

1.是否存在无条件地避免交付现金或其他金融资产的合同义务

如果企业不能无条件地避免以交付现金或其他金融资产来履行一项合同义务，该合同义务符合金融负债的定义。常见的该类合同义务情形包括：

（1）不能无条件避免的赎回，即金融工具发行方不能无条件地避免赎回此金融工具。

（2）强制付息，即金融工具发行方被要求强制支付利息。

需要说明的是，有些金融工具虽然没有明确地包含交付现金或其他金融资产义务的条款和条件，但有可能通过其他条款和条件间接地形成合同义务，此时要进一步分析是否构成交付现金或其他金融资产的合同义务。

判断一项金融工具是划分为权益工具还是金融负债，不受下列因素的影响：

①以前实施分配的情况。

②未来实施分配的意向。

③相关金融工具如果没有发放股利对发行方普通股的价格可能产生的负面影响。

④发行方未分配利润等可供分配权益的金额。

⑤发行方对一段期间内的损益的预期。

⑥发行方是否有能力影响其当期损益。

2.是否通过交付固定数量的自身权益工具结算

对于以企业自身权益工具结算的金融工具，其分类需要考虑所交付的自身权益工具的数量是可变的还是固定的，具体情况如下表所示：

合同类型	交付自身权益工具情况	结论
非衍生工具合同	可变数量	金融负债
	固定数量	权益工具
衍生工具合同	可变数量	金融负债
	固定数量+固定金额	权益工具

需要说明的是，衍生工具合同规定采用不同结算方式对发行方的金融工具分类也会产生影响，不考虑其他特殊因素，具体分类为：

（1）以现金净额方式结算，应分类为金融负债。

（2）以普通股净额方式结算，应分类为金融负债。

（3）以普通股总额方式结算，应分类为权益工具。

命题角度1：根据经济业务，判断金融工具合同义务方应分类为金融负债还是权益工具，并说明理由。

同学们在对金融工具义务一方进行分类时按以下内容进行分析：

第一，从各自基本定义思考，负债未来需要偿还本金和利息，而权益无须偿还本金和利息。

第二，如果第一条无法准确判断，需要关注发行方是否存在向其他方交付现金或其他金融资产的合同义务，如果存在，属于金融负债（此条款判断最为直接）。例如，因赊购产生的应付账款、应付票据等。

第三，如果第二条也无法准确判断，需要关注发行方是否存在在潜在不利条件下，与其他方交换金融资产或金融负债的合同义务，如果存在，属于金融负债。

考试时常见案例包括：

（1）派发普通股股利则需要支付金融工具利息，此时不能简单判断属于金融负债，还需要关注企业是否能够避免派发普通股股利，如果可以避免（例如，发放股票股利由发行方根据相应的议事机制自主决定），则此条款不符合金融负债定义。需要说明的是，股利是累积股利还是非累积股利本身均不会影响该金融工具被分类为权益工具。

（2）合同约定赎回条款，如果企业能够避免赎回（例如，可以无限期递延，即没有支付本金的义务），则此条款不符合金融负债定义。

（3）投资者保护条款，如果企业能够自主控制触发投资者保护条款的事项，此条款不符合金融负债定义。

（4）或有结算条款，例如，控制权变更、未实现IPO需要回购等，如果企业能够自主控制，则此条款不符合金融负债定义。

第四，如果第三条仍无法准确判断，需要关注是否属于发行方将来须用或可用企业自身权益工具进行结算的非衍生工具合同，且企业根据该合同将交付可变数量的自身权益工具，如果属于，该金融工具属于现金的替代品，应分类为金融负债。

第五，以上均不能准确确定，需要看是否属于发行方将来须用或可用企业自身权益工具进行结算的衍生工具合同，如果是"固定金额交换固定数量"的情形，应分类为权益工具，否则应分类为金融负债。

需要说明的是，以上条款在考题中未必同时存在，请同学们灵活运用。如果根据上述判断标准分类为金融负债的，理由大概率是"企业不能无条件避免向其他方交付现金或其他金融资产的合同义务"。

命题角度2：根据经济业务，判断永续债（或优先股）应分类为金融负债还是权益工具，并说明理由。

将永续债（或优先股）分类为金融负债还是权益工具与上述分析一致，同时，可以参考以下图示进行判断：

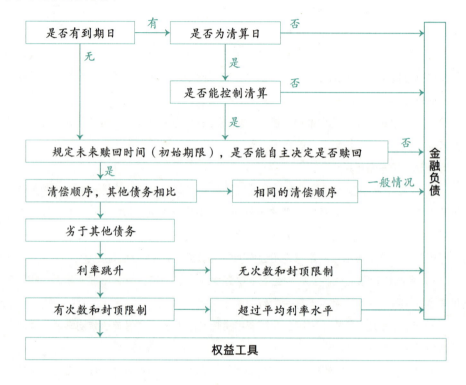

金融工具重分类

（一）金融资产重分类

企业改变其管理金融资产的业务模式时（例如，企业被合并或重组等），应当按照规定对所有受影响的相关金融资产进行重分类。

（二）金融负债重分类

企业对所有金融负债均不得进行重分类。

需要说明的是，将金融负债重分类为权益工具，或将权益工具重分类为金融负债的，是因为金融工具的合同条款发生本质变化进行重分类，不属于上述所述金融负债的重分类，具体会计处理为：

（1）权益工具重分类为金融负债的，按重分类日的公允价值计量，公允价值与权益工具账面价值的差额计入所有者权益。

（2）金融负债重分类为权益工具的，按金融负债的账面价值确认权益工具，不产生差额。

金融工具减值

飞越必刷题：86、110、146

信用损失，是指企业按照原实际利率折现的、根据合同应收的所有合同现金流量与预期收取的所有现金流量之间的差额，即全部现金短缺的现值。

（一）金融工具减值三阶段模型

金融资产发生信用减值，涉及各期利息收入的计算，具体情况如下表所示：

特征		损失准备确认	利息计算
购买或源生未发生信用减值	信用风险未显著增加	12个月	账面余额×实际利率
	信用风险显著增加但未发生信用减值	整个存续期	账面余额×实际利率
	已发生信用减值	整个存续期	摊余成本×实际利率
购买或源生已发生信用减值		整个存续期	摊余成本×经调整后实际利率

（二）金融工具减值特殊情况

金融工具减值测试分三种情形，具体如下表所示：

情形	具体交易或事项	会计处理
必须简化处理	不含重大融资成分的应收款项和合同资产	始终按照整个存续期内预期信用损失计量
可以选择简化处理	（1）较低信用风险。 （2）包含重大融资成分的应收款项、合同资产和租赁应收款	采用三阶段模型，或始终按照整个存续期内预期信用损失计量
不得简化处理	（1）向其他企业提供的委托贷款、财务担保或向集团内关联企业提供的资金借贷。 （2）其他应收款	必须采用三阶段模型

(三) 金融工具减值会计处理

企业应当以预期信用损失为基础，对金融工具进行减值会计处理并确认损失准备，会计分录为：

借：信用减值损失
　　贷：贷款损失准备
　　　　债权投资减值准备
　　　　坏账准备
　　　　租赁应收款减值准备
　　　　预计负债（贷款承诺、财务担保合同）
　　　　其他综合收益（其他债权投资）

借：资产减值损失
　　贷：合同资产减值准备

需要说明的是，以公允价值计量且其变动计入当期损益的金融资产（交易性金融资产）、初始确认时即被指定为以公允价值计量且其变动计入其他综合收益的非交易性权益工具投资（其他权益工具投资）、以公允价值计量且其变动计入当期损益的金融负债（交易性金融负债）无须进行减值测试。

金融资产转移

第54记　2分

飞越必刷题：112

（一）一般原则

金融资产转移请参看以下图示进行分析并进行相应的会计处理：

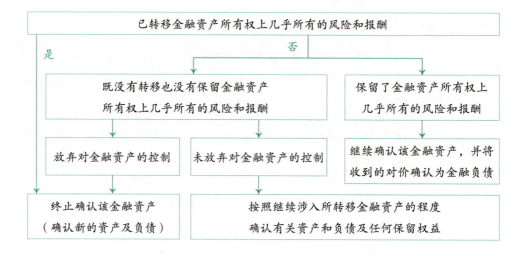

（二）特殊情况分析

（1）企业（转出方）对金融资产转入方具有控制权的，除在该企业个别财务报表基础上应用相关准则规定外，在编制合并财务报表时，还应当按照合并财务报表的规定合并所有纳入合并范围的子公司（含结构化主体），并在合并财务报表层面应用相关准则规定。

（2）企业出售金融资产，同时约定按回购日该金融资产的公允价值回购，金融资产所有权上几乎所有的风险和报酬转移给了转入方。

（3）企业出售金融资产，同时与转入方签订看跌期权合同（即转入方有权将该金融资产返售给企业）或看涨期权合同（即转出方有权回购该金融资产），且根据合同条款判断，该看跌期权或看涨期权为一项深度价外期权，金融资产所有权上几乎所有的风险和报酬转移给了转入方。

（4）企业既没有转移也没有保留金融资产所有权上几乎所有风险和报酬，且保留了对该金融资产控制的，应当按照其继续涉入被转移金融资产的程度继续确认该被转移金融资产，并相应确认相关负债。

其中，应确认的继续涉入资产为担保金额与金融资产账面价值孰低计量。应确认的继续涉入负债为担保金额与担保公允价值之和。确认损益按以下公式计算：

应确认的损益=转移金融资产取得的对价+继续涉入资产入账金额−金融资产账面价值−继续涉入负债入账金额

通关绿卡

命题角度：根据资料，分析判断金融资产是否应终止确认，并说明理由。

此类题目需要关注实务问题，具体如下：

对于承兑行信用等级不够高的银行承兑汇票、由企业承兑的商业承兑汇票以及应收账款，资产相关的主要风险为信用风险和延期付款风险。由于我国票据法对追索权进行了明确规定，银行也大多在应收账款保理中保留追索权，因此这类金融资产在贴现、背书或保理后，其所有权相关的上述主要风险并没有转移给银行，相应企业在贴现、背书或保理此类金融资产时不应终止确认。

第55记 2分 非企业合并形成长期股权投资的会计核算

飞越必刷题：87、88、89、90、91、113、141、140、137、147

（一）初始计量

企业通过非企业合并方式形成长期股权投资的（联营企业投资、合营企业投资），应按付出对价的公允价值与交易费用之和作为初始投资成本，具体会计处理如下表所示：

付出对价	会计分录
货币资金	借：长期股权投资——投资成本（含交易费用） 　　　应收股利（已宣告但尚未发放的现金股利或利润） 　贷：银行存款等
存货 （执行收入准则）	借：长期股权投资——投资成本（股权公允价值，含交易费用） 　贷：主营业务收入（股权公允价值） 　　　银行存款（交易费用） 借：主营业务成本 　贷：库存商品
固定资产 （执行非货币性资产交换准则）	借：长期股权投资——投资成本（固定资产公允价值，含交易费用） 　贷：固定资产清理（固定资产公允价值） 　　　银行存款（交易费用）
无形资产 （执行非货币性资产交换准则）	借：长期股权投资——投资成本（无形资产公允价值，含交易费用） 　　　累计摊销 　　　无形资产减值准备 　贷：无形资产 　　　银行存款（交易费用） 差额：资产处置损益（无形资产账面价值与其公允价值的差额）
发行普通股	借：长期股权投资——投资成本（股票公允价值，含交易费用） 　贷：股本 　　　资本公积——股本溢价 　　　银行存款（交易费用） 借：资本公积——股本溢价 　贷：银行存款（支付发行股票佣金、手续费）

（二）后续计量

投资企业持有的对合营企业投资（共同控制）及联营企业投资（重大影响），其后续核算应当采用权益法，具体会计处理如下表所示：

业务内容	会计分录
初始投资成本的调整 （比一比）	长期股权投资的初始投资成本小于投资时应享有被投资单位可辨认净资产公允价值份额，应按其差额： 借：长期股权投资——投资成本 　贷：营业外收入
投资损益确认	被投资单位实现净利润时： 借：长期股权投资——损益调整 　贷：投资收益 被投资单位发生净亏损时： 借：投资收益 　贷：长期股权投资——损益调整

续表

业务内容	会计分录
投资损益确认	对被投资单位采用权益法核算，初始取得投资时因被投资单位某项资产（例如存货、固定资产等）的账面价值与公允价值不同，当年投资单位根据被投资单位实现的净利润确认投资收益时，需要基于相关资产（例如出售部分存货或资产折旧额、摊销额等）因账面价值与公允价值不同对净利润进行调整 对于投资方与联营企业或合营企业（以下简称"被投资单位"）之间发生的未实现内部交易损益（顺流交易+逆流交易），均需对被投资单位的净利润进行调整（将未实现内部交易损益部分抵销被投资方的净利润），以后年度将上述未实现内部交易损益实现时，还需要将以前年度抵销金额体现在实现年度的净利润中（即加回来）。 如果投资方有其他子公司需要编制合并报表时，对于顺流交易在合并报表中应编制抵销分录为： 借：营业收入 　　贷：营业成本 　　　　投资收益 对于逆流交易在合并报表中应编制抵销分录为： 借：长期股权投资 　　贷：存货等
取得现金股利或利润	被投资单位股东（大）会宣告时： 借：应收股利 　　贷：长期股权投资——损益调整
超额亏损确认	④备查簿 ③预计负债 ②长期应收款 ①长期股权投资账面价值 冲减时：①②③④ 恢复时：④③②①
被投资单位其他综合收益变动	借或贷：长期股权投资——其他综合收益 　　贷或借：其他综合收益
被投资单位所有者权益的其他变动	借或贷：长期股权投资——其他权益变动 　　贷或借：资本公积——其他资本公积 需要说明的是，如果被投资单位以非公开发行方式向企业发行限制性股票用于股权激励的，被投资单位的净资产实质上未发生变化，因此，投资单位无须进行会计处理

业务内容	会计分录
"内含商誉"的结转	稀释后剩余股权仍具有重大影响时，相关"内含商誉"的结转应当比照投资方直接处置长期股权投资处理，即应当按比例结转初始投资时形成的"内含商誉"，并将相关股权稀释影响计入资本公积（其他资本公积）。因股权被动稀释发生减值迹象的处理： 减值测试→发生减值→计提减值准备→计入资产减值损失 稀释损失部分→记入"资本公积——其他资本公积"科目
减值	借：资产减值损失 　　贷：长期股权投资减值准备

（三）处置

（1）全部处置时的会计分录为：

借：银行存款等
　　长期股权投资减值准备
　　贷：长期股权投资
差额：投资收益

同时：

借或贷：资本公积——其他资本公积、其他综合收益
　　贷或借：投资收益
　　　　　　盈余公积、利润分配（其他综合收益不能转损益的部分）

（2）部分处置的，剩余股权仍采用权益法核算时，原权益法核算的相关其他综合收益应当采用与被投资单位直接处置相关资产或负债相同的基础处理并按比例结转，因被投资方除净损益、其他综合收益和利润分配以外的其他所有者权益变动而确认的资本公积，应当按比例结转到当期投资收益。

命题角度1：根据经济业务，对权益法核算的长期股权投资进行会计处理。

权益法核算时应注意的是在被投资单位实现净利润时，是否需要对被投资方净利润进行调整，同学们需要考虑以下两个方面：

第一，在投资时点被投资单位净资产账面价值与其公允价值是否相同。

第二，是否发生未实现内部交易损益。

此部分内容容易出现混淆，请关注以下两点问题：

（1）因净资产账面价值与公允价值不同的存货，对被投资单位净损益进行调整时需要关注存货售出部分。而如果是未实现内部交易损益，则需要关注存货尚未出售部分。

（2）因净资产账面价值与公允价值不同的固定资产，对被投资单位净损益进行调整时无须考虑增加时点问题，因为该固定资产在投资时点已经记录在被投资单位账簿中。而如果是未实现内部交易损益，则需要考虑当月增加时点问题，即固定资产取得当月无须计提折旧，从次月开始计提折旧。

命题角度2：根据经济业务，计算因被投资单位其他投资方单方增资导致投资方股权被动稀释应调整长期股权投资的金额。

此类题目一般不涉及长期股权投资减值，请按以下公式计算并编制会计分录：

调整长期股权投资的金额=增资前被投资单位公允净资产（含完全商誉）×增资前持股比例－增资后被投资单位公允净资产（含完全商誉）×增资后持股比例

上述差额大于零，根据差额编制：

借：资本公积——其他资本公积
　　贷：长期股权投资——其他权益变动

上述差额小于零，根据差额编制：

借：长期股权投资——其他权益变动
　　贷：资本公积——其他资本公积

非同一控制下企业合并形成长期股权投资的会计核算

飞越必刷题：154

（一）初始计量

企业通过非同一控制下企业合并形成长期股权投资的，应按付出对价的公允价值作为长期股权投资的初始投资成本，为取得股权投资支付的交易费用计入当期损益。具体会计处理如下表所示：

支付对价	会计处理
货币资金	借：长期股权投资 　　贷：银行存款等
存货 （执行收入准则）	借：长期股权投资（股权公允价值） 　　贷：主营业务收入等（股权公允价值） 借：主营业务成本 　　贷：库存商品

续表

支付对价	会计处理
固定资产 （执行企业合并准则）	借：长期股权投资（固定资产公允价值） 　　贷：固定资产清理 差额：资产处置损益（固定资产账面价值与其公允价值的差额）
无形资产 （执行企业合并准则）	借：长期股权投资（无形资产公允价值） 　　　累计摊销 　　　无形资产减值准备 　　贷：无形资产 差额：资产处置损益（无形资产账面价值与其公允价值的差额）
发行普通股	借：长期股权投资（增发股票的公允价值） 　　贷：股本 　　　　资本公积——股本溢价 借：资本公积——股本溢价 　　贷：银行存款（支付发行股票佣金、手续费）
债权投资、 其他债权投资、 其他权益工具投资	借：长期股权投资（各项金融资产的公允价值） 　　贷：债权投资、其他债权投资、其他权益工具投资 　　　　投资收益（债权投资、其他债权投资账面价值与公允价值的差额） 　　　　利润分配、盈余公积（其他权益工具投资账面价值与公允价值的差额） 借或贷：其他综合收益——其他债权投资公允价值变动 　　贷或借：投资收益 借或贷：其他综合收益——其他权益工具投资公允价值变动 　　贷或借：利润分配、盈余公积

（二）后续计量

投资企业持有的子公司投资（控制）其后续核算应当采用成本法，具体会计处理如下：

（1）被投资单位宣告发放现金股利时：

借：应收股利

　　贷：投资收益

（2）长期股权投资账面价值高于其可收回金额时：

借：资产减值损失

　　贷：长期股权投资减值准备

（三）处置

投资企业将持有子公司投资全部处置时，应将处置价款与长期股权投资账面价值的差额计入当期损益，会计分录为：

借：银行存款等
　　长期股权投资减值准备
　贷：长期股权投资
差额：投资收益

第57记 2分 同一控制下企业合并形成长期股权投资的会计核算

飞越必刷题：92、114、115、141、147

（一）初始计量

企业通过同一控制下企业合并形成长期股权投资的，应按取得被合并方在最终控制方合并财务报表中净资产账面价值的份额与最终控制方收购被合并方时形成的商誉之和作为长期股权投资的入账金额，付出对价按账面价值进行结转，不产生交易损益。为取得股权投资支付的交易费用计入当期损益。会计分录为：

借：长期股权投资
　贷：付出资产的账面价值、承担债务的账面价值、发行权益工具的账面价值
借差：资本公积、盈余公积、利润分配
贷差：资本公积

需要说明的是，同一控制下企业合并形成对子公司的长期股权投资不会产生新的商誉，但原子公司在集团内部合并报表中存在商誉的，该商誉应继续保留。

（二）后续计量

与非同控一致。

（三）处置

与非同控一致。

第58记 2分 成本法核算与权益法核算对比

飞越必刷题：116、117

企业取得长期股权投资后，根据对被投资单位的影响程度分别采用成本法或权益法核算，具体对比如下表所示：

业务类型	成本法	权益法
初始取得	企业合并方式形成长期股权投资	非企业合并方式形成长期股权投资
初始投资成本调整	×	√（"比一比"）
被投资单位宣告分派现金股利或利润	借：应收股利 　贷：投资收益	借：应收股利 　贷：长期股权投资——损益调整
被投资单位净损益	×	借或贷：长期股权投资——损益调整 贷或借：投资收益
被投资单位其他综合收益发生变动	×	借或贷：长期股权投资——其他综合收益 贷或借：其他综合收益
被投资单位其他所有者权益变动	×	借或贷：长期股权投资——其他权益变动 贷或借：资本公积——其他资本公积
发生减值	借：资产减值损失 　贷：长期股权投资减值准备	
全部处置	借：银行存款等 　贷：长期股权投资 差额：投资收益	借：银行存款等 　贷：长期股权投资 差额：投资收益 借或贷：资本公积——其他资本公积 贷或借：投资收益 借或贷：其他综合收益 贷或借：投资收益（可转损益） 留存收益（不可转损益）

第59记 2分 因增资导致长期股权投资核算方法的转换

飞越必刷题：93、118、141、147、148、154

（一）公允价值计量转权益法核算

原投资作为公允价值计量的金融资产，因追加投资其影响程度到重大影响或共同控制的，应重新计量原股权，具体会计处理如下表所示：

原投资	会计处理	会计分录
交易性金融资产	长期股权投资初始投资成本="原公"+"新公" 确认投资收益="原公"-"原账"	借：长期股权投资——投资成本 　贷：交易性金融资产、银行存款等 差额：投资收益

续表

原投资	会计处理	会计分录
其他权益工具投资	长期股权投资初始投资成本＝"原公"＋"新公" 确认留存收益＝"原公"－"原账"±其他综合收益	借：长期股权投资——投资成本 　　贷：其他权益工具投资、银行存款等 差额：盈余公积、利润分配 借或贷：其他综合收益 　　贷或借：盈余公积、利润分配

（二）公允价值计量转成本法核算

原投资作为公允价值计量的金融资产，因追加投资其能够达控制被投资单位的，应重新计量原股权（非同控），具体会计处理如下表所示：

原投资	类型	会计处理	会计分录
交易性金融资产	非同控	长期股权投资初始投资成本＝"原公"＋"新公" 确认投资收益＝"原公"－"原账"	借：长期股权投资 　　贷：交易性金融资产、银行存款等 差额：投资收益
其他权益工具投资	非同控	长期股权投资初始投资成本＝"原公"＋"新公" 确认留存收益＝"原公"－"原账"±其他综合收益	借：长期股权投资 　　贷：其他权益工具投资、银行存款等 差额：盈余公积、利润分配 借或贷：其他综合收益 　　贷或借：盈余公积、利润分配
交易性金融资产、其他权益工具投资	同控（不属于一揽子交易）	长期股权投资入账金额＝被合并方在最终控制方合并财务报表中净资产账面价值份额＋最终控制方收购被合并方时形成的商誉	借：长期股权投资（被合并方在最终控制方合并财务报表中净资产账面价值份额＋最终控制方收购被合并方时形成的商誉） 　　贷：××投资（原投资的账面价值） 　　　　××资产等（投出资产账面价值） 借差：资本公积、盈余公积、利润分配 贷差：资本公积

（三）权益法转成本法核算

原投资作为权益法核算的长期股权投资，因追加投资其能够控制被投资单位的，应按原投资账面价值与新增投资成本之和作为个别报表中长期股权投资入账金额（非同控），具体会计处理如下表所示：

原投资	类型	会计处理	会计分录
长期股权投资（权益法）	非同控	长期股权投资入账金额="原账"+"新公"	借：长期股权投资 　贷：长期股权投资（原投资的账面价值） 　　　银行存款等
	同控（不属于一揽子交易）	长期股权投资入账金额=被合并方在最终控制方合并财务报表中净资产账面价值份额+最终控制方收购被合并方时形成的商誉	借：长期股权投资（被合并方在最终控制方合并财务报表中净资产账面价值份额+最终控制方收购被合并方时形成的商誉） 　贷：长期股权投资（原投资的账面价值） 　　　××资产等（投出资产账面价值） 借差：资本公积、盈余公积、利润分配 贷差：资本公积

通关绿卡

命题角度：根据经济业务，编制增资相关业务会计分录。

因增资导致由公允价值计量转为权益法或成本法核算的，均按"先卖再买"的原则进行会计处理（同控除外），因增资导致由权益法转为成本法核算的，在个别报表中应"无缝衔接"，无须调整原投资公允价值（同控除外）。

第60记 2分 因减资导致长期股权投资核算方法的转换

飞越必刷题：94、140

（一）成本法转权益法核算

原投资作为成本法核算的长期股权投资，因处置部分投资而丧失控制权，但仍对被投资单位能够施加重大影响的，将处置部分股权按处置进行会计处理，同时对剩余股份进行追溯调整，将剩余股权从原成本法核算调整为权益法核算，具体会计处理如下：

（1）处置部分：

借：银行存款等
　贷：长期股权投资（处置部分）
差额：投资收益

（2）剩余部分追溯调整：

①初始投资成本调整（初始投资成本小于投资时点净资产公允价值份额的部分）。

借：长期股权投资——投资成本
　　贷：营业外收入（当年）
　　　　盈余公积、利润分配（以前）

②宣告分派现金股利调整。

借：投资收益（当年）
　　盈余公积、利润分配（以前）
　　贷：长期股权投资——损益调整

③净损益调整。

借或贷：长期股权投资——损益调整
　　贷或借：投资收益（当年）
　　　　　　盈余公积、利润分配（以前）

④其他综合收益以及其他权益变动调整。

借或贷：长期股权投资——其他综合收益
　　　　　　　　　　——其他权益变动
　　贷或借：其他综合收益
　　　　　　资本公积——其他资本公积

需要说明的是，其他方增资导致母公司被动丧失控制权的，在个别报表中，应确认投资收益，并将剩余股权从成本法转为权益法。

通关绿卡

命题角度1：因处置子公司股权而丧失控制权，长期股权投资由成本法核算转为权益法核算。

长期股权投资由成本法转为权益法时，需要对剩余部分投资进行追溯调整，即视同从投资当日（并非处置日）即以权益法核算。因此，在追溯调整时，需要心中默念五个步骤，即初始投资成本的调整、分派现金股利的调整、净损益的调整、其他综合收益的调整、其他权益变动的调整。同时，此部分内容也是合并报表调整分录的基础。

命题角度2：计算因其他方增资导致投资方对子公司丧失控制权应确认的投资收益。

此类题目可以按以下公式计算：

投资收益=增资扩股增加净资产×新持股比例−原长期股权投资账面价值/原持股比例×持股比例下降部分

（二）成本法转公允价值计量的核算

原投资作为成本法核算的长期股权投资，因处置部分投资而丧失控制权，剩余股权对被投资单位不具有重大影响的，将剩余股权改按金融工具确认和计量准则的要求进行会计处理，并于丧失控制权日将剩余股权按公允价值重新计量，公允价值与其账面价值的差额计入当期损益。会计分录为：

借：银行存款（处置部分股权公允价值）
　　交易性金融资产、其他权益工具投资（剩余部分股权公允价值）
贷：长期股权投资（账面价值）
差额：投资收益（全部股权公允价值与账面价值的差额）

（三）权益法转公允价值计量的核算

原投资作为权益法核算的长期股权投资，因处置部分投资而对被投资单位不再具有重大影响的，视同将原权益法核算的长期股权投资处置，再按公允价值购入剩余股权。会计分类为：

借：银行存款（处置部分股权公允价值）
　　交易性金融资产、其他权益工具投资（剩余部分股权公允价值）
贷：长期股权投资（账面价值）
差额：投资收益
借或贷：其他综合收益、资本公积——其他资本公积
贷或借：投资收益、盈余公积、利润分配（其他综合收益不可损益部分）

第61记　企业合并　2分

飞越必刷题：147、154

（一）控股合并分类

（1）同一控制下企业合并，是指参与合并的企业在合并前后均受同一方或相同的多方最终控制且该控制并非暂时性（≥1年）的合并交易。

需要说明的是，同受国家控制的企业之间发生的合并，不应仅仅因为参与合并各方在合并前后均受国家控制而将其作为同一控制下的企业合并。

（2）非同一控制下企业合并，是指参与合并各方在合并前后不受同一方或相同的多方最终控制的合并交易，即同一控制下企业合并以外的其他企业合并。

（二）企业合并涉及或有对价的会计处理

1.同一控制下企业合并涉及或有对价的会计处理

同一控制下企业合并方式形成的长期股权投资，初始投资时，应按照《企业会计准则第13号——或有事项》的规定，判断是否应就或有对价确认预计负债或者确认资产，以及应确认的金额。确认预计负债或资产的，该预计负债或资产金额与后续或有对价结算金额的差额不影响当期损益，而应当调整资本公积（资本溢价或股本溢价），资本公积（资本溢价或股本溢价）不足冲减的，调整留存收益。

2.非同一控制下企业合并涉及或有对价的会计处理

购买方应当将合并协议约定的或有对价作为企业合并转移对价的一部分，按照其在购

买日的公允价值计入企业合并成本。同时，或有对价符合金融负债或权益工具定义的，购买方应当将拟支付的或有对价确认为一项负债或权益。符合资产定义并满足资产确认条件的，购买方应当将符合合并协议约定条件的、对已支付的合并对价中可收回部分的权利确认为一项资产。

购买日12个月内出现对购买日已存在情况的新的或进一步证据需要调整或有对价的，应当予以确认并对原计入合并商誉的金额进行调整。其他情况下，发生的或有对价变化或调整，应当区分情况进行会计处理：

（1）或有对价为权益性质的，不进行会计处理。

（2）或有对价为资产或负债性质的，如果属于会计准则规定的金融工具，应当确认为交易性金融资产或交易性金融负债。

无论是购买日后12个月内还是其他时点，如果是由于出现新的情况导致对原估计或有对价进行调整的，则不能再对企业合并成本进行调整，相关或有对价属于金融工具的，应以公允价值计量，公允价值变动计入当期损益。

通关绿卡

命题角度1：根据相关资料判断企业合并类型，并说明理由。

此类题目需要抓住关键词，如果题目中说明合并方与被合并方属于同一个集团（或被相同多方控制），属于同一控制下企业合并。如果题目中说明购买方与被购买方在合并前不存在关联方关系，属于非同一控制下企业合并。在说明理由时一定要把关键词写上，即"同一个集团""同属于××控制"或"不存在关联方关系"等。

命题角度2：根据资料，对企业合并过程中涉及或有对价进行会计处理。

此类题目按以下步骤进行作答：

第一步，判断企业合并属于"同控"还是"非同控"。

第二步，如果属于"同控"，涉及或有对价执行《或有事项》准则，满足条件确认预计负债。如果属于"非同控"，涉及或有对价执行《金融工具确认和计量》准则，满足条件确认交易性金融资产或交易性金融负债。

第三步，根据上述确认结果增加或减少合并成本。

需要说明的是，如果在购买日后12个月发生的交易或事项涉及对或有对价进行调整，需要判断该事实或情况是否在购买日已经存在，如果是，可以调整合并成本和商誉，否则不能调整合并成本和商誉，作为交易性金融资产或交易性金融负债确认，公允价值变动计入当期损益。

第62记 [1分] 合并财务报表编制基础

飞越必刷题：95、119、151

（1）合并财务报表的合并范围应当以控制为基础予以确定。

控制，是指投资方拥有对被投资方的权力，通过参与被投资方的相关活动而享有可变回报，并且有能力运用对被投资方的权力影响其回报金额。

（2）母公司应当将其全部子公司（包括母公司所控制的被投资单位可分割部分、结构化主体）纳入合并范围。

（3）合并范围的豁免，即投资性主体。如果母公司是投资性主体，只应将那些为投资性主体的投资活动提供相关服务的子公司纳入合并范围，其他子公司不应予以合并，母公司对其他子公司的投资应当按照公允价值计量且其变动计入当期损益。

（4）投资性主体的母公司本身不是投资性主体，应当将其控制的全部主体，包括那些通过投资性主体所间接控制的主体，纳入合并财务报表范围。

（5）纳入合并报表范围的子公司的会计政策或会计期间与母公司不一致的，需要将子公司的会计政策或会计期间按母公司的会计政策或会计期间进行调整，还可以根据母公司的会计政策或会计期间重新编制子公司的个别报表。

第63记 [2分] 合并财务报表调整分录

飞越必刷题：120、147、148、154

（一）对子公司的个别财务报表进行调整

1. "同控"取得子公司

如果不存在与母公司会计政策和会计期间不一致的情况，一般情况下不需要对该子公司的个别财务报表进行调整。

2. "非同控"取得子公司

对于非同一控制下企业合并中取得的子公司，除应考虑会计政策及会计期间的差别需要对子公司的个别财务报表进行调整外，还应当根据母公司在购买日设置的备查簿中登记的该子公司有关可辨认资产、负债及或有负债等的公允价值，对子公司的个别财务报表进行调整，使子公司的个别财务报表反映为在购买日公允价值基础上确定的可辨认资产、负债及或有负债等在本期资产负债表日应有的金额。具体调整分录如下表所示（不考虑所得税）：

（1）存货的调整分录。

存货（公允价值大于账面价值）		当年调整分录	连续编报调整分录
购买日		借：存货 　贷：资本公积	不涉及
资产负债表日	未出售	借：存货 　贷：资本公积	借：存货 　贷：资本公积
	部分出售	借：存货 　贷：资本公积 借：营业成本 　贷：存货（出售部分）	借：存货 　贷：资本公积 借：年初未分配利润 　贷：存货（以前年度出售部分） 借：营业成本 　贷：存货（本年出售部分）
	全部出售	借：存货 　贷：资本公积 借：营业成本 　贷：存货	借：存货 　贷：资本公积 借：年初未分配利润 　贷：存货

（2）固定（无形）资产调整分录。

固定资产、无形资产（公允价值大于账面价值）		当年调整分录	连续编报调整分录
购买日		借：固定资产、无形资产 　贷：资本公积	不涉及
资产负债表日	公允价值高于账面价值差额	借：固定资产、无形资产 　贷：资本公积	借：固定资产、无形资产 　贷：资本公积
	公允价值高于账面价值差额部分的折旧（摊销）额	借：管理费用等 　贷：固定资产、无形资产 （公允价值高于账面价值部分本年折旧额、摊销额） 提示：固定资产无须考虑当月增加，次月计提折旧问题，因为，购买日此项固定资产已经存在，并不是新购入	借：年初未分配利润 　贷：固定资产、无形资产 （公允价值高于账面价值部分以前年度折旧额、摊销额） 借：管理费用等 　贷：固定资产、无形资产 （公允价值高于账面价值部分本年折旧额、摊销额）

（二）长期股权投资成本法调整为权益法

"同控"与"非同控"调整思路相同，具体如下表所示：

内容	①投资当年	②以后年度（连续编制）+①
（1）子公司盈亏的调整	借：长期股权投资 　贷：投资收益 若亏损，作相反分录	借：长期股权投资 　贷：年初未分配利润 若亏损，作相反分录
（2）子公司宣告分派现金股利的调整	借：投资收益 　贷：长期股权投资	借：年初未分配利润 　贷：长期股权投资
（3）子公司其他综合收益变动的调整	借或贷：长期股权投资 　贷或借：其他综合收益	借或贷：长期股权投资 　贷或借：其他综合收益
（4）子公司除净损益、其他综合收益以及利润分配以外所有者权益的其他变动的调整	借或贷：长期股权投资 　贷或借：资本公积	借或贷：长期股权投资 　贷或借：资本公积

通关绿卡

命题角度：根据资料编制合并报表中的调整分录。

此类题目大多出现在综合题中，其实就是"两大块"调整内容。
第一，子公司净资产账面价值与其公允价值不同的调整。
第二，对子公司的长期股权投资在合并报表中由成本法核算调整为权益法核算。

第64记　合并财务报表抵销分录　2分

飞越必刷题：121、147、148、154

（一）母公司股权投资与子公司所有者权益的抵销

母公司长期股权投资代表对子公司净资产所有权，在编制合并报表时，已经将子公司所有资产和负债纳入合并报表，因此母公司股权投资与子公司所有者权益需要抵销，具体抵销分录如下表所示：

分录	"同控"	"非同控"
抵销分录	借：股本（实收资本） 　　资本公积 　　其他综合收益 　　盈余公积 　　年末未分配利润 　　贷：长期股权投资 　　　　少数股东权益 同时，恢复子公司原在集团合并报表中留存收益和其他综合收益： 借：资本公积（母公司资本或股本溢价为限） 　　贷：盈余公积（归属于当前母公司部分） 　　　　未分配利润（归属于当前母公司部分） 　　　　其他综合收益（归属于当前母公司部分）	借：股本（实收资本）（源自题目已知条件） 　　资本公积（题目已知条件+评估增值金额） 　　其他综合收益（源自题目已知条件+当年变动金额） 　　盈余公积（源自题目已知条件+当年计提金额） 　　年末未分配利润（期初未分配利润+经调整后的当年净利润−计提盈余公积−分派现金股利） 　　商誉（借方差额） 　　贷：长期股权投资（按权益法调整后的长期股权投资的账面价值） 　　　　少数股东权益（子公司所有者权益×少数股东投资持股比例）

（二）母公司对子公司、子公司相互之间持有对方长期股权投资的投资收益的抵销

子公司实现净损益后，母公司已按持股比例确认了投资收益，但是，在编制合并财务报表时子公司的净损益已经并入合并财务报表中，而母公司的投资收益也会形成集团合并财务报表净损益，为了避免重复计入，所以要将母公司的投资收益与各个子公司净损益进行抵销。

具体抵销分录为：

借：投资收益（子公司调整后净利润×母公司的持股比例）
　　少数股东损益（子公司调整后净利润×少数股东的持股比例）
　　年初未分配利润（源自上年"年末未分配利润"）
　　贷：提取盈余公积（子公司当年实际计提的盈余公积）
　　　　对所有者（或股东）的分配（子公司当年实际宣告发放的现金股利或利润）
　　　　年末未分配利润（源自上一组抵销分录"年末未分配利润"）

通关绿卡

命题角度：根据资料，编制合并报表中涉及所有者权益的抵销分录。

（1）商誉金额，如果是"非同控"商誉金额是可以验算的，合并成本−购买日被购买方可辨认净资产公允价值×母公司持股比例。如果是"同控"，一般不会在抵销分录中出现商誉。

（2）长期股权投资抵销金额，该金额是在合并报表中将对子公司长期股权投资调整为权益法后的金额，如果该金额不准确，其抵销是无法做平的。但是，也有方法可以"偷懒"，实质上长期股权投资的金额应该是按购买日子公司持续计算净资产公允价值的份额（母公司持股比例）与商誉金额之和。当然这个"偷懒"的过程也可以作为验算的一种方式。

（3）年末未分配利润的金额，此金额在母公司股权投资与子公司所有者权益的抵销分录中计算出后，可以直接复用到母公司对子公司投资收益的抵销分录中。

（三）母子公司、子公司之间内部债权债务的抵销

集团内部公司对应的债权债务从企业集团整体角度来看，它只是内部资金运动，既不能增加企业集团的资产，也不能增加负债。因此，为了消除个别资产负债表直接加总中的重复计算因素，在编制合并财务报表时应当将内部债权债务项目予以抵销。具体抵销分录如下表所示（不考虑所得税）：

情形		当年抵销分录	连续编报抵销分录
资产负债表日	一般情况	借：应付账款（期末余额） 贷：应收账款（期末余额）	借：应付账款（期末余额） 贷：应收账款（期末余额）
	计提坏账准备	借：应收账款 贷：信用减值损失	借：应收账款 　贷：年初未分配利润（以前年度计提的坏账准备） 借：应收账款 　贷：信用减值损失（本年计提的坏账准备）
	转回坏账准备	不涉及	借：应收账款 　贷：年初未分配利润（以前年度计提的坏账准备） 借：信用减值损失（本年转回坏账准备金额） 　贷：应收账款

应收票据和应付票据的抵销原理与上述抵销分录相同，只需要将"应收账款"替换为"应收票据"，"应付账款"替换成"应付票据"。

通关绿卡

命题角度：根据资料，编制合并报表中涉及内部债权债务的抵销分录。

此类题目的总体原则是在集团内部没有相互的债权债务，所以需要借记债务，贷记债权。同时，如果债权人计提坏账准备，在合并报表中一律抵销，方式很简单，就是编制个别报表中的相反会计分录，但要使用报表项目。

(四) 母子公司、子公司之间内部商品交易的抵销

集团内部公司之间发生商品交易的，从整个企业集团来看，属于集团内部企业之间的商品内部物资调拨活动，既不会产生利润，也不会增加商品的价值。因此，在编制合并资产负债表时，应当将存货价值中包含的未实现内部销售损益予以抵销。具体抵销分录如下表所示：

（1）不涉及存货跌价准备和所得税的商品内部交易抵销。

情形		当年抵销分录	连续编报抵销分录
资产负债表日	结存未售	借：营业收入（内部交易售价，即销售方存货售价） 　贷：营业成本（内部交易成本，即销售方存货成本） 　　　存货（期末留存存货虚增价值）	借：年初未分配利润 　贷：存货
	全部出售	借：营业收入（内部交易售价，即销售方存货售价） 　贷：营业成本（购买方存货成本）	借：年初未分配利润 　贷：营业成本
	部分出售	借：营业收入（内部交易售价，即销售方存货售价） 　贷：营业成本 借：营业成本 　贷：存货（留存部分虚增价值）	借：年初未分配利润 　贷：营业成本 借：营业成本 　贷：存货（期末留存部分虚增价值）

（2）涉及存货跌价准备的抵销。

涉及集团内部商品交易中，在个别报表计提存货跌价准备的，应通过比较存货在销售方的成本与可变现净值后进行抵销。抵销分录为：

借：存货
　贷：资产减值损失

通关绿卡

命题角度：根据经济业务，编制集团内部商品交易中涉及存货跌价准备的抵销分录。

合并报表中涉及存货跌价准备的抵销按以下步骤进行会计处理：

第一步，计算该批存货的可变现净值，然后与合并报告主体确认的存货账面余额进行比较。

第二步，如果账面余额大于其可变现净值的，差额部分应计提存货跌价准备，反之则无须计提。

第三步，查看个别报表中是否已经对该批存货计提存货跌价准备，如果已经计提，则需要比较合并报表主体应计提的金额与个别报表实际已计提的金额，然后通过抵销分录进行处理，抵销分录为：

借：存货
　贷：资产减值损失

第四步，如果涉及跨年度编制抵销分录，仍然需要将合并报告主体确认的存货账面余额与其可变现净值进行比较，涉及需要转回时编制如下抵销分录：

借：存货
　　贷：年初未分配利润
借：资产减值损失
　　贷：存货

如果在个别报表中已经将计提存货跌价准备的存货出售，且合并报表中已经将已计提的存货跌价准备抵销时，在合并报表中还应编制抵销分录为：

借：营业成本
　　贷：存货

（五）母子公司、子公司之间内部固定（无形）资产交易的抵销

集团内部公司之间发生固定资产（无形资产）交易的，从整个企业集团来看，属于集团内部企业之间物资调拨活动，既不会产生利润，也不会增加商品的价值。因此，在编制合并资产负债表时，应当予以抵销。具体抵销分录如下表所示：

抵销项目	投资当年	连续编报
固定资产内部交易当年的抵销	①存货→固定（无形）资产： 借：营业收入（内部交易收入） 　　贷：营业成本（内部交易成本） 　　　　固定（无形）资产（内部交易的利润） ②固定（无形）资产→固定（无形）资产： 借：资产处置收益（内部交易收益） 　　贷：固定（无形）资产	借：年初未分配利润 　　贷：固定（无形）资产（内部交易的利润）
当年多提折旧（摊销）的抵销	借：固定（无形）资产 　　贷：管理费用等（内部交易形成的当期折旧或摊销多计提金额）	借：固定（无形）资产（内部交易形成的以前年度折旧或摊销多计提金额） 　　贷：年初未分配利润
固定（无形）资产到期当期继续使用的抵销（不进行清理）	借：年初未分配利润 　　贷：固定（无形）资产（内部交易的利润） 借：固定（无形）资产（内部交易形成的以前年度折旧或摊销多计提金额） 　　贷：年初未分配利润 借：固定（无形）资产 　　贷：管理费用等（内部交易形成的当期折旧或摊销多计提金额）	

续表

抵销项目	投资当年	连续编报
固定（无形）资产到期进行清理的抵销（报废）		借：年初未分配利润 　　贷：管理费用等（内部交易形成的当期折旧或摊销多计提金额）
固定（无形）资产超预计使用年限继续使用的抵销		借：年初未分配利润 　　贷：固定（无形）资产（内部交易的利润） 借：固定（无形）资产（内部交易形成的以前年度折旧或摊销多计提金额） 　　贷：年初未分配利润 如果清理则无抵销分录
固定（无形）资产提前清理的抵销（出售）		借：年初未分配利润（内部交易的利润） 　　贷：资产处置收益 借：资产处置收益 　　贷：年初未分配利润（内部交易收益在以前年度造成折旧或摊销多计提金额） 借：资产处置收益 　　贷：管理费用等（内部交易形成的当期折旧或摊销多计提金额）

第65记 2分 合并财务报表特殊交易之"增资"

飞越必刷题：148

（一）母公司购买子公司少数股东股权

购买子公司少数股权在合并财务报表中属于权益性交易，因原来已经能够控制子公司，新取得股权后控制权未发生改变，商誉金额也只反映原投资份额所对应的部分。具体会计处理如下表所示：

报告主体	会计处理	会计（抵销）分录
个别报表	按付出对价的公允价值增加长期股权投资	借：长期股权投资 　　贷：银行存款等
合并报表	购买少数股权新取得的长期股权投资与按照新增持股比例计算应享有子公司自购买日或合并日开始持续计算的净资产份额之间的差额，应当调整母公司个别财务报表中的资本公积（资本溢价或股本溢价），资本公积不足冲减的，调整留存收益	借或贷：资本公积等 　贷或借：长期股权投资

（二）企业因追加投资等原因能够对非同一控制下的被投资方实施控制

不属于"一揽子交易"的会计处理如下表所示：

情形		权益法→成本法	公允价值计量的金融资产→成本法
个别报表	初始投资成本	初始投资成本=原投资账面价值+新增投资成本	初始投资成本=原投资公允价值+新增投资成本
合并报表	合并成本	合并成本="原公"+"新公"	
	合并商誉	商誉=合并成本−应享有被购买方可辨认净资产公允价值的份额	
	原投资的会计处理	将原权益核算的长期股权投资处置，抵销分录为： 借或贷：长期股权投资 　贷或借：投资收益 借或贷：资本公积、其他综合收益 　贷或借：投资收益、留存收益	无须处理

（三）本期增加子公司合并财务报表的编制

合并报表编制时应区分是"同控"取得子公司，还是"非同控"取得子公司，具体如下表所示：

报表	"同控"	"非同控"
资产负债表	应当调整合并资产负债表的期初数，合并资产负债表的留存收益项目应当反映母子公司视同一直作为一个整体运行至合并日应实现的盈余公积和未分配利润的情况，同时应当对比较报表的相关项目进行调整	不调整合并资产负债表的期初数，企业以非货币性资产出资设立子公司或对子公司增资的，需要将该非货币性资产调整恢复至原账面价值，并在此基础上持续编制合并财务报表
利润表	应当将该子公司或业务自合并当期期初至报告期末的收入、费用、利润纳入合并利润表，同时应当对比较报表的相关项目进行调整	应当将该子公司或业务自购买日至报告期末的收入、费用、利润纳入合并利润表
现金流量表	应当将该子公司或业务自合并当期期初到报告期末的现金流量纳入合并现金流量表，同时应当对比较报表的相关项目进行调整	应当将该子公司购买日至报告期末的现金流量纳入合并现金流量表

合并财务报表特殊交易之"减资"

飞越必刷题：122、148

（一）在不丧失控制权的情况下部分处置对子公司长期股权投资

在不丧失控制权的情况下部分处置对子公司长期股权投资在个别报表中确认相关处置损益，在合并报表中作为权益性交易，不确认相关损益，具体会计处理如下表所示：

报告主体	会计处理
个别报表	借：银行存款等 　　贷：长期股权投资（处置部分账面价值） 差额：投资收益
合并报表	（1）按比例把归属于母公司的所有者权益（包含子公司净资产和商誉）的账面价值调整至少数股东权益。需要说明的是，母公司不丧失控制权情况下处置子公司部分股权时，不应终止确认所处置股权对应的商誉。 （2）在合并财务报表中，应将处置价款与处置长期股权投资相对应享有子公司自购买日或合并日开始持续计算的净资产份额之间的差额，应当调整资本公积（资本溢价或股本溢价），资本公积不足冲减的，调整留存收益。 合并财务报表中确认资本公积的金额=出售净价款-出售日应享有子公司按购买日公允价值持续计算的金额对应处置比例份额

（二）母公司因处置对子公司长期股权投资而丧失控制权

母公司因处置部分股权投资或其他原因丧失了对原有子公司控制的（不属于"一揽子交易"的），具体会计处理如下表所示：

报告主体	会计处理
个别报表	在母公司个别报表中作为长期股权投资的处置，确认有关处置损益，会计分录为： 借：银行存款等 　　贷：长期股权投资 差额：投资收益
合并报表	（1）终止确认相关资产负债、商誉等的账面价值，并终止确认少数股东权益（包括属于少数股东的其他综合收益）的账面价值。 （2）按照丧失控制权日的公允价值进行重新计量剩余股权，按剩余股权对被投资方的影响程度，将剩余股权作为长期股权投资或金融工具进行核算。 （3）处置股权取得的对价与剩余股权的公允价值之和，减去按原持股比例计算应享有原有子公司自购买日开始持续计算的净资产账面价值份额与商誉之和，形成的差额计入丧失控制权当期的投资收益。 （4）与原有子公司的股权投资相关的其他综合收益（不得转损益的除外）、其他所有者权益变动，应当在丧失控制权时转入当期损益。

> **通关绿卡**
>
> **命题角度**：母公司因处置对子公司长期股权投资而丧失控制权时，在合并报表中应确认的投资收益金额。
>
> 此类题目按以下公式计算：
>
> 在合并报表中应确认的投资收益=全部股权的公允价值−长期股权投资账面价值+资本公积+其他综合收益（可转损益部分）
>
> 其中，长期股权投资系在合并报表中调整后的长期股权投资在未被抵销前的账面余额。
>
> 资本公积和其他综合收益系在合并报表中将成本法转为权益法时确认的资本公积和其他综合收益。

（三）因子公司少数股东增资导致母公司股权稀释

由于子公司的少数股东对子公司进行增资，导致母公司股权稀释，母公司应当按照增资前的股权比例计算其在增资前子公司自购买日（合并日）开始持续计算的净资产账面价值中的份额，该份额与增资后按母公司持股比例计算的在增资后子公司账面净资产份额之间的差额计入资本公积，资本公积不足冲减的，调整留存收益。

> **通关绿卡**
>
> **命题角度**：因子公司少数股东增资导致母公司股权稀释在合并报表中应确认的资本公积金额。
>
> 资本公积确认金额=增资前持股比例×增资前持续计算净资产−增资后持股比例×增资后持续计算净资产

（四）本期减少子公司合并财务报表的编制

合并报表编制时无须区分是"同控"取得子公司，还是"非同控"取得子公司，具体如下表所示：

报表	编制要求
资产负债表	不需要对该出售转让股份而成为非子公司的资产负债表进行合并
利润表	应当以该子公司期初至丧失控制权成为非子公司之日止的利润表为基础，将该子公司自期初至丧失控制权之日止的收入、费用、利润纳入合并利润表
现金流量表	应将该子公司自期初至丧失控制权之日止的信息纳入合并现金流量表，并将出售该子公司所收到的现金扣除子公司持有的现金和现金等价物以及相关处置费用后的净额，在有关投资活动类的"处置子公司及其他营业单位所收到的现金"项目反映

第67记 合并财务报表特殊交易之"集团股份支付" (2分)

飞越必刷题：123、124、125

结算企业以其本身权益工具结算的，应当将该股份支付交易作为权益结算的股份支付处理。除此之外，应当作为现金结算的股份支付处理。具体抵销如下表所示：

情形		以母公司权益工具结算	以子公司权益工具结算	以集团内其他子公司权益工具结算
母公司（结算企业）	类型	权益结算	现金结算	现金结算
	分录	借：长期股权投资 贷：资本公积	借：长期股权投资 贷：应付职工薪酬	借：长期股权投资 贷：应付职工薪酬
子公司（接受服务企业）	类型	权益结算	权益结算	权益结算
	分录	借：管理费用等 贷：资本公积	借：管理费用等 贷：资本公积	借：管理费用等 贷：资本公积
合并报表	类型	权益结算	权益结算	权益结算
	抵销分录	借：资本公积 贷：长期股权投资	借：应付职工薪酬 贷：长期股权投资	借：应付职工薪酬 贷：长期股权投资

需要说明的是，如果受到激励的高管在集团内调动导致接受服务企业变更，应根据受益情况，在等待期内按合理标准（例如，时间）在原接受服务企业与新接受服务企业之间分摊高管的股权激励费用（谁受益，谁负担）。

通关绿卡

命题角度：根据经济业务，分析交易费用会计处理是否正确。

此类题目请参看下表：

业务内容	会计核算
企业合并方式形成长期股权投资（同控+非同控）	管理费用
非企业合并方式形成长期股权投资	长期股权投资
交易性金融资产（负债）	投资收益（借方）
债权投资、其他债权投资、其他权益工具投资	初始投资成本
发行普通股	冲减"资本公积——股本溢价"

续表

业务内容	会计核算
发行除普通股以外的权益工具	冲减"其他权益工具"
发行一般公司债券	折价发行：增加"利息调整"（借方） 溢价发行：冲减"利息调整"（贷方）
发行可转换公司债券	按照负债成分与权益成分的公允价值比例分摊

第68记 2分 识别与客户订立的合同

飞越必刷题：96、142、149、150

（一）识别合同

企业与客户订立合同需要同时满足合同要件，如果不符合合同成立条件，企业不能确认收入，合同要件包括：

（1）合同各方已批准该合同并承诺将履行各自义务。

（2）该合同明确了合同各方与所转让商品（或提供服务，以下简称"转让商品"）相关的权利和义务。

（3）该合同有明确的与所转让商品相关的支付条款。

（4）该合同具有商业实质，即履行该合同将改变企业未来现金流量的风险、时间分布或金额。

（5）企业因向客户转让商品而有权取得的对价很可能收回。

需要说明的是，如果企业与客户仅签订框架协议，在合同中并未明确确定各种权利和义务的，例如，框架协议中未约定购买的数量和价格，合同权利义务不清晰，不具有法律约束力，不满足上述（2）的条件，合同未成立，企业不能确认收入。

（二）合同合并

企业与同一客户（或该客户的关联方）同时订立或在相近时间内先后订立的两份或多份合同，在满足下列条件之一时，应当合并为一份合同进行会计处理：

（1）该两份或多份合同基于同一商业目的而订立并构成一揽子交易（经济实质）。

（2）该两份或多份合同中的一份合同的对价金额取决于其他合同的定价或履行情况（基于合理性）。

（3）该两份或多份合同中所承诺的商品（或每份合同中所承诺的部分商品）构成本准则规定的单项履约义务。

（三）合同变更

合同变更涉及增加（或减少）商品数量、增加（或减少）合同价格，企业应当区分以下三种情形对合同变更分别进行会计处理：

情形	内容	会计处理
情形一	合同变更增加了可明确区分的商品及合同价款，且新增合同价款反映了新增商品单独售价	合同变更部分作为一份单独的合同
情形二	合同变更不属于"情形一"，且在合同变更日已转让商品与未转让商品之间可明确区分	原合同终止，新合同订立。即将原合同交易价格中尚未确认为收入的部分（包括已从客户收取的金额）与合同变更中客户已承诺的对价金额之和作为新合同的交易价格
情形三	合同变更不属于"情形一"，且在合同变更日已转让商品与未转让商品之间不可明确区分	作为原合同的组成部分。即在合同变更日重新计算履约进度，并调整当期收入和相应成本等

需要说明的是，在合同变更时，企业由于无须发生为发展新客户等所须发生的相关销售费用，可能会向客户提供一定的折扣，从而在新增商品单独售价的基础上予以适当调整，调整后的价格仍然属于此时商品的单独售价。

通关绿卡

命题角度：根据经济业务分析合同变更应如何进行账务处理，并说明理由。

对于合同变更的三种情形，首先，需要重点掌握"情形一"，将"情形一"的两个条件作出准确判断，即新增可明确区分商品及合同价款，新增合同价款反映新增商品的单独售价。在判断时，需要分析合同变更是否有新增可明确区分的商品，是否有新增合同价款，是否新增价款反映新增商品的单独售价（题目已知条件），如果均满足，属于合同变更的"情形一"。

其次，如果不属于合同变更的"情形一"，存在以下四种情况：

第一，合同变更新增可明确区分商品，但没有新增合同价款，即新增合同价款为零，不能反映新增商品的单独售价。

第二，合同变更没有新增可明确区分商品，但有新增合同价款，即新增合同价款不能反映新增商品的单独售价。

第三，合同变更新增可明确区分商品和新增合同价款，但新增价款不能反映新增商品的单独售价。

第四，合同变更减少可明确区分商品或合同价款。

以上四条中满足一条均不属于合同变更的"情形一"。

最后，如果不属于合同变更的"情形一"，需要看原合同已转让商品和尚未转让商品是否可明确区分，如果可以明确区分，属于合同变更的"情形二"，如果不可以明确区分，属于合同变更的"情形三"。

第69记 识别合同中的单项履约义务

飞越必刷题：142、149、150

（一）构成单项履约义务的情形

（1）企业向客户转让可明确区分的商品（或者商品或服务的组合）的承诺。

（2）企业向客户转让一系列实质相同且转让模式相同的、可明确区分商品的承诺。例如，保洁服务、健身服务等。

（二）可明确区分的判断

（1）企业向客户承诺的商品同时满足下列条件的，应当作为可明确区分商品。

（2）下列情形通常表明企业向客户转让该商品的承诺与合同中的其他承诺不可明确区分：

①企业需提供重大的服务以将该商品与合同中承诺的其他商品进行<u>整合</u>，形成合同约定的某个或某些组合产出转让给客户。

②该商品将对合同中承诺的其他商品予以<u>重大修改或定制</u>。

③该商品与合同中承诺的其他商品具有<u>高度关联性</u>，合同中承诺的每一单项商品均受到合同中其他商品的重大影响。

（3）如果该产品的控制权在运输之前已经转移给客户，则企业提供的运输服务可能构成一项单独的履约义务。如果该产品的控制权在送达指定地点时才转移给客户，则企业从事的运输活动不构成一项单独的履约义务。

通关绿卡

命题角度：根据经济业务判断是否构成合同中单项履约义务，并说明理由。

此类题目需要注意以下两点问题：

第一，是否属于一系列实质相同且转让模式相同的、可明确区分商品的承诺（例如，保洁服务、健身服务等），如果是，构成单项履约义务。

第二，不属于"第一"，需要分析商品本身是否可明确区分，如果可以，再从合同层面分析是否可明确区分。注意有三种在合同层面上不能明确区分的情形（关键词：整合、重大修改或定制、高度关联）。

确定交易价格

2分

飞越必刷题：97、142、149、150

（一）可变对价

企业与客户的合同中约定的对价金额可能会因折扣（含现金折扣）、价格折让、返利、退款、奖励积分、激励措施、业绩奖金、索赔等因素而变化。

（1）可变对价最佳估计数的确定。

（2）企业按照期望值或最可能发生金额确定可变对价金额之后，计入交易价格的可变对价金额还应该满足限制条件，即包含可变对价的交易价格，应当不超过在相关不确定性消除时，累计已确认的收入极可能不会发生重大转回的金额。

（3）对基于客户采购情况等给予的现金返利，企业应当按照可变对价原则进行会计处理。

（二）合同中存在的重大融资成分

（1）合同中存在重大融资成分的，企业应当按照现销价格（假定客户在取得商品控制权时即以现金支付的应付金额）确定交易价格。具体会计处理如下表所示：

情形	会计分录
企业为客户提供重大融资（客户融资）	借：长期应收款 　贷：主营业务收入 　　　未实现融资收益
客户为企业提供重大融资（企业融资）	借：银行存款等 　　未确认融资费用 　贷：合同负债

需要说明的是，如果在合同开始日，企业预计客户取得商品控制权与客户支付价款间隔不超过一年的，可以不考虑合同中存在的重大融资成分。

（2）企业与客户之间的合同未包含重大融资成分的情形包括：

①客户就商品支付了预付款，且可以自行决定这些商品的转让时间。

②客户承诺支付的对价中有相当大的部分是可变的，该对价金额或付款时间取决于某一未来事项是否发生，且该事项实质上不受客户或企业控制。

③合同承诺的对价金额与现销价格之间的差额是由于向客户或企业提供融资利益以外的其他原因所导致的，且这一差额与产生该差额的原因是相称的。

(三) 非现金对价

客户支付非现金对价的,通常情况下,企业应当按照非现金对价在合同开始日的公允价值确定交易价格。非现金对价公允价值不能合理估计的,企业应当参照其承诺向客户转让商品的单独售价间接确定交易价格。

(1) 非现金对价的公允价值因对价的形式而发生变动(例如,企业有权向客户收取的对价是股票,股票本身的价格会发生变动),该变动金额不应计入交易价格。

(2) 非现金对价的公允价值因为其形式以外的原因而发生变动,应当作为可变对价,按照与计入交易价格的可变对价金额的限制条件相关的规定进行处理。

(四) 应付客户对价

应付客户对价的会计处理包括以下四种情况:

情形	会计处理
(1) 自客户取得其他可明确区分商品	作为采购处理,无须冲减交易价格
(2) 应付客户对价超过向客户取得可明确区分商品公允价值	超过金额应当冲减交易价格
(3) 向客户取得的可明确区分商品公允价值不能合理估计	应付客户对价全额冲减交易价格
(4) 其他情况	应付对价冲减交易价格

在将应付客户对价冲减交易价格处理时,企业应当在确认相关收入与支付(或承诺支付)客户对价二者孰晚的时点冲减当期收入。

通关绿卡

命题角度1:判断合同的交易价格中是否包含可变对价。

首先,判断其是否满足可变对价计入交易价格的限制性条件。

其次,计算计入交易价格的金额(最可能发生or期望值)。

最后,结合其他题目条件计算交易价格。

命题角度2:合同中存在重大融资成分的计算。

一般而言,折现率是题目中的已知条件,此时我们需要辨析是企业为客户提供重大融资成分,还是客户为企业提供重大融资成分,两者的核算原理相同,但需要注意细节,前者形成的是"未实现融资收益",后者形成的是"未确认融资费用"。

命题角度3:合同中存在非现金对价时交易价格如何确定?

这里需要提示同学们的是,无论题目如何"布坑",一定按合同开始日非现金对价的公允价值为基础确定交易价格。

第71记 2分 将交易价格分摊至各单项履约义务

飞越必刷题：142、149、150

企业应当在合同开始日，按照各单项履约义务所承诺商品的单独售价的相对比例，将交易价格分摊至各单项履约义务。

（一）分摊合同折扣

（1）对于合同折扣，企业应当在各单项履约义务之间按比例分摊。

（2）有确凿证据表明合同折扣仅与合同中一项或多项（而非全部）履约义务相关的，企业应当将该合同折扣分摊至相关一项或多项履约义务。

（3）同时满足下列条件时，企业应当将合同折扣全部分摊至合同中的一项或多项（而非全部）履约义务：

①企业经常将该合同中的各项可明确区分的商品单独销售或者以组合的方式单独销售。

②企业也经常将其中部分可明确区分的商品以组合的方式按折扣价格单独销售。

③上述第②项中的折扣与该合同中的折扣基本相同，且针对每一组合中的商品的分析为将该合同的全部折扣归属于某一项或多项履约义务提供了可观察的证据。

（二）分摊可变对价

合同中包含可变对价的，该可变对价可能与整个合同相关，也可能仅与合同中的某一特定组成部分有关，与哪项履约义务有关就分摊到哪项履约义务，有可能是全部，也有可能是部分。

（三）交易价格的后续变动

交易价格发生后续变动的，企业应当按照在合同开始日所采用的基础将该后续变动金额分摊至合同中的履约义务。企业不得因合同开始日之后单独售价的变动而重新分摊交易价格。

（四）合同变更后可变对价的分摊

合同变更之后发生可变对价后续变动的，企业应当区分下列三种情形分别进行会计处理：

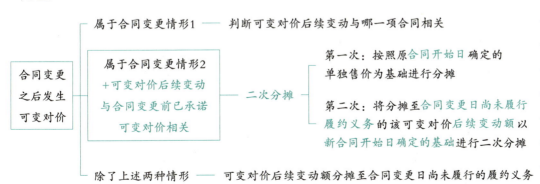

第72记 履行每一单项履约义务时确认收入

飞越必刷题：142、149、150

（一）某一时段内履行的履约义务

1.收入确认条件

满足下列条件之一的，属于在某一时段内履行的履约义务，相关收入应当在该履约义务履行的期间内确认：

（1）客户在企业履约的同时即取得并消耗企业履约所带来的经济利益。

（2）客户能够控制企业履约过程中在建的商品。

（3）企业履约过程中所产出的商品具有不可替代用途，且该企业在整个合同期间内有权就累计至今已完成的履约部分收取款项。

2.在某一时段内履行的履约义务的收入确认方法

（1）对于在某一时段内履行的履约义务，企业应当在该段时间内按照履约进度确认收入，履约进度不能合理确定的除外。

（2）对于施工中尚未安装、使用或耗用的商品（不包含服务）或材料成本等，当企业在合同开始日就能够预期将满足下列所有条件时，企业在采用成本法时不应包括该商品的成本，而是应当按照其成本金额确认收入：

一是，该商品不构成单项履约义务。

二是，客户先取得该商品的控制权，之后才接受与之相关的服务。

三是，该商品的成本占预计总成本的比重较大。

四是，企业自第三方采购该商品，且未深入参与其设计和制造，对于包含该商品的履约义务而言，企业是主要责任人。

对于施工企业在某一时段内履行履约义务时，会计分录如下表所示：

业务	会计分录
发生合同成本时	借：合同履约成本 　贷：原材料、银行存款等
根据履约进度确认收入并结转成本时	借：合同结算——收入结转 　贷：主营业务收入 借：主营业务成本 　贷：合同履约成本

续表

业务	会计分录
根据合同约定结算工程款时	借：应收账款等 贷：合同结算——价款结算
合同结转预计损失时	借：主营业务成本 贷：预计负债

（二）某一时点内履行的履约义务

企业应当在客户取得相关商品控制权时点确认收入。

控制权转移的判断需要具体分析，有下列情况"可能"表明商品的控制权已经转移：

（1）企业就该商品享有现时收款权利，即客户就该商品负有现时付款义务。

（2）企业已将该商品的法定所有权转移给客户，即客户已拥有该商品的法定所有权。

（3）企业已将该商品实物转移给客户，即客户已实物占有该商品。

需要说明的是，满足"售后代管商品"安排条件时，商品控制权转移：

①该安排必须具有商业实质，例如该安排是应客户的要求而订立的。

②属于客户的商品必须能够单独识别，例如将属于客户的商品单独存放在指定地点。

③该商品可以随时交付给客户。

④企业不能自行使用该商品或将该商品提供给其他客户。

（4）企业已将该商品所有权上的主要风险和报酬转移给客户。

（5）客户已接受该商品。

①应当考虑客户是否已接受该商品，特别是客户的验收是否仅仅是一个形式。

②定制化程度越高的商品，可能越难证明客户验收仅仅是一个形式。

③如果企业将商品发送给客户供其试用或者测评，且客户并未承诺在试用期结束前支付任何对价，则在客户接受商品或者在试用期结束之前，该商品的控制权并未转移给客户。

通关绿卡

命题角度：判断履约义务属于某一时段内履行还是某一时点履行，并说明理由。

此类题目按以下步骤进行判断和作答：

第一步，判断是否满足某一时段内履行的履约义务，如果三个条件均不满足，属于某一时点履行的履约义务。

第二步，如果属于某一时段内履行的履约义务，需要计算履约进度，在资产负债表日根据履约进度确定收入。

第三步，如果属于某一时点履行的履约义务，需要关注商品控制权转移的时点，同时控制权转移迹象的判断也十分重要。

第73记 2分 合同成本

飞越必刷题：126、142

合同成本包括合同取得成本和合同履约成本，具体核算内容如下表所示：

合同成本	内容	说明
合同取得成本	增量成本，例如，销售佣金等	无论是否取得合同均会发生的差旅费、投标费、为准备投标资料发生的相关费用等不属于合同取得成本，发生时计入当期损益
合同履约成本	直接人工、直接材料、制造费用或类似费用、明确由客户承担的成本以及仅因该合同而发生的其他成本	企业应当在下列支出发生时，将其计入当期损益： （1）管理费用，除非这些费用明确由客户承担。 （2）非正常消耗的直接材料、直接人工和制造费用（或类似费用），这些支出为履行合同发生，但未反映在合同价格中。 （3）与履约义务中已履行（包括已全部履行或部分履行）部分相关的支出，即该支出与企业过去的履约活动相关。 （4）无法在尚未履行的与已履行（或已部分履行）的履约义务之间区分的相关支出

通关绿卡

命题角度：判断相关支出属于合同取得成本还是合同履约成本。

合同取得成本是增量成本的概念，销售佣金是典型的合同取得成本。合同履约成本类似于工业企业的生产成本，其包括直接人工、直接材料、制造费用或类似费用等。

第74记 2分 附有销售退回条款的销售

飞越必刷题：150

在每一资产负债表日，企业应当重新估计未来销售退回情况，如有变化，应当作为会计估计变更进行会计处理。具体会计处理如下表所示：

情形		会计分录
销售时		借：银行存款、应收账款等 　贷：主营业务收入 　　　预计负债（预计退货率×交易价格） 　　　应交税费——应交增值税（销项税额） 借：主营业务成本 　　应收退货成本（预计退货率×商品总成本） 　贷：库存商品
资产负债表日 根据预计退货率进行调整时		借或贷：预计负债 　贷或借：主营业务收入 　贷或借：主营业务成本 　贷或借：应收退货成本
退货期满	未退货	借：预计负债 　贷：主营业务收入 借：主营业务成本 　贷：应收退货成本
	实际退货数量＞预计退货数量	借：预计负债 　　主营业务收入（超过预计退货部分） 　　应交税费——应交增值税（销项税额） 　贷：银行存款等 借：库存商品 　贷：应收退货成本 　　　主营业务成本
	实际退货数量＜预计退货数量	借：预计负债 　　应交税费——应交增值税（销项税额） 　贷：主营业务收入 　　　银行存款等 借：库存商品 　　主营业务成本 　贷：应收退货成本
	实际退货数量=预计退货数量	借：预计负债 　　应交税费——应交增值税（销项税额） 　贷：银行存款等 借：库存商品 　贷：应收退货成本

> **命题角度**：根据经济业务，对附有销售退回条款的销售进行账务处理。
>
> 此类题目需要注意以下两点问题：
> 第一，根据预计退货率确定预计负债和应收退货成本。
> 第二，退货期满时，无论是否发生退货，实际退货数量大于或小于预计退货数量的，原确认的预计负债和应收退货成本均应冲减为零。

第75记 附有质量保证条款的销售（2分）

飞越必刷题：150

企业提供质保服务的，应分析企业提供了"保证类质保"还是提供"服务类质保"，具体会计处理如下表所示：

情形	是否构成单项履约义务	说明
保证类质保	×	执行或有事项准则，会计分录为： 借：主营业务成本 　　贷：预计负债
服务类质保	√	执行收入准则，会计分录为： 借：银行存款 　　贷：主营业务收入 　　　　合同负债 分摊交易价格，在履行相关履约义务时确认收入时： 借：合同负债 　　贷：主营业务收入 发生服务类质保时： 借：合同履约成本 　　贷：原材料等 借：主营业务成本 　　贷：合同履约成本

通关绿卡

命题角度：根据资料判断合同中企业为客户提供的延保服务是否构成单项履约义务。

此类题目需要结合给定的已知条件进行判断，此项延保服务是否在向客户保证所销售商品符合既定标准之外提供了一项单独的服务。如果满足，属于提供服务类质保服务，应将其作为单项履约义务，并把交易价格按合同开始日单独售价相对比例进行分配，并在履行该项履约义务时确认收入。如果经过判断未提供一项单独服务的，属于保证类质保服务，满足条件确认预计负债。

第76记 主要责任人和代理人 （2分）

飞越必刷题：152

企业在向客户转让商品前能够控制该商品的，该企业为主要责任人，应当按照已收或应收对价总额确认收入（总额法）。否则，该企业为代理人，应当按照预期有权收取的佣金或手续费的金额确认收入（净额法）。

企业向客户转让特定商品之前能够控制该商品的情形包括：

（1）企业自该第三方取得商品或其他资产控制权后，再转让给客户。

（2）企业能够主导该第三方代表本企业向客户提供服务。

（3）企业自该第三方取得商品控制权后，通过提供重大的服务将该商品与其他商品整合成合同约定的某组合产出转让给客户。

通关绿卡

命题角度：根据经济业务判断企业是主要责任人还是代理人，并说明理由。

此类题目判断的关键点在于，企业在特定商品转让给客户之前是否能够控制该商品。需要综合考虑所有相关事实和情况进行判断，这些事实和情况包括：

(1) 企业承担向客户转让商品的主要责任。

(2) 企业在转让商品之前或之后承担了该商品的存货风险。

(3) 企业有权自主决定所交易商品的价格。

在特定商品转让给客户之前已经能够控制该商品是主要责任人，主要责任人按总额法确认收入。反之为代理人，代理人应按净额法确认收入。

第77记 2分 附有客户额外购买选择权的销售

飞越必刷题：152

对于附有客户额外购买选择权的销售，企业应当评估该选择权是否向客户提供了一项重大权利。企业提供重大权利的，应当作为单项履约义务，按照有关交易价格分摊的要求将交易价格分摊至该履约义务，在客户未来行使购买选择权取得相关商品控制权时，或者该选择权失效时，确认相应的收入。会计分录为：

借：银行存款
　　贷：主营业务收入
　　　　合同负债（额外购买选择权的交易价格）

客户行权或者权利失效时：

借：合同负债
　　贷：主营业务收入

需要说明的是，企业提供额外购买选择权时要分析购买选择权是否为重大权利，例如，持券折扣为40%，不持券折扣为10%，对于客户而言重大权利不是折扣40%，而是增量的折扣30%，因此，在计算折扣券单独售价时，应按增量折扣计算。

第78记 2分 授予知识产权许可

（一）概述

企业向客户授予的知识产权应区分是否构成单项履约义务，分别进行会计处理，具体情况如下表所示：

情形	内容	会计处理
不构成单项履约义务	该知识产权许可构成有形商品的组成部分并且对于该商品的正常使用不可或缺，客户只有将该知识产权许可和相关服务一起使用才能够从中获益（整合产出）	该知识产权许可和其他商品一起作为一项履约义务在相关知识产权控制权转让时确认收入
构成单项履约义务	同时满足下列条件时，应当作为在某一时段内履行的履约义务确认相关收入： （1）合同要求或客户能够合理预期企业将从事对该项知识产权有重大影响的活动。 （2）该活动对客户将产生有利或不利影响。 （3）该活动不会导致向客户转让商品	根据履约进度确认收入
	不满足在某一时段内履行的履约义务，应作为在某一时点履行的履约义务确认收入	相关知识产权控制权转让时确认收入

（二）收入确认

企业向客户授予知识产权许可，并约定按客户实际销售或使用情况收取特许权使用费的，应当在客户后续销售或使用行为实际发生与企业履行相关履约义务两项孰晚的时点确认收入。

需要说明的是，以上情形属于估计可变对价的例外规定，该例外规定只有在下列两种情形下才能使用：

（1）特许权使用费仅与知识产权许可相关。

（2）特许权使用费可能与合同中的知识产权许可和其他商品都相关，但是与知识产权许可相关的部分占有主导地位。

另外，企业使用该例外规定时，应整体采用该规定。如果与授予知识产权许可相关的对价同时包含固定金额和按客户实际销售或使用情况收取的变动金额两部分，只有后者能采用该例外规定。对于不适用该例外规定的特许权使用费，应当按照估计可变对价的一般原则进行处理。

> **通关绿卡**
>
> **命题角度：判断授予客户知识产权许可属于某一时段履行的履约义务还是某一时点履行的履约义务。**
>
> 此处与之前判断标准有所不同，需要注意，同时满足三个条件的授予客户知识产权许可属于某一时段内履行的履约义务。否则属于某一时点履行的履约义务。

第79记 2分 售后回购

飞越必刷题：98

售后回购义务需要区分以下情况分别进行会计处理，具体如下表所示：

情形	回购价格与原售价关系	会计处理	说明
（1）企业因存在与客户的远期安排而负有回购义务。 （2）企业享有回购权利。 （3）企业负有应客户要求回购商品义务，且客户具有重大经济动因	回购价格＜原售价	租赁交易	客户在销售时点并未取得相关商品控制权，不能确认收入
	回购价格＞原售价	融资交易 在收到客户款项时确认金融负债，并将该款项和回购价格的差额在回购期间内确认为利息费用，企业到期未行使回购权利的，应当在该回购权利到期时终止确认金融负债，同时确认收入	

续表

情形	回购价格与原售价关系	会计处理	说明
企业负有应客户要求回购商品义务，且客户不具有重大经济动因	—	附有销售退回条款的销售交易	

通关绿卡

命题角度：根据经济业务对售后回购交易进行会计处理。

此类题目作答时需要按以下步骤进行：

第一步，判断回购交易是属于企业的权利，还是属于客户的权利，如果是属于企业的权利再将回购价格与原售价进行比较，从而确定是租赁交易还是融资交易分别进行会计处理。

第二步，判断结果是客户拥有回售权，需要继续判断客户是否具有行使该要求权的重大经济动因，如果没有应作为具有销售退回条款的销售处理（第74记），如果有应将回售价格与原售价进行比较，从而确定是租赁交易还是融资交易分别进行会计处理。

第80记 [2分] 客户未行使的权利

企业向客户预收销售商品款项的，应当将该款项确认为负债，待履行了相关履约义务时再转为收入，企业预期将有权获得与客户所放弃的合同权利相关的金额的，应当按照客户行使合同权利的模式按比例将上述金额确认为收入，会计分录如下表所示：

业务	会计分录
预收款项时	借：银行存款等 　　贷：合同负债 　　　　应交税费——待转销项税额
确认收入时	借：合同负债 　　应交税费——待转销项税额 　　贷：主营业务收入［实际消费金额+（实际消费金额/预计消费金额）×预计不会消费金额］ 　　　　应交税费——应交增值税（销项税额）

第81记 1分 **无须退回的初始费**

企业在合同开始（或接近合同开始）日向客户收取的无须退回的初始费（如俱乐部的入会费等）应当计入交易价格。

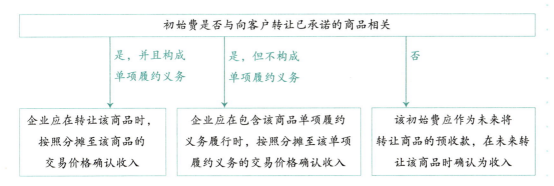

 第82记 2分 **租赁识别、分拆与合并**

飞越必刷题：151、152

（一）租赁识别

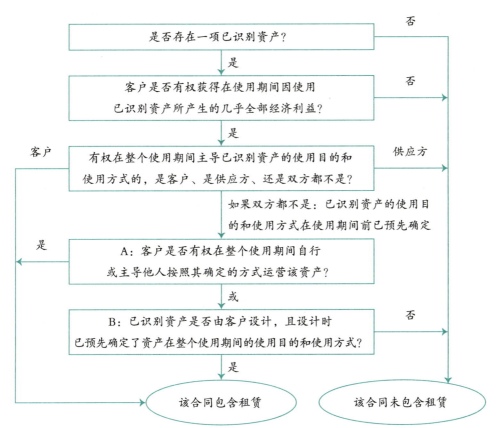

（二）租赁的分拆

当合同中同时包含多项单独租赁的，承租人和出租人应当将合同予以分拆，并分别各项单独租赁进行会计处理。合同中同时包含租赁和非租赁部分的，承租人和出租人应当将租赁和非租赁部分分拆，适用简化处理除外（全部作为租赁）。

（三）租赁的合并

企业与同一交易方或其关联方在同一时间或相近时间订立的两份或多份包含租赁的合同，在满足下列条件之一时，应当合并为一份合同进行会计处理：

（1）这两份或多份合同基于总体商业目的而订立并构成"一揽子交易"，若不作为整体考虑则无法理解其总体商业目的。

（2）该两份或多份合同中的某份合同的对价金额取决于其他合同的定价或履行情况。

（3）该两份或多份合同让渡的资产使用权合起来构成一项单独租赁。

两份或多份合同合并为一份合同进行会计处理的，仍然需要区分该一份合同中的租赁部分和非租赁部分。

租赁期

飞越必刷题：99、151、152

（一）基本规定

租赁期，是指承租人有权使用租赁资产且不可撤销的期间。

承租人有续租选择权，且合理确定将行使该选择权的，租赁期还应当包含续租选择权涵盖的期间。承租人有权终止租赁选择权，但合理确定将不会行使该选择权的，租赁期应当包含终止租赁选择权涵盖的期间。

需要说明的是，如果承租人在租赁协议约定的起租日或租金起付日之前，已获得对租赁资产使用权的控制，表明租赁期已经开始，即合同中存在免租期。

（二）特殊规定

发生承租人可控范围内的重大事件或变化，且影响承租人是否合理确定将行使相应选择权的，承租人应当对其是否合理确定将行使续租选择权、购买选择权或不行使终止租赁选择权进行重新评估，并根据重新评估结果修改租赁期。

承租人可控范围内的重大事件或变化包括但不限于下列情形：

（1）在租赁期开始日未预计到的重大租赁资产改良，在可行使续租选择权、终止租赁选择权或购买选择权时，预期将为承租人带来重大经济利益。

（2）在租赁期开始日未预计到的租赁资产的重大改动或定制化调整。

（3）承租人做出的与行使或不行使选择权直接相关的经营决策。例如，决定续租互补性资产、处置可替代的资产或处置包含相关使用权资产的业务。

第84记 [2分] 承租人的会计处理

飞越必刷题：151、152

（一）初始计量

承租人应当对租赁确认使用权资产和租赁负债，应用短期租赁和低价值资产租赁简化处理的除外。会计分录为：

借：使用权资产
　　租赁负债——未确认融资费用
　　贷：租赁负债——租赁付款额
　　　　银行存款等（预付租金、支付的初始直接费用等）
　　　　预计负债（拆除及复原支出）

其中，租赁负债和使用权资产的计量内容如下表所示：

项目	租赁负债	使用权资产
固定付款额及实质固定付款额（不含增值税）	√	
取决于指数或比率的可变租赁付款额	√	
购买选择权的行权价格	√	√
行使终止租赁选择权需支付的款项	√	
承租人提供担保余值预计应支付的款项	√	
在租赁期开始日或之前支付的租赁付款额，存在租赁激励的，应扣除已享受的租赁激励相关金额	×	√
承租人发生的初始直接费用	×	√
承租人为拆卸及移除租赁资产、复原租赁资产所在场地或将租赁资产恢复至租赁条款约定状态预计将发生的成本	×	√

需要说明的是，承租人发生的租赁资产改良支出计入长期待摊费用。

（二）后续计量

使用权资产和租赁负债的后续计量如下表所示：

会计科目	计量原则和会计分录
使用权资产	（1）承租人应当采用成本模式对使用权资产进行后续计量，会计分录为： 借：管理费用、制造费用等 　　贷：使用权资产累计折旧 （2）发生减值时，会计分录为： 借：资产减值损失 　　贷：使用权资产减值准备 需要说明的是，使用权资产减值准备一经计提，不得转回。

续表

会计科目	计量原则和会计分录
使用权资产	（3）行使购买选择权时，会计分录为： 借：固定资产 　　使用权资产累计折旧 　　租赁负债——租赁付款额 　贷：使用权资产 　　租赁负债——未确认融资费用 　　银行存款等
租赁负债	（1）确认租赁负债的利息时，增加租赁负债的账面金额，会计分录为： 借：财务费用等 　贷：租赁负债——未确认融资费用 （2）支付租赁付款额时，减少租赁负债的账面金额，会计分录为： 借：租赁负债——租赁付款额 　贷：银行存款等 （3）并非取决于指数或比率的可变租赁付款额，应当在实际发生时计入当期损益，但按规定应计入存货成本的从其规定，会计分录为： 借：销售费用等 　贷：银行存款等

需要说明的是，当实质固定付款额发生变动、担保余值预计的应付金额发生变动、用于确定租赁付款额的指数或比率发生变动和购买选择权、续租选择权或终止租赁选择权的评估结果或实际行使情况发生变化时，应重新计量租赁负债。

通关绿卡

命题角度：根据经济业务，编制承租人租赁资产相关会计分录。

此类题目请同学们关注以下两点易错问题：

（1）并非取决于指数或比率的可变租赁付款额不构成租赁负债初始计量金额。

（2）租赁初始直接费用不构成租赁负债初始确认金额，但构成使用权资产的初始确认金额。

承租人行使购买选择权时，固定资产入账金额按以下公式计算：

固定资产入账金额=使用权资产的账面价值–租赁负债的账面价值+购买价款

短期租赁、低价值资产租赁的会计处理

飞越必刷题：151

对于短期租赁和低价值资产租赁，承租人可以选择不确认使用权资产和租赁负债。

（一）短期租赁

短期租赁，是指在租赁开始日，租赁期不超过12个月的租赁。包含购买选择权的租赁不属于短期租赁。

按照简化会计处理的短期租赁发生的租赁变更或其他原因导致租赁期发生的变化的，承租人应当将其视为一项新租赁，重新按照上述原则判断该项新租赁是否可以选择简化会计处理。

（二）低价值资产租赁

低价值资产租赁，是指单项租赁资产为全新资产时价值较低（40 000元以下）的租赁。承租人在判断是否是低价值资产租赁时，应基于租赁资产的全新状态下的价值进行评估，不应考虑资产已被使用的年限。

如果承租人已经或者预期要把相关资产进行转租赁，则不能将原租赁按照低价值资产租赁进行简化会计处理。

低价值资产同时还应满足只有承租人能够从单独使用该低价值资产或将其与承租人易于获得的其他资源一起使用中获利，且该项资产与其他租赁资产没有高度依赖或高度关联关系时，才能对该资产租赁选择进行简化会计处理。

出租人融资租赁的会计处理

飞越必刷题：100

（一）出租人融资租赁判断

存在下列情况之一的为融资租赁，否则为经营租赁：

（1）在租赁期届满时，租赁资产的所有权转移给承租人。

（2）承租人有购买租赁资产的选择权，所订立的购买价款预计将远低于行使选择权时租赁资产的公允价值。

（3）租赁期占租赁开始日租赁资产使用寿命的75%以上（含75%）。

（4）在租赁开始日，租赁收款额的现值大于等于租赁资产公允价值的90%。

（5）租赁资产性质特殊，如果不作较大改造，只有承租人才能使用。

（6）若承租人撤销租赁，撤销租赁对出租人造成的损失由承租人承担。

（7）资产余值的公允价值波动所产生的利得或损失归属于承租人。

（8）承租人有能力以远低于市场水平的租金继续租赁至下一期间。

（二）出租人融资租赁的会计处理

1.初始计量

在租赁期开始日，出租人应当对融资租赁确认应收融资租赁款，并终止确认融资租赁资产。会计分录为：

借：应收融资租赁款——租赁收款额
　贷：银行存款（初始直接费用）
　　　融资租赁资产（账面价值）
　　　应收融资租赁款——未实现融资收益
　　　资产处置损益（融资租赁资产账面价值与公允价值的差额，或借方）

其中，租赁收款额包括：

（1）承租人需支付的固定付款额及实质固定付款额。

（2）取决于指数或比率的可变租赁付款额。

（3）购买选择权的行权价格，前提是合理确定承租人将行使该选择权。

（4）承租人行使终止租赁选择权需支付的款项，前提是租赁期反映出承租人将行使终止租赁选择权。

（5）由承租人、与承租人有关的一方以及有经济能力履行担保义务的独立第三方向出租人提供的担保余值。

2.后续计量

（1）出租人应当按照固定的周期性利率计算并确认租赁期内各个期间的利息收入。会计分录为：

借：银行存款
　贷：应收融资租赁款——租赁收款额
借：应收融资租赁款——未实现融资收益
　贷：租赁收入

（2）出租人取得的未纳入租赁投资净额计量的可变租赁付款额，如与资产的未来绩效或使用情况挂钩的可变租赁付款额，应当在实际发生时计入当期损益。会计分录为：

借：银行存款
　贷：租赁收入

第87记 2分 出租人经营租赁的会计处理

飞越必刷题：101

（一）租金的处理

在租赁期内各个期间，出租人应采用直线法或者其他系统合理的方法将经营租赁的租赁收款额确认为租金收入。

（二）出租人对经营租赁提供激励措施

出租人提供免租期的，出租人应将租金总额在不扣除免租期的整个租赁期间内，按直线法或其他合理的方法进行分配，免租期内应当确认租金收入。出租人承担了承租人某些费用的，出租人应将该费用自租金收入总额中扣除，按扣除后的租金收入余额在租赁期内进行分配。

（三）初始直接费用

出租人发生的与经营租赁有关的初始直接费用应当资本化至租赁标的资产的成本，在租赁期内按照与租金收入相同的确认基础分期计入当期损益。

（四）可变租赁付款额

出租人取得的与经营租赁有关的可变租赁付款额，如果是与指数或比率挂钩的，应在租赁期开始日计入租赁收款额。除此之外的，应当在实际发生时计入当期损益。

第88记 2分 租赁变更的会计处理

飞越必刷题：152

（一）承租人租赁变更的会计处理

租赁变更包括增加或终止一项或多项租赁资产的使用权，延长或缩短合同规定的租赁期等。

1.租赁变更作为一项单独租赁处理

租赁发生变更且同时符合下列条件的，承租人应当将该租赁变更作为一项单独租赁进行会计处理：

（1）该租赁变更通过增加一项或多项租赁资产的使用权而扩大了租赁范围（加量）。

（2）增加的对价与租赁范围扩大部分的单独价格按该合同情况调整后的金额相当（加价）。

需要说明的是，如果仅是延长原租赁合同期限，并没有新增一项或多项租赁资产的，不满足租赁变更作为一项单独租赁的会计处理。

2.租赁变更未作为一项单独租赁处理

承租人应区分以下情形进行会计处理：

（1）租赁变更导致租赁范围缩小或租赁期缩短的，承租人应当调减使用权资产的账面价值，以反映租赁的部分终止或完全终止。承租人应将部分终止或完全终止租赁的相关利得或损失计入当期损益（资产处置损益）。

（2）其他租赁变更，承租人应当相应调整使用权资产的账面价值。

需要说明的是，租赁变更导致租赁期缩短至1年以内的，承租人应调减使用权资产的账面价值，部分终止租赁的相关利得或损失计入资产处置损益。企业不得将上述租赁变更作为短期租赁进行简化处理或追溯调整。

命题角度：根据资料判断租赁合同采用的折现率。

上述规定中多次出现采用原折现率和修订后的折现率的若干情形，请同学们按以下归纳内容进行记忆：

折现率	经济事项内容
原折现率	（1）实质固定付款额发生变动。 （2）担保余值预计的应付金额发生变动。 （3）因用于确定租赁付款额的指数或比率（不含浮动利率）的变动导致未来租赁付款额发生变动
修订后的折现率	（1）因浮动利率的变动而导致未来租赁付款额发生变动。 （2）发生承租人可控范围内的重大事件或变化，且影响承租人是否合理确定将行使续租选择权、终止租赁选择权或购买选择权的。 （3）租赁变更未作为一项单独租赁处理的

（二）出租人租赁变更的会计处理

1.融资租赁租赁变更作为一项单独租赁处理

同承租人租赁变更作为一项单独租赁的条件。

2.融资租赁租赁变更未作为一项单独租赁处理

出租人融资租赁发生租赁变更后，应分析变更后属于经营租赁，还是仍属于融资租赁。具体会计处理为：

（1）变更后为经营租赁的，出租人应当自租赁变更生效日开始将其作为一项新租赁进行会计处理，并以租赁变更生效日前的租赁投资净额作为租赁资产的账面价值。

（2）变更后仍为融资租赁的，修改或重新议定租赁合同，未导致应收融资租赁款终止确认，但导致未来现金流量发生变化的，应当重新计算该应收融资租赁款的账面余额，并将相关利得或损失计入当期损益。

第三模块

不必纠结 10 分

> ● 此部分内容同学们要"佛系"看待,会了固然好,不会也会因为此部分内容影响你是否通过考试,有舍才有得,冲刺阶段要学会抓大放小。

第89记 [2分] 企业合并相关的递延所得税的会计处理

飞越必刷题:129

在企业合并中,购买方取得的可抵扣暂时性差异,按照税法规定可以用于抵减以后年度应纳税所得额,但在购买日不符合递延所得税资产确认条件而不予以确认。购买日后 12个月内,如取得新的或进一步信息表明购买日的相关情况已经存在,预期被购买方在购买日可抵扣暂时性差异带来的经济利益能够实现的,应当确认相关的递延所得税资产,同时减少商誉,商誉不足冲减的,差额部分确认为当期损益。除上述情况以外,确认与企业合并相关的递延所得税资产,应当计入当期损益。

第90记 [2分] 合并报表调整分录涉及所得税的会计处理

在编制合并报表调整分录时,需要考虑合并报表中该项资产的账面价值,在与个别报表中此项资产的计税基础进行比较,进而在合并报表中确认所得税影响。

(1)一般情况下,合并报表中资产的账面价值大于个别报表中该项资产的计税基础,因此,在合并报表中会形成应纳税暂时性差异,需要确认递延所得税负债,调整分录为:

借:资本公积
　　贷:递延所得税负债

需要说明的是,此业务本质为资产评估增值,在调整分录中调整该项资产价值的同时增加资本公积,因此,上述调整分录中递延所得税负债对应调整资本公积。

(2)涉及固定资产(无形资产)应将当年计提折旧(摊销)部分所对应的所得税处理进行如下调整:

借:递延所得税负债
　　贷:所得税费用

（3）涉及跨年度编制调整分录时，应根据连续编报原则进行调整处理，编制调整分录为：

借：资本公积
　　贷：递延所得税负债
借：递延所得税负债
　　贷：年初未分配利润
借：递延所得税负债
　　贷：所得税费用

第91记 合并报表抵销分录涉及所得税的会计处理

当内部交易双方适用税率不同时，合并财务报表中递延所得税的计算应按购买方（即资产最终持有方）的适用税率确定。

（一）存货抵销涉及所得税的会计处理

先以集团合并报表的角度进行分析，然后与个别报表的所得税处理进行比较，再编制合并报表抵销分录。

	情形	当年抵销分录	连续编报抵销分录
资产负债表日	个别报表计提存货跌价准备，合并报表无须计提	借：存货（个别报表计提的存货跌价准备） 　　贷：资产减值损失 借：递延所得税资产 　　贷：所得税费用	借：存货 　　贷：年初未分配利润 借：递延所得税资产 　　贷：年初未分配利润
	个别报表计提的存货跌价准备比合并报表需要计提的存货跌价准备多	借：存货（个别报表多计提的存货跌价准备） 　　贷：资产减值损失 借：所得税费用 　　贷：递延所得税资产	借：存货 　　贷：年初未分配利润 借：年初未分配利润 　　贷：递延所得税资产
	个别报表计提的存货跌价准备与合并报表需要计提的存货跌价准备一致	不涉及	

> **通关绿卡**
>
> **命题角度**：合并报表中存货涉及递延所得税抵销分录的编制。
>
> 合并报表中涉及递延所得税时，按以下步骤进行分析：
>
> 第一步，计算合并报告主体该批存货的账面价值（已计提减值准备的需要扣除）。
>
> 第二步，计算该批存货的计税基础，此计税基础为购买方购入该批存货的历史成本。
>
> 第三步，比较第一步和第二步的结果，分别确认应纳税暂时性差异或可抵扣暂时性差异（多数情况为可抵扣），进而计算递延所得税负债（或资产）。
>
> 第四步，将合并主体应确认的递延所得税负债（或资产）与个别报表中已确认的递延所得税负债（或资产）进行比较，然后通过抵销分录进行会计处理。

（二）固定资产（无形资产）涉及所得税的会计处理

（1）合并财务报表中固定（无形）资产账面价值为集团内部销售方期末固定（无形）资产的账面价值。

（2）合并财务报表中固定（无形）资产计税基础为集团内部购货方期末按税法规定确定的账面价值。

一般情况下，固定（无形）资产账面价值小于其计税基础，形成可抵扣暂时性差异，确认相关的递延所得税资产，抵销分录为：

借：递延所得税资产
　　贷：所得税费用

> **通关绿卡**
>
> **命题角度**：合并报表中固定资产（无形资产）涉及递延所得税抵销分录的编制。
>
> 在合并报表中固定资产（无形资产）抵销涉及递延所得税时，按以下步骤进行分析：
>
> 第一步，计算合并报告主体该固定资产（无形资产）的账面价值（扣除折旧、摊销和减值准备）。
>
> 第二步，计算该固定资产（无形资产）的计税基础，此计税基础为购买方个别报表中按税法规定计算的计税基础。
>
> 第三步，比较第一步和第二步的结果，分别确认应纳税暂时性差异或可抵扣暂时性差异（多数情况为可抵扣），进而计算递延所得税负债（或资产）。
>
> 第四步，将合并主体应确认的递延所得税负债（或资产）与个别报表中已确认的递延所得税负债（或资产）进行比较，然后通过抵销分录进行处理。

（三）债权债务涉及所得税的会计处理

在合并报表中对于个别报表计提的坏账准备均需要抵销，因此，在个别报表计提坏账准备时确认的递延所得税资产在合并报表中也需要一并抵销，抵销分录为：

借：所得税费用
　　贷：递延所得税资产（本年计提坏账准备金额×所得税税率）

涉及连续编报时，抵销分录为：

借：年初未分配利润
　　贷：递延所得税资产（以前年度计提坏账准备金额×所得税税率）

借：所得税费用
　　贷：递延所得税资产（本年计提坏账准备金额×所得税税率）

或：

借：递延所得税资产（本年转回坏账准备金额×所得税税率）
　　贷：所得税费用

第92记 [2分] 合并报表考虑少数股东权益（损益）抵销的会计处理

在合并报表中，子公司向母公司（或其他子公司）销售资产存在未实现内部交易损益时，按以下原则进行抵销处理：

（1）当年子公司向母公司（或子公司向子公司）销售资产发生未实现内部交易损益，抵销分录为：

借：少数股东权益（按销售方子公司少数股东持股比例计算）
　　贷：少数股东损益

（2）上年子公司向母公司（或子公司向子公司）销售资产发生未实现内部交易损益，抵销分录为：

借：少数股东权益（按销售方子公司少数股东持股比例计算）
　　贷：年初未分配利润

（3）以前年度子公司向母公司（或子公司向子公司）销售资产发生未实现内部交易损益在本期实现，抵销分录为：

借：少数股东损益
　　贷：少数股东权益（按销售方子公司少数股东持股比例计算）

第93记 [2分] 合并报表特殊交易总结

飞越必刷题：128

以下总结内容是将个别报表与合并报表进行对比，是对长期股权投资和合并财务报表的总结。案例背景为甲公司取得乙公司股权，假设持股比例在50%以上为控制，持股比例为40%系具有重大影响，持股比例为10%系不具有重大影响。

业务	个别报表	合并报表
2×24年7月1日 （购买日） 80%"非同控"	借：长期股权投资 　　贷：资产、负债、权益性证券（公允价值） 交易费用，计入管理费用	合并商誉=合并成本−被购买方可辨认净资产公允价值的份额应当从购买日（2×24.7.1）开始编制合并资产负债表。 应当自购买日至报告期期末将子公司纳入合并利润表（2×24.7.1~2×24.12.31）。 应当自购买日至报告期期末将子公司纳入合并现金流量表（2×24.7.1~2×24.12.31）
2×24年6月1日 （合并日） 80%"同控"	借：长期股权投资（被合并方在最终控制方合并财务报表中净资产的账面价值份额+最终控制方收购被合并方时形成的商誉） 　　贷：资产、负债、权益性证券（账面价值） 借差：资本公积、留存收益 贷差：资本公积 交易费用，计入管理费用	视同合并后形成的报告主体在合并日及以前期间一直存在。不会产生新的商誉，如最终控制方收购被合并方时形成了商誉，则借方存在商誉项目，同时需要恢复原子公司留存收益和其他综合收益： 借：资本公积 　　贷：盈余公积 　　　　未分配利润 　　　　其他综合收益 应当调整合并资产负债表的期初数，视同一直作为一个整体运行至合并日。 应当自合并当期期初至报告期期末将子公司纳入合并利润表（2×24.1.1~2×24.12.31）。 应当自合并当期期初至报告期期末将子公司纳入合并现金流量表（2×24.1.1~2×24.12.31）
2×20年1月1日 取得10% 2×24年4月1日 取得70% 合计80%， "非同控"	借：长期股权投资（原公+新公） 　　贷：原投资账面价值 　　　　银行存款等 差额：投资收益、留存收益 借或贷：其他综合收益 贷或借：留存收益	合并商誉=合并成本−被购买方可辨认净资产公允价值的份额应当从购买日（2×24.4.1）开始编制合并资产负债表。 应当自购买日至报告期期末将子公司纳入合并利润表（2×24.4.1~2×24.12.31）。 应当自购买日至报告期期末将子公司纳入合并现金流量表（2×24.4.1~2×24.12.31）

续表

业务	个别报表	合并报表
2×20年1月1日 取得40% 2×24年5月1日 取得40% 合计80%，"非同控"	借：长期股权投资（原账+新公） 　贷：长期股权投资（原投资账面） 　　　资产、权益性证券（公允价值）	视同"先卖再买" 合并商誉=（原公+新公）-被购买方可辨认净资产公允价值的份额 合并报表中原股权在购买日的公允价值与个别报表中原股权的账面价值之间的差额计入合并报表投资收益。 借：长期股权投资 　贷：投资收益 购买日之前持有被购买方的股权涉及权益法核算下的其他综合收益、其他权益变动应对应结转至投资收益、留存收益。 借或贷：其他综合收益、资本公积 　贷或借：投资收益、留存收益
2×15年1月1日 A→（100%）甲 2×18年1月1日 甲→（30%）乙 2×19年1月1日 A→（70%）乙 2×24年3月1日 甲→（100%）乙	借：长期股权投资（被合并方在最终控制方合并财务报表中净资产的账面价值份额+最终控制方收购被合并方形成的商誉） 　贷：长期股权投资 　　　资产、负债、权益性证券（账面价值） 借差：资本公积、留存收益 贷差：资本公积	不会产生新的商誉，如最终控制方收购被合并方时形成了商誉，则借方存在商誉项目 借：资产、负债 　贷：长期股权投资（2×18.1.1~2×19.1.1） 　　　资本公积 借：年初留存收益（2×19.1.1~2×23.12.31） 　　　投资收益（2×24.1.1~2×24.3.1） 　贷：长期股权投资
80%+10% 未改变控制权	借：长期股权投资 　贷：银行存款	属于权益性交易，不确认投资收益，合并报表中的商誉不会因持股比例改变而改变 借或贷：资本公积 　贷或借：长期股权投资
100%→90% 未丧失控制权	借：银行存款 　贷：长期股权投资（处置部分账面价值） 差额：投资收益	属于权益性交易，不确认投资收益合并报表中的商誉不会因持股比例改变而改变 合并报表中确认资本公积的金额=出售净款-出售日应享有子公司按购买日公允价值持续 计算的金额对应处置比例份额

续表

业务	个别报表	合并报表
被动稀释（成本→成本）	教材未涉及	子公司增资后所有者权益×母公司稀释后持股比例−子公司增资前所有者权益×母公司稀释前持股比例=资本公积
被动稀释（成本→权益）	视同处置长期股权投资。确认投资收益=增资扩股增加净资产×新持股比例−原长期股权投资账面价值/原持股比例×持股比例下降部分剩余部分视同从原取得投资日起就按照权益法核算进行追溯调整	教材未涉及
被动稀释（权益→权益）	个别报表，关注内含商誉结转问题 调整长期股权投资的金额=被投资方增资后所有者权益（含商誉）×投资方稀释后持股比例−被投资方增资前所有者权益（含商誉）×投资方稀释前持股比例	不涉及
100%→40%丧失控制权剩余股权对被投资单位具有重大影响	借：银行存款 　贷：长期股权投资 差额：投资收益 剩余部分视同从原取得投资日起就按照权益法核算进行追溯调整	视同"先卖再买" 投资收益=100%长期股权投资公允价值−按原持股比例计算应享有原子公司自购买日开始持续计算的净资产账面价值份额−商誉+其他综合收益（可转损益）+资本公积 借：长期股权投资 　贷：投资收益 借：投资收益 　贷：留存收益
100%→10%丧失控制权剩余股权对被投资单位不具有重大影响或共同控制	借：银行存款（90%） 　　交易性金融资产、其他权益工具投资（10%） 　贷：长期股权投资（100%） 差额：投资收益	借或贷：其他综合收益、资本公积 　贷或借：投资收益、留存收益

第94记 [2分] PPP 项目合同的会计处理

飞越必刷题：127、150

无形资产模式的会计处理：

期间	业务	无形资产模式
建造期	确认借款利息支出	借：PPP借款支出 　　贷：应付利息等
建造期	PPP项目达到预定可使用状态	借：无形资产 　　贷：合同资产 　　　　PPP借款支出
运营期	运营期内对无形资产摊销	借：主营业务成本 　　贷：累计摊销

第95记 [2分] 售后租回交易的会计处理

飞越必刷题：151

（一）售后租回的判断

（1）承租人在资产转移给出租人之前已经取得对标的资产的控制，该交易属于售后租回交易。

（2）承租人未能在资产转移给出租人之前取得对标的资产的控制，即便承租人在资产转移给出租人之前先获得标的资产的法定所有权，该交易也不属于售后租回交易。

（二）售后租回的会计处理

1.售后租回交易中的资产转让属于销售

（1）卖方兼承租人应当按原资产账面价值中与租回获得的使用权有关的部分，计量售后租回所形成的使用权资产，并仅就转让至买方兼出租人的权利确认相关利得或损失。

（2）买方兼出租人根据其他适用的《企业会计准则》对资产购买进行会计处理，并根据相关规定对资产出租进行会计处理。

（3）如果销售对价的公允价值与资产的公允价值不同，或者出租人未按市场价格收取租金，企业应当进行以下调整：

①销售对价低于市场价格的款项作为预付租金进行会计处理。

②销售对价高于市场价格的款项作为买方兼出租人向卖方兼承租人提供的额外融资进行会计处理。同时，承租人按照公允价值调整相关销售利得或损失，出租人按市场价格调整租金收入。

在进行上述调整时，企业应当按销售对价的公允价值与资产的公允价值的差异，与合同付款额的现值与按市场租金计算的付款额的现值的差异两者中较易确定者进行。

> **通关绿卡**
>
> **命题角度**：售后租回属于销售时，企业应确认的使用权资产、租赁负债和资产处置损益金额。
>
> 同学们根据以下公式进行计算：
> 使用权资产=出售资产的账面价值×该交易中与租回获得的使用权有关的部分
> 资产处置收益=（出售资产的公允价值-出售资产的账面价值）×（1-该交易中与租回获得的使用权有关的部分）
> 租赁负债通过会计分录倒挤得出。

2.售后租回交易中的资产转让不属于销售
（1）卖方兼承租人不终止确认所转让的资产，而应当将收到的现金作为金融负债。
（2）买方兼出租人不确认被转让资产，而应当将支付的现金作为金融资产。

第96记　公允价值计量　2分

飞越必刷题：131

（一）公允价值计量的基本要求
（1）在计量资产公允价值时，对资产出售或使用存在限制的，如果该限制是针对资产持有者的，该限制不影响相关资产的公允价值计量。
（2）企业应首选主要市场，当不存在主要市场时应选择最有利市场，在判断最有利市场时按以下规定处理：
首先，通过比较不同市场"交易价格-交易费用-运输费用"净额，识别出最有利市场。
其次，以识别出最有利市场的价格为基础，计量相关资产或负债的公允价值。

（二）公允价值层次
企业优先使用活跃市场上相同资产或负债未经调整的报价（第一层次输入值），最后使用不可观察输入值（第三层次输入值），具体情况如下表所示：

分类		定义	注意事项
可观察输入值	第一层次	企业在计量日能够取得的相同资产或负债在活跃市场上未经调整的报价	异常的市场报价不应作为第一层次输入值。企业使用相同资产或负债在活跃市场公开报价对该资产或负债进行公允价值计量时，通常不应进行调整

续表

分类		定义	注意事项
可观察输入值	第二层次	除第一层次输入值外相关资产或负债直接或间接可观察的输入值	（1）对于具有特定期限（如合同期限）的相关资产或负债，第二层次输入值必须在其几乎整个期限内是可观察的。 （2）第二层次输入值包括： ①活跃市场中类似资产或负债的报价。 ②非活跃市场中相同或类似资产或负债的报价。 ③除报价以外的其他可观察输入值，包括在正常报价间隔期间可观察的利率和收益率曲线等。 ④市场验证的输入值等
不可观察输入值	第三层次	第三层次输入值是相关资产或负债的不可观察输入值，包括不能直接观察和无法由可观察市场数据验证的利率、股票波动率、企业合并中承担的弃置义务的未来现金流量、企业使用自身数据作出的财务预测等	（1）企业使用重要的不可观察输入值对第二层次输入值进行调整，且该调整对公允价值计量整体而言是重大的，那么公允价值计量结果应当划分为第三层次。 （2）企业即使使用了第三方报价机构提供的估值，也不应简单地将公允价值计量结果划入第三层次输入值

第97记 2分 政府会计

飞越必刷题：130、132

（1）政府会计应当编制决算报告与财务报告，决算报告的编制主要以收付实现制为基础，财务报告的编制主要以权责发生制为基础。

（2）政府财务会计要素包括资产、负债、净资产、收入和费用，政府预算会计要素包括预算收入、预算支出和预算结余。

（3）单位对于纳入部门预算管理的现金收支业务，同时采用财务会计和预算会计核算，不纳入部门预算管理的现金收支业务，不采用预算会计核算。

（4）政府会计主体取得的长期股权投资，应于取得时按照实际成本作为初始投资成本。其中，以现金以外的其他资产置换取得的长期股权投资，其成本按照换出资产的评估价值加上支付的补价或减去收到的补价，加上换入长期股权投资发生的其他相关支出确定。接受捐赠的长期股权投资，其成本按照有关凭据注明的金额加上相关税费确定；没有相关凭据可供取得，但按规定经过资产评估的，其成本按照评估价值加上相关税费确定；没有相关凭据可供取得，也未经资产评估的，其成本比照同类或类似资产的市场价格加上相关税费确定。无偿调入的长期股权投资，其成本按照调出方账面价值加上相关税费确定。

（5）长期股权投资在持有期间，通常应当采用权益法进行核算。政府会计主体无权决定被投资单位的财务和经营政策或无权参与被投资单位的财务和经营政策决策的，应当采用成本法进行核算。

（6）政府会计主体按规定报经批准处置长期股权投资，应当冲减长期股权投资的账面余额，并按规定将处置价款扣除相关税费后的余额作应缴款项处理，或者按规定将处置价款扣除相关税费后的余额与长期股权投资账面余额的差额计入当期投资损益。

（7）根据国务院和地方人民政府授权、代表本级人民政府对国家出资企业履行出资人职责的单位，与其履行出资人职责的国家出资企业之间不存在股权投资关系，其履行出资人职责的行为不作为单位的投资进行会计处理。

（8）通过单位账户对国家出资企业投入货币资金，纳入本单位预算管理的，应当按照"其他费用（支出）"科目相关规定处理。不纳入本单位预算管理的，应当按照"其他应付款"科目相关规定处理。

（9）年末，事业单位应当将有关预算支出中使用专用结余的本年发生额转入专用结余，在预算会计下借记"专用结余"科目，贷记"事业支出"等科目。

（10）期末，单位应当将有关费用中使用专用基金的本期发生额转入专用基金，在财务会计下借记"专用基金"科目，贷记"业务活动费用"等科目。

（11）单位在原有固定资产基础上进行改建、扩建、大型维修改造等建造活动后的固定资产，其成本按照原固定资产账面价值加上改建、扩建、大型维修改造等建造活动发生的支出，再扣除固定资产被替换部分的账面价值后的金额确定。被替换部分的账面价值难以确定的，单位可以采用合理的分配方法计算确定，或组织专家参照资产评估方法进行估价。单位确定被替换部分的账面价值不切实可行或不符合成本效益原则的，可以不予扣除，但应当在报表附注中予以披露。

（12）单位对于租入等不由本单位入账核算但实际使用的固定资产，发生的符合资产确认条件的后续支出，应当按照《政府单位会计制度》中"长期待摊费用"科目相关规定进行会计处理。

民间非营利组织会计

飞越必刷题：133

（1）民间非营利组织包括社会团体、基金会、社会服务机构和寺庙、宫观、清真寺和教堂等。

（2）民间非营利组织设立时取得的注册资金，应当直接计入净资产。注册资金的使用受到时间限制或用途限制的，在取得时直接计入限定性净资产。其使用没有受到时间限制和用途限制的，在取得时直接计入非限定性净资产。

（3）民间非营利组织会计，反映财务状况的会计要素包括资产、负债和净资产；反映业务活动情况的会计要素包括收入和费用。

（4）民间非营利组织接受捐赠资产的有关凭据或公允价值以外币计量的，应当按照取得资产当日的市场汇率进行折算。当汇率波动较小时，也可以采用当期期初的汇率进行折算。

（5）民间非营利组织从事受托代理业务时发生的应归属于其自身的相关税费、运输费等，应记入"其他费用"科目。

（6）捐赠承诺不满足非交换交易收入的确认条件，不应进行确认，接受的劳务捐赠不予确认但应在附注中披露。如果捐赠方没有提供有关凭证，受赠非现金资产应以其公允价值（而非名义价值）作为入账价值。

会计分录大全

（一）基础篇

1.存货

经济业务		会计处理
初始取得	外购存货	借：原材料等 　　应交税费——应交增值税（进项税额） 贷：银行存款等
存货结转	生产经营领用	借：生产成本（直接材料成本） 　　制造费用（间接材料成本） 　　销售费用（销售部门消耗） 　　管理费用（行政部门消耗） 　　在建工程（工程环节消耗） 　　研发支出（研发环节消耗） 贷：原材料等
	销售发出	借：主营业务成本、其他业务成本 　　存货跌价准备（如涉及） 贷：库存商品、原材料

续表

经济业务		会计处理
期末计量	存货跌价准备的计提	借：资产减值损失 　　贷：存货跌价准备
	存货跌价准备的转回	借：存货跌价准备 　　贷：资产减值损失
资产清查	存货盘盈	借：原材料等（重置成本） 　　贷：待处理财产损溢 借：待处理财产损溢 　　贷：管理费用
	存货盘亏	借：待处理财产损溢 　　贷：原材料等 　　　　应交税费——应交增值税（进项税额转出） （自然灾害无须转出） 借：原材料等（残料入库） 　　其他应收款（保险赔款或责任人赔款） 　　管理费用（管理不善） 　　营业外支出（非常损失） 　　贷：待处理财产损溢

2.固定资产

经济业务		会计处理
初始取得	外购固定资产	借：固定资产、在建工程（各期付款额的现值之和+相关费用） 　　未确认融资费用（差额） 　　贷：长期应付款（应付购买价款） 　　　　银行存款等（需要支付的相关费用） 借：在建工程、财务费用（期初摊余成本×实际利率） 　　贷：未确认融资费用
	自行建造	借：工程物资 　　应交税费——应交增值税（进项税额） 　　贷：银行存款等 借：在建工程 　　贷：工程物资（领用工程物资的成本） 　　　　银行存款 　　　　应付职工薪酬 　　　　库存商品（领用自产产品的成本） 　　　　原材料等（领用外购原材料的成本） 借：固定资产 　　贷：在建工程

续表

经济业务		会计处理	
初始取得	投资者投入	借：固定资产（协议约定价值，不公允的除外） 　　应交税费——应交增值税（进项税额） 　贷：实收资本、股本（在注册资本中享有份额） 　　资本公积——资本（股本）溢价（差额）	
	高危行业提取安全生产费	计提时： 借：制造费用等 　贷：专项储备	
		费用化支出	形成固定资产
		借：专项储备 　贷：银行存款等	借：在建工程 　　应交税费——应交增值税（进项税额） 　贷：银行存款 借：固定资产 　贷：在建工程 借：专项储备 　贷：累计折旧（一次性全额计提折旧）
	存在弃置费用的固定资产	借：固定资产 　贷：预计负债（弃置费用现值） 　　在建工程等 借：财务费用等（期初摊余成本×实际利率） 　贷：预计负债	
后续计量	计提折旧	借：制造费用（生产用固定资产折旧费） 　　管理费用（行政用固定资产折旧费） 　　销售费用（销售部门用固定资产折旧费） 　　在建工程（工程用固定资产折旧费） 　　研发支出（研发用固定资产折旧费） 　贷：累计折旧	
	计提减值	借：资产减值损失 　贷：固定资产减值准备	
	更新改造	借：在建工程 　　累计折旧 　　固定资产减值准备 　贷：固定资产 借：在建工程 　贷：银行存款等	

续表

经济业务		会计处理
后续计量	更新改造	借：银行存款等（残料价值） 　　营业外支出（净损失） 　　贷：在建工程（被替换部分的账面价值） 借：固定资产 　　贷：在建工程
处置	固定资产清理核算	借：固定资产清理 　　累计折旧 　　固定资产减值准备 　　贷：固定资产 借：固定资产清理 　　贷：银行存款等 借：银行存款（残料变价） 　　原材料（残料入库） 　　其他应收款（保险公司或责任人赔偿款） 　　贷：固定资产清理 借：银行存款 　　贷：固定资产清理 　　　　应交税费——应交增值税（销项税额）
	出售时结转损益	借或贷：固定资产清理 贷或借：资产处置损益
	报废时结转损益	借：营业外支出 　　贷：固定资产清理 借：固定资产清理 　　贷：营业外收入
资产清查	固定资产盘盈	借：固定资产（重置成本） 　　贷：以前年度损益调整
	固定资产盘亏	借：待处理财产损溢 　　累计折旧 　　固定资产减值准备 　　贷：固定资产 借：营业外支出 　　其他应收款（责任人或保险公司赔款） 　　贷：待处理财产损溢

3.无形资产

经济业务		会计处理
初始取得	分期付款购买无形资产	借：无形资产（各期付款额的现值之和+相关费用） 　　未确认融资费用（差额） 　贷：长期应付款（应付购买价款总额） 　　银行存款（相关费用） 借：财务费用（期初摊余成本×实际利率） 　贷：未确认融资费用
内部研究开发	研究阶段和开发阶段不满足资本化条件	借：研发支出——费用化支出 　贷：银行存款等 借：管理费用 　贷：研发支出——费用化支出
	开发阶段满足资本化条件	借：研发支出——资本化支出 　贷：银行存款等 借：无形资产 　贷：研发支出——资本化支出
后续计量	计提摊销	借：制造费用（用于特定产品生产） 　　管理费用（一般自用的无形资产） 　贷：累计摊销
	计提减值	借：资产减值损失 　贷：无形资产减值准备
资产处置	出租	借：银行存款 　贷：其他业务收入 　　应交税费——应交增值税（销项税额） 借：其他业务成本 　贷：累计摊销
	出售	借：银行存款 　　无形资产减值准备 　　累计摊销 　贷：无形资产 　　应交税费——应交增值税（销项税额） 　　资产处置损益（倒挤差额）
	报废	借：营业外支出 　　累计摊销 　　无形资产减值准备 　贷：无形资产

4.投资性房地产

经济业务	成本模式	公允价值模式
初始计量	借：投资性房地产 　　贷：银行存款 　　　　在建工程等	借：投资性房地产——成本 　　贷：银行存款 　　　　在建工程等
后续计量	借：银行存款等 　　贷：其他业务收入 借：其他业务成本 　　贷：投资性房地产累计折旧（摊销） 借：资产减值损失 　　贷：投资性房地产减值准备	借：银行存款等 　　贷：其他业务收入 借或贷：投资性房地产——公允价值变动 　　贷或借：公允价值变动损益
后续支出	借：投资性房地产——在建 　　　投资性房地产累计折旧（摊销） 　　　投资性房地产减值准备 　　贷：投资性房地产 借：其他业务成本 　　贷：银行存款等	借：投资性房地产——在建 　　贷：投资性房地产——成本 　　　　投资性房地产——公允价值变动 　　（或借方） 借：其他业务成本 　　贷：银行存款等
后续计量模式变更	借：投资性房地产——成本（变更日公允价值） 　　　投资性房地产累计折旧（摊销）（原房地产已计提的折旧或摊销） 　　　投资性房地产减值准备（原房地产已计提的减值准备） 　　贷：投资性房地产（原值） 　　　　留存收益*（差额）	
转换	非投资性房地产转投资性房地产： ①借：投资性房地产（原固定资产或无形资产的账面原值） 　　　累计折旧（累计摊销） 　　　固定（无形）资产减值准备 　　贷：固定资产、无形资产 　　　　投资性房地产累计折旧（摊销） 　　　　投资性房地产减值准备 ②借：投资性房地产（原存货的账面价值） 　　　存货跌价准备 　　贷：开发产品	非投资性房地产转投资性房地产： 借：投资性房地产（转换日的公允价值） 　　累计折旧（摊销） 　　固定（无形）资产减值准备 　　存货跌价准备 　　公允价值变动损益（公允价值小于原资产账面价值） 　　贷：固定资产、无形资产、开发产品 　　　　其他综合收益（公允价值大于原资产账面价值）

续表

经济业务	成本模式	公允价值模式
转换	投资性房地产转非投资性房地产： ①借：固定资产、无形资产（原投资性房地产的账面原值） 　　　投资性房地产累计折旧（摊销） 　　　投资性房地产减值准备 　贷：投资性房地产 　　　累计折旧（累计摊销） 　　　固定（无形）资产减值准备 ②借：开发产品（原投资性房地产的账面价值） 　　　投资性房地产累计折旧（摊销） 　　　投资性房地产减值准备 　贷：投资性房地产	投资性房地产转非投资性房地产： 借：固定资产、无形资产、开发产品（转换当日的公允价值） 　贷：投资性房地产——成本 　　　投资性房地产——公允价值变动（或借方） 差额：公允价值变动损益
处置	借：银行存款 　贷：其他业务收入 　　　应交税费——应交增值税（销项税额） 借：其他业务成本 　　投资性房地产累计折旧（摊销） 　　投资性房地产减值准备 　贷：投资性房地产	借：银行存款 　贷：其他业务收入 　　　应交税费——应交增值税（销项税额） 借：其他业务成本 　贷：投资性房地产——成本 　　　投资性房地产——公允价值变动 借或贷：公允价值变动损益 　贷或借：其他业务成本 借：其他综合收益 　贷：其他业务成本

5.负债

负债类型	初始借入	后续计量
可转换公司债券	借：银行存款 　　应付债券——可转换公司债券（利息调整）（或贷方） 　贷：应付债券——可转换公司债券（面值） 　　　其他权益工具（权益成分的公允价值）	借：在建工程、财务费用、制造费用等（期初摊余成本×实际利率） 　贷：应付债券——应计利息（到期一次还本付息） 　　　应付利息（分期付息到期还本） 　　　应付债券——利息调整（差额）

续表

负债类型	初始借入	后续计量
可转换公司债券	借：银行存款 　　　应付债券——可转换公司债券（利息调整）（或贷方） 　　贷：应付债券——可转换公司债券（面值） 　　　其他权益工具（权益成分的公允价值）	借：应付债券——可转换公司债券（面值） 　　　应付债券——应计利息（到期一次还本付息） 　　　应付债券——可转换公司债券（利息调整）（折价记贷方、溢价记借方） 　　　应付利息——可转换公司债券利息（分期付息，一次还本） 　　　其他权益工具（权益成分公允价值） 　　贷：股本（转股数量） 　　　资本公积——股本溢价（差额） 　　　库存现金（不足1股的部分）

6.职工薪酬

货币性短期薪酬		借：生产成本（生产车间工人薪酬） 　　制造费用（生产车间管理人员薪酬） 　　管理费用（行政管理人员薪酬） 　　销售费用（销售部门人员薪酬） 　　研发支出（研发人员的薪酬） 　　在建工程（工程人员的薪酬） 　贷：应付职工薪酬——××薪酬
		借：应付职工薪酬——××薪酬 　贷：银行存款 　　其他应付款 　　应交税费——应交个人所得税
非货币性福利	以自产产品作为职工福利	借：应付职工薪酬——非货币性福利 　贷：主营业务收入（产品公允价值） 　　应交税费——应交增值税（销项税额） 借：主营业务成本 　　存货跌价准备（如涉及） 　贷：库存商品 借：生产成本、管理费用等 　贷：应付职工薪酬——非货币性福利

续表

非货币性福利	以外购产品作为职工福利	借：库存商品 　　应交税费——应交增值税（进项税额） 　贷：银行存款等 借：应付职工薪酬——非货币性福利 　贷：库存商品 　　应交税费——应交增值税（进项税额转出） 借：管理费用、制造费用等 　贷：应付职工薪酬——非货币性福利
		借：固定资产 　贷：银行存款
	向职工低价出售住房，并约定服务期限	借：银行存款（职工支付的金额） 　　长期待摊费用（差额） 　贷：固定资产（资产公允价值） 借：应付职工薪酬——非货币性福利 　贷：长期待摊费用 借：管理费用等 　贷：应付职工薪酬——非货币性福利
辞退福利		借：管理费用 　贷：应付职工薪酬 借：应付职工薪酬 　贷：银行存款

7.借款费用

借款费用	长期借款	一般公司债券
专门借款与一般借款	借：财务费用（费用化部分） 　　在建工程（资本化部分） 　　应收利息等（专门借款闲置资金创造的收益） 　贷：长期借款——应计利息（到期一次还本付息） 　　应付利息（分期付息到期还本）	借：财务费用（费用化部分） 　　在建工程（资本化部分） 　　应收利息等（专门借款闲置资金创造的收益） 　贷：应付债券——利息调整（或借方） 　　应付债券——应计利息（到期一次还本付息） 　　应付利息（分期付息到期还本）

8.亏损合同

存在标的资产	没有标的资产
借：资产减值损失 　　贷：存货跌价准备 借：营业外支出 　　贷：预计负债 借：预计负债 　　贷：库存商品	借：营业外支出 　　贷：预计负债 借：预计负债 　　贷：库存商品

9.所有者权益

所有者权益核算科目	增加	减少
实收资本（股本）	①转增资本： 借：资本公积——资本（股本）溢价、盈余公积 　　贷：实收资本（股本） ②吸收直接投资或发行新股 借：银行存款 　　贷：实收资本（股本） 　　　　资本公积——资本（股本）溢价 ③其他情形请参考债务重组、股份支付等相关内容	①减资： 借：实收资本 　　贷：银行存款等 ②回购普通股： 借：库存股 　　贷：银行存款 借：股本 　　资本公积、留存收益*（借方差额） 　　贷：库存股 　　　　资本公积——股本溢价（贷方差额）
其他权益工具	①发行分类为权益工具的金融工具： 借：银行存款等 　　贷：其他权益工具——优先股、永续债 借：利润分配 　　贷：应付股利 ②金融负债重分类为权益工具： 借：应付债券——面值 　　　应付债券——利息调整（或贷方） 　　贷：其他权益工具（金融负债的账面价值）	①回购并注销其他权益工具： 借：库存股——其他权益工具 　　贷：银行存款 借：其他权益工具 　　贷：库存股——其他权益工具 差额：资本公积——股本溢价（或资本溢价） ②其他权益工具转增股本： 借：其他权益工具（账面价值） 　　贷：股本（或实收资本）（合同约定转股数量） 　　　　资本公积——股本溢价（或资本溢价） 　　　　库存现金（不足1股的以现金支付） ③权益工具重分类为金融负债： 借：其他权益工具（账面价值） 　　贷：应付债券——面值 　　　　应付债券——利息调整（或借方）

10.政府补助

政府补助分类	总额法	净额法
与资产相关的政府补助	借：银行存款等 　　贷：递延收益 借：固定资产 　　贷：银行存款等 借：成本费用等 　　贷：累计折旧 借：递延收益 　　贷：其他收益（日常活动） 借：固定资产清理 　　累计折旧 　　贷：固定资产 借：营业外支出 　　贷：固定资产清理 借：递延收益 　　贷：营业外收入	借：银行存款等 　　贷：递延收益 借：固定资产 　　贷：银行存款等 借：递延收益 　　贷：固定资产 借：成本费用等 　　贷：累计折旧 借：固定资产清理 　　累计折旧 　　贷：固定资产 借：营业外支出 　　贷：固定资产清理
与收益相关的政府补助	①补偿以后期间发生的成本费用： 借：银行存款等 　　贷：递延收益 借：递延收益 　　贷：其他收益（日常活动） 　　　　营业外收入（非日常活动） ②补偿已发生的成本费用： 借：银行存款等 　　贷：其他收益（日常活动） 　　　　营业外收入（非日常活动）	借：银行存款等 　　贷：递延收益 借：递延收益 　　贷：管理费用、营业外支出等

（二）提高篇

1.金融工具

金融工具分类	初始计量	后续计量
债权投资	借：债权投资——成本（面值） 　　　债权投资——应计利息（到期一次还本付息） 　　　应收利息（已到期但尚未发放的债券利息） 　贷：银行存款等 差额：债权投资——利息调整	①确认利息收益： 借：应收利息（分期付息债券面值×票面利率） 　　债权投资——应计利息（到期一次还本付息债券面值×票面利率） 　贷：投资收益（账面余额×实际利率） 差额：债权投资——利息调整 ②确认信用减值损失： 借：信用减值损失 　贷：债权投资减值准备 ③到期收回本金和利息： 借：银行存款 　贷：债权投资——成本 　　　债权投资——应计利息（到期一次还本付息） 　　　债权投资——利息调整（或借方） 　　　应收利息（分期付息最后一期利息） 差额：投资收益
其他债权投资	借：其他债权投资——成本（面值） 　　　其他债权投资——应计利息（到期一次还本付息） 　　　应收利息（已到期但尚未发放的债券利息） 　贷：银行存款等 　　　其他债权投资——利息调整（差额倒挤）	①确认利息收益： 借：应收利息（分期付息债券面值×票面利率） 　　其他债权投资——应计利息（到期一次还本付息债券面值×票面利率） 　贷：投资收益（账面余额×实际利率） 差额：其他债权投资——利息调整 ②确认公允价值变动： 借或贷：其他债权投资——公允价值变动 　贷或借：其他综合收益 ③确认信用减值损失： 借：信用减值损失 　贷：其他综合收益——其他债权投资减值准备

续表

金融工具分类	初始计量	后续计量
其他债权投资	借：其他债权投资——成本（面值） 　　　其他债权投资——应计利息（到期一次还本付息） 　　　应收利息（已到期但尚未发放的债券利息） 　贷：银行存款等 　　　其他债权投资——利息调整（差额倒挤）	④处置： 借：银行存款等 　贷：其他债权投资——成本 　　　其他债权投资——应计利息 　　　其他债权投资——利息调整（或借方） 　　　其他债权投资——公允价值变动（或借方） 差额：投资收益 借或贷：其他综合收益 　贷或借：投资收益
其他权益工具投资	借：其他权益工具投资——成本 　　　应收股利（已宣告但尚未发放的现金股利） 　贷：银行存款	①确认股利收益： 借：应收股利 　贷：投资收益 借：银行存款等 　贷：应收股利 ②确认公允价值变动： 借或贷：其他权益工具投资——公允价值变动 　贷或借：其他综合收益 ③处置： 借：银行存款等 　贷：其他权益工具投资——成本 　　　其他权益工具投资——公允价值变动（或借方） 差额：留存收益* 借或贷：其他综合收益 　贷或借：留存收益*
交易性金融资产	借：交易性金融资产——成本（公允价值） 　　　投资收益（交易费用） 　　　应收股利（已宣告但尚未发放的现金股利） 　　　应收利息（已到付息期但尚未领取的利息） 　贷：银行存款等	①确认股利/利息收益： 借：应收股利（应收利息） 　贷：投资收益 借：银行存款等 　贷：应收股利（应收利息） ②确认公允价值变动： 借或贷：交易性金融资产——公允价值变动 　贷或借：公允价值变动损益

续表

金融工具分类	初始计量	后续计量
交易性金融资产	借：交易性金融资产——成本（公允价值） 　　投资收益（交易费用） 　　应收股利（已宣告但尚未发放的现金股利） 　　应收利息（已到付息期但尚未领取的利息） 　贷：银行存款等	③处置： 借：银行存款等（扣除手续费后的净额） 　贷：交易性金融资产——成本 　　　交易性金融资产——公允价值变动（或借方） 差额：投资收益
应付债券	借：银行存款等 　贷：应付债券——面值（成本） 　　　应付债券——利息调整（差额）	①计提债券利息： 借：财务费用、在建工程等（摊余成本×实际利率） 　贷：应付利息（分期付息；面值×票面利率） 　　　应付债券——应计利息（到期一次付息；面值×票面利率） 　　　应付债券——利息调整（差额） 借：应付利息 　贷：银行存款等 ②到期偿还本金和利息： 借：应付债券——面值 　　　　　——应计利息（到期一次付息） 　　　　　——利息调整（或贷方） 　　应付利息（分期付息未支付的利息） 　贷：银行存款等 差额：投资收益
交易性金融负债	借：银行存款等 　　投资收益（交易费用） 　贷：交易性金融负债——成本	①确认公允价值变动： 借或贷：公允价值变动损益 　贷或借：交易性金融负债——公允价值变动 ②计提利息： 借：财务费用 　贷：应付利息 借：应付利息 　贷：银行存款等

续表

金融工具分类	初始计量	后续计量
交易性金融负债	借：银行存款等 　　投资收益（交易费用） 　贷：交易性金融负债——成本	③到期偿还本金和利息： 借：交易性金融负债——成本 　　交易性金融负债——公允价值变动（或贷方） 　贷：银行存款等 差额：公允价值变动损益（投资收益）

2.金融资产的重分类与股权投资的转换

金融资产的重分类（改变管理业务模式）	债权投资→ 其他债权投资	借：其他债权投资（重分类日的公允价值） 　贷：债权投资 差额：其他综合收益 借：债权投资减值准备 　贷：其他综合收益——信用减值准备
	债权投资→ 交易性金融资产	借：交易性金融资产（重分类日的公允价值） 　　债权投资减值准备 　贷：债权投资 差额：公允价值变动损益
	其他债权投资→ 债权投资	借：债权投资（视同一直以摊余成本计量） 　贷：其他债权投资 　　　其他综合收益——其他债权投资公允价值变动（或借方） 借：其他综合收益——信用减值准备 　贷：债权投资减值准备
	其他债权投资→ 交易性金融资产	借：交易性金融资产（重分类日的公允价值） 　贷：其他债权投资 借或贷：其他综合收益 　贷或借：公允价值变动损益
	交易性金融资产→ 债权投资	借：债权投资（重分类日的公允价值） 　贷：交易性金融资产 借：信用减值损失 　贷：债权投资减值准备
	交易性金融资产→ 其他债权投资	借：其他债权投资（重分类日的公允价值） 　贷：交易性金融资产 借：信用减值损失 　贷：其他综合收益——信用减值准备

续表

权益性工具投资的转换	交易性金融资产→ 长期股权投资 （权益法）	借：长期股权投资——投资成本（原公+新公） 　　贷：银行存款等 　　　　交易性金融资产 　　　　投资收益（原投资公允与其账面价值的差额）
	其他权益工具投资→ 长期股权投资 （权益法）	借：长期股权投资——投资成本（原公+新公） 　　贷：银行存款等 　　　　其他权益工具投资 　　　　留存收益*（原投资公允与其账面价值的差额） 借或贷：其他综合收益（其他权益工具投资公允价值变动） 　　贷或借：留存收益*
	交易性金融资产→ 非同控长期股权投资 （成本法）	借：长期股权投资（原公+新公） 　　贷：银行存款等 　　　　交易性金融资产 　　　　投资收益（原投资公允与其账面价值的差额）
	其他权益工具投资→ 非同控长期股权投资 （成本法）	借：长期股权投资（原公+新公） 　　贷：银行存款等 　　　　其他权益工具投资 　　　　留存收益*（原投资公允与其账面价值的差额） 借或贷：其他综合收益（其他权益工具投资公允价值变动） 　　贷或借：留存收益*
	交易性金融资产→ 同控长期股权投资 （成本法）	借：长期股权投资（最终控制方合并报表中净资产账面价值份额+最终控制方收购被合并方时形成的商誉）① 　　资本公积、留存收益*（借方差额） 　　贷：××资产等（支付对价的公允价值） 　　　　交易性金融资产 　　　　资本公积——资本（股本）溢价（贷方差额）
	其他权益工具投资→ 同控长期股权投资 （成本法）	借：长期股权投资（同①） 　　资本公积、留存收益*（借方差额） 　　贷：××资产等（支付对价的公允价值） 　　　　其他权益工具投资 　　　　资本公积——资本（股本）溢价（贷方差额）

续表

权益性工具投资的转换	长期股权投资（权益法）→非同控长期股权投资（成本法）	借：长期股权投资（原账+新公） 　　贷：××资产等（支付对价的公允价值） 　　　　长期股权投资——投资成本 　　　　　　　　　——损益调整（或借方） 　　　　　　　　　——其他综合收益（或借方） 　　　　　　　　　——其他权益变动（或借方）
	长期股权投资（权益法）→同控长期股权投资（成本法）	借：长期股权投资（同①） 　　资本公积、留存收益*（借方差额） 　　贷：××资产等（支付对价的公允价值） 　　　　长期股权投资——投资成本 　　　　　　　　　——损益调整（或借方） 　　　　　　　　　——其他综合收益（或借方） 　　　　　　　　　——其他权益变动（或借方） 　　　　资本公积——资本（股本）溢价（贷方差额）
	长期股权投资（成本法）→长期股权投资（权益法）	借：银行存款等 　　贷：长期股权投资（处置部分） 　　　　投资收益（差额倒挤） 借：长期股权投资——投资成本（剩余部分） 　　贷：营业外收入（当年） 　　　　留存收益*（以前年度） 借或贷：长期股权投资——损益调整（剩余部分） 　　贷或借：投资收益（当年） 　　　　　　留存收益*（以前年度） 借：投资收益（当年） 　　留存收益*（以前年度） 　　贷：长期股权投资——损益调整（剩余部分） 借或贷：长期股权投资——其他综合收益（剩余部分） 　　贷或借：其他综合收益 借或贷：长期股权投资——其他权益变动（剩余部分） 　　贷或借：资本公积——其他资本公积
	长期股权投资（成本法）→交易性金融资产	借：银行存款 　　贷：长期股权投资（处置部分） 　　　　投资收益（差额倒挤） 借：交易性金融资产（剩余部分股权公允价值） 　　贷：长期股权投资（剩余部分） 　　　　投资收益（差额倒挤）

续表

权益性工具投资的转换	长期股权投资（成本法）→其他权益工具投资	借：银行存款 　　贷：长期股权投资（处置部分） 　　　　投资收益（差额倒挤） 借：其他权益工具投资（剩余部分股权公允价值） 　　贷：长期股权投资（剩余部分） 　　　　投资收益（差额倒挤）
	长期股权投资（权益法）→交易性金融资产	借：银行存款 　　贷：长期股权投资（处置部分） 　　　　投资收益（差额倒挤） 借：交易性金融资产（剩余部分股权公允价值） 　　贷：长期股权投资（剩余部分） 　　　　投资收益（差额倒挤） 借或贷：其他综合收益 　　　　资本公积——其他资本公积 　　贷或借：投资收益 　　　　留存收益*（其他综合收益中不可转损益部分）
	长期股权投资（权益法）→其他权益工具投资	借：银行存款 　　贷：长期股权投资（处置部分） 　　　　投资收益（差额倒挤） 借：其他权益工具投资（剩余部分股权公允价值） 　　贷：长期股权投资（剩余部分） 　　　　投资收益（差额倒挤） 借或贷：其他综合收益 　　　　资本公积——其他资本公积 　　贷或借：投资收益 　　　　留存收益*（其他综合收益中不可转损益部分）

3.长期股权投资

计量	非企业合并方式形成的长期股权投资	企业合并方式形成的长期股权投资
初始计量	①购买取得： 借：长期股权投资——投资成本 　　　应收股利（被投资单位已宣告但尚未发放的现金股利或利润） 　贷：银行存款等 ②发行股份取得： 借：长期股权投资——投资成本 　　　应收股利（被投资单位已宣告但尚未发放的现金股利或利润） 　贷：股本（发行普通股的数量） 　　　资本公积——股本溢价 　　　银行存款（交易费用） 借：资本公积——股本溢价（发行股票支付的佣金、手续费） 　　盈余公积（如涉及） 　　利润分配——未分配利润（如涉及） 　贷：银行存款	同一控制下企业合并： 借：长期股权投资（被合并方在最终控制方合并报表中所有者权益账面价值的份额+最终控制方收购被合并方时形成的商誉） 　　资本公积、留存收益*（借方差额） 　贷：付出资产的账面价值 　　　承担债务的账面价值 　　　发行权益工具的账面价值 　　　资本公积——资本溢价或股本溢价（贷方差额） 非同一控制下企业合并： ①以自产存货换入取得： 借：长期股权投资 　贷：主营业务收入等（执行收入准则） 　　　应交税费——应交增值税（销项税额） 借：主营业务成本 　　存货跌价准备 　贷：库存商品 ②以固定资产、无形资产换入取得： 借：长期股权投资 　　累计摊销 　　无形资产减值准备 　贷：无形资产、固定资产清理 　　　应交税费——应交增值税（销项税额） 差额：资产处置损益（资产账面价值与其公允价值的差额）

续表

计量	非企业合并方式形成的长期股权投资	企业合并方式形成的长期股权投资
后续计量	借：长期股权投资——投资成本 　　贷：营业外收入 借：长期股权投资——损益调整 　　贷：投资收益 借：投资收益 　　贷：长期股权投资——损益调整（以长期股权投资账面价值为限） 借：应收股利 　　贷：长期股权投资——损益调整 借或贷：长期股权投资——其他综合收益 　　贷或借：其他综合收益 借或贷：长期股权投资——其他权益变动 　　贷或借：资本公积——其他资本公积	借：应收股利 　　贷：投资收益
减值	借：资产减值损失 　　贷：长期股权投资减值准备	
处置	借：银行存款等 　　长期股权投资减值准备（如有） 　　贷：长期股权投资 　　　　投资收益（差额） 借或贷：资本公积——其他资本公积 　　　　其他综合收益 　　贷或借：投资收益 　　　　　　留存收益*（其他综合收益中不可转损益部分）	借：银行存款等 　　长期股权投资减值准备（如有） 　　贷：长期股权投资 　　　　投资收益（差额）

4.股份支付

权益结算股份支付	授予日 （立即可行权）	借：管理费用等 　　贷：资本公积——股本溢价
	等待期内 每个资产负债表日	借：管理费用等 　　贷：资本公积——其他资本公积

续表

权益结算股份支付（除限制性股票）	行权日发行新股	借：银行存款 　　资本公积——其他资本公积 贷：股本 　　资本公积——股本溢价
	行权日回购股份	借：库存股（市场公允价） 贷：银行存款 借：银行存款（行权价） 　　资本公积——其他资本公积（等待期内累计的资本公积） 贷：库存股 　　资本公积——股本溢价（差额）
现金结算股份支付	授予日（立即可行权）	借：管理费用等 贷：应付职工薪酬
	等待期内每个资产负债表日	借：管理费用等 贷：应付职工薪酬
	可行权日后	借或贷：公允价值变动损益 贷或借：应付职工薪酬
	行权日支付价款	借：应付职工薪酬 贷：银行存款
集团内权益结算股份支付	母公司个别报表	借：长期股权投资 贷：资本公积
	子公司个别报表	借：管理费用 贷：资本公积
集团内现金结算股份支付	母公司个别报表	借：长期股权投资 贷：应付职工薪酬
	子公司个别报表	借：管理费用 贷：资本公积
限制性股票股权激励计划	授予日	借：银行存款 贷：股本 　　资本公积——股本溢价 借：库存股（按发行限制性股票的数量以及相应的回购价格确定） 贷：其他应付款——限制性股票回购义务

续表

限制性股票股权激励计划	等待期内	借：管理费用等 　贷：资本公积——其他资本公积
	分配现金股利	（1）现金股利可撤销： ①未来可解锁： 借：利润分配——应付现金股利或利润 　贷：应付股利——限制性股票股利 借：其他应付款——限制性股票回购义务 　贷：库存股 ②未来不可解锁： 借：其他应付款——限制性股票回购义务 　贷：应付股利——限制性股票股利 （2）现金股利不可撤销： ①未来可解锁： 借：利润分配——应付现金股利或利润 　贷：应付股利——限制性股票股利 ②未来不可解锁： 借：管理费用等 　贷：应付股利——限制性股票股利
限制性股票股权激励计划	解锁日	①未达到限制性股票解锁条件而需回购的股票： 借：其他应付款——限制性股票回购义务（应支付的回购金额） 　贷：银行存款 借：股本 　资本公积——股本溢价（差额） 　贷：库存股（按注销的限制性股票数量对应的库存股的账面价值） ②达到限制性股票解锁条件而无须回购的股票 借：其他应付款——限制性股票回购义务（按照解锁股票相对应的负债的账面价值） 　贷：库存股（按照解锁股票相对应的库存股的账面价值）

5.所得税

确认步骤	计入当期所得税费用的递延所得税	计入其他综合收益、资本公积、留存收益、商誉等的递延所得税
确认递延所得税	借：所得税费用 　　贷：递延所得税负债 借：递延所得税资产 　　贷：所得税费用	借：其他综合收益、资本公积、留存收益*、商誉等 　　贷：递延所得税负债 借：递延所得税资产 　　贷：其他综合收益、资本公积、留存收益*、商誉等
确认所得税费用	借：所得税费用 　　　递延所得税资产（或贷方） 　　贷：递延所得税负债（或借方） 　　　　应交税费——应交所得税	

6.收入

在某一时段内履行履约义务	实际发生成本	借：合同履约成本 　　贷：原材料 　　　　应付职工薪酬等
	确认当期收入	借：合同结算——收入结转 　　贷：主营业务收入 借：主营业务成本 　　贷：合同履约成本
	结算合同价款	借：应收账款 　　贷：合同结算——价款结算
	收到合同价款	借：银行存款 　　贷：应收账款
附有销售退回条款的销售	确认收入	借：应收账款 　　贷：主营业务收入 　　　　应交税费——应交增值税（销项税额） 　　　　预计负债——应付退货款 借：主营业务成本 　　　应收退货成本 　　贷：库存商品
	实际收到货款	借：银行存款 　　贷：应收账款

续表

附有销售退回条款的销售	期末重估退货率	借：预计负债——应付退货款 　　贷：主营业务收入 借：主营业务成本 　　贷：应收退货成本
	发生实际退货	①实际＞预计： 借：预计负债 　　主营业务收入 　　应交税费——应交增值税（销项税额） 　　贷：银行存款 借：库存商品 　　贷：应收退货成本 　　　　主营业务成本 ②实际＜预计： 借：预计负债 　　应交税费——应交增值税（销项税额） 　　贷：主营业务收入 　　　　银行存款 借：库存商品 　　主营业务成本 　　贷：应收退货成本
附有质量保证条款的销售	（服务类质保） 商品控制权 转移时确认收入	借：应收账款 　　贷：主营业务收入 　　　　合同负债 借：主营业务成本 　　贷：库存商品
	（保证类质保） 预估质量保修费用	借：主营业务成本 　　贷：预计负债
附有客户额外购买选择权的销售	分摊交易价格至商品和额外购买选择权	借：银行存款 　　贷：主营业务收入 　　　　合同负债
	在客户行使购买选择权时（或选择权失效时）确认收入	借：合同负债 　　贷：主营业务收入

		续表
客户未行使的权利	预收款项	借：银行存款 　　贷：合同负债 　　　　应交税费——待转销项税额
	确认收入	借：合同负债 　　应交税费——待转销项税额 　　贷：主营业务收入 　　　　应交税费——应交增值税（销项税额）

7.合并财务报表

调整抵销步骤		投资当年	连续编制
合并调整分录	调整子公司个别财务报表	借：固定资产 　　贷：资本公积 　　　　递延所得税负债 借：管理费用 　　贷：固定资产 借：递延所得税负债 　　贷：所得税费用	借：固定资产 　　贷：资本公积 　　　　递延所得税负债 借：年初未分配利润 　　贷：固定资产 借：递延所得税负债 　　贷：年初未分配利润 借：管理费用 　　贷：固定资产 借：递延所得税负债 　　贷：所得税费用
	长期股权投资成本法调整为权益法	借：长期股权投资 　　贷：投资收益 借：投资收益 　　贷：长期股权投资 借或贷：长期股权投资 　　贷或借：其他综合收益 借或贷：长期股权投资 　　贷或借：资本公积	借：长期股权投资 　　贷：年初未分配利润 借：长期股权投资 　　贷：投资收益 借：年初未分配利润 　　贷：长期股权投资 借：投资收益 　　贷：长期股权投资 借或贷：长期股权投资 　　贷或借：其他综合收益——年初 借或贷：长期股权投资 　　贷或借：其他综合收益——本年 借或贷：长期股权投资 　　贷或借：资本公积——年初 借或贷：长期股权投资 　　贷或借：资本公积——本年

续表

调整抵销步骤		投资当年	连续编制
合并抵销分录	抵销母公司股权投资与子公司所有者权益	非同一控制企业合并： 借：股本（实收资本） 　　资本公积 　　其他综合收益 　　盈余公积 　　年末未分配利润（期初+本期公允口径净利润–提取盈余公积–分派现金股利） 　　商誉（借方差额） 　贷：长期股权投资（按权益法调整后的长期股权投资的账面价值） 　　　少数股东权益（子公司所有者权益×少数股东投资持股比例） 同一控制企业合并： 借：股本（实收资本） 　　资本公积 　　其他综合收益 　　盈余公积 　　年末未分配利润（期初+本期公允口径净利润–提取盈余公积–分派现金股利） 　贷：长期股权投资（按权益法调整后的长期股权投资的账面价值） 　　　少数股东权益（子公司所有者权益×少数股东投资持股比例） 借：资本公积（母公司资本或股本溢价为限） 　贷：盈余公积（归属于当前母公司部分） 　　　未分配利润（归属于当前母公司部分） 　　　其他综合收益（归属于当前母公司部分）	
	抵销投资收益	借：投资收益（子公司调整后净利润×母公司的持股比例） 　　少数股东损益（子公司调整后净利润×少数股东的持股比例） 　　年初未分配利润（源自上年"年末未分配利润"） 　贷：提取盈余公积（子公司当年实际计提的盈余公积） 　　　对所有者（或股东）的分配（子公司当年实际宣告发放的现金股利或利润） 　　　年末未分配利润（源自上一组抵销分录"年末未分配利润"）	

续表

调整抵销步骤		投资当年	连续编制
合并抵销分录	抵销内部债权债务	借：应付账款 　　贷：应收账款 借：应收账款 　　贷：信用减值损失 借：所得税费用 　　贷：递延所得税资产	借：应收账款 　　贷：年初未分配利润 借：应收账款 　　贷：信用减值损失 借：年初未分配利润 　　贷：递延所得税资产 借：所得税费用 　　贷：递延所得税资产
	抵销内部商品交易	当年购入存货，当年全部结存未售： 借：营业收入（内部交易售价，即销售方存货售价） 　　贷：营业成本（内部交易成本，即销售方存货成本） 　　　　存货（期末结存存货虚增价值）	上年购入存货，当年全部结存未售： 借：年初未分配利润 　　贷：存货
		当年购入存货，当年全部出售： 借：营业收入（内部交易售价，即销售方存货售价） 　　贷：营业成本（购买方存货成本）	上年购入存货，当年全部出售： 借：年初未分配利润 　　贷：营业成本
		当年购入存货，既有销售，也有结存： 借：营业收入（内部交易售价，即销售方存货售价） 　　贷：营业成本 借：营业成本 　　贷：存货（结存部分虚增价值）	上年购入存货，当年既有销售，也有结存： 借：年初未分配利润 　　贷：营业成本 借：营业成本 　　贷：存货（期末结存部分虚增价值）
	抵销内部固定资产交易	存货→固定资产： 借：营业收入（内部交易收入） 　　贷：营业成本（内部交易成本） 　　　　固定资产（内部交易利润） 借：固定资产 　　贷：管理费用等（当期多计提折旧）	借：年初未分配利润 　　贷：固定资产（内部交易利润） 借：固定资产 　　贷：年初未分配利润（期初累计多提折旧） 借：固定资产 　　贷：管理费用等（当期多计提折旧）

续表

调整抵销步骤		投资当年	连续编制
合并抵销分录	抵销内部固定资产交易	固定资产→固定资产： 借或贷：资产处置收益（内部交易利得） 　贷或借：固定资产 借：固定资产 　贷：管理费用等（当期多计提折旧）	借或贷：年初未分配利润（内部交易利得） 　贷或借：固定资产 借：固定资产 　贷：年初未分配利润（期初累计多提折旧） 借：固定资产 　贷：管理费用等（当期多计提折旧）

8.租赁

承租人		会计处理
初始计量	租赁负债的初始确认	借：使用权资产 　　租赁负债——未确认融资费用 　贷：租赁负债——租赁付款额 　　　银行存款（预付租金、支付的初始直接费用等） 　　　预计负债（拆除及复原支出）
	发生初始直接费用	借：使用权资产 　贷：银行存款
	收到租赁激励	借：银行存款 　贷：使用权资产
后续计量	按期支付租金	借：租赁负债——租赁付款额 　贷：银行存款
	摊销利息	借：财务费用 　贷：租赁负债——未确认融资费用
	计提折旧	借：管理费用等 　贷：使用权资产累计折旧
	计提减值	借：资产减值损失 　贷：使用权资产减值准备

承租人	会计处理
行使购买选择权	借：固定资产 　　使用权资产累计折旧 　　使用权资产减值准备 　　租赁负债——租赁付款额 贷：使用权资产 　　租赁负债——未确认融资费用 　　银行存款

出租人会计处理		融资租赁	经营租赁
初始计量	取得融资租赁固定资产	借：融资租赁资产 贷：银行存款	借：固定资产 贷：银行存款
	对外租出	借：应收融资租赁款——租赁收款额 贷：融资租赁资产 　　资产处置损益 　　应收融资租赁款——未实现融资收益	—
	支付租赁激励	借：应收融资租赁款——租赁收款额 贷：银行存款	—
后续计量	收取租金	借：银行存款 贷：应收融资租赁款——租赁收款额 借：应收融资租赁款——未实现融资收益 贷：租赁收入	借：应收账款 贷：其他业务收入 借：其他业务成本 贷：累计折旧

9.非货币性资产交换

交换类型	以公允价值为基础	以账面价值为基础
涉及单项非货币性资产交换	借：换入资产 　　应交税费——应交增值税（进项税额） 　　银行存款等（收到的补价） 贷：换出资产的公允价值（或换入资产的公允价值） 　　应交税费——应交增值税（销项税额） 　　银行存款等（支付的补价+为换入资产支付的相关税费） 差额：资产处置损益等（换出资产的公允价值与账面价值的差额）	借：换入资产 　　应交税费——应交增值税（进项税额） 　　银行存款等（收到补价的公允价值） 贷：换出资产的账面价值 　　应交税费——应交增值税（销项税额） 　　银行存款等（支付补价的账面价值+为换入资产而支付的相关税费）

续表

交换类型	以公允价值为基础	以账面价值为基础
涉及多项非货币性资产交换	借：换入资产1 　　换入资产2 　　应交税费——应交增值税（进项税额） 　　银行存款等（收到的补价） 　贷：换出资产的公允价值 　　　应交税费——应交增值税（销项税额） 　　　银行存款等（支付的补价+为换入资产支付的相关税费） 差额：资产处置损益等（换出资产公允价值与账面价值的差额）	借：换入资产1 　　换入资产2 　　应交税费——应交增值税（进项税额） 　　银行存款（收到补价的公允价值） 　贷：换出资产的账面价值 　　　应交税费——应交增值税（销项税额） 　　　银行存款等（支付补价的账面价值+为换入资产支付的相关税费）

10.债务重组

债务重组方式	债权人会计处理	债务人会计处理
以金融资产清偿债务	借：交易性金融资产（债务重组日的公允价值） 　　投资收益（交易费用） 　　坏账准备 　贷：应收账款等 　　　银行存款（交易费用） 差额：投资收益	借：应付账款等（账面价值） 　贷：交易性金融资产（账面价值） 　　　债权投资 　　　其他债权投资① 　　　其他权益工具投资② 差额：投资收益 借或贷：其他综合收益 　贷或借：投资收益① 　　　　　留存收益*②
	借：债权投资、其他债权投资、其他权益工具投资（债务重组日的公允价值+交易费用） 　　坏账准备 　贷：应收账款等 　　　银行存款（交易费用） 差额：投资收益	
以非金融资产清偿债务	借：库存商品、固定资产、无形资产等（放弃债权的公允价值+相关税费） 　　应交税费——应交增值税（进项税额） 　　坏账准备 　贷：应收账款等 　　　银行存款（相关税费） 差额：投资收益	借：应付账款等（账面价值） 　　累计摊销 　　无形资产减值准备 　贷：库存商品（账面价值） 　　　无形资产 　　　固定资产清理（账面价值） 　　　应交税费——应交增值税（销项税额） 差额：其他收益

续表

债务重组方式	债权人会计处理	债务人会计处理
债务转为权益工具	①非企业合并： 借：长期股权投资（放弃债权公允价值+相关税费） 　　坏账准备 　贷：应收账款等 　　　银行存款（相关税费） 差额：投资收益 ②非同一控制企业合并： 借：长期股权投资（放弃债权的公允价值） 　　坏账准备 　贷：应收账款等 差额：投资收益 ③同一控制企业合并： 借：长期股权投资（最终控制方合并报表中净资产账面价值份额+最终控制方收购被合并方时形成的商誉） 　　坏账准备 　　资本公积、留存收益*（借方差额） 　贷：应收账款等 　　　资本公积（贷方差额）	借：应付账款等 　贷：股本、资本公积（发行权益的公允价值） 差额：投资收益 借：资本公积、留存收益* 　贷：银行存款（支付发行费用）

注：*为"盈余公积"科目和"利润分配——未分配利润"科目。

必备清单

（一）客观题部分

内容	记次
（1）企业提供的产品质量保证（保证类质保）属于推定义务 （2）区分收入和利得、费用和损失，区分流动资产和非流动资产、流动负债和非流动负债，以及适度引入公允价值等，都可以提高会计信息的预测价值，进而提升会计信息的相关性	第1记
（3）生产设备发生的日常维修费用应计入存货成本 （4）受托加工存货成本中不应包括委托方提供的材料成本 （5）在确定存货可变现净值时，应考虑存货的持有目的，并以资产负债表日取得最可靠的证据估计的售价为基础	第2记
（6）已达到预定可使用状态但尚未办理竣工决算的固定资产应当按暂估价值计提折旧	第3记
（7）非同一控制下企业合并中，购买方应确认被购买方在该项交易前未确认但可单独辨认且公允价值能够可靠计量的无形资产。	第4记
（8）非投资性房地产转换为以公允价值模式进行后续计量的投资性房地产时，公允价值大于原账面价值的差额在财务报表中列示的项目为其他综合收益	第5记
（9）上市公司因分配现金利润而确认应付股利的时点为股东会批准利润分配方案时	第6记
（10）为购建符合资本化条件的资产而借入的外币专门借款本金及利息发生的汇兑损益，在资本化期间内计入所购建资产的成本	第9记
（11）在对外币财务报表进行折算时，股本应采用股东出资日的即期汇率折算。当期提取的盈余公积采用当期平均汇率折算	第16记
（12）以公允价值计量且其变动计入其他综合收益的外币非交易性权益工具投资形成的汇兑差额计入其他综合收益	第15记
（13）归属于少数股东的外币报表折算差额应在少数股东权益项目列示	第16记

续表

内容	记次
（14）关于中期财务报告的系列表述： ①中期财务报告会计要素确认与计量原则应与年度财务报告相一致。 ②中期财务报告编制时采用的会计政策、会计估计应当与年度报告相同。 ③报告中期处置了合并报表范围内子公司的，中期财务报告中应当包括被处置子公司当期期初至处置日的相关信息。 ④中期财务报告附注相对于年度财务报告中的附注而言，可以适当简化。 ⑤中期财务报告计量相对于年度财务数据的计量而言，在很大程度上依赖于估计。 ⑥编制中期财务报告时应将中期视为一个独立的会计期间，所采用的会计政策应与年度财务报表所采用的会计政策相一致	第26记
（15）单项固定资产本身的可收回金额难以有效估计的，应当以其所在的资产组为基础确定可收回金额	第11记
（16）关于商誉的系列表述： ①企业内部产生的商誉不应确认为一项资产。 ②同一控制下企业合并中合并方实际支付的对价与取得被投资方于合并日净资产账面价值份额的差额不应确认为商誉。 ③非同一控制下企业合并中购买方实际支付的对价小于取得被投资方于购买日可辨认净资产公允价值份额的差额应计入当期损益	第12记
（17）关于或有事项的系列表述： ①或有事项是一种不确定事项，其结果具有不确定性。或有事项直接形成的结果有预计负债、或有负债和或有资产。 ②在确定最佳估计数计量预计负债时考虑与或有事项有关的风险、不确定性、货币时间价值和未来事项。 ③或有事项符合负债确认条件时，应按最佳估计数进行初始计量	第21记
（18）关于债务重组的系列表述： ①通常情况下，债务重组不属于企业的日常活动，因此债务重组中如债务人以日常活动产出的商品或服务清偿债务的，不应按收入准则确认为商品或服务的销售处理。 ②采用债务转为权益工具方式进行债务重组的，债务人在对权益工具进行初始计量时，应当采用权益工具的公允价值，权益工具公允价值不能可靠计量的，则采用清偿债务的公允价值	第20记
（19）关于终止经营的系列表述： ①终止经营的处置损益以及调整金额作为终止经营损益列报。 ②拟结束使用而非出售的处置组满足终止经营定义中有关组成部分条件的，自停止使用日起作为终止经营列报	第46记
（20）与黄金挂钩的结构性存款不能以摊余成本计量	

续表

内容	记次
（21）企业应根据应收取金融资产的合同现金流量与预期收取的现金流量之间差额的现值确定金融资产预期信用损失	第53记
（22）如果企业修改增加了所授予的权益工具的公允价值，企业应按照权益工具公允价值的增加相应地确认取得服务的增加	第43记
（23）关于合营安排的系列表述： ①当合营安排未通过单独主体达成时，该合营安排为共同经营。 ②合营方自共同经营购买不构成业务的资产的，在将该资产出售给第三方前，应仅确认该交易产生损益中归属于共同经营其他参与方的部分	—
（24）关于政府与民间非营利组织会计的系列表述： ①财政授权支付方式下，年度终了根据代理银行提供的对账单核对无误后注销零余额账户用款额度的余额，并于下年初恢复。 ②按规定从经营结余中提取专用基金时，按提取金额记入"专用结余"科目的贷方。 ③年末结转后，"财政拨款结转"科目除了"累计结转"明细科目外，其他明细科目应无余额。 ④年末应将"事业预算收入"科目本年发生额中的专项资金收入转入"非财政拨款结转（本年收支结转）"科目。 ⑤因发生会计差错调整以前年度财政拨款结余资金的，按调整金额调整"资金结存"和"财政拨款结余（年初余额调整）"科目	第97、98记
（25）关于公允价值的系列表述： ①使用估值技术确定公允价值时，应当使用市场上可观察输入值，在无法取得或取得可观察输入值不切实可行时才能使用不可观察输入值。 ②企业应当以相关资产或负债主要市场的价格为基础计量公允价值。 ③企业在以公允价值计量相关资产时，不应考虑仅针对特定资产持有者的限制。 ④企业应假定市场参与者在计量日出售资产或转移负债的交易，是当前市场情况下的有序交易	第96记

（二）主观题部分

内容	记次
（1）问：发放给销售商的产品是否能够作为企业的存货核算？ 答：对于发放给销售商的相关产品，其主要目的在于推广公司品牌，且无法证明未来期间很可能带来经济利益流入，也不会自销售商收回，不符合资产定义，应计入损益（销售费用）	第2记

续表

内容	记次
（2）问：关于辞退福利、短期利润分享计划及累积带薪缺勤的确认与计量原则是什么？ 答： ①对于企业一次性支付的辞退补偿金额应于辞退计划确定时作为应付职工薪酬，相关估计应支付的金额全部计入当期损益（管理费用），无须在不同年度间分期摊销。 ②利润分享计划下员工应分享的部分作为职工薪酬计入相关成本费用，不能通过"利润分配"科目核算。 ③企业实施的累积带薪缺勤计划，应当在职工提供了服务从而增加其未来享有的带薪缺勤权利时，确认与累积带薪缺勤相关的职工薪酬，并以累积未行使权利而增加的预期支付金额计量。	第7记
（3）问：企业发行的可转换公司债券应如何进行会计分类，并说明理由。 答：企业发行的可转换公司债券同时包含负债和权益成分，应分别分类为金融负债和权益工具。 理由： ①企业负有支付本金和利息的合同义务，应分类为金融负债。 ②转股安排符合"固定换固定"的原则，其中的反稀释调整条款不妨碍符合该原则，因此转股权应分类为权益工具。	第27记
（4）问：从政府取得的价格补贴能否作为政府补助核算，并说明理由。 答：企业从政府取得的经济资源，如果与企业销售商品或提供劳务等活动密切相关，且来源于政府的经济资源是企业商品或服务的对价或者是对价的组成部分，应当按照《收入》准则的规定进行会计处理，不适用政府补助准则。 提示：上述总结属于历年考题的普遍考查方式，但是在做题时需要具体问题具体分析，并注意政府补助的"无偿性"特征。	第13记
（5）问：企业持有的相关资产是否构成持有待售类别？ 答： ①企业已与无关联关系的第三方签订了具有法律约束力的转让合同，签订合同前的准备工作已经完成，企业按照合同约定可立即出售。 ②企业董事会等类似机构已批准通过转让协议。 ③企业已获得确定购买承诺。 ④预计出售将在一年内完成。	第30记

续表

内容	记次
（6）问：企业拟长期持有的对联营企业的投资、自行研发无形资产产生的税会差异是否确认递延所得税，并说明理由。 答： ①企业拟长期持有权益法核算的长期股权投资时，其账面价值与计税基础形成的暂时性差异将通过被投资方分派现金股利或利润的方式消除，在投资方与被投资方适用所得税税率相同的情况下，有关利润在分回时是免税的，不产生对未来期间所得税的影响，不确认递延所得税。 ②自行研发无形资产在初始确认时不影响会计利润，也不影响应纳税所得额，同时亦非产生于企业合并，即使存在可抵扣暂时性差异，也无须确认递延所得税资产。	第35、36、37记
（7）问：企业将其持有的债券分类为以公允价值计量且其变动计入其他综合收益的金融资产的理由。 答： ①企业管理该债券的业务模式为保证日常流动性需求（出售）的同时，维持固定的收益率（收取合同现金流量），这种业务模式是以收取合同现金流量和出售金融资产为目标的业务模式。 ②所持债券的合同现金流量特征与基本借贷安排相一致，即在特定日期产生的现金流量仅为对本金和以未偿付本金金额为基础的利息的支付。	第46记
（8）问：企业将其持有的可转换公司债券分类为以公允价值计量且其变动计入当期损益的金融资产的理由。 答：由于嵌入了一项转股权，企业所持可转换公司债券在基本借贷安排的基础上会产生基于其他因素变动的不确定性，不符合本金和以未偿付本金金额为基础的利息的支付的合同现金流量特征。	
（9）问：企业将优先股等分类为权益工具的理由。 答： ①企业发行的优先股不设置投资者回售条款，企业能够无条件避免赎回优先股并交付现金或其他金融资产的合同义务。 ②企业有权取消支付优先股当期股息，企业能够无条件避免交付现金或其他金融资产支付股息的合同义务。 ③在发生强制付息事件的情况下，企业根据相应的议事机制能够决定普通股股利的支付，因此能够无条件避免交付现金或其他金融资产支付股息的合同义务。	第51记

续表

内容	记次
（10）问：企业对其持有的长期股权投资采用权益法进行后续计量的原因表述。 答：投资方在取得被投资方股权后，能够派出董事参与被投资方的财务和生产经营决策，对被投资方具有重大影响，应作为长期股权投资并采用权益法进行后续计量。	第55记
（11）问：企业合并类型的判断，并说明理由。 答： ①因参与合并的各方在合并交易前不存在关联方关系，因此，该项交易属于非同一控制下企业合并。（或，×公司与××公司系关联方关系，属于企业集团内部的子公司，因此，该项交易属于同一控制下企业合并） ②企业于××年××月××日对被投资方董事会进行改选，改选后能够控制被投资方。	第61记
（12）问：非企业合并中购买方获得的预计补偿，不能调整合并成本的理由是什么？ 答：购买方获得预计补偿款发生变化是企业合并后发生的市场情况的改变，不属于购买日后12个月内取得新的或进一步证据表明购买日已存在状况的情形，不能调整合并成本，而应将其作为以公允价值计量且其变动计入当期损益的金融资产核算。	
（13）问：合同变更作为单独合同进行会计处理的理由。 答： ①合同变更增加了可明确区分的商品。 ②合同变更增加了合同价款。 ③同时新增合同价款反映了新增商品的单独售价。 提示：同学们在复习时，需要参照第68记中"合同变更"的相关内容强化对其他情形合同变更业务的理解。	第68记
（14）问：将两份合同合并为一个合同进行会计处理的理由。 答：两份合同基于同一商业目的而订立，并构成一揽子交易（或两份合同形成单项履约义务）。	
（15）问：判断合同中存在多项履约义务的理由是什么？ 答： ①各单项履约义务本身均可让客户单独受益（商品层面可明确区分）。 ②履约义务之间不存在重大修改、整合或高度关联，各自可明确区分（合同层面可明确区分）。	第69记

续表

内容	记次
（16）问：判断某项交易属于某一时段内履行的履约义务，并说明理由。 答： 满足下列条件之一的，属于在某一时段内履行的履约义务： ①客户在企业履约的同时即取得并消耗企业履约所带来的经济利益。 ②客户能够控制企业履约过程中在建的商品。 ③企业履约过程中产出的商品具有不可替代用途，且企业在整个合同期间内有权就累计至今已完成的履约部分收取款项。 提示：在考试时，同学们需要根据具体题目进行分析，针对性写出上述三个条件的一个即可。	第72记
（17）问：企业授予知识产权许可作为在某一时段内履行的履约义务的理由。 答：企业授予知识产权许可在同时满足下列三个条件时，应作为在某一时段内履行的履约义务进行核算： ①合同要求或客户能够合理预期企业将从事对该项知识产权有重大影响的活动。 ②该活动对客户将产生有利或不利影响。 ③该活动不会导致向客户转让商品。 提示：在考试时，同学们需要关注该表述和（16）问表述的差异，以及两者的应用背景。	第78记
（18）问：判断企业作为合同代理人的理由是什么？ 答：企业在将商品出售之前，未取得商品的控制权，因此应作为代理人并按照预期收取的佣金或手续费的金额确认收入。	第76记
（19）问：售后租回业务作为融资业务的会计处理原则是什么？ 答：售后租回业务作为融资业务，设备不应终止确认，收到的现金应作为金融负债处理。	第95记

飞越必刷题篇

必刷客观题

第一模块 基础必拿40分

一、单项选择题

1. 注册会计师下列行为中,符合职业道德的是( )。
   A.面临压力,坚持立场,除非这样做会给事务所带来潜在影响
   B.执行审计业务时,无论形式上是否保持独立,关键是实质上保持独立
   C.为勤勉尽责,在公共场所接听电话会议对客户会计处理提出质疑
   D.在对客户问题提出质疑时保持正直、诚实守信

2. 甲公司销售乙产品,同时对售后1年内因产品质量问题承担免费保修义务。有关产品更换或修理至达到正常使用状态的支出由甲公司负担,2×24年,甲公司共销售乙产品1 000件,根据历史经验估计,因履行售后保修承诺预计将发生的支出为600万元,甲公司确认了销售费用,同时确认为预计负债。甲公司该会计处理体现的会计信息质量要求是( )。
   A.可比性　　　　B.实质重于形式　　　　C.谨慎性　　　　D.及时性

3. 2×24年12月31日甲公司持有存货100件,账面价值500万元,成本5万元/件;当日,市场价格为4.5万元/件。2×25年1月31日,该存货市场价格为4.4万元/件,2月28日,该存货市场价格为4.8万元/件。甲公司按月计提存货跌价准备。2×25年3月1日,甲公司将上述商品全部卖出。不考虑其他因素,甲公司应结转的主营业务成本是( )。
   A.500万元　　　　B.470万元　　　　C.430万元　　　　D.480万元

4. 甲公司自行建造一个矿井于2×24年末完工并办理竣工决算手续,累计发生的支出包括:(1)消耗材料支出5 000万元;(2)外包第三方乙公司进行建筑施工,合同价款为3 000万元,已支付给乙公司2 500万元;(3)建造期间发生工程物料收发计量差错盘亏100万元;此外甲公司预计采矿结束后需进行环境恢复预计发生的支出现值为200万元。不考虑其他因素,2×24年末甲公司上述矿井的成本为( )。
   A.7 700万元　　　　B.8 200万元　　　　C.8 300万元　　　　D.7 500万元

5 下列各项关于企业固定资产会计处理的表述中，正确的是（　　）。

A.进行更新改造转入在建工程的固定资产，应停止计提折旧

B.固定资产试运行产出的产品对外销售，产生的试运行收入应冲减固定资产成本

C.固定资产更新改造时，被替换部分的账面价值仍保留在改造后固定资产账面价值中

D.对固定资产进行更新改造并转入在建工程时，原计提的固定资产减值准备不应转出

6 甲公司为增值税一般纳税人。2×15年12月，甲公司购入一条生产线，实际发生的成本为5 000万元，其中控制装置的成本为800万元。甲公司对该生产线采用年限平均法计提折旧，预计使用20年，预计净残值为零。2×23年末，甲公司对该生产线进行更新改造，更换控制装置使其具有更高的性能。更换控制装置的成本为1 000万元，增值税税额为130万元。另外，更新改造过程中发生人工费用80万元；外购工程物资400万元（全部用于该生产线），增值税税额52万元。2×24年10月，生产线完成更新改造达到预定可使用状态。不考虑其他因素，该生产线更新改造后，结转固定资产的入账金额是（　　）。

A.4 182万元　　　　　B.4 000万元　　　　　C.5 862万元　　　　　D.5 480万元

7 2×22年1月1日，甲公司以200万元的价格受让了一项软件著作权，预计使用4年后将其对外出售，该软件著作权的预计净残值为20万元，采用直线法摊销。2×24年6月30日，由于市场行情发生变化，该软件著作权的预计净残值为40万元，预计剩余使用寿命1.5年，不考虑其他因素，甲公司2×24年度对软件著作权计提的摊销金额是（　　）。

A.38.33万元　　　　　B.42.50万元　　　　　C.45万元　　　　　D.50万元

8 2×24年1月20日，甲公司与丙公司签订租赁协议，将原出租给乙公司并即将在2×24年3月1日到期的厂房租赁给丙公司。该协议约定，甲公司2×24年7月1日起将厂房出租给丙公司，租赁期为5年，每月租金为60万元，租赁期前3个月免租金。为满足丙公司租赁厂房的需要，甲公司2×24年3月2日起对厂房进行改扩建，改扩建工程于2×24年6月29日完工并达到预定可使用状态。甲公司对出租厂房采用成本模式进行后续计量。不考虑其他因素，下列各项关于甲公司上述交易或事项会计处理的表述中，正确的是（　　）。

A.2×24年甲公司租赁给丙公司的厂房应确认租金收入180万元

B.改扩建过程中的厂房确认为投资性房地产

C.厂房改扩建过程中发生的支出直接计入当期损益

D.厂房在改扩建期间计提折旧

9 下列各项关于土地增值税会计处理的表述中，正确的是（　　）。
A.兼营房地产业务的企业，在项目竣工前预售商品房，将预交的土地增值税计入利润表的税金及附加项目
B.兼营房地产业务的企业，在项目竣工前预售商品房，由当期收入负担的土地增值税应冲减收入
C.兼营房地产业务的企业，在项目竣工前预售商品房，竣工决算后收到退回多交的土地增值税计入利润表的其他收益项目
D.企业转让作为固定资产核算的土地使用权及地上建筑物时，资产处置收益中应扣除应交纳的土地增值税

10 2×24年，甲公司发生的相关交易或事项如下：（1）为给境外派到境内的10名高管人员提供临时住所，租入10套住房，每年租金共120万元；（2）因业务调整，拟解除150名员工的劳动关系，经与被辞退员工协商一致，向每位被辞退员工支付20万元补偿；（3）实施员工带薪休假制度，发生员工休假期间的工资80万元；（4）为40名中层干部团购商品房，2 500万元购房款由甲公司垫付。下列各项中，甲公司不应作为职工薪酬进行会计处理的是（　　）。
A.为高管人员租房并支付租金　　　　B.支付员工带薪休假期间的工资
C.为中层干部团购商品房垫付款项　　D.向被辞退员工支付补偿

11 下列各项中，不属于借款费用的是（　　）。
A.发行股票支付的承销商佣金及手续费　　B.承租人租赁使用权资产发生的融资费用
C.以咨询费的名义向银行支付的借款利息　　D.外币借款发生的汇兑收益

12 2×24年1月1日，甲公司为购建生产线借入3年期专门借款3 000万元，年利率为6%。当年发生与购建生产线相关的支出包括：1月1日支付材料款1 800万元；3月1日支付工程进度款1 600万元；9月1日支付工程进度款2 000万元。甲公司将暂时未使用的专门借款用于货币市场投资，月利率为0.5%。除专门借款外，甲公司尚有两笔流动资金借款：一笔为2×23年10月借入的2年期借款2 000万元，年利率为5.5%；另一笔为2×24年1月1日借入的1年期借款3 000万元，年利率为4.5%。假定上述借款的实际利率与名义利率相同，不考虑其他因素，甲公司2×24年度应予资本化的一般借款利息金额是（　　）。
A.45万元　　　　B.49万元　　　　C.50万元　　　　D.55万元

13. 2×23年7月1日，甲公司向银行借入3 000万元（实际到账3 000万元）。借款期限2年，年利率4%，该贷款专门用于甲公司办公楼的建造，2×23年10月1日，办公楼开始实体建造，甲公司支付工程款600万元。闲置专门借款资金投资固定收益理财产品。2×24年1月1日、2×24年7月1日又分别支付工程款1 500万元、800万元。2×24年10月31日，经甲公司验收后，办公楼达到预定可使用状态。2×24年12月31日，甲公司开始使用该办公楼。不考虑其他因素，下列各项关于甲公司建造办公楼会计处理的表述中，正确的是（　　）。
   A.按借款本金3 000万元、年利率4%计算的利息金额作为应付银行的利息金额
   B.借款费用开始资本化的时间为2×23年7月1日
   C.按借款本金3 000万元、年利率4%计算的利息金额在资本化期间内计入建造办公楼的成本
   D.借款费用应予资本化的期间为2×23年7月1日至2×24年12月31日止

14. 2×24年1月1日，甲公司为建造某大型设备从银行借入期限为2年的专门借款2 000万元，年利率为4%（等于实际利率）。2×24年4月1日，甲公司开始建造该大型设备。当日，甲公司按合同约定预付工程款500万元。2×24年7月1日和10月1日，甲公司分别支付工程物资款700万元和工程进度款400万元，未动用资金在2×24年取得利息收益2.5万元（其中1月1日至3月31日取得闲置资金收益为0.5万元）。该大型设备2×25年5月31日完工并达到预定可使用状态。不考虑其他因素，甲公司2×24年度为建造该大型设备应予以资本化的借款利息金额是（　　）。
   A.78万元　　　　B.31万元　　　　C.58万元　　　　D.46万元

15. 下列各项所有者权益相关项目中，以后期间能够转入当期净利润的是（　　）。
   A.股本溢价
   B.现金流量套期工具产生的利得或损失中属于有效套期的部分
   C.直接指定的非交易性权益工具投资公允价值变动额
   D.发行可转换公司债券权益成分的初始确认金额

16. 甲公司2×22年10月购入一项管理用无形资产，其入账价值为600万元，预计使用年限为6年，预计净残值为0，按照直线法摊销。2×23年12月31日甲公司对其进行减值测试后计提减值准备为100万元，计提减值后原预计的使用寿命、预计净残值和摊销方法均不变。2×24年12月31日该项无形资产公允价值减去处置费用后的净额为100万元，预计未来现金流量的现值为200万元。不考虑其他因素，与该项无形资产有关的业务对甲公司2×24年利润总额的影响金额为（　　）。
   A.-196.05万元　　B.-96.05万元　　C.-175万元　　D.-78.95万元

17　2×24年1月1日，甲公司以非同一控制下企业合并的方式购买了乙公司60%的股权，支付价款1 800万元，在购买日，乙公司可辨认资产的账面价值为2 300万元，公允价值为2 500万元，没有负债和或有负债。2×24年12月31日，乙公司可辨认资产的账面价值为2 500万元，按照购买日的公允价值持续计算的金额为2 600万元，没有负债和或有负债。甲公司认定乙公司的所有资产为一个资产组，确定该资产组在2×24年12月31日的可收回金额为2 700万元。经评估，甲公司判断乙公司资产组不存在减值迹象，不考虑其他因素，甲公司在2×24年度合并利润表中应当列报的资产减值损失金额是（　　）。
A.200万元　　　　　　B.240万元　　　　　　C.0万元　　　　　　D.400万元

18　甲公司从2×20年开始，受政府委托进口医药类特种丙原料，再将丙原料销售给国内生产企业，加工出丁产品并由政府定价后销售给最终用户，由于国际市场上丙原料的价格上涨，而国内丁产品的价格保持不变，形成进销价格倒挂的局面。2×24年之前，甲公司销售给生产企业的丙原料以进口价格为基础定价，国家财政弥补生产企业产生的进销差价；2×24年以后，国家为规范管理，改为限定甲公司对生产企业的销售价格，然后由国家财政弥补甲公司的进销差价。不考虑其他因素，从上述交易的实质判断，下列关于甲公司从政府获得进销差价弥补的会计处理中，正确的是（　　）。
A.确认为与收益相关的政府补助，直接计入当期其他收益
B.确认为与销售丙原料相关的营业收入
C.确认为所有者的资本性投入计入所有者权益
D.确认为与资产相关的政府补助，并按照销量比例在各期分摊计入营业外收入

19　2×24年，甲公司发生的有关交易或事项如下：（1）2月1日，甲公司所在地政府与其签订的合同约定，甲公司为当地政府开发一套交通管理系统，合同价格500万元。该交通管理系统已于2×24年12月20日经当地政府验收并投入使用，合同价款已收存甲公司银行；（2）经税务部门认定，免征甲公司2×24年度企业所得税150万元；（3）甲公司开发的高新技术设备于2×24年9月30日达到预定可使用状态并投入使用，该设备预计使用10年，预计净残值为零，采用年限平均法计提折旧。为鼓励甲公司开发高新技术设备，当地政府于2×24年7月1日给予甲公司补助100万元；（4）收到税务部门退回的增值税额80万元。甲公司对政府补助采用总额法进行会计处理，不考虑相关税费及其他因素，下列关于甲公司2×24年度对上述交易或事项会计处理的表述中，正确的是（　　）。
A.退回的增值税额作为政府补助确认为其他收益
B.为当地政府开发的交通管理系统取得的价款作为政府补助确认为其他收益
C.当地政府给予的开发高新技术设备补助款作为政府补助于2×24年确认5万元的其他收益
D.免征企业所得税作为政府补助确认为其他收益

20. 2×24年甲公司从政府部门取得下列款项：（1）因符合当地政府的人才激励和引进政策，取得政府奖励资金50万元；（2）根据政府限定的价格向符合条件的第三方销售产品，取得政府限价补贴款600万元；（3）当期因出口商品收到税务部门的出口退税款500万元；（4）因受到自然灾害损失，取得政府赈灾补贴款100万元。甲公司对政府补助采用总额法进行会计处理，不考虑其他因素，上述甲公司从政府取得的款项中，应当作为政府补助确认并计入2×24年度损益的金额是（　　）。

A.150万元　　　　B.550万元　　　　C.50万元　　　　D.700万元

21. 2×24年度，甲公司发生的相关交易或事项如下：（1）4月1日，甲公司收到先征后返的增值税600万元；（2）6月30日，甲公司以8 000万元的拍卖价格取得一栋已达到预定可使用状态的房屋，该房屋的预计使用年限为50年；当地政府为鼓励甲公司在当地投资，于同日拨付甲公司2 000万元，作为对甲公司取得房屋的补偿；（3）8月1日，甲公司收到政府拨付的300万元款项，用于正在建造的新型设备，截至12月31日，该设备仍处于建造过程中；（4）10月10日，甲公司收到当地政府追加的500万元投资。甲公司按年限平均法对固定资产计提折旧。下列各项关于甲公司上述交易或事项会计处理的表述中，正确的是（　　）。

A.收到政府拨付的房屋补助款应冲减取得房屋的成本
B.收到先征后返的增值税应确认为与收益相关的政府补助
C.收到政府追加的投资应确认为递延收益并分期计入损益
D.收到政府拨付用于新型设备的款项应冲减设备的建造成本

22. 不考虑其他因素，下列各项关于企业取得的政府补助会计处理的表述中，正确的是（　　）。
A.财政直接拨付受益企业的贴息资金采用总额法进行会计处理
B.总额法下在相关资产处置时，尚未摊销完的与资产相关的政府补助继续按期摊销计入当期损益
C.同时包含与资产相关部分和与收益相关部分的政府补助难以区分时，全部作为与资产相关的政府补助进行会计处理
D.同时使用总额法和净额法对不同类别的政府补助进行会计处理

23. 甲公司以人民币为记账本位币。2×23年3月10日，以每股5美元的价格购入乙公司在境外上市交易的股票20万股，发生相关交易费用1万美元，甲公司将其指定为以公允价值计量且其变动计入其他综合收益的金融资产，当日汇率为1美元=6.6元人民币。2×23年12月31日，乙公司股票的市场价格为每股6美元，当日汇率为1美元=6.9元人民币。2×24年2月5日，甲公司以每股8美元的价格将持有的乙公司股票全部出售，当日汇率为1美元=6.8元人民币。不考

虑相关税费及其他因素，下列各项关于甲公司上述交易或事项会计处理的表述中，正确的是（　　）。

A.2×24年2月5日，确认投资收益260万元
B.购入乙公司的股票初始入账金额为660万元
C.2×23年12月31日，确认财务费用36万元
D.2×23年12月31日，确认其他综合收益161.4万元

第15记　知识链接

24. 在母公司含有实质上构成对子公司（境外经营）净投资的外币长期应收款项目的情况下，不考虑其他因素，下列各项关于甲公司合并财务报表有关外币报表折算会计处理的表述中，正确的是（　　）。

A.归属于少数股东的外币报表折算差额应在少数股东权益项目列示
B.外币货币性项目以母公司记账本位币反映的，在抵销母子公司长期应收应付项目的同时，应将产生的汇兑差额在财务费用项目列示
C.外币货币性项目以子公司记账本位币反映的，在抵销母子公司长期应收应付项目的同时，应将产生的汇兑差额在财务费用项目列示
D.外币货币性项目以母公司或子公司以外的货币反映的，在抵销母子公司长期应收应付项目的同时，应将产生的汇兑差额在财务费用项目列示

第16记　知识链接

25. 不考虑其他因素，甲公司发生的下列各项交易中，应按非货币性资产交换准则进行会计处理的是（　　）。

A.甲公司以一批产成品交换乙公司一台汽车
B.甲公司以所持联营企业丙公司20%股权交换乙公司一批原材料
C.甲公司以一项专利权交换乙公司一项非专利技术，并以银行存款收取补价，所收取补价占换出专利权公允价值的30%
D.甲公司以持有的对丁公司的其他债权投资交换乙公司一栋办公用房

第17记　知识链接

26. 甲公司、丙公司均为制造型企业，甲公司以其持有的作为存货核算的机器设备与丙公司持有的联营企业乙公司30%的股权进行置换。假设上述交换具有商业实质，换入资产和换出资产公允价值均能可靠计量。不考虑其他因素，下列各项关于上述交易会计处理的表述正确的是（　　）。

A.甲公司以换出机器设备的公允价值计算收入
B.甲公司将换出机器设备的公允价值与账面价值之间的差额计入资产处置损益
C.丙公司以换出股权的账面价值计算机器设备的成本
D.丙公司将换出股权的公允价值与账面价值之间的差额计入投资收益

第18记　知识链接

27. 甲公司为增值税一般纳税人，适用的增值税税率为13%。2×24年7月10日，甲公司就其所欠乙公司购货款600万元与乙公司进行债务重组。根据协议，甲公司以其产品抵偿全部债务。当日，甲公司抵债产品的账面余额为400万元，已计提存货跌价准备50万元，市场价格（不含增值税额）为500万元，产品已发出并开具增值税专用发票。不考虑其他因素，甲公司应确认的其他收益是（   ）。

   A.35万元　　　　　　B.185万元　　　　　　C.150万元　　　　　　D.200万元

28. 2×23年12月31日、甲公司根据合同约定收到客户预付的货款3 390万元，其中包含了390万元增值税税额，甲公司预计该合同将于2×24年3月完成履约义务。不考虑其他因素，甲公司预收货款中的增值税税额在2×23年12月31日财务报表中列报的项目是（   ）。

   A.合同负债　　　　　B.预收款项　　　　　C.其他流动负债　　　D.应交税费

29. 甲公司为增值税一般纳税人，2×24年发生的有关交易或事项如下：（1）销售产品确认收入12 000万元，结转成本8 000万元，当期应交纳的增值税为1 100万元，有关税金及附加为100万元；（2）持有的交易性金融资产当期公允价值上升320万元、其他债权投资当期公允价值上升260万元；（3）报废一项专利技术产生损失600万元；（4）计提无形资产减值准备820万元。甲公司交易性金融资产及其他债权投资在2×24年末未对外出售，不考虑其他因素，甲公司2×24年营业利润是（   ）。

   A.3 660万元　　　　 B.3 400万元　　　　 C.3 080万元　　　　 D.3 340万元

30. 甲公司是乙公司和丙公司的母公司，丁公司和戊公司分别是乙公司的合营企业和联营企业，己公司和庚公司分别是丙公司的合营企业和联营企业。下列各种关系中，不构成关联方关系的是（   ）。

   A.甲公司和丁公司　　B.乙公司和己公司　　C.戊公司和庚公司　　D.丙公司和戊公司

31. 甲公司2×22年1月1日发行1 000万份可转换公司债券，每份面值为100元、每份发行价格为100.5元，可转换公司债券发行2年后，每份可转换公司债券可以转换4股甲公司普通股（每股面值1元）。甲公司发行该可转换公司债券确认的负债初始计量金额为100 150万元。2×23年12月31日，与该可转换公司债券相关负债的账面价值为100 050万元。2×24年1月2日，该可转换公司债券全部转换为甲公司股份。甲公司因可转换公司债券的转换应确认的资本公积（股本溢价）是（   ）。

   A.350万元　　　　　B.4 000万元　　　　　C.96 050万元　　　　D.96 400万元

32 M公司下有甲、乙两家子公司，甲公司6月30日发行8 000万股合并了乙公司，取得乙公司80%股权，形成控制。当年甲公司合并利润为6 500万，乙公司净利润2 500万，其中合并后净利润500万元。甲公司发行普通股合并乙公司前普通股股数为32 000万股，甲公司合并财务报表中的基本每股收益是（　　）。
A.0.15元/股　　　　B.0.13元/股　　　　C.0.2元/股　　　　D.0.16元/股

33 甲公司为上市公司，其2×24年度基本每股收益为0.43元/股。甲公司2×24年度发生的可能影响其每股收益的交易或事项如下：（1）发行可转换公司债券，其当年增量股的每股收益为0.38元；（2）授予高管人员2 000万股股票期权，行权价格为6元/股；（3）接受部分股东按照市场价格的增资，发行在外普通股股数增加3 000股；（4）发行认股权证1 000万份，每份认股权证持有人有权利以8元/股的价格认购甲公司1股普通股。甲公司2×24年度股票的平均市场价格为13元/股。不考虑其他因素，下列各项中，对甲公司2×24年度基本每股收益不具有稀释作用的是（　　）。
A.股票期权　　　　B.认股权证　　　　C.可转换公司债券　　　　D.股东增资

34 甲公司2×24年归属于普通股股东的净利润为600万元，发行在外普通股加权平均数为1 500万股，2×24年3月1日，甲公司与股东签订一份远期回购合同，承诺1年后以每股6元的价格回购其发行在外的300万股普通股，假设，该普通股2×24年平均市场价格为4元/股，2×24年3月至12月平均市场价格为5元/股。不考虑其他因素，2×24年甲公司稀释每股收益是（　　）。
A.0.36元/股　　　　B.0.38元/股　　　　C.0.39元/股　　　　D.0.40元/股

35 2×24年12月15日，甲公司与乙公司签订具有法律约束力的股权转让协议，将其持有子公司（丙公司）70%股权转让给乙公司。甲公司原持有丙公司90%股权，转让完成后，甲公司将失去对丙公司的控制，但能够对丙公司实施重大影响。截至2×24年12月31日，上述股权转让的交易尚未完成，假定甲公司就出售的对丙公司投资满足持有待售类别的条件。不考虑其他因素，下列各项关于甲公司2×24年12月31日合并资产负债表列报的表述中，正确的是（　　）。
A.将丙公司全部资产在持有待售资产项目列报，全部负债在持有待售负债项目列报
B.对丙公司全部资产和负债按其净额在持有待售资产或持有待售负债项目列报
C.将拟出售的丙公司70%股权部分对应的净资产在持有待售资产或持有待售负债项目列报，其余丙公司20%股权部分对应的净资产在其他流动资产或其他流动负债项目列报
D.将丙公司全部资产和负债按照其在丙公司资产负债表中的列报形式在各个资产和负债项目分别列报

36 2×24年9月10日，甲公司董事会会议决议：（1）拟出售其子公司（乙公司）60%的股权，剩余20%股权仍对乙公司具有重大影响；（2）因甲公司经营战略发生变化，甲公司拟出售其原作为主要经营业务的资产组（包括固定资产和无形资产）。2×24年10月10日，甲公司与丙公司、丁公司分别签订的转让资产协议约定，甲公司应于2×25年5月1日前办理完成转让乙公司60%股权过户登记手续，以及出售主要经营业务的资产组所涉及资产的所有权转让手续。不考虑其他因素，下列各项关于上述交易或事项在甲公司2×24年度财务报表列报的表述中，正确的是（　　）。

A.乙公司的资产总额和负债总额在合并资产负债表中分别在"持有待售资产"和"持有待售负债"项目列示

B.拟转让业务所涉及的所有资产在个别资产负债表中应按资产性质在"固定资产"和"无形资产"项目分别列示

C.拟转让业务所涉及的资产组的公允价值高于账面价值的差额在合并利润表的"公允价值变动收益"项目列示

D.在个别资产负债表中将拟出售乙公司60%股权在"持有待售资产"项目列示，剩余20%股权在"长期股权投资"项目列示

37 甲公司计划出售一项固定资产，该固定资产于2×24年6月30日被划分为持有待售资产，公允价值为320万元，预计出售费用为5万元。该固定资产购买于2×17年12月11日，原值为1 000万元，预计净残值为零，预计使用寿命为10年，采用年限平均法计提折旧，取得时已达到预定可使用状态。不考虑其他因素，2×24年6月30日，持有待售资产应予列报的金额是（　　）。

A.320万元　　　　B.315万元　　　　C.345万元　　　　D.350万元

38 2×24年1月1日，甲公司发生的事项如下：（1）因业务模式改变，将某项债券投资由摊余成本计量的金融资产重分类为以公允价值计量且其变动计入当期损益的金融资产；（2）因不再出租，将某块土地由以公允价值进行后续计量的投资性房地产转换为以成本计量的无形资产；（3）执行新的收入准则，收入确认时点的判断标准由以风险报酬转移变更为以控制权转移；（4）将低值易耗品的摊销方法由一次摊销法改为五五摊销法。下列各项中，甲公司应当作为会计政策变更进行会计处理的是（　　）。

A.低值易耗品摊销方法由一次摊销法改为五五摊销法

B.收入确认时点的判断标准由以风险报酬转移变更为以控制权转移

C.债券投资由以摊余成本计量的金融资产重分类为以公允价值计量且其变动计入当期损益的金融资产

D.以公允价值进行后续计量的投资性房地产转换为以成本计量的无形资产

39 2×24年2月14日,甲公司购置了一栋办公楼,预计使用寿命40年,为此,该公司2×24年4月30日发布公告称:经公司董事会审议通过《关于公司固定资产折旧年限会计估计变更的议案》。决定调整公司房屋建筑物的预计使用寿命,从原定的20~30年调整为20~40年。不考虑其他因素,下列关于甲公司对该公告所述折旧年限调整会计处理的表述中,正确的是(   )。

A.对房屋建筑物折旧年限的变更应当作为会计政策变更并进行追溯调整

B.对房屋建筑物折旧年限变更作为会计估计变更并应当从2×24年1月1日起开始未来适用

C.对因2×24年2月新购置办公楼折旧年限的确定导致对原有房屋建筑物折旧年限的变更应当作为重大会计差错进行追溯重述

D.对2×24年2月新购置的办公楼按照新的会计估计40年折旧不属于会计估计变更

40 甲公司2×23年度财务报告经批准于2×24年4月1日对外报出,下列各项关于甲公司发生的交易或事项中,需要调整2×23年度财务报表的是(   )。

A.2×24年3月1日,发行新股

B.2×24年3月15日,存货市场价格下跌

C.2×24年1月15日签订购买子公司的协议,2×24年3月28日完成股权过户登记手续,取得对子公司的控制权

D.2×24年3月21日,发现重要的前期差错

二、多项选择题

41 下列各项交易事项的会计处理中,体现实质重于形式原则的有(   )。

A.将企业未持有权益但能够控制的结构化主体纳入合并范围

B.将发行的附有强制付息义务的优先股确认为负债

C.将附有追索权的商业承兑汇票出售确认为质押贷款

D.将接受的非控股股东现金捐赠确认为资本公积

42 2×24年,甲公司发生的有关交易或事项如下:(1)甲公司持有乙公司60%的股权,其与丙公司签订合同,拟全部出售对乙公司的股权投资,截至2×24年末已办理完成股权过户登记手续,出售股权所得价款已收存银行;(2)甲公司发现应于2×23年确认为当年费用的某项支出未计入2×23年利润表,该费用占2×23年实现净利润的0.2%;(3)自甲公司设立以来,其对销售的商品一贯提供3年内的产品质量保证,但在与客户签订的合同或法律法规中并没有相应的条款;(4)因甲公司对丁公司提供的一批商品存在质量问题,丁公司向法院提起诉讼,向甲公司索赔500万元,截至2×24年12月31日法院仍未作出最终判决。不考虑其

他因素，下列各项关于上述交易或事项会计处理的表达中，正确的有（　　）。

A.甲公司销售商品提供3年内的产品质量保证属于一项推定义务

B.甲公司未在2×23年确认的费用因其不重要无需调整2×23年度的财务报表

C.乙公司虽被甲公司出售，但乙公司的财务报表仍应按持续经营假设对会计要素进行确认、计量和报告

D.甲公司未经法院最终判决的诉讼事项因资产负债表日未获得全部信息而无需进行会计处理，符合及时性要求

43　下列各项关于企业存货计量的表述中，正确的有（　　）。

A.生产设备发生的日常维修费用应计入存货成本

B.季节性停工期间生产车间发生的停工损失应计入存货成本

C.存货入库后发生的仓储费用应计入存货成本

D.在生产过程中发生的超定额废品损失应计入存货成本

44　下列各项关于企业确定存货可变现净值及存货跌价准备会计处理的表述中，正确的有（　　）。

A.在确定存货可变现净值时应考虑持有存货的目的

B.以资产负债表日取得最可靠的证据估计的售价作为确定可变现净值的基础

C.持有的存货数量小于相关销售合同中的订购数量，应以销售合同的价格作为可变现净值的计量基础

D.在确定存货可变现净值时，应考虑资产负债表日至财务报告批准报出日之间发生市场行情变化导致的存货价格波动

45　2×23年1月1日，甲公司从乙公司购入一项无形资产，由于资金周转紧张，甲公司与乙公司协议以分期付款方式支付款项。协议约定：该无形资产作价2 000万元，甲公司每年年末付款400万元，分5年付清。假定银行同期贷款利率为5%，5年期5%利率的年金现值系数为4.329 5。不考虑其他因素，下列甲公司与该无形资产相关的会计处理中，正确的有（　　）。

A.2×23年财务费用增加86.59万元

B.2×24年财务费用增加70.92万元

C.2×23年1月1日确认无形资产2 000万元

D.2×23年12月31日长期应付款账面价值为2 000万元

46 2×24年度，甲公司发生的有关交易或事项如下：（1）12月20日，新产品研发达到预定用途，当年发生研发支出1 500万元，其中，研究支出500万元，资本化的开发支出1 000万元；（2）为熟练使用新软件系统而支付培训费用100万元；（3）发生新产品宣传推广费用150万元；（4）申请新产品专利发生支出300万元。不考虑相关税费及其他因素，下列各项关于甲公司发生的费用或支出中，应直接计入当期损益的有（　　）。
A.发生的100万元培训费用
B.发生的300万元申请新产品专利支出
C.发生的150万元新产品宣传推广费用
D.发生的500万元研究支出

47 甲公司以公允价值对投资性房地产进行后续计量。甲公司2×24年度与投资性房地产有关的交易或事项如下：（1）出租厂房2×24年末的公允价值为1 650万元，该厂房上年年末的账面价值为1 700万元；（2）2×24年1月1日，将原拟自用的商品房改为出租，转换日的公允价值小于其账面价值80万元；（3）2×24年1月1日，将原自用乙办公楼改为出租，转换日的公允价值大于账面价值600万元；（4）收到出租丙办公楼2×24年4月至12月的租金540万元。按照租赁协议的约定，丙办公楼的租赁期自2×24年1月1日起至2×24年12月31日止，2×24年1月至3月免收租金。不考虑其他因素，下列各项关于甲公司与投资性房地产相关会计处理的表述中，正确的有（　　）。
A.拟自用改为出租的商品房转换日的公允价值小于其账面价值的差额80万元计入当期损益
B.自用改为出租的乙办公楼转换日的公允价值大于账面价值600万元计入其他综合收益
C.2×24年末出租厂房按1 700万元计量
D.出租丙办公楼2×24年度每月确认租金收入45万元

48 下列各项关于增值税会计处理的表述中，正确的有（　　）。
A.小规模纳税人将自产的产品分配给股东、视同销售货物计算缴纳的增值税计入销售成本
B.一般纳税人当期直接减免的增值税，应计入其他收益
C.一般纳税人月终计算出当月应交或未交的增值税，通过"应交税费——未交增值税"科目核算
D.小规模纳税人采用简易计税方法核算应缴纳的增值税，通过"应交税费——简易计税"科目核算

49 2×24年，甲公司发生的有关交易或事项如下：（1）甲公司以其生产的产品作为奖品，奖励给20名当年度被评为优秀的生产工人，上述产品的销售价格总额为500万元，销售成本为420万元；（2）根据甲公司确定的利润分享计划，以当年实现的利润总额为基础，计算的应支付给管理人员利润分享金额为280万元；（3）甲公司于当年起对150名管理人员实施累积带薪年休假制度，每名管理人员每年可享受7个工作日的带薪年休假，未使用的年休假只能

向后结转一个日历年度，超过1年未使用的权利作废，也不能得到任何现金补偿。2×24年，有10名管理人员每人未使用带薪年休假2天，预计2×25年该10名管理人员将每人休假9天。甲公司平均每名管理人员每个工作日的工资为300元。不考虑相关税费及其他因素，下列各项关于甲公司上述职工薪酬会计处理的表述中，正确的有（　　）。
A.将自产的产品作为奖品发放应按500万元确认应付职工薪酬
B.根据利润分享计划计算的2×24年应支付给管理人员的280万元款项应作为利润分配处理
C.2×24年应从工资费用中扣除已享受带薪年休假权利的140名管理人员的工资费用29.4万元
D.2×24年应确认10名管理人员未使用带薪年休假费用0.6万元并计入管理费用

50　下列各项关于职工薪酬会计处理的表述中，错误的有（　　）。
A.将短期租赁的汽车无偿提供高级管理人员使用的，按照每期应付的租金计量应付职工薪酬
B.以本企业生产的产品作为福利提供给职工的，按照该产品的成本和相关税费计量应付职工薪酬
C.重新计量设定受益计划净负债或净资产而产生的变动计入其他综合收益
D.因辞退福利而确认的应付职工薪酬，按照辞退职工提供服务的对象计入相关资产的成本

51　甲公司2×24年度因相关交易或事项产生以下其他综合收益：（1）以公允价值计量且其变动计入其他综合收益的债务工具投资因公允价值变动形成其他综合收益3 200万元；（2）按照应享有联营企业重新计量设定受益计划净负债变动的份额应确认其他综合收益500万元；（3）对子公司的外币报表进行折算产生的其他综合收益1 400万元；（4）指定为以公允价值计量且其变动计入当期损益的金融负债因企业自身信用风险的变动形成其他综合收益360万元。不考虑其他因素，上述其他综合收益在相关资产处置或负债终止确认时不应重分类计入当期损益的有（　　）。
A.对子公司的外币财务报表进行折算产生的其他综合收益
B.按照应享有联营企业重新计量设定受益计划净负债变动的份额应确认其他综合收益
C.指定为以公允价值计量且其变动计入当期损益的金融负债因企业自身信用风险的变动形成的其他综合收益
D.以公允价值计量且其变动计入其他综合收益的债务工具投资因公允价值变动形成的其他综合收益

52　下列各项中，在合并资产负债表中应当计入资本公积的有（　　）。
A.同一控制下企业合并中支付的合并对价账面价值小于取得净资产账面价值的差额
B.存货转换为采用公允价值模式计量的投资性房地产时转换日公允价值大于账面价值的差额
C.母公司在不丧失控制权的情况下部分处置对子公司的长期股权投资，处置价款大于处置长

期股权投资相对应享有子公司自购买日开始持续计算净资产份额的差额

D.因联营企业接受新股东的资本投入，投资方仍采用权益法核算时应享有联营企业净资产份额发生变动的部分

第10记　知识链接

53　甲公司相关固定资产和无形资产减值的会计处理如下：（1）对于尚未达到预定可使用状态的无形资产，在每年年末进行减值测试；（2）如果连续3年减值测试的结果表明，固定资产的可收回金额超过其账面价值的20%，且报告期间未发生不利情况，资产负债表日无需重新估计该资产的可收回金额；（3）如果固定资产的公允价值减去处置费用后的净额与该资产预计未来现金流量的现值中，有一项超过了该资产的账面价值，不需再估计另一项金额；（4）如果固定资产的公允价值减去处置费用后的净额无法可靠估计，以该资产预计未来现金流量的现值作为其可收回金额。不考虑其他因素，下列各项关于甲公司固定资产和无形资产减值的会计处理中，正确的有（　　）。

A.连续3年固定资产可收回金额超过其账面价值20%时的处理

B.固定资产的公允价值减去处置费用后的净额无法可靠估计时的处理

C.固定资产的公允价值减去处置费用后的净额与该资产预计未来现金流量的现值中有一项超过该资产账面价值时的处理

D.未达到预定可使用状态的无形资产减值测试的处理

第11记　知识链接

54　2×23年末，甲公司某项资产组（均为非金融长期资产）存在减值迹象，经减值测试，预计资产组的未来现金流量现值为4 000万元、公允价值减去处置费用后的净额为4 100万元；该资产组资产的账面价值为5 500万元，其中商誉的账面价值为300万元。2×24年末，该资产组的账面价值为3 800万元，预计未来现金流量现值为5 600万元、公允价值减去处置费用后的净额为5 000万元。该资产组2×23年前未计提减值准备。不考虑其他因素。下列各项关于甲公司对该资产组减值会计处理的表述中，正确的有（　　）。

A.2×24年末资产组的账面价值为3 800万元

B.2×23年末应计提资产组减值准备1 500万元

C.2×23年末应对资产组包含的商誉计提300万元的减值准备

D.2×24年末资产组中商誉的账面价值为0

第11记　知识链接

55　甲公司发生的外币交易及相应的会计处理如下：（1）为建造固定资产借入外币专门借款资本化期间将该外币专门借款的利息和汇兑损益计入在建工程成本；（2）自境外市场购入的存货，期末按外币可变现净值与即期汇率计算的结果确定其可变现净值，并以此为基础计提存货跌价准备；（3）以外币计价的交易性金融资产，期末按外币市价与即期汇率计算的结果确定其公允价值，并以此为基础计算确认公允价值变动损益；（4）收到投资者投入的外

币资本，按照交易日即期汇率折算实收资本。不考虑其他因素，甲公司对上述外币交易进行的会计处理中正确的有（　　）。

A.以外币计价的存货跌价准备的计提

B.外币专门借款利息及汇兑损益的处理

C.以外币计价的交易性金融资产公允价值变动损益的确认

D.股东作为出资投入的外币资本的折算

56. 下列各项金融资产或金融负债中，因汇率变动导致的汇兑差额不影响当期财务费用的有（　　）。

A.外币应收账款
B.外币债券投资产生的应收利息
C.外币衍生金融负债
D.已指定的外币非交易性权益工具投资

57. 在母公司含有实质上构成对子公司（境外经营）净投资的外币长期应收款项目的情况下，不考虑其他因素，下列各项关于母公司合并财务报表有关外币报表折算会计处理的表述中，正确的有（　　）。

A.外币货币性项目以母公司记账本位币反映的，在抵销母子公司长期应收应付项目的同时，应将产生的汇兑差额在其他综合收益项目列示

B.外币货币性项目以母公司或子公司以外的货币反映的，在抵销母子公司长期应收应付项目的同时，应将产生的汇兑差额在财务费用项目列示

C.归属于少数股东的外币报表折算差额应在少数股东权益项目列示

D.外币货币性项目以子公司记账本位币反映的，在抵销母子公司长期应收应付项目的同时，应将产生的汇兑差额在财务费用项目列示

58. 下列各项中，在对境外经营财务报表进行折算时选用的有关汇率，符合会计准则规定的有（　　）。

A.股本采用股东出资日的即期汇率折算

B.以公允价值计量且其变动计入其他综合收益的金融资产采用资产负债表日即期汇率折算

C.未分配利润项目采用报告期平均汇率折算

D.当期提取的盈余公积采用当期平均汇率折算

59. 2×24年度，甲公司发生的有关交易或事项如下：（1）以库存原材料偿付所欠乙公司账款的70%，其余应付账款以银行存款支付；（2）以对子公司（丙公司）的股权投资换取对丁公司40%股权（能够对丁公司施加重大影响），并收到补价，收到的补价占换出丙公司股权公

允价值的15%；（3）租入一台设备，签发银行承兑汇票用于支付设备租赁费；（4）向戊公司发行自身普通股，取得戊公司对乙公司60%的股权。上述交易或事项均发生于非关联方之间。下列各项关于甲公司发生的上述交易或事项中，不适用非货币性资产交换准则进行会计处理的有（　　）。

A.以库存原材料和银行存款偿付所欠乙公司款项
B.以丙公司股权换取丁公司股权并收到补价
C.签发银行承兑汇票支付设备租赁费
D.发行自身普通股取得乙公司60%股权

60　2×24年，甲公司发生的有关交易或事项如下：（1）甲公司与丙公司签订的资产交换协议约定，甲公司以其拥有50年使用权的一宗土地换取丙公司持有的乙公司40%的股权，交换后能够对乙公司施加重大影响；（2）丙公司以发行自身普通股换取甲公司一条生产线。假定上述资产交换具有商业实质，换出资产与换入资产的公允价值均能可靠计量。不考虑相关税费及其他因素，下列各项与上述交易或事项相关会计处理的表述中，正确的有（　　）。

A.甲公司换出土地公允价值与其账面价值的差额应确认为资产处置损益
B.丙公司以发行自身普通股换取甲公司一条生产线应按非货币性资产交换原则进行会计处理
C.甲公司以土地换取对乙公司40%股权应按非货币性资产交换原则进行会计处理
D.丙公司应按照换出股权的公允价值计量换入土地的成本

61　甲公司销售乙公司商品产生应收账款1 200万元，因乙公司资金周转困难，已逾期1年以上，尚未支付，甲公司就该债权计提坏账准备为240万元。2×24年10月12日，双方经协商达成以下协议，乙公司以其生产的100件丙产品和一项应收银行承兑汇票偿还所欠甲公司货款，乙公司用以偿债的丙产品单位成本为5万元，市场价格（不含增值税）为8万元，银行承兑汇票票面金额为120万元（与公允价值相同）。当日，甲公司收到乙公司的100件丙产品及银行承兑汇票，乙公司向甲公司开具了增值税专用发票，双方债权债务结清，甲公司收到商品作为库存商品核算，收到银行承兑汇票作为以摊余成本计量的金融资产核算。当日，甲公司该笔应收债权的公允价值为1 024万元。甲、乙公司均为增值税一般纳税人，适用增值税税率均为13%，不考虑其他因素，下列关于甲公司该项交易的会计处理处理表述中，正确的有（　　）。

A.确认债务重组损失200万元　　　　B.确认应收票据入账价值120万元
C.确认增值税进项税额104万元　　　D.确认丙产品入账价值800万元

62　下列各项关于或有事项的说法中，错误的有（　　）。
A.企业无需将已经确认为负债的或有事项的账面价值进行复核
B.或有事项的潜在义务应当按照最可能发生的金额确认为负债

C.或有事项符合确认条件,确认为资产或者负债的,应当按照净额列入资产负债表

D.或有事项确认为负债的,按照最佳估计数的金额计量

63 不考虑其他因素,下列各项关于或有事项会计处理的表述中,正确的有(　　)。

A.基于谨慎性原则将具有不确定性的潜在义务确认为负债

B.或有资产在预期可能给企业带来经济利益时确认为资产

C.在确定最佳估计数计量预计负债时,考虑与或有事项有关的风险、不确定性、货币时间价值和未来事项

D.待执行合同变为亏损合同的,应作为或有事项,并按照退出合同的最低净成本计量预计负债

64 甲公司2×24年发生的有关交易或事项如下:(1)2×24年1月1日,甲公司为乙公司的一笔银行贷款提供全额担保,并从乙公司取得一批质押物。由于乙公司未按期还款,银行向法院提起诉讼。2×24年12月31日,法院判决甲公司承担全额担保责任1 500万元;当日,质押物的公允价值为1 800万元。(2)计提2×24年度产品质量保证金10万元。(3)2×24年12月,甲公司董事会决定关闭一个分公司,但尚未对外公布也未采取任何实质性措施,甲公司预计关闭该分公司将发生相关支出800万元。不考虑其他因素,甲公司2×24年度对上述交易或事项会计处理的表述中,正确的有(　　)。

A.就担保事项,确认负债1 500万元

B.就关闭分公司事项,确认负债800万元

C.就担保事项,确认资产1 800万元

D.就产品质量保证金,确认主营业务成本10万元

65 2×24年10月,法院批准了甲公司的重整计划。截至2×25年4月10日,甲公司已经清偿了所有应以现金清偿的债务;应清偿给债权人的3 500万股股票已经过户到相应的债权人名下,预留给尚未登记债权人的股票也过户到管理人指定的账户。甲公司认为,有关重整事项已经基本执行完毕,很可能得到法院对该重整协议履行完毕的裁决,预计重整收益1 500万元。甲公司于2×25年4月20日经董事会批准对外报出2×24年财务报告。不考虑其他因素,下列关于甲公司有关重整的会计处理中,正确的有(　　)。

A.按持续经营假设编制重整期间的财务报表

B.在2×24年财务报表附注中披露重整事项的有关情况

C.在2×24年财务报表中确认1 500万元的重整收益

D.在重整协议相关重大不确定性消除时确认1 500万元的重整收益

66. 下列各组资产和负债中，在资产负债表上以净额列示的有（　　）。
   A.同一合同下的合同资产和合同负债
   B.与交易方明确约定定期以净额结算的应收款项和应付款项
   C.因或有事项需承担的义务和基本确定可获得的第三方赔偿
   D.基础风险相同但涉及不同交易对手的远期合同中的金融资产和金融负债

67. 2×22年末，甲公司与财务报表列报相关的事项如下：（1）购买的国债将于2×23年5月到期；（2）乙公司定制的产品尚在加工中，预计将于2×24年10月完工并交付乙公司；（3）甲公司发行的公司债券将于2×23年11月到期兑付；（4）向银行借入的款项将于2×23年6月到期，但甲公司可以自主地将清偿义务展期至2×25年6月，甲公司预计将展期两年清偿该债务。不考虑其他因素，下列各项关于甲公司上述事项于2×22年末资产负债表列报的表述中，正确的有（　　）。
   A.为乙公司加工的定制产品作为流动资产列报
   B.甲公司可自主展期的银行借款作为流动负债列报
   C.甲公司持有的于2×23年5月到期的国债作为流动资产列报
   D.甲公司发行的将于2×23年11月到期兑付的债券作为流动负债列报

68. 下列交易或事项中，相关会计处理将影响发生当年净利润的有（　　）。
   A.设定受益计划净负债产生的保险精算收益
   B.自用办公楼改为采用公允价值模式进行后续计量的投资性房地产时，公允价值小于账面价值的差额
   C.其他投资方单方增资导致应享有联营企业净资产份额的变动
   D.利润分享计划，基于当年实现利润计算确定应支付给管理人员的利润分享款

69. 下列各项关于财务报表列报的表述中，正确的有（　　）。
   A.收到的扣缴个人所得税手续费在利润表"其他收益"项目列报
   B.出售子公司产生的利得或损失在利润表"资产处置收益"项目列报
   C.支付短期租赁的租赁保证金应计入筹资活动现金流出
   D.收到与资产相关的政府补助在现金流量表中作为经营活动产生的现金流量列报

70. 2×22年1月1日，甲公司与乙公司签订的商铺租赁合同约定，甲公司从乙公司租入一间商铺，租赁期为2年，每月固定租金2万元，在此基础上再按照当月商铺销售额的5%支付变动租金。2×22年度，甲公司支付乙公司31万元，其中租赁保证金2万元，固定租金24万元，基

于销售额计算的变动租金5万元。不考虑其他因素，下列各项关于甲公司2×22年度支付的租金在现金流量表列示的表述中，正确的有（   ）。

A.支付的固定租金24万元应当作为筹资活动现金流出

B.支付的租赁保证金2万元应当作为经营活动现金流出

C.支付的31万元应当作为经营活动现金流出

D.支付的基于销售额计算的变动租金5万元应当作为经营活动现金流出

71 在编制现金流量表时，下列现金流量中属于经营活动现金流量的有（   ）。

A.当期缴纳所得税

B.收到活期存款利息

C.发行债券过程中支付的交易费用

D.支付的基于股份支付方案给予高管人员的现金增值额

72 乙公司为甲公司的联营企业，丙公司为乙公司的全资子公司，丁公司为甲公司的母公司（戊公司）的联营企业。不考虑其他因素，下列各项构成甲公司关联方的有（   ）。

A.乙公司   B.丙公司   C.丁公司   D.戊公司

73 下列各项关于中期财务报告编制的表述中，正确的有（   ）。

A.编制中期财务报告时的重要性应当以至中期末财务数据为依据，在估计年度财务数据的基础上确定

B.中期财务报告编制时采用的会计政策、会计估计应当与年度报告相同

C.对于会计年度中不均衡发生的费用，在报告中期如尚未发生，应当基于年度水平预计中期金额后确认

D.报告中期处置了合并报表范围内子公司的，中期财务报告中应当包括被处置子公司当期期初至处置日的相关信息

74 下列各项情形中，根据企业会计准则的规定应当重述比较期间每股收益的有（   ）。

A.报告年度发放股票股利

B.报告年度因发生同一控制下企业合并发行普通股

C.报告年度资产负债表日后事项期间以盈余公积转增股本

D.报告年度因前期差错对比较期间损益进行追溯重述

75 甲公司2×24年财务报告于2×25年3月20日批准对外报出,其于2×25年发生的下列交易事项中,应作为2×24年资产负债表日后调整事项处理的有(   )。

A.2月25日发布重大资产重组公告,发行股份收购一家下游企业100%股权

B.3月18日,甲公司的子公司发布2×24年经审计的利润,根据购买该子公司协议约定,甲公司在原预计或有对价基础上向出售方多支付1 600万元

C.1月20日,收到客户退回的部分商品,该商品于2×24年9月确认销售收入

D.3月10日,2×24年被提起诉讼的案件结案,法院判决甲公司赔偿金额与原预计金额相差1 200万元

76 下列各项资产负债表日至财务报表批准报出日之间发生的事项中,不应作为调整事项调整资产负债表日所属年度财务报表相关项目的有(   )。

A.在报告期资产负债表日已经存在的债务,在其资产负债表日后期间与债权人达成的债务重组交易

B.发生同一控制下企业合并

C.拟出售固定资产在资产负债表日后事项期间满足划分为持有待售类别的条件

D.发现报告年度财务报表存在重要差错

第二模块　突破提升50分

一、单项选择题

77 甲公司适用的企业所得税税率为25%，2×24年6月30日，甲公司以3 000万元（不含增值税）的价格购入一套环境保护专用设备，并于当月投入使用。按照企业所得税法的相关规定，甲公司对上述环境保护专用设备投资额的10%可以在当年应纳税额中抵免，当年不足抵免的，可以在以后5个纳税年度中抵免。2×24年度，甲公司实现利润总额1 000万元。假定甲公司未来5年很可能获得足够的应纳税所得额用来抵扣可抵扣亏损和税款抵减。不考虑其他因素，甲公司2×24年度利润表中应当列报的所得税费用金额是（　　）。
A.0　　　　　B.175万元　　　　　C.250万元　　　　　D.-50万元

第41记　知识链接

78 在未来期间能够产生足够的应纳税所得额用以抵减可抵扣暂时性差异，不考虑其他因素的情况下，下列各项交易或事项涉及所得税会计处理的表述中，正确的是（　　）。
A.企业发行可转换公司债券，初始入账金额与计税基础之间的差异应确认递延所得税并计入当期损益
B.内部研发形成的无形资产，初始入账金额与计税基础之间的差异应确认递延所得税并计入当期损益
C.股份支付产生的暂时性差异，如果预计未来期间可抵扣的金额超过等待期内确认的成本费用，超出部分形成的递延所得税应计入所有者权益
D.以公允价值计量且其变动计入其他综合收益的非交易性权益工具投资的公允价值变动产生的暂时性差异应确认递延所得税并计入留存收益

第38记　知识链接

79 下列各项中，应当作为以现金结算的股份支付进行会计处理的是（　　）。
A.以低于市价向员工出售限制性股票的计划
B.授予高管人员低于市价购买公司股票的期权计划
C.公司承诺达到业绩条件时向员工无对价定向发行股票的计划
D.授予研发人员以预期股价相对于基准日股价的上涨幅度为基础支付奖励款的计划

第42记　知识链接

80 2×24年1月1日，经股东大会批准，甲公司向50名高管人员每人授予1万份股票期权。根据股份支付协议规定，这些高管人员自2×24年1月1日起在甲公司连续服务3年，即可以每股

5元的价格购买1万股甲公司普通股。2×24年1月1日，每份股票期权的公允价值为15元。2×24年没有高管人员离开公司，甲公司预计在未来两年内将有5名高管离开公司。2×24年12月31日，甲公司授予高管的股票期权每份公允价值为13元。甲公司因该股份支付协议在2×24年应确认的费用金额是（　　）。

A.195万元　　　　B.216.67万元　　　　C.225万元　　　　D.250万元

81　2×24年3月，甲公司经董事会决议将闲置资金2 000万元用于购买银行理财产品，理财产品协议规定，该产品规模15亿元，为非保本浮动收益理财产品，预期年化收益率为4.5%。资金主要投向为银行间市场及交易所债券，产品期限364天，银行将按月向投资者公布理财计划涉及资产的市场情况，到期资产价值扣除银行按照资产初始规模的1.5%计算的手续费后全部分配给投资者，在产品设立以后，不存在活跃市场，不允许提前赎回且到期前不得转让，不考虑其他因素，甲公司对持有的该银行理财产品，会计处理正确的是（　　）。

A.作为以公允价值计量且其变动计入当期损益的金融资产，公允价值变动计入损益

B.作为以摊余成本计量的金融资产，按照同类资产的平均市场利率作为实际利率确认利息收入

C.作为以摊余成本计量的金融资产，按照预期收益率确认利息收入

D.作为以公允价值计量且其变动计入其他综合收益的金融资产，持有期间公允价值变动计入其他综合收益

82　2×24年1月1日，甲公司购入乙公司当日发行的4年期分期付息（于次年年初支付上年度利息）、到期还本债券，面值为1 000万元，票面年利率为5%，实际支付价款为1 050万元，另发生交易费用2万元。甲公司将该债券分类为以摊余成本计量的金融资产，每年年末确认投资收益，2×24年12月31日确认投资收益35万元。2×24年12月31日，甲公司该债券的账面余额为（　　）。

A.1 035万元　　　　B.1 037万元　　　　C.1 065万元　　　　D.1 067万元

83　2×24年3月20日，甲公司将所持账面价值为7 800万元的5年期国债以8 000万元的价格出售给乙公司。按照出售协议的约定，甲公司出售该国债后，与该国债相关的损失或收益均归乙公司承担或享有。该国债出售前，甲公司将其分类为以公允价值计量且其变动计入其他综合收益的金融资产。不考虑其他因素，下列各项关于甲公司出售国债会计处理的表述中，不正确的是（　　）。

A.将出售国债取得的价款确认为负债

B.出售国债取得的价款与其账面价值的差额计入当期损益

C.国债持有期间因公允价值变动计入其他综合收益的金额转入当期损益
D.终止确认所持国债的账面价值

84 2×24年6月2日,甲公司自二级市场购入乙公司股票1 000万股,支付价款8 000万元,另支付佣金等费用16万元。甲公司将购入上述乙公司股票指定为以公允价值计量且其变动计入其他综合收益的金融资产。2×24年12月31日,乙公司股票的市场价格为10元/股。2×25年8月20日,甲公司将所持乙公司股票全部出售,收取价款10 967万元并存入银行。不考虑其他因素,甲公司出售乙公司股票应确认的留存收益金额为(   )。
A.967万元　　　　B.2 951万元　　　　C.2 967万元　　　　D.3 000万元

85 2×23年2月5日,甲公司以7元/股的价格购入乙公司股票100万股,支付手续费1.4万元。甲公司根据管理金融资产的业务模式和合同现金流量特征将其分类为以公允价值计量且其变动计入当期损益的金融资产。2×23年12月31日,乙公司股票价格为9元/股。2×24年2月20日,乙公司分派现金股利,甲公司获得现金股利8万元;2×24年3月20日,甲公司以11.6元/股的价格将其持有的乙公司股票全部出售。不考虑其他因素,甲公司因持有乙公司股票在2×24年确认的投资收益是(   )。
A.268万元　　　　B.260万元　　　　C.468万元　　　　D.460万元

86 按照企业会计准则的规定,确定企业金融资产预期信用损失的方法是(   )。
A.金融资产的预计未来现金流量与其账面价值之间的差额
B.应收取金融资产的合同现金流量与预期收取的现金流量之间差额的现值
C.金融资产的公允价值减去处置费用后的净额与其账面价值之间的差额的现值
D.金融资产的公允价值与其账面价值之间的差额

87 2×24年10月12日,甲公司与A公司、B公司共同出资设立丁公司。根据出资合同和丁公司章程的约定,甲公司、A公司、B公司分别持有丁公司55%、25%、20%的表决权资本;丁公司设股东会,相关活动的决策需要60%以上表决权通过才可作出,丁公司不设董事会,仅设一名执行董事,同时兼任总经理,由职业经理人担任,其职责是执行股东会决议,主持经营管理工作。不考虑其他因素,对甲公司而言,丁公司是(   )。
A.子公司　　　　B.联营企业　　　　C.合营企业　　　　D.共同经营

88. 甲公司2×24年发生的投资事项包括：（1）以300万元购买乙公司30%的股权，发生相关交易费用5万元，投资日乙公司净资产公允价值为800万元，甲公司对乙公司能够施加重大影响；（2）通过发行甲公司股份的方式购买丙公司20%的股权，与发行股份相关的交易费用为8万元，投资日甲公司发行的股份的公允价值为450万元，丙公司净资产公允价值为1 500万元，甲公司对丙公司能够施加重大影响；（3）同一控制下企业合并购买丁公司80%的股权，支付购买价款800万元，发生交易费用10万元，合并日丁公司在最终控制方合并报表中可辨认净资产账面价值为600万元，个别报表中可辨认净资产账面价值为800万元；（4）非同一控制下企业合并购买戊公司60%的股权，支付购买价款1 000万元，发生相关交易费用20万元，购买日戊公司可辨认净资产公允价值为1 450万元。下列各项关于甲公司上述长期股权投资相关会计处理的表述中，正确的是（　　）。

    A.对乙公司长期股权投资的初始投资成本为300万元
    B.对丙公司长期股权投资的初始投资成本为458万元
    C.对丁公司长期股权投资的初始投资成本为800万元
    D.对戊公司长期股权投资的初始投资成本为1 000万元

89. 2×24年1月1日，甲公司支付价款4 000万元取得A公司30%的股权，从而能够对A公司施加重大影响。当日A公司可辨认净资产账面价值为9 000万元，公允价值为10 000万元。形成差异的原因包括两项：（1）一台管理用固定资产账面价值为500万元，公允价值为800万元，剩余使用年限5年，预计净残值为零，采用年限平均法计提折旧；（2）一批存货账面价值为1 000万元，公允价值为1 700万元。2×24年A公司实现净利润2 000万元，上述存货已对外出售40%，不考虑其他因素，2×24年12月31日，甲公司长期股权投资的账面价值是（　　）。

    A.4 516万元　　　　B.4 600万元　　　　C.4 582万元　　　　D.4 498万元

90. 甲公司持有乙公司30%的股权，能够对乙公司施加重大影响。2×24年度乙公司实现净利润8 000万元，当年6月20日，甲公司将成本为600万元的商品以1 000万元的价格出售给乙公司，乙公司将其作为管理用固定资产并于当月投入使用，预计使用10年，净残值为零，采用年限平均法计提折旧。不考虑其他因素，甲公司在其2×24年度的个别财务报表中应确认对乙公司投资收益金额为（　　）。

    A.2 100万元　　　　B.2 280万元　　　　C.2 286万元　　　　D.2 400万元

91. 2×23年1月1日，甲公司以1 500万元的价格购入乙公司30%股权，能对乙公司施加重大影响。当日，乙公司可辨认净资产的公允价值为4 800万元，与其账面价值相同。2×23年度，乙公司实现净利润800万元，其他综合收益增加300万元；乙公司从甲公司购入某产品并形成年末存货900万元（未发生减值），甲公司销售该产品的毛利率为25%。2×24年度，乙公司分派现金股利400万元，实现净利润1 000万元，上年度从甲公司购入的900万元产品全部对外销售。甲公司投资乙公司前，双方不存在关联方关系。不考虑税费及其他因素，2×24年末，甲公司对乙公司股权投资的账面价值为（　　）。

A.1 942.50万元　　　B.2 010.00万元　　　C.2 062.50万元　　　D.2 077.50万元

92. 2×23年1月1日，甲公司从集团外部取得丙公司60%股权，实际支付购买价款5 200万元，购买日丙公司可辨认净资产账面价值（与公允价值相等）为6 000万元。2×23年度丙公司实现净利润2 000万元（未与集团内部企业发生内部交易）。2×24年1月1日，甲公司集团内部的乙公司以银行存款5 000万元自甲公司取得其持有丙公司60%的股权。合并日乙公司资本公积（资本溢价）200万元，盈余公积500万元。不考虑其他因素，乙公司取得丙公司60%股权的入账金额是（　　）。

A.4 800万元　　　B.5 200万元　　　C.6 400万元　　　D.6 000万元

93. 2×24年2月1日，甲公司持有乙公司10%的有表决权股份，甲公司根据管理金融资产的业务模式，将其作为交易性金融资产核算，其账面余额为1 800万元。2×24年5月31日交易性金融资产的账面余额为2 000万元。2×24年6月15日，甲公司向乙公司原股东定向增发普通股股票方式取得乙公司50%的股权，甲公司增发普通股1 000万股（占甲公司总股本的1%），每股面值1元，每股发行价格8元。增持后，甲公司能够控制乙公司。甲公司以银行存款支付评估费200万元和券商发行费300万元，上述股权变更手续于2×24年6月30日前全部办理完毕。甲公司、乙公司以及乙公司原控股股东之间在交易前不存在任何关联方关系。不考虑其他因素，上述交易对甲公司2×24年6月损益的影响金额是（　　）。

A.400万元　　　B.200万元　　　C.600万元　　　D.900万元

94. 2×22年1月1日，甲公司支付800万元取得乙公司100%的股权。购买日乙公司可辨认净资产的公允价值为600万元。2×22年1月1日至2×23年12月31日期间，乙公司以购买日可辨认净资产公允价值为基础计算实现的净利润为50万元（未分派现金股利），持有其他权益工具投资的公允价值上升20万元。除上述外，乙公司无其他影响所有者权益变动的事项。2×24年1月1日，甲公司转让所持有乙公司70%的股权，取得转让款项700万元；甲公司持有乙公司剩余30%股权的公允价值为300万元。转让后，甲公司能够对乙公司施加重大影响。不考虑其他因素，甲公司因转让乙公司70%股权在2×24年度个别财务报表中应确认的投资收益是（　　）。

A.91万元　　　B.111万元　　　C.140万元　　　D.160万元

95 2×24年12月31日，甲公司与乙公司设立丙公司，丙公司注册资本为1 000万元。甲公司用账面价值700万元、公允价值1 000万元的房屋对丙公司出资，占丙公司股权的80%；乙公司以现金250万元对丙公司出资，占丙公司股权的20%。甲公司控制丙公司。不考虑其他因素，2×24年12月31日，甲公司下列各项会计处理的表述中，正确的是（　　）。
A.合并财务报表中，房屋的账面价值为1 000万元
B.合并财务报表中，少数股东权益为250万元
C.个别财务报表中，不应确认资产处置损益300万
D.个别财务报表中，确认对丙公司的长期股权投资800万元

第62记　知识链接

96 2×24年4月10日，甲公司与乙公司签订购销合同，根据合同约定，甲公司在2×24年6月30日前陆续将1 000件A商品交付乙公司，每件售价为12万元。截至2×24年6月10日甲公司已向乙公司交付A商品500件。2×24年6月10日，甲、乙公司变更原合同，增加交付A商品200件，每件售价9万元，当日，A商品市场单独售价为11万元，A商品属于可明确区分商品。不考虑相关税费等因素，下列各项说法中符合企业会计准则的是（　　）。
A.应将追加的200件A商品单独确认收入
B.应将追加的200件A商品与原1 000件A商品合并确认收入
C.应将追加的200件A商品与原未履行的500件A商品合并确认收入
D.应将追加的200件A商品与原1 000件A商品合并确认收入，并对以前确认的收入进行追溯调整

第68记　知识链接

97 甲公司与乙公司协商，甲公司以其生产的商品换入乙公司的一项专利技术，交换日，甲公司换出商品的成本为560万元，公允价值为819万元。当日双方办妥了专利技术所有权转让手续。经评估确认，该专项技术的公允价值为900万元，甲公司另以银行存款支付乙公司81万元，该项交换具有商业实质。不考虑增值税等其他因素，甲公司换入专利技术的入账价值是（　　）。
A.900万元　　　　B.641万元　　　　C.560万元　　　　D.819万元

第70记　知识链接

98 2×24年2月16日，甲公司以500万元的价格向乙公司销售一台设备。双方约定，1年以后甲公司有义务以600万元的价格从乙公司处回购该设备。对于上述交易，不考虑增值税及其他因素，甲公司正确的会计处理方法是（　　）。
A.作为融资交易进行会计处理
B.作为租赁交易进行会计处理
C.作为附有销售退回条款的销售交易进行会计处理
D.分别作为销售和购买进行会计处理

第79记　知识链接

99. 2×23年1月1日承租人甲公司与出租人乙公司订立5年期的仓库租赁合同，租赁期开始日为2×24年1月1日，甲公司有5年的续租选择权，但是租赁期开始日不能合理确定将会行使该选择权，2×27年1月1日，乙公司在通知甲公司的情况下，可以于2×27年3月31日后解除与甲公司的合同，且无需向甲公司支付违约金。甲公司没有提前终止租期的选择权。不考虑其他因素，租赁开始时合同的租赁期为（ ）。

   A.4年3个月　　　　　B.4年　　　　　C.5年　　　　　D.10年

100. 不考虑其他因素，下列各项关于出租人会计处理的表述中，正确的是（ ）。

   A.融资租赁下，可变租赁付款额在租赁期开始日预计并确认为收入

   B.经营租赁下，出租人发生的与经营租赁有关的初始直接费用应计入当期损益

   C.融资租赁下，出租人应当按照直线法计算并确认租赁期内各个期间的利息收入

   D.经营租赁下，出租人提供免租期的，出租人应将租金总额在不扣除免租期的整个租赁期内，按直线法或其他合理的方法进行分配，免租期内应确认租金收入

101. 甲公司将一闲置机器设备以经营租赁方式租给乙公司使用。租赁合同约定，租赁期开始日为2×24年7月1日，租赁期为4年，年租金为240万元，租金每年7月1日支付。租赁期开始日起的前3个月免收租金。2×24年7月1日，甲公司收到乙公司支付的扣除免租期后的租金180万元。不考虑其他因素，甲公司2×24年应确认的租金收入是（ ）。

   A.225万元　　　　　B.180万元　　　　　C.112.5万元　　　　　D.120.5万元

二、多项选择题

102. 2×23年11月20日，甲公司以5 100万元购入一台大型机械设备，经安装调试后，于2×23年12月31日投入使用。该设备的设计年限为25年，甲公司预计使用20年，预计净残值100万元，按双倍余额递减法计提折旧。企业所得税法允许该设备按20年、预计净残值100万元、以年限平均法计提的折旧可在计算应纳税所得额时扣除。甲公司2×24年实现利润总额3 000万元，适用的企业所得税税率为25%，甲公司预计未来期间能够产生足够的应纳税所得额用以抵减可抵扣暂时性差异。甲公司用该设备生产的产品全部对外出售。除上述资料外，无其他纳税调整事项，不考虑除企业所得税以外的其他相关税费及其他因素，下列各项关于甲公司2×24年度对上述设备相关会计处理的表述中，不正确的有（ ）。

   A.2×24年末该设备的账面价值为4 850万元

   B.甲公司应确认当期所得税750万元

   C.甲公司应确认递延所得税资产65万元

   D.甲公司当年应对该设备计提折旧510万元

103 甲公司在未来期间能够产生足够的应纳税所得额用以抵减可抵扣暂时性差异并不考虑其他因素的情况下，甲公司2×24年发生的下列各项交易或事项涉及所得税会计处理的表述中，不正确的有（　　）。

A.内部研发形成的无形资产，初始入账金额与计税基础之间的差异应确认递延所得税并计入当期损益

B.股份支付产生的暂时性差异，如果预计未来期间可抵扣的金额超过等待期内确认的成本费用，超出部分形成的递延所得税应计入当期损益

C.以公允价值计量且其变动计入其他综合收益的非交易性权益工具投资的公允价值变动产生的暂时性差异应确认递延所得税并计入其他综合收益

D.企业发行可转换公司债券，初始入账金额与计税基础之间的差异应确认递延所得税并计入当期损益

第38记　知识链接

104 甲公司对出租的投资性房地产采用公允价值进行后续计量，适用的企业所得税税率为25%。2×23年12月20日，甲公司以2亿元购入一栋写字楼，并于2×23年12月31日以年租金1 000万元的合同价格出租给乙公司，甲公司于2×24年1月1日起开始收取租金。2×23年12月31日、2×24年12月31日，该楼的公允价值分别为2.20亿元、2.22亿元。企业所得税法规定，企业取得的该写字楼按50年、以年限平均法计提的折旧（不考虑净残值）可在计算应纳税所得额时扣除。甲公司2×23年初递延所得税资产和递延所得税负债的账面价值均为零，除上述交易或事项外，甲公司没有其他纳税调整事项不考虑除企业所得税以外的其他相关税费及其他因素，下列各项关于甲公司对上述交易或事项会计处理的表述中，正确的有（　　）。

A.2×23年度实现利润总额3 000万元

B.2×24年度实现利润总额1 200万元

C.2×23年末应确认其他综合收益2 000万元

D.2×24年末递延所得税负债的账面余额为650万元

第36记　知识链接

105 甲公司适用所得税税率为25%，其2×24年发生的交易或事项中，会计与税收处理存在差异的事项如下：（1）当期购入指定为以公允价值计量且其变动计入其他综合收益的权益工具投资，期末公允价值大于取得成本160万元；（2）收到与资产相关政府补助1 600万元，相关资产至年末尚未开始计提折旧，税法规定在取得的当年全部计入应纳税所得额。甲公司2×24年利润总额为5 200万元，假定递延所得税资产、负债年初余额为零，未来期间能够取得足够应纳税所得额利用可抵扣暂时性差异。不考虑其他因素，下列关于甲公司2×24年所得税的处理中，正确的有（　　）。

A.应确认所得税费用金额为900万元

B.应确认应交所得税金额为1 300万元

C.应确认递延所得税负债金额为40万元

D.应确认递延所得税资产金额为400万元

106 乙公司为丙公司和丁公司共同投资设立。2×24年1月1日，乙公司增资扩股，甲公司出资450万元取得乙公司30%股权并能够对其施加重大影响。甲公司投资日，乙公司可辨认净资产的公允价值和账面价值均为1 600万元。2×24年，乙公司实现净利润900万元，其他综合收益增加120万元。甲公司拟长期持有对乙公司的投资。甲公司适用的所得税税率为25%。不考虑其他因素，下列各项关于甲公司2×24年对乙公司投资相关会计处理的表述中，正确的有（　　）。

A.按照实际出资金额确定对乙公司投资的投资成本

B.投资时将实际出资金额与享有乙公司可辨认净资产份额之间的差额确认为营业外收入

C.对乙公司投资年末账面价值与计税基础不同产生的应纳税暂时性差异，不应确认递延所得税负债

D.将按持股比例计算应享有乙公司其他综合收益变动的份额确认为投资收益

107 下列各项中，不属于《企业会计准则第22号——金融工具确认和计量》准则范围的金融负债的有（　　）。

A.按照销售合同的约定预收的销货款

B.按照劳动合同的约定应支付的职工工资

C.按照产品质量保证承诺预计的保修费

D.按照采购合同的约定应支付的设备款

108 企业持有的下列金融资产中，不能以摊余成本计量的有（　　）。

A.可随意支取的银行定期存款

B.现金

C.与黄金价格指数挂钩的结构性存款

D.非同一控制下企业合并中确认的构成金融资产的或有对价

109 2×24年1月3日，甲公司经批准按面值发行优先股，发行的票面价值总额为5 000万元。优先股发行方案规定，该优先股为无期限、浮动利率、非累积、非参与。设置了自发行之日起5年期满时，投资者有权要求甲公司按票面价值及票面价值和基准利率计算的本息合计金额赎回，优先股的利率确定为：第1个5年按照发行时基准利率确定，每5年调整一次利率。调整的利率为前1次利率的基础上增加300个BP，利率不设上限。优先股股利由董事会批准后按

年支付，但如果分配普通股股利，则必须先支付优先股股利。不考虑其他因素，下列关于甲公司发行优先股可以选择的会计处理有（　　）。

A.确认为所有者权益

B.指定为以公允价值计量且其变动计入当期损益的金融负债

C.确认为以摊余成本计量的金融负债

D.按发行优先股的公允价值确认金融负债，发行价格总额减去金融负债公允价值的差额确认为所有者权益

第51记　99记 知识链接

110　下列各项关于金融工具减值的会计处理表述中，正确的有（　　）。

A.对于购买或源生的已发生信用减值的金融资产，企业应当在资产负债表日仅将自初始确认后整个存续期内预期信用损失的累计变动确认为损失准备

B.金融工具形成的损失准备的增加或转回金额，应当作为减值损失或利得计入当期损益

C.如果该金融工具的信用风险自初始确认后已显著增加，企业应当按照相当于该金融工具整个存续期内预期信用损失的金额计量其损失准备

D.对于购买或源生的已发生信用减值的金融资产，在每个资产负债表日，企业应当将未来12个月内与其信用损失的变动金额作为减值损失或利得计入当期损益

第53记　99记 知识链接

111　不考虑其他因素，下列各项中，应当计入发生当期损益的有（　　）。

A.现金结算的股份支付形成的负债在可行权日后结算前资产负债表日公允价值变动

B.将分类为权益工具的金融工具重分类为金融负债时公允价值与账面价值的差额

C.以摊余成本计量的金融资产重分类为以公允价值计量且其变动计入当期损益的金融资产时公允价值与原账面价值的差额

D.自用房地产转换为采用公允价值模式计量的投资性房地产时公允价值大于原账面价值的差额

第47记　99记 知识链接

112　2×24年6月，甲公司与A公司签订股权转让框架协议，协议约定将甲公司持有的丁公司20%的股权转让给A公司，总价款为7亿元，A公司分三次支付。2×24年支付了第一笔款项2亿元。为了保证A公司的利益，甲公司于2×24年11月将其持有的丁公司的5%股权过户给A公司，但A公司暂时并不拥有与该5%股权对应的表决权和利润分配权。假定甲公司、A公司不存在关联方关系。不考虑其他因素，下列关于甲公司对该股权转让于2×24年会计处理的表述中，正确的有（　　）。

A.将其持有的丁公司5%股权过户给A公司时，该部分股权不满足终止确认条件

B.将转让总价款与对丁公司20%股权投资账面价值的差额确认为股权转让损益，未收到的转让款确认为应收款项

C.将甲公司与A公司签订的股权转让协议作为或有事项在财务报表附注中披露

D.将实际收到的价款确认为负债

113 甲公司2×24年1月2日取得乙公司30%股权,并与其他投资方共同控制乙公司,甲、乙公司2×24年发生的下列交易或事项中,会对甲公司2×24年个别财务报表中确认对乙公司投资收益产生影响的有（　　）。

A.乙公司股东大会通过发放股票股利的议案

B.购买日,乙公司一项存货评估增加200万元,当年已对外出售30%

C.投资时甲公司投资成本小于应享有乙公司可辨认净资产公允价值的份额

D.乙公司将账面价值200万元的专利权作价360万元出售给甲公司作为无形资产

114 不考虑其他因素,下列关于企业合并形成长期股权投资的说法中,不正确的有（　　）。

A.控股合并方式形成长期股权投资的,支付审计等中介费用在发生时计入当期损益

B.非同一控制下企业合并形成的长期股权投资,其入账金额在个别报表中应按购买日被购买方可辨认净资产的公允价值份额确定

C.同一控制下企业合并形成的长期股权投资,其入账金额在个别报表中应按被合并方在最终控制方合并财务报表中的净资产账面价值份额与最终控制方收购被合并方时所形成的商誉为基础确定

D.子公司将未分配利润转增资本,但未向投资方提供等值现金股利或利润的选择权时,投资方应按照持股份额确认相关的投资收益

115 甲公司2×24年发生的投资事项包括:（1）以300万元购买乙公司30%的股权,发生相关交易费用5万元,投资日乙公司净资产公允价值为800万元,甲公司对乙公司能够施加重大影响;（2）通过发行甲公司股份的方式购买丙公司20%的股权,与发行股份相关的交易费用为8万元,投资日甲公司发行的股份的公允价值为450万元,丙公司净资产公允价值为1 500万元,甲公司对丙公司能够施加重大影响;（3）同一控制下企业合并购买丁公司80%的股权,支付购买价款800万元,发生交易费用10万元,合并日丁公司在最终控制方合并报表中可辨认净资产账面价值为600万元,个别报表中可辨认净资产账面价值为800万元;（4）非同一控制下企业合并购买戊公司60%的股权,支付购买价款1 000万元,发生相关交易费用20万元,购买日戊公司可辨认净资产公允价值为1 450万元。下列各项关于甲公司上述长期股权投资相关会计处理的表述中,正确的有（　　）。

A.对乙公司长期股权投资的初始投资成本为305万元

B.对丙公司长期股权投资的初始投资成本为458万元

C.对丁公司长期股权投资的初始投资成本为800万元
D.对戊公司长期股权投资的初始投资成本为1 000万元

116. 甲公司为境内上市的非投资性主体,其持有其他企业股权或权益的情况如下:持有乙公司30%的股权并能对其施加重大影响;持有丙公司50%股权并能与丙公司的另一投资方共同控制丙公司;持有丁公司5%股权,对丁公司不具有控制、共同控制和重大影响;持有戊公司结构化主体的权益并能对其施加重大影响。下列各项关于甲公司持有其他企业股权或权益会计处理的表述中,正确的有(   )。
A.甲公司对乙公司的投资采用权益法进行后续计量
B.甲公司对丙公司的投资采用成本法进行后续计量
C.甲公司对丁公司的投资采用公允价值进行后续计量
D.甲公司对戊公司的投资采用公允价值进行后续计量

117. 2×24年,甲公司及其子公司发生的相关交易或事项如下:(1)乙公司的信用等级下降,甲公司将持有并分类为以摊余成本计量的乙公司债券全部出售,同时将该类别的债权投资全部重分类为以公允价值计量且其变动计入其他综合收益的金融资产;(2)因考虑公允价值变动对净利润的影响,甲公司将持有丙公司8%的股权投资从以公允价值计量且其变动计入当期损益的金融资产,重分类为以公允价值计量且其变动计入其他综合收益的金融资产;(3)甲公司的子公司(风险投资机构)新取得丁公司36%的股权并对其具有重大影响,对其投资采用公允价值计量;(4)甲公司对联营企业戊公司增资,所持戊公司股权由30%增加至60%,并能够对戊公司实施控制,甲公司将对戊公司的股权投资核算方法由权益法转为成本法。不考虑其他因素,下列各项关于甲公司及其子公司的交易或事项会计处理的表述中,不正确的有(   )。
A.风险投资机构对所持丁公司股权投资以公允价值计量
B.甲公司对戊公司股权投资核算方法由权益法改为成本法
C.甲公司出售所持乙公司债券后对该类别的债权投资予以重分类
D.甲公司对所持丙公司股权投资予以重分类

118. 甲公司持有乙公司3%股权,对乙公司不具有重大影响。甲公司在初始确认时将对乙公司股权投资指定为以公允价值计量且其变动计入其他综合收益的金融资产。2×24年5月,甲公司对乙公司进行增资,增资后甲公司持有乙公司20%股权,能够对乙公司施加重大影响。不考虑其他因素,下列各项关于甲公司对乙公司股权投资会计处理的表述中,正确的有(   )。
A.增资后原持有3%股权期间公允价值变动金额从其他综合收益转入增资当期损益
B.原持有3%股权的公允价值与新增投资而支付对价的公允价值之和作为20%股权投资的初始投资成本

C.增资后20%股权投资的初始投资成本小于应享有乙公司可辨认净资产公允价值份额的差额计入增资当期损益

D.对乙公司增资后改按权益法核算

119 甲公司为制造业企业，其子公司（乙公司）是一家投资性主体，乙公司控制丙公司和丁公司，其中丙公司专门为乙公司投资活动提供相关服务。不考虑其他因素，下列各项会计处理的表述中，正确的有（　　）。

A.乙公司对丙公司的投资分类为以公允价值计量且其变动计入当期损益的金融资产

B.乙公司应将丙公司纳入合并范围

C.甲公司应将乙公司、丙公司和丁公司纳入合并范围

D.乙公司对丁公司的投资可以指定为以公允价值计量且其变动计入其他综合收益的金融资产

120 甲公司（非投资性主体）为乙公司、丙公司的母公司。乙公司为投资性主体，拥有两家全资子公司，两家子公司均不为乙公司的投资活动提供相关服务；丙公司为股权投资基金，拥有两家联营企业，丙公司对其拥有的两家联营企业按照公允价值考查和评价管理层业绩。不考虑其他因素，下列关于甲公司、乙公司和丙公司对其所持股权投资的会计处理中，正确的有（　　）。

A.乙公司不应编制合并财务报表

B.丙公司在个别报表中对其拥有的两家联营企业的投资应按照公允价值计量，公允价值变动计入当期损益

C.乙公司在个别报表中对其拥有的两家子公司应按照公允价值计量，公允价值变动计入当期损益

D.甲公司在编制合并财务报表时，应将通过乙公司间接控制的两家子公司按公允价值计量，公允价值变动计入当期损益

121 2×22年12月31日，甲公司以某项固定资产及现金与其他三家公司共同出资设立乙公司，甲公司持有乙公司60%股权并能够对其实施控制；当日，双方办理了与固定资产所有权转移相关的手续。该固定资产的账面价值为2 000万元，公允价值为2 600万元。乙公司预计上述固定资产尚可使用10年，预计净残值为零，采用年限平均法计提折旧，每年计提的折旧额直接计入当期管理费用。不考虑其他因素，下列各项关于甲公司在编制合并财务报表时会计处理的表述中，正确的有（　　）。

A.2×23年合并利润表管理费用项目抵销60万元

B.2×24年末合并资产负债表固定资产项目抵销480万元

C.2×24年末合并资产负债表未分配利润项目的年初数抵销540万元

D.2×22年合并资产负债表固定资产项目抵销600万元

122 2×22年2月1日，甲公司以4 000万元购买乙公司60%的股权，实现非同一控制下企业合并，购买日乙公司可辨认净资产的公允价值为5 000万元，2×23年1月1日，甲公司以1 500万元进一步购买乙公司20%的股权，乙公司可辨认净资产公允价值自购买日持续计算的金额为6 000万元，甲公司合并报表中资本公积（资本溢价）为1 000万元。2×24年1月1日，甲公司以6 000万元出售乙公司40%的股权，丧失对乙公司的控制权但仍对乙公司能够施加重大影响，乙公司可辨认净资产公允价值自购买日持续计算的金额为7 000万元。剩余40%股权的公允价值为6 000万元。2×24年1月1日，下列各项关于甲公司处置乙公司股权相关会计处理的表述中，正确的有（　　）。
A.甲公司合并财务报表中，剩余的长期股权投资的账面价值为6 000万元
B.甲公司个别财务报表中，剩余的长期股权投资的账面价值为3 000万元
C.甲公司合并财务报表中，确认股权处置损益5 100万元
D.甲公司个别财务报表中，确认股权处置损益3 250万元

123 甲公司是一家上市公司，经股东大会批准，向其子公司（乙公司）的高级管理人员授予本集团内其他公司的股票期权，对于上述股份支付，在甲公司和乙公司的个别财务报表中，错误的会计处理方法有（　　）。
A.均作为以现金结算的股份支付处理
B.甲公司作为以权益结算的股份支付处理，乙公司作为以现金结算的股份支付处理
C.均作为以权益结算的股份支付处理
D.甲公司作为以现金结算的股份支付处理，乙公司作为以权益结算的股份支付处理

124 2×24年1月1日，甲公司的母公司（乙公司）将其持有的800万股甲公司普通股，以每股8元的价格转让给甲公司的8名高管人员；当日，甲公司的该8名高管人员向乙公司支付了6 400万元，办理完成股权过户登记手续，甲公司当日股票的市场价格为每股10元。根据股份转让协议约定，甲公司的该8名高管人员自2×24年1月1日起需在甲公司服务满3年，否则乙公司将以每股8元的价格向该8名高管人员回购其股票。2×24年12月31日，甲公司股票的市场价格为每股12元。截至2×24年12月31日，甲公司该8名高管人员均未离职，预计未来3年内也不会有人离职。不考虑其他因素，下列各项关于甲公司2×24年度对上述交易或事项会计处理的表述中，不正确的有（　　）。
A.因甲公司不承担结算义务，无需进行会计处理
B.甲公司对乙公司转让股份给予其高管人员，应按权益结算的股份支付进行会计处理
C.甲公司应按2×24年12月31日的股票市场价格确认相关股份支付费用和应付职工薪酬
D.甲公司应于2×24年1月1日一次性确认全部的股权激励费用，无需在等待期内分期确认

125. 下列各项交易费用中，应当于发生时直接计入当期损益的有（　　）。
   A.与取得以公允价值计量且其变动计入当期损益的金融资产相关的交易费用
   B.同一控制下企业合并中发生的审计费用
   C.取得一项以摊余成本计量的金融资产发生的交易费用
   D.生产商或经销商出租人取得融资租赁所发生的成本

126. 甲公司是一家房地产开发企业，甲公司委托乙公司进行房地产销售，并约定每签订一份销售合同，甲公司按照合同价款的10%向乙公司支付销售佣金。2×24年8月，甲公司签订的销售合同价款总计6 000万元，其中2 000万元所对应的房屋于2×24年12月交付给客户，剩余4 000万元所对应的房屋预计将在2×25年12月交付客户。截至2×24年12月31日，佣金尚未支付给乙公司。下列各项关于甲公司2×24年度佣金会计处理的表述中，正确的有（　　）。
   A.确认应付乙公司的款项600万元
   B.2×24年12月31日的合同取得成本余额为600万元
   C.确认销售费用200万元
   D.确认营业成本600万元

127. 下列各项关于PPP项目合同相关会计处理的表述中，不正确的有（　　）。
   A.社会资本方在项目运营期间，有权向获取公共产品和服务的对象收取费用，应将收取该对价的权利确认为应收款项
   B.运营期占项目资产全部使用寿命的PPP项目合同，在项目合同结束时，项目资产不存在重大剩余权益的PPP项目合同，但有证据证明政府方能够控制或管制社会资本方使用PPP项目资产必须提供的公共产品和服务的类型，对象和价格，适用PPP项目合同的相关会计处理规定
   C.在混合模式下，社会资本方应在PPP项目资产达到预定可使用状态时，将相关PPP项目资产的对价金额或确认的建造收入金额，确认为无形资产
   D.社会资本方根据PPP项目合同，自政府方取得作为应付合同对价一部分的其他资产，应将该资产按照收入准则相关规定进行会计处理

128. 甲公司为母公司，其所控制的企业集团内2×24年发生以下与股份支付相关的交易或事项：（1）甲公司与其子公司（乙公司）高管签订协议，授予乙公司高管100万份股票期权，待满足行权条件时，乙公司高管可以每股4元的价格自甲公司购买乙公司股票；（2）乙公司授予其研发人员20万份现金股票增值权，这些研发人员在乙公司连续服务2年，即可按照乙公司股价的增值幅度获得现金；（3）乙公司自市场回购本公司股票100万股，并与销售人员签订协议，如未来3年销售业绩达标，销售人员将无偿取得该部分股票；（4）乙公司向丁公司发

行500万股本公司股票，作为支付丁公司为乙公司提供咨询服务的价款。不考虑其他因素，下列各项中，乙公司应当作为以权益结算的股份支付的有（　　）。

A.乙公司高管与甲公司签订的股份支付协议

B.乙公司与本公司销售人员签订的股份支付协议

C.乙公司与本公司研发人员签订的股份支付协议

D.乙公司以定向发行本公司股票取得咨询服务的协议

第三模块　不必纠结10分

一、单项选择题

129 下列各项关于合并报表会计处理的表述中，错误的是（　　）。

A.在企业合并中，因不满足条件未确认递延所得税资产时，购买日后12个月内，取得进一步信息表明购买日的相关情况已经存在，预期被购买方在购买日可抵扣暂时性差异带来的经济利益能够实现的，应当确认相关的递延所得税资产，同时减少商誉，商誉不足冲减的，差额部分确认为当期损益

B.合并报表中资产的账面价值大于个别报表中该项资产的计税基础的，在合并报表中确认递延所得税负债，同时，冲减所有者权益

C.合并财务报表中固定资产账面价值为集团内部购买方期末固定资产的账面价值，计税基础为集团内部销售方期末按税法规定确定的账面价值

D.母公司购买子公司少数股东股权的，在合并报表中不确认投资收益，合并报表中的商誉不会因持股比例改变而改变

130 下列各项关于科研事业单位有关业务或事项会计处理的表述中，错误的是（　　）。

A.开展技术咨询服务收取的劳务费（不含增值税）在预算会计下确认为事业预算收入

B.年度终了，根据本年度财政直接支付预算指标数与本年财政直接支付实际支出数的差额，确认为财政拨款预算收入

C.财政授权支付方式下年度终了根据代理银行提供的对账单核对无误后注销零余额账户用款额度的余额并于下年初恢复

D.涉及现金收支的业务采用预算会计核算，不涉及现金收支的业务采用财务会计核算

二、多项选择题

131 公允价值计量所使用的输入值划分为三个层次，下列各项输入值中，属于第二层次输入值的有（　　）。

A.活跃市场中相同资产或负债的报价　　B.活跃市场中类似资产或负债的报价

C.非活跃市场中类似资产或负债的报价　　D.非活跃市场中相同资产或负债的报价

132 下列各项关于事业单位预算会计处理的表述中，正确的有（　　）。
A.按规定从经营结余中提取专用基金时，按提取金额记入"专用结余"科目的贷方
B.年末结转后，"财政拨款结转"科目除了"累计结转"明细科目外，其他明细科目应无余额
C.年末应将"事业预算收入"科目本年发生额中的专项资金收入转入"非财政拨款结转（本年收支结转）"科目
D.因发生会计差错调整以前年度财政拨款结余资金的，按调整金额调整"资金结存"和"财政拨款结余（年初余额调整）"科目

133 甲基金是民间非营利组织。2×21年12月10日，甲基金与乙公司签订捐赠协议，乙公司向甲基金捐赠2 000万元，专项用于特定疾病患者的疾病治疗，同时约定，如果2×22年12月31日该款项有剩余，甲基金需返还乙公司剩余款项的90%，其余10%由甲基金自由支配。2×22年1月1日，甲基金收到捐赠款项2 000万元，当年用于特定疾病患者的疾病治疗支出1 800万元，并发生管理费用8万元。2×23年1月15日，甲基金向乙公司支付应退还款项180万元。不考虑其他因素，下列处理中正确的有（　　）。
A.2×22年业务活动成本1 800万元
B.2×22年1月1日确认受托代理资产1 800万元
C.2×22年12月31日确认其他应付款180万元
D.2×23年1月15日冲减捐赠收入180万元

必刷主观题

第一模块　基础夯实40分

134 甲股份有限公司（以下简称"甲公司"）2×24年发生的与职工薪酬相关的事项如下：

（1）4月10日，甲公司董事会通过决议，以本公司自产产品作为奖品，对乙车间全体员工超额完成一季度生产任务进行奖励，每名员工奖励一件产品。该车间员工总数为200人，其中车间管理人员30人，一线生产工人170人，发放给员工的本公司产品市场售价为3 000元/件，成本为1 800元/件。4月20日，200件产品发放完毕。

（2）甲公司共有2 000名员工。从2×24年1月1日起，该公司实行累积带薪休假制度，规定每名职工每年可享受7个工作日带薪休假，未使用的年休假可向后结转1个年度，超过期限未使用的作废，员工离职时也不能取得现金支付。2×24年12月31日，每名职工当年平均未使用带薪休假为2天。根据过去的经验并预期该经验将继续适用，甲公司预计2×25年有1 800名员工将享受不超过7天带薪休假，剩余200名员工每人将平均享受8.5天休假，该200名员工中150名为销售部门人员，50名为总部管理人员。甲公司平均每名员工每个工作日工资为400元。甲公司职工年休假以后进先出为基础，即有关休假首先从当年可享受的权利中扣除。

（3）甲公司正在开发丙研发项目，2×24年其发生项目研发人员工资200万元，其中自2×24年1月1日研发开始至6月30日期间发生的研发人员工资120万元属于费用化支出，7月1日至11月30日研发项目达到预定用途前发生的研发人员工资80万元属于资本化支出，有关工资以银行存款支付。

（4）2×24年12月20日，甲公司董事会作出决议，拟关闭设在某地区的一分公司，并对该分公司员工进行补偿，方案为：对因尚未达到法定退休年龄提前离开公司的员工给予一次性离职补偿30万元，另外自其达到法定退休年龄后，按照每月1 000元的标准给予退休后补偿。涉及员工80人、每人30万元的一次性补偿2 400万元已于12月26日支付。每月1 000元的退休后补偿将于2×25年1月1日起陆续发放，根据精算结果，甲公司估计该补偿义务的现值为1 200万元。

其他有关资料：

甲公司为增值税一般纳税人，销售商品适用的增值税税率为13%。本题不考虑其他因素。

要求：

根据甲公司2×24年发生的与职工薪酬有关的事项，逐项说明其应进行的会计处理并编制相关会计分录（答案中的金额单位用"万元"表示）。

135 甲公司的注册会计师在对其2×24年度财务报表进行审计时，对以下交易或事项的会计处理提出质疑：

（1）因国家对A产品实施限价政策，甲公司生产的A产品市场售价为15万元/件。根据国家相关政策，从2×24年1月1日起，甲公司每销售1件A产品，当地政府部门将给予补助10万元。2×24年度，甲公司共销售A产品1 120件，收到政府给予的补助13 600万元。A产品的成本为21万元/件。

税法规定，企业自国家取得的资金除作为出资外，应计入取得当期应纳税所得额计算交纳企业所得税。甲公司将上述政府给予的补助计入2×24年度应纳税所得额。计算并交纳企业所得税。

对于上述交易或事项，甲公司的会计处理如下：

借：银行存款　　　　　　　　　　　　13 600
　　贷：递延收益　　　　　　　　　　　　　　　　13 600
借：递延收益　　　　　　　　　　　　11 200
　　贷：营业外收入　　　　　　　　　　　　　　　11 200
借：主营业务成本　　　　　　　　　　23 520
　　贷：库存商品　　　　　　　　　　　　　　　　23 520
借：银行存款　　　　　　　　　　　　16 800
　　贷：主营业务收入　　　　　　　　　　　　　　16 800

（2）2×24年度，甲公司进行内部研究开发活动共发生支出800万元，其中，费用化支出300万元，资本化支出500万元，均以银行存款支付。研发活动所形成的无形资产至2×24年12月31日尚未达到预定可使用状态。

税法规定，对于按照企业会计准则规定费用化的研发支出，计算当期应纳税所得额时加计100%税前扣除；对于资本化的研发支出，其计税基础为资本化金额的200%。对于上述交易或事项。

甲公司的会计处理如下：

借：研发支出——费用化支出　　　　　300
　　　　　——资本化支出　　　　　500
　　贷：银行存款　　　　　　　　　　　　　　　　800
借：递延所得税资产　　　　　　　　　125
　　贷：所得税费用　　　　　　　　　　　　　　　125

（3）2×24年1月1日，甲公司持有联营企业（乙公司）30%股权，账面价值为3 200万元，其中投资成本2 600万元，损益调整600万元。2×24年9月30日，甲公司与市场独立第三方签订不可撤销协议，以4 000万元的价格出售对乙公司30%股权。至2×24年12月31日，上述股权出售尚未完成，甲公司预计将于2×25年6月底前完成上述股权的出售。

2×24年度，乙公司实现净利润1 600万元，其他综合收益增加200万元，其中，1月1日至9月30日期间实现净利润1 000万元，其他综合收益增加200万元。税法规定，资产按取得时的成本作为计税基础。

对于上述交易或事项，甲公司的会计处理如下：

借：长期股权投资　　　　　　　　　　540
　　贷：投资收益　　　　　　　　　　　　　　　　480
　　　　其他综合收益　　　　　　　　　　　　　　60

（4）2×24年1月1日，甲公司因销售B产品共收取合同价款1 000万元。在销售B产品时，甲公司向客户承诺，在销售B产品2年内，由于客户使用不当等原因造成B产品故障，甲公司免费提供维修服务。甲公司2年期维修服务可以单独作价出售，与本年度所售B产品相应的2年期维修服务售价为100万元，预计维修服务成本为80万元。甲公司不附加产品免费维修服务情况下出售B产品的售价为920万元。上述已售B产品的成本为700万元。至2×24年12月31日，尚未有客户向甲公司提出免费维修服务的要求。

假定税法对上述交易或事项的处理与企业会计准则的规定相同。

对于上述交易或事项，甲公司的会计处理如下：

借：银行存款　　　　　　　　　　　　　　　1 000
　　贷：主营业务收入　　　　　　　　　　　　　　　1 000
借：主营业务成本　　　　　　　　　　　　　　700
　　贷：库存商品　　　　　　　　　　　　　　　　　700
借：主营业务成本　　　　　　　　　　　　　　 80
　　贷：预计负债　　　　　　　　　　　　　　　　　 80

其他有关资料：

第一，甲公司适用的企业所得税税率为25%，未来年度能够取得足够的应纳税所得额用以抵扣可抵扣暂时性差异。

第二，2×24年初，甲公司不存在递延所得税资产和负债的账面余额。

第三，甲公司原取得对乙公司30%股权时，乙公司可辨认净资产公允价值与其账面价值相同。

第四，本题不考虑除企业所得税外的其他税费及其他因素。

要求：

根据上述资料，判断甲公司对上述交易或事项的会计处理是否正确，说明理由；如果会计处理不正确，编制更正甲公司2×24年度财务报表的会计分录（无须通过"以前年度损益调整"科目，答案中的金额单位以"万元"表示）。

136　注册会计师在对甲公司2×24年度财务报表进行审计时，关注到甲公司对前期财务报表进行了追溯调整，具体情况如下：

（1）甲公司2×23年1月1日开始进行某项新技术的研发，截至2×23年12月31日，累计发生研究支出300万元，开发支出200万元。在编制2×23年度财务报表时，甲公司考虑到相关技术尚不成熟，能否带来经济利益尚不确定，将全部研究和开发费用均计入当期损益。2×24年12月31日，相关技术的开发取得重大突破，管理层判断其未来能够带来远高于研发成本的经济利益流入，且甲公司有技术、财务和其他资源支持其最终完成该项目。

甲公司将本年发生的原计入管理费用的研发支出100万元全部转入"开发支出"项目，并对2×23年已费用化的研究和开发支出进行了追溯调整，甲公司相关会计处理如下：

借：研发支出——资本化支出　　　　　　　　　600
　　贷：以前年度损益调整　　　　　　　　　　　　　500
　　　　管理费用　　　　　　　　　　　　　　　　　100

（2）2×23年7月1日，甲公司向乙公司销售产品，增值税专用发票上注明的销售价格为1 000万元，增值税款130万元，并于当日取得乙公司转账支付的1 130万元。销售合同中还约定：2×24年6月30日甲公司按1 100万元的不含增值税价格回购该批商品，商品一直由甲公司保管，乙公司不承担商品实物灭失或损失的风险。在编制2×23年财务报表时，甲公司将上述交易作为一般的产品销售处理，确认了销售收入1 000万元，并结转销售成本600万元。

2×24年6月30日，甲公司按约定支付回购价款1 100万元和增值税款143万元，并取得增值税专用发票。甲公司重新审阅相关合同，认为该交易实质上是抵押借款，上年度不应作为销售处理，甲公司相关会计处理如下：

借：以前年度损益调整（2×23年营业收入）　　1 000
　　贷：其他应付款　　　　　　　　　　　　　　　1 000
借：库存商品　　　　　　　　　　　　　　　　　600
　　贷：以前年度损益调整（2×23年营业成本）　　　600
借：其他应付款　　　　　　　　　　　　　　　1 000
　　财务费用　　　　　　　　　　　　　　　　　100
　　应交税费——应交增值税（进项税额）　　　　143
　　贷：银行存款　　　　　　　　　　　　　　　　1 243

（3）甲公司2×23年度因合同纠纷被起诉。在编制2×23年度财务报表时，该诉讼案件尚未判决，甲公司根据法律顾问的意见，按最可能发生的赔偿金额100万元确认了预计负债。2×24年7月，法院判决甲公司赔偿原告150万元。甲公司决定接受判决，不再上诉。据此，甲公司相关会计处理如下：

借：以前年度损益调整　　　　　　　　　　　　50
　　贷：预计负债　　　　　　　　　　　　　　　　　50

（4）甲公司某项管理用固定资产系2×21年6月30日购入并投入使用，该设备原值1 200万元预计使用年限12年，预计净残值为0，按年限平均法计提折旧。2×24年6月，市场出现更先进的替代资产，管理层重新评估了该资产的剩余使用年限，预计其剩余使用年限为6年，预计净残值仍为零（折旧方法不予调整）。甲公司相关会计处理如下：

借：以前年度损益调整　　　　　　　　　　　　83.33
　　管理费用　　　　　　　　　　　　　　　　　133.33
　　贷：累计折旧　　　　　　　　　　　　　　　　　216.66

其他资料：不考虑所得税等相关税费的影响，以及以前年度损益调整结转的会计处理。根据资料（1）至（4），判断甲公司对相关事项的会计处理是否正确，并说明理由；对于不正确的事项，编制更正有关会计处理的调整分录（答案中的金额单位用"万元"表示）。

第二模块　突破提升50分

137 甲公司2×24年度财务报表经董事会批准于2×25年3月15日向外报出。甲公司2×24年度财务报表相关的交易或事项如下：

（1）2×24年1月1日，甲公司从无关联关系的第三方处受让了其所持乙公司30%的股权，转让价格为2 000万元，款项已用银行存款支付，乙公司的股东变更登记手续已经办理完成。取得投资当日，乙公司的净资产账面价值为5 000万元，可辨认净资产公允价值为7 000万元，除账面价值为1 000万元、公允价值为3 000万元的专利权外，其他资产、负债的公允价值与账面价值相同。该专利权预计使用年限为10年，预计净残值为零，采用直线法摊销。受让乙公司股权后，甲公司能够对乙公司施加重大影响。甲公司拟长期持有乙公司的股权。2×24年，乙公司账面实现净利润1 000万元，因金融资产公允价值变动确认其他综合收益50万元。

（2）2×24年12月31日，甲公司与所在地政府签订协议。根据协议约定，甲公司将按照所在地政府的要求开发新型节能环保建筑材料，政府将在协议签订之日起一个月内向甲公司拨付款项2 000万元，新型建筑材料的研究成果将归政府所有。当日，甲公司收到当地政府拨付的款项2 000万元。

（3）2×25年1月26日，甲公司的办公楼完成竣工决算手续，实际成本为68 000万元。上述办公楼已于2×23年12月28日完工并达到预定可使用状态，甲公司按预算金额62 000万元暂估入账。该办公楼预计使用年限为50年，预计净残值为零，采用年限平均法计提折旧。

其他资料：乙公司会计政策和会计期间与甲公司相同。甲公司和乙公司均为境内居民企业，适用所得税税率为25%。取得乙公司股权日，乙公司可辨认净资产公允价值与账面价值的差额不考虑所得税的影响。本题不考虑除所得税以外的其他税费因素。

要求：

（1）根据资料（1），计算甲公司对乙公司股权投资的初始入账价值，并编制相关会计分录。

（2）根据资料（1），计算甲公司对乙公司股权投资2×24年应确认的投资收益和其他综合收益，并编制相关会计分录。

（3）根据资料（1），判断甲公司对乙公司长期股权投资形成的暂时性差异是否应确认递延所得税，并说明理由。如应确认递延所得税，计算递延所得税金额并编制相关会计分录。

（4）根据资料（2），判断甲公司从政府取得的款项是否为政府补助，说明理由，并编制相关会计分录。

（5）根据资料（3），判断甲公司完成办公楼决算手续的事项是否为资产负债表日后调整事项并说明理由。如为日后调整事项，计算该固定资产在2×24年12月31日资产负债表中列示的金额，编制调整2×24年度财务报表的会计分录。（答案中的金额单位以"万元"表示）

138 2×24年1月1日，甲公司递延所得税资产的账面价值为100万元，递延所得税负债的账面价值为0。2×24年12月31日，甲公司有关资产、负债的账面价值和计税基础如下：

项目名称	账面价值（万元）	计税基础（万元）
固定资产	12 000	15 000
无形资产	900	1 575
其他债权投资	5 000	3 000
预计负债	600	0

上表中，固定资产在初始计量时，入账价值与计税基础相同，无形资产的账面价值是当季季末新增的符合资本化条件的开发支出形成的，按照税法规定对于研究开发费用形成无形资产的，按照形成无形资产成本的200%作为计税基础。假定在确定无形资产账面价值及计税基础时均不考虑当季度摊销因素。

2×24年度，甲公司实际净利润8 000万元，发生广告费1 500万元，按照税法规定准予从当年应纳税所得额中扣除的金额为1 000万元，其余可结转以后年度扣除。

甲公司适用的所得税税率为25%，预计能够取得足够的应纳税所得额用于抵扣可抵扣暂时性差异的所得税影响，除所得税外，不考虑其他税费及其他因素影响。

要求：

（1）对上述事项或项目产生的暂时性差异影响，分别说明是否应计入递延所得税负债或递延所得税资产，并说明理由。

（2）说明哪些暂时性差异的所得税影响应计入所有者权益。

（3）计算甲公司2×24年度应确认的递延所得税费用（答案中的金额单位用"万元"表示）。

第36-37记、第41记 知识链接

139 甲公司为一家上市公司，相关年度发生与金融工具有关的交易或事项如下：

（1）2×24年3月1日，甲公司购买乙公司30%股权，并能够参与乙公司生产经营决策。投资协议约定，若乙公司未能满足特定目标，甲公司有权要求按投资成本加年化10%收益（假设代表被投资方在市场上的借款利率水平）的对价将该股权回售给乙公司，乙公司其他投资者均不具备该项回售权。

（2）2×24年5月20日，甲公司利用自有资金购买银行理财产品。该理财产品为非保本浮动收益型，期限为6个月，不可转让交易，也不可提前赎回。根据理财产品合约，基础资产为固定收益类资产池，资产池主要包括存放同业、债权投资及回购交易等，银行有权根据市场情况随时对资产池结构进行调整，目的在于最大化投资收益，理财产品投资收益来源于资产池的投资收益。甲公司购买理财产品的主要目的在于取得理财产品投资收益，一般不会到期前转让。

（3）2×24年12月16日，甲公司作出董事会决议，拟将其与控股子公司共同持有的A公司100%股权转让，并拟于2×25年1月初召开股东大会审议该事项。交易各方已就该事项签订协议，并约定协议经双方有权机关批准后生效。2×24年合并财务报表中，甲公司将其持有的A公司股权重分类至"持有待售资产"。

（4）2×24年12月25日，甲公司经批准按面值发行永续债，发行的票面价值总额为10 000万元。发行方案规定，该永续债为无期限、浮动利率，永续债年利率确定为：第1个5年按照发行时基准利率确定，以后每5年重置一次利率，重置的利率为前1次利率的基础上增加300个BP，但最高不得超过同期同行业同类型工具的平均利率水平。甲公司可自主选择无限期递延支付利息，但甲公司发放普通股股利时必须支付永续债利息，甲公司根据相应的议事机制能够自主决定普通股股利的支付，甲公司发行该永续债之前多年均支付普通股股利。发行方案同时约定，如果甲公司发生处置主要经营性资产或清算时永续债持有人有回售权。

本题不考虑相关税费及其他因素。

要求：

(1) 根据资料（1），判断甲公司对于持有的对乙公司的股权投资应如何进行会计处理，并说明理由。

(2) 根据资料（2），判断甲公司对于其所持有的该项银行理财产品应如何进行分类，并说明理由。

(3) 根据资料（3），分析甲公司对其持有的A公司股权在合并报表中的处理是否正确，并说明理由，如果不正确，请说明正确的处理方式。

(4) 根据资料（4），说明甲公司发行永续债的分类，并说明理由，并编制与发行有关的会计分录。

第46记、第30记、第51记 99记 知识链接

140 甲公司没有子公司，不需要编制合并财务报表。甲公司相关年度发生与投资有关的交易或事项如下：

（1）2×23年1月1日，甲公司通过发行普通股2 500万股（每股面值1元）取得乙公司30%股权，能够对乙公司施加重大影响。甲公司发行股份的公允价值为6元/股，甲公司取得投资时乙公司可辨认净资产的账面价值为50 000万元，公允价值为55 000万元，除A办公楼外，乙公司其他资产及负债的公允价值与账面价值相同。A办公楼的账面余额为30 000万元，已计提折旧15 000万元，公允价值为20 000万元。乙公司对A办公楼采用年限平均法计提折旧，该办公楼预计使用40年，已使用20年，自甲公司取得乙公司投资后尚可使用20年，预计净残值为零。

（2）2×23年6月3日，甲公司以300万元的价格向乙公司销售产品一批，该批产品的成本为250万元。至2×23年末，乙公司已销售上述从甲公司购入产品的50%，其余50%产品尚未销售形成存货。

2×23年度，乙公司实现净利润3 600万元，因分类为以公允价值计量且其变动计入其他综合收益的金融资产公允价值变动而确认其他综合收益100万元。

（3）2×24年1月1日，甲公司以12 000万元的价格将所持乙公司15%股权予以出售，款项已存入银行。出售上述股权后，甲公司对乙公司不再具有重大影响，将所持乙公司剩余15%股权指定为

以公允价值计量且其变动计入其他综合收益的金融资产，公允价值为12 000万元。

（4）2×24年12月31日，甲公司所持乙公司15%股权的公允价值为14 000万元。

（5）2×25年1月1日，甲公司将所持乙公司15%股权予以出售，取得价款14 000万元。

其他有关资料：

第一，甲公司按照年度净利润的10%计提法定盈余公积。

第二，本题不考虑相关税费及其他因素。

要求：

(1) 根据资料（1），计算甲公司对乙公司股权投资的入账价值，编制相关会计分录。

(2) 根据资料（1）和（2），计算甲公司对乙公司股权投资2×23年度应确认的投资损益，编制相关会计分录。

(3) 根据资料（3），计算甲公司出售所持乙公司15%股权产生的损益金额，编制相关会计分录。

(4) 根据资料（4）和（5），编制甲公司与持有及出售乙公司股权相关的会计分录。（答案中的金额单位以"万元"表示）

第55记、第60记、第48记 99记 知识链接

141 甲公司为生产加工企业，其在2×24年度发生了以下与股权投资相关的交易：

（1）甲公司在若干年前参与设立了乙公司并持有其30%的股权，将乙公司作为联营企业，采用权益法核算。2×24年1月1日，甲公司自A公司（非关联方）购买了乙公司60%的股权并取得了控制权，购买对价为3 000万元，发生与合并直接相关费用100万元，上述款项均以银行存款转账支付。

2×24年1月1日，甲公司原持有对乙公司30%长期股权投资的账面价值为600万元（长期股权投资账面价值的调整全部为乙公司实现净利润，乙公司不存在其他综合收益及其他影响权益变动的因素）；当日乙公司净资产账面价值为2 000万元，可辨认净资产公允价值为3 000万元，30%股权的公允价值为1 500万元。

（2）2×24年6月20日，乙公司股东大会批准2×23年度利润分配方案，提取盈余公积10万元，分派现金股利90万元，以未分配利润200万元转增股本。

（3）2×24年1月1日，甲公司与B公司出资设立丙公司，双方共同控制丙公司。丙公司注册资本2 000万元，其中甲公司占50%。甲公司以公允价值为1 000万元的土地使用权出资，B公司以公允价值为500万元的机器设备和500万元现金出资。该土地使用权系甲公司于10年前以出让方式取得，原值为500万元，期限为50年，按直线法摊销，预计净残值为零，至投资设立丙公司时账面价值为400万元，后续仍可使用40年。丙公司2×24年实现净利润220万元。

（4）2×24年1月1日，甲公司自C公司购买丁公司40%的股权，并派人参与丁公司生产经营决策，购买对价为4 000万元，以银行存款转账支付。购买日，丁公司可辨认净资产账面价值为5 000万元，公允价值为8 000万元，3 000万元增值均来自丁公司的一栋办公楼。该办公楼的原值为

2 000万元，预计净残值为零，预计使用寿命为40年，采用年限平均法计提折旧，自甲公司取得丁公司股权之日起剩余使用寿命为20年。

丁公司2×24年实现净利润900万元，实现其他综合收益200万元。

其他资料：

本题中不考虑所得税等税费及其他相关因素。

要求：

（1）根据资料（1），计算甲公司在进一步取得乙公司60%股权后，个别财务报表中对乙公司长期股权投资的账面价值，并编制相关会计分录；计算甲公司合并财务报表中与乙公司投资相关的商誉金额，计算该交易对甲公司合并财务报表损益的影响。

（2）根据资料（2），针对乙公司2×23年利润分配方案，说明甲公司个别财务报表中的相关会计处理，并编制相关会计分录。

（3）根据资料（3），编制甲公司对丙公司出资及确认2×24年投资收益相关的会计分录。

（4）根据资料（4），计算甲公司对丁公司的初始投资成本，并编制相关会计分录。计算甲公司2×24年因持有丁公司股权应确认的投资收益金额，并编制调整长期股权投资账面价值相关的会计分录。（答案中的金额单位以"万元"表示）

第59记、第57记、第55记　知识链接

142　2×21年至2×24年，甲公司及乙公司发生的相关交易或事项如下：

（1）2×21年3月10日，甲公司以6 000万元的价格取得一宗土地使用权，使用期限50年，自2×21年4月1日开始起算。该土地在甲公司所属的A酒店旁边，甲公司拟在新买的土地上建造A酒店2期。与土地使用权相关的产权登记手续于2×21年4月1日办理完成，购买土地使用权相关的款项已通过银行转账支付。甲公司对该土地使用权按50年采用直线法摊销，预计净残值为零。

（2）2×21年3月20日，甲公司与乙公司签订一份固定造价合同，合同约定：乙公司为甲公司建造A酒店2期项目，合同价款为16 000万元，建造期间为2×21年4月1日至2×23年9月30日；乙公司负责工程的施工建设和管理，甲公司根据第三方工程监理公司确定的已完成工程量，每年末与乙公司结算一次；在A酒店2期项目建造过程中甲公司有权修改其设计方案；如甲公司终止合同，A酒店2期项目已建造的部分归甲公司所有；如果工程发生重大质量问题，乙公司应按实际损失支付赔偿款；双方确定合同价款的10%作为质量保证金，如果工程在完工之日起1年内没有发生重大质量问题，甲公司将支付工程质量保证金。

（3）2×21年4月10日，乙公司开始对A酒店2期项目进行施工，预计合同总成本为12 000万元。2×22年因建筑材料涨价等原因，乙公司将预计合同总成本调整为18 000万元。截至2×23年9月30日，累计实际发生的工程成本为17 500万元。乙公司采用成本法确定履约进度，每年实际发生的成本中60%为建筑材料费用，其余为工资薪金支出。与该项目合同相关的资料如下：

单位：万元

项目	2×21年	2×22年	2×23年	2×24年
至年末累计实际发生成本	3 600	10 800	17 500	—
预计完成合同尚需发生的成本	8 400	7 200	—	—
年末结算合同价款	4 800	5 600	5 600	—
实际收到价款	4 000	5 500	4 900	1 600

（4）甲公司A酒店2期项目2×23年9月30日完工，达到合同约定的可使用状态，并经验收后交付使用。

其他有关资料：

（1）甲公司与乙公司无关联方关系。

（2）乙公司建造A酒店2期项目整体构成单项履约义务。

（3）乙公司单独设置"合同结算"科目对工程项目进行核算，不设置"合同资产"和"合同负债"科目。

（4）本题不考虑税费及其他因素。

要求：

(1) 分析甲公司与乙公司签订的合同属于在某一时段内履行的履约义务，还是属于在某一时点履行的履约义务，并说明理由。

(2) 计算乙公司2×22年和2×23年分别应确认的收入。

(3) 编制乙公司2×22年与履行合同义务相关的会计分录，说明乙公司因履行该合同义务确认的资产和负债在2×22年12月31日资产负债表中列示的项目名称及金额。

(4) 计算甲公司A酒店2期项目的实际成本（答案中的金额单位用"万元"表示）。

第68-73记 知识链接

143 甲股份有限公司（以下简称"甲公司"）于2×24年开始对高管人员进行股权激励。具体情况如下：

（1）2×24年1月2日，甲公司与50名高管人员签订股权激励协议并经股东大会批准。协议约定：甲公司向每名高管授予120 000份股票期权，每份期权于到期日可以8元/股的价格购买甲公司1股普通股。该股票期权自股权激励协议签订之日起3年内分三期平均行权，即该股份支付协议包括等待期分别为1年、2年和3年的三项股份支付安排。

2×24年末，如果甲公司实现的净利润较上一年度增长8%（含8%）以上，在职的高管人员持有的股票期权中每人可行权40 000份；2×25年末，如果甲公司2×24年、2×25年连续两年实现的净利润增长率达到8%（含8%）以上，在职的高管人员持有的股票期权中每人可行权40 000份；2×26年末，如果甲公司连续三年实现的净利润增长率达到8%（含8%）以上，则高管人员持有的剩余股票期权可以行权。当日甲公司估计授予高管人员的股票期权公允价值为5元/份。

（2）2×24年，甲公司实现净利润12 000万元，较2×23年增长9%，预计股份支付剩余等待期内净利润仍能够以同等速度增长。2×24年甲公司普通股平均市场价格为12元/股。2×24年12月31日，甲公司的授予股票期权的公允价值为4.5元/份。2×24年，与甲公司签订了股权激励协议的高管人员没有离职，预计后续期间也不会离职。

（3）2×25年，甲公司50名高管人员将至2×24年末到期可行权的股票期权全部行权。2×25年，甲公司实现净利润13 200万元，较2×24年增长10%。2×25年没有高管人员离职，预计后续期间也不会离职。2×25年12月31日，甲公司所授予股票期权的公允价值为3.5元/份。

其他有关资料：（1）甲公司预计2×26年没有高管人员离职。（2）甲公司2×24年1月1日发行在外普通股为5 000万股，假定各报告期未发生其他影响发行在外普通股股数变动的事项，且公司不存在除普通股外其他权益工具。

不考虑相关税费及其他因素。

要求：

(1) 确定甲公司该项股份支付的授予日；计算甲公司2×24年、2×25年就该股份支付应确认的费用金额，并编制相关会计分录。

(2) 编制甲公司高管人员2×25年就该股份支付行权的会计分录。

(3) 计算甲公司2×24年基本每股收益。

144 甲公司适用的企业所得税税率为25%，经当地税务机关批准，甲公司自2×18年2月取得第一笔生产经营收入所属纳税年度起，享受"三免三减半"的税收优惠政策，即2×18年至2×20年免交企业所得税，2×21年至2×23年减半，按照12.5%的税率交纳企业所得税。甲公司2×20年至2×24年有关会计处理与税收处理不一致的交易或事项如下：

（1）2×19年12月10日，甲公司购入一台不需要安装即可投入使用的行政管理用A设备，成本6 000万元，该设备采用年数总和法计提折旧，预计使用5年，预计无净残值。税法规定，固定资产按照年限平均法计提的折旧准予在税前扣除。

假定税法规定的A设备预计使用年限及净残值与会计规定相同。

（2）甲公司拥有一栋五层高的B楼房，用于本公司行政管理部门办公。迁往新建的办公楼后，甲公司2×24年1月1日与乙公司签订租赁协议，将B楼房租赁给乙公司使用。租赁合同约定，租赁期为3年，租赁期开始日为2×24年1月1日，年租金为240万元，于每月末分期支付。B楼房转换为投资性房地产前采用年限平均法计提折旧，预计使用50年，预计无净残值；转换为投资性房地产后采用公允价值模式进行后续计量。转换日，B楼房原价为800万元，已计提折旧为400万元，公允价值为1 300万元。2×24年12月31日，B楼房的公允价值为1 500万元。

税法规定，企业的各项资产以历史成本为基础计量；固定资产按照年限平均法计提的折旧准予在税前扣除。假定税法规定的B楼房使用年限及净残值与其转换为投资性房地产前的会计规定相同。

（3）2×24年7月1日，甲公司以1 000万元的价格购入国家同日发行的国债，款项已用银行存款支付。该债券的面值为1 000万元，期限为3年，年利率为5%（与实际利率相同），利息于每年6月30日支付，本金到期一次付清。甲公司根据其管理该国债的业务模式和该国债的合同现金流量特征，将购入的国债分类为以摊余成本计量的金融资产。

税法规定，国债利息收入免交企业所得税。

（4）2×24年9月3日，甲公司向符合税法规定条件的公益性社团捐赠现金600万元。税法规定，企业发生的公益性捐赠支出不超过年度利润总额12%的部分准许扣除，超过部分可以结转未来三年税前扣除。

其他资料如下：

第一，2×24年度，甲公司实现利润总额4 500万元。

第二，2×20年初，甲公司递延所得税资产和递延所得税负债无余额，无未确认递延所得税资产的可抵扣暂时性差异的可抵扣亏损，除上面所述外，甲公司2×20年至2×24年无其他会计处理与税收处理不一致的交易或事项。

第三，2×20年至2×24年各年末，甲公司均有确凿证据表明未来期间很可能获得足够的应纳税所得额用来抵扣可抵扣暂时性差异。

第四，不考虑除所得税以外的其他税费及其他因素。

要求：

(1) 根据资料（1），分别计算甲公司2×20年至2×24年各年A设备应计提的折旧，并填写完成下列表格。

项目	2×20年12月31日	2×21年12月31日	2×22年12月31日	2×23年12月31日	2×24年12月31日
账面价值					
计税基础					
暂时性差异					

(2) 根据资料（2），编制甲公司2×24年与B楼房转换为投资性房地产及其后续公允价值变动相关的会计分录。

(3) 根据资料（3），编制甲公司2×24年与购入国债及确认利息相关的会计分录。

(4) 根据上述资料，计算甲公司2×20年至2×23年各年末的递延所得税资产或负债余额。

(5) 根据上述资料，计算甲公司2×24年的应交所得税和所得税费用，以及2×24年末递延所得税资产或负债余额，并编制相关会计分录（答案中的金额单位用"万元"表示）。

145 甲公司为一家上市公司，相关年度发生与金融工具有关的交易或事项如下：

（1）2×23年7月1日，甲公司购入了乙公司同日按面值发行的债券50万张，该债券每张面值为100元，面值总额5 000万元，款项已以银行存款支付。根据乙公司债券的募集说明书，该债券的年利率为6%（与实际利率相同），自发行之日起开始计息，债券利息每年支付一次，于每年6月30日支付，期限为5年，本金在债券到期时一次性偿还。甲公司管理乙公司债券的目标是保证日常流动性需求的同时，维持固定的收益率。

2×23年12月31日，甲公司所持上述乙公司债券的公允价值为5 200万元（不含利息），2×24年1月1日，甲公司基于流动性需求将所持乙公司债券全部出售，取得价款5 202万元。

（2）2×24年7月1日，甲公司从二级市场购入了丙公司发行的5年期可转换债券10万张，以银行存款支付价款1 050万元，另支付交易费用15万元。根据丙公司可转换债券的募集说明书，该可转换债券每张面值为100元；票面年利率为1.5%，利息每年支付一次，于可转换债券发行之日起每满1年的当日支付；可转换债券持有人可于可转换债券发行之日满3年后第一个交易日起至到期日止，按照20元/股的转股价格将持有的可转换债券转换为丙公司的普通股。2×24年12月31日，甲公司所持上述丙公司可转换债券的公允价值为1 090万元。

（3）2×24年9月1日，甲公司向特定的合格投资者按面值发行优先股1 000万股，每股面值100元，扣除发行费用3 000万元后的发行收入净额已存入银行。根据甲公司发行优先股的募集说明书，本次发行优先股的票面股息率为5%；甲公司在有可分配利润的情况下，可以向优先股股东派发股息；在派发约定的优先股当期股息前，甲公司不得向普通股股东分派股利；除非股息支付日前12个月发生甲公司向普通股股东支付股利等强制付息事件，甲公司有权取消支付优先股当期股息，且不构成违约；优先股股息不累积；优先股股东按照约定的票面股息率分配股息后，不再同普通股股东一起参加剩余利润分配；甲公司有权按照优先股票面金额加上当期已决议支付但尚未支付的优先股股息之和赎回并注销本次发行的优先股；本次发行的优先股不设置投资者回售条款，也不设置强制转换为普通股的条款；甲公司清算时，优先股股东的清偿顺序劣后于普通债务的债权人，但在普通股股东之前。甲公司根据相应的议事机制，能够自主决定普通股股利的支付。

本题不考虑相关税费及其他因素。

要求：

(1) 根据资料（1），判断甲公司所持乙公司债券应予确认的金融资产类别，从业务模式和合同现金流量特征两个方面说明理由，并编制与购入、持有及出售乙公司债券相关的会计分录。

(2) 根据资料（2），判断甲公司所持丙公司可转换债券应予确认的金融资产类别，说明理由，并编制与购入、持有丙公司可转换债券相关的会计分录。

(3) 根据资料（3），判断甲公司发行的优先股是负债还是权益工具，说明理由，并编制发行优先股的会计分录（答案中的金额单位用"万元"表示）。

第46-47记、第49记、第51记

146　2×24年，甲公司发生的相关交易或事项如下：

（1）1月1日，甲公司以2 500万元从乙公司购入其发行的3年期资产管理计划的优先级A类资产支持证券，该证券的年收益率为5.5%，该资产管理计划系乙公司将其所有的股权投资和应收款项作为基础资产履行的资产支持证券，该证券分为优先级A类、优先级B类和次级类三种。按照发行协议的约定，优先级A类和优先级B类按固定收益率每年年初支付上一年的收益，到期偿还本金和最后一年的收益，基础资产中每年产生的现金流量，按优先级和次级顺序依次支付优先级A类、优先级B类和次级类持有者的收益。该资产管理计划到期时，基础资产所产生的现金流量按上述顺序依次偿付持有者的本金及最后一年的收益，如果基础资产产生的现金流量不足以支付所有持有者的本金及收益的，按上述顺序依次偿付。

（2）8月7日，甲公司以2 000万元购入由某银行发行的两年期理财产品，预计年收益率为6%。根据该银行理财产品合同的约定，将客户投资理财产品募集的资金投资于3A级公司债券、申购新股和购买国债。

（3）9月30日，甲公司以50 000万元购入某项可赎回私募基金投资，该私募基金投资期为15年，预期年收益率为15%，该基金主要投资科技类创业公司天使轮和A轮融资。甲公司持有该投资不是为交易目的，但在收益达到预期时会随时出售。

（4）10月1日，甲公司向特定的合格机构投资者按面值发行永续债3 000万元。根据募集说明书的约定，本次发行的永续债无期限，票面年利率为4.8%，按年支付利息；5年后甲公司可以赎回，如果不赎回，票面年利率将根据当时的基利率上浮1%，除非利息支付日前12个月发生甲公司向普通股股东支付股利等强制付息事件，甲公司有权取消支付永续债当期的利息，且不构成违约，在支付约定的永续债当期利息前，甲公司不得向普通股股东分派股利。甲公司有权按照永续债票面金额加上当期已决议支付但尚未支付的永续债利息之和赎回本次发行的永续债，本次发行的永续债不设置投资者回售条款，也不设置强制转换为普通股的条款；甲公司清算时，永续债持有者的清偿顺序劣后于普通债务的债权人，但在普通股股东之前。甲公司根据相应的议事机制，能够自主决定普通股股利的支付。

本题不考虑税费及其他因素。

要求：

(1) 根据资料（1），判断甲公司购入的优先级A类资产支持证券在初始确认时应当如何分类，并说明理由。

(2) 根据资料（2），判断甲公司购入银行理财产品在初始确认时应当如何分类，并说明理由。

(3) 根据资料（3），判断甲公司持有私募基金应确认的金融资产类别，说明理由，并编制相关会计分录。

(4) 根据资料（4），判断甲公司发行的永续债在初始确认时应当如何分类，并说明理由，编制相关会计分录。（答案中的金额单位用"万元"表示）

147 甲公司2×23年、2×24年有关股权投资的经济业务如下：

（1）2×23年1月1日，甲公司以银行存款支付13 000万元从控股股东A公司取得乙公司80%股权，并能够对乙公司实施控制，当日乙公司净资产账面价值为12 000万元，在A公司合并报表中净资产账面价值为15 000万元。乙公司系A公司多年前自集团外部购入，A公司编制合并报表时确认乙公司商誉800万元。当日，甲公司个别报表中资本公积3 000万元，盈余公积2 000万元。

（2）2×23年7月1日，甲公司与丙公司控股股东B公司达成战略框架协议，根据协议约定，甲公司收购丙公司80%股权，款项分两次支付，第一笔款项在签订协议时支付50%，第二笔款项在次年4月30日前支付。为保障甲公司的权益，在支付第一笔款项时B公司转让丙公司股权的30%，并允许甲公司向丙公司董事会派出一名董事，但在支付第二笔款项之前甲公司不享有丙公司的各项收益和表决权。双方约定2×23年7月1日为评估基准日，甲公司向B公司支付价款30 000万元取得丙公司80%。2×24年4月30日，甲公司向B公司支付剩余款项，取得丙公司控制权。

（3）2×23年12月1日，甲公司取得丁公司10%的股权，以银行存款支付购买价款1 000万元，甲公司将其指定为以公允价值计量且其变动计入其他综合收益的金融资产。至2×23年12月31日，该股权的公允价值为1 020万元。

（4）2×24年1月1日，甲公司自非关联方C公司又取得丁公司60%的股权，支付购买价款6 120万元，根据协议约定，C公司做出业绩承诺，丁公司2×24年和2×25年每年净利润要分别不低于2 000万元、2 500万元，如果未达到承诺业绩，C公司需要向甲公司支付丁公司未实现利润按甲公司持股比例部分作为补偿。当日丁公司可辨认净资产账面价值为9 500万元，其中，股本4 000万元，资本公积1 000万元，盈余公积1 500万元，其他综合收益300万元，未分配利润2 700万元；公允价值为10 000万元。差额系一台办公设备评估增值，该设备预计尚可使用5年，预计净残值为零，采用年限平均法计提折旧。甲公司在购买日通过合理预计丁公司能够完成承诺利润。

（5）2×24年7月1日，丁公司向甲公司出售一批商品，该商品成本为1 200万元，售价为1 500万元，甲公司取得后至年末已对外出售40%，款项尚未支付。丁公司根据预期信用损失计提坏账准备150万元。

（6）2×24年，丁公司实现净利润1 800万元，分派现金股利300万元，未发生其他影响所有者权益变动的事项。丁公司2×24年未完成承诺利润属于偶然事件，甲公司预计丁公司2×25年能够完成承诺利润。至年末甲公司尚未收到C公司利润补偿款。

（7）2×23年，甲公司将乙公司作为一个资产组进行减值测试，甲公司确定该资产组的可收回金额为15 500万元，合并报表中可辨认净资产的账面价值为15 200万元。

其他资料：
（1）甲公司按净利润的10%计提法定盈余公积；
（2）不考虑相关税费等其他因素。

要求：
(1) 根据资料（1）计算取得乙公司股权的入账金额，并编制会计分录。
(2) 根据资料（2）说明甲公司取得丙公司30%的会计处理，并简述理由。
(3) 根据资料（3）编制与取得及持有丁公司股权相关的会计分录。
(4) 根据资料（4）计算合并成本、合并商誉、编制取得股权投资相关会计分录。
(5) 根据上述资料，编制2×24年度甲公司与丁公司年末编制合并报表的调整与抵销分录。
(6) 根据资料（4）和（6）对于因丁公司2×24未实现承诺的利润，说明甲公司应进行的会计处理及理由，并编制相关会计分录。
(7) 根据资料（1）和（7）计算2×23年末合并报表中列报的商誉金额，并编制相关会计分录。

148 甲公司为上市公司，原持有乙公司30%股权，能够对乙公司施加重大影响。甲公司2×23年及2×24年发生的相关交易事项如下：

（1）2×23年1月1日，甲公司从乙公司的控股股东丙公司受让乙公司50%股权，受让价格为13 000万元，款项已用银行存款支付，并办理了股东变更登记手续。购买日，乙公司可辨认净资产的账面价值为18 000万元，公允价值为20 000万元（含原未确认的无形资产公允价值2 000万元），除原未确认入账的无形资产外，其他各项可辨认资产及负债的公允价值与账面价值相同，且不存在或有负债。上述无形资产系一项商标权，自购买日开始尚可使用10年，预计净残值为零，采用直线法摊销。甲公司受让乙公司50%后，共计持有乙公司80%股权，能够对乙公司实施控制。甲公司受让乙公司50%股权时，所持乙公司30%股权的账面价值为5 400万元，其中，投资成本4 500万元，损益调整870万元，其他权益变动30万元；公允价值为6 200万元。

（2）2×23年1月1日，乙公司个别财务报表中所有者权益的账面价值为18 000万元，其中，股本15 000万元，资本公积100万元，盈余公积为290万元，未分配利润2 610万元。2×23年度，乙公司个别财务报表实现净利润500万元，因其他债权投资公允价值变动产生的其他综合收益60万元。

（3）2×24年1月1日，甲公司向丁公司转让乙公司70%股权，转让价格为20 000万元，款项已经收到，并办理完成股东变更登记手续。出售日，甲公司所持乙公司剩余10%股权的公允价值为2 500万元。转让乙公司70%股权后，甲公司不能对乙公司实施控制、共同控制和重大影响，甲公司将其作为交易性金融资产核算。

其他相关资料：

（1）甲公司与丙公司、丁公司于交易发生前无任何关联方关系。甲公司受让乙公司50%股权后，甲公司与乙公司无任何关联方交易。

（2）乙公司按照净利润的10%计提法定盈余公积，不计提任意盈余公积。2×23年度及2×24年度，乙公司未向股东分派利润。

（3）不考虑相关税费及其他因素。

要求：

（1）根据资料（1），计算甲公司2×23年度个别报表中受让乙公司50%股权后长期股权投资的初始投资成本，并编制与取得该股权相关的会计分录。

（2）根据资料（1），计算甲公司2×23年度合并财务报表中因购买乙公司发生的合并成本及应列报的商誉。

（3）根据资料（1），计算甲公司2×23年度合并财务报表中因购买乙公司50%股权应确认的投资收益。

（4）根据资料（1）和（2）编制甲公司2×23年度合并资产负债表和合并利润表相关的调整及抵销分录。

（5）根据上述资料，计算甲公司2×24年度个别财务报表中因处置70%股权应确认的投资收益，并编制相关会计分录。

（6）根据上述资料，计算甲公司2×24年度合并财务报表中因处置70%股权应确认的投资收益（答案中的金额单位用"万元"表示）。

149　甲公司的产品销售政策规定，对于初次购买其生产的产品的客户，不提供价格折让；对于再次购买其生产的产品的客户，提供1%至5%的价格折让。2×23年至2×24年，甲公司发生的有关交易或事项如下：

（1）2×23年7月10日，甲公司与乙公司签订的商品购销合同约定，甲公司向乙公司销售A产品500件，甲公司应于2×23年12月10日前交付，合同价格为每件25万元。乙公司于合同签订日预付合同价格的20%。

2×23年9月12日，甲公司和乙公司对上述合同签订的补充协议约定，乙公司追加购买A产品200件，追加购买A产品的合同价格为每件24万元，甲公司应于2×23年12月20日前交付。乙公司于补充协议签订日预付合同价格的20%。

甲公司对外销售A产品每件销售价格为25万元。

2×23年12月10日，乙公司收到700件A产品并验收合格入库，剩余款项（包括增值税额）以银行存款支付。乙公司另以银行存款支付发生的运输费用200万元，增值税额18万元；发生运输保险费用20万元，增值税额1.2万元；发生入库前挑选整理费用5万元和入库后整理费用3万元。

（2）按照丙公司经营战略，丙公司拟采购一台大型机械设备。为此，丙公司通过招标，甲公司中标承接了丙公司该项目。

2×23年10月30日，甲公司与丙公司签订的大型机械设备采购合同约定，甲公司为丙公司生产一台大型机械设备并提供安装（假定该设备安装复杂，只能由甲公司提供），合同价格为15 000万元、甲公司应于2×24年9月30日前交货。2×23年11月5日，甲公司与丙公司又签订的另一份合同约定，甲公司为丙公司建造的大型机械设备在交付丙公司后，需对大型机械设备进行重大修改以实现与丙公司现有若干设备的整合，合同价格为3 000万元，甲公司应于2×24年11月30日前完成对该设备的重大修改。上述两份合同的价格均反映了市场价格。

2×23年11月10日，甲公司与丙公司签订的一份服务合同约定，甲公司在未来3年内为丙公司上述设备进行维护，合同价格为每年800万元。甲公司为其他公司提供类似服务的合同价格与该合同确定的价格相同。

设备及安装、修改整合工作按合同约定的时间完成，公司检验合格并于2×24年12月1日投入生产使用。

（3）甲公司研究开发一项新型环保技术，该技术用于其生产的产品可以大大减少碳排放量。该新型环保技术于2×24年7月1日达到预定可使用状态，其中形成无形资产的成本为1 600万元，2×24年度直接计入当期损益的研发费用为600万元。当地政府为补贴甲公司成功研发形成的无形资产，2×24年5月20日向甲公司拨付200万元补助。甲公司预计该新型环保技术形成的无形资产可使用10年，预计净残值为零，按直线法摊销。按企业所得税法规定，企业发生的研发费用加计扣除，研发费用直接计入当期损益的，按其实际发生费用加计100%在计算应纳税所得额时扣除，形成资产成本的，按实际发生成本加计100%的金额于10年、按直线法摊销的金额在计算应纳税所得额时扣除（不考虑净残值）。

其他资料：（1）甲公司和乙公司均为增值税一般纳税人。（2）上述各项合同均通过合同各方管理层批准，满足合同成立的条件。（3）甲公司销售商品适用的增值税税率为13%，适用的企业所得税税率为25%。（4）上述合同价格或销售价格均不含增值税额。（5）除上述资料（3）外，甲公司发生的其他交易或事项的会计处理与所得税法规定相同。（6）甲公司对政府补助采用总额法进行会计处理，2×24年初无形资产账面价值为零。（7）本题不考虑除增值税、企业所得税以外的其他相关税费及其他因素。

要求：

(1) 根据资料（1），判断甲公司与乙公司在原合同基础上签订的补充协议是否属于合同变更，说明会计处理方法，并阐述理由；判断甲公司确认销售A产品收入的方法、时点，并说明理由；编制与出售A产品相关的会计分录。

(2) 根据资料（1），计算乙公司购入A产品的成本总额及单位成本。

(3) 根据资料（2），判断甲公司与丙公司分别签订的三份合同是否应当合并，并说明理由；合同合并后，判断每份合同有几项履约义务，并说明理由，如合同不合并，判断每份合同有几项履约义务。

(4) 根据资料（3），判断甲公司研发新型环保技术形成的无形资产于2×24年7月1日的账面价值与计税基础的差异是否应确认递延所得税资产或递延所得税负债，并说明理由；计算该无形资产于2×24年12月31日的账面价值和计税基础；说明当地政府拨付甲公司的补助款的会计处理方法，并计算其应计入2×24年度利润总额的金额。

第68~72记、第35记 **99记** 知识链接

150 甲集团是一个从事生产加工及工程建设的综合性集团公司。2×24年，甲公司及其子公司A公司、B公司发生的相关交易或事项如下：

（1）2月20日，甲公司与乙公司签订销售合同，向其销售100件X型号产品，每件销售价格为20万元，每件生产成本为12万元。甲公司于3月25日发出X型号产品。根据销售合同约定，如甲公司销售的X型号产品存在质量问题，乙公司可在1年内退货。甲公司根据历史经验，估计该批X型号产品的退货率为8%。乙公司于3月28日收到所购X型号产品并验收入库，当日通过银行转账支付上述货款。

（2）3月15日，因存在质量问题，甲公司收到丙公司退回的10件X型号产品，并通过银行转账退回了相关款项。该退回的X型号产品是甲公司2×23年出售给丙公司200件X型号产品中的其中一部分，每件销售价格为19万元，每件生产成本为12万元。2×23年末，甲公司估计该批X型号产品的退货率为8%。2×24年3月15日，该批产品的退货期已满，除上述10件X型号产品退货外，无其他退货情况。

（3）2×24年末，甲公司本年销售给乙公司的X型号产品尚未发生退货，甲公司重新评估X型号产品的退货率为5%。

（4）5月30日，A公司与丁公司签订销售合同，向丁公司销售500件Y型号产品。根据销售合同的约定，A公司11月20日前向丁公司交付Y型号产品，销售价格总额为9 800万元；如果该批产品在1年之内发生质量问题，A公司负责免费维修，但如因丁公司保管不善或使用不当造成的损坏，A公司不提供免费维修服务；Y型号产品质保期满后，A公司可以为该批产品提供未来3年维修服务，但丁公司需另外支付维修服务费用300万元。11月5日，A公司按照合同约定发出Y型号产品，开具增

值税专用发票，并收取货款。

其他有关资料：

本题不考虑相关税费因素的影响；

要求：

(1) 根据资料（1），编制甲公司销售100件X型号产品的会计分录。

(2) 根据资料（2），编制甲公司与退回X型号产品相关的会计分录。

(3) 根据资料（3），编制甲公司与重新评估X型号产品退货率相关的会计分录。

(4) 根据资料（4），指出A公司销售Y型号产品合同附有的单项履约义务，并说明理由；计算每一单项履约义务应分摊的合同价格；说明A公司销售Y型号产品在质保期内提供的维修服务和质保期满后所提供维修服务分别应当如何进行会计处理。

第68-72记、第74-75记、第94记 **99记** 知识链接

151 甲公司股份有限公司（以下简称"甲公司"）发生以下交易或事项：

（1）2×21年2月1日，甲公司与乙公司（甲公司全资子公司）签订5年期的租赁合同，将其原自用的5 000平方米办公楼租赁给乙公司，年租金为120万元，自当日起租。甲公司该办公楼原价为1 000万元，至出租日已计提折旧400万元，未计提减值准备。出租日该办公楼的公允价值为2 000万元。

12月31日，该办公楼的公允价值为2 100万元，当日，甲公司已一次性收到当年租金120万元。

（2）2×22年2月1日，乙公司将该5 000平方米办公楼转租给丙公司（非关联方），期限为2年。当日，乙公司已一次性收取当年租金150万元。

（3）2×24年1月1日，甲公司将一台大型生产设备出售给丁公司（非关联方），售价5 500万元。该设备在交易前的原值是6 500万元，已计提折旧2 000万元，未计提减值准备。同时，合同约定甲公司将该设备回租，租赁期为5年（该设备预计尚可使用6年），年租金1 200万元，于每年年末支付。根据交易条款和条件，甲公司转让该设备符合销售条件。该设备在销售当日的公允价值为5 000万元。甲、丁公司及使用的内含年利率为5%。

其他有关资料：

（1）甲公司对投资性房地产采用公允价值模式进行后续计量。

（2）不考虑初始直接费用和增值税等其他相关因素。

（3）（P/A，5%，5）=4.3295。

要求：

(1) 根据资料（1），编制甲公司有关交易事项的会计分录。

(2) 根据资料（1），说明甲公司该办公楼在其2×21年度个别财务报表和合并财务报表中分别应当如何列报，并说明理由。

(3) 根据资料（2），判断乙公司将5 000平方米办公楼转租是经营租赁还是融资租赁，说明理由，并说明乙公司应如何进行会计处理。

(4) 根据资料（3），计算甲公司使用权资产的入账金额和与转让至丁公司权利相关的利得。

(5) 根据资料（3），确定甲公司在租赁期开始日应编制的会计分录。（答案中的金额单位以"万元"表示）

第5记、第62记、第82-85记、第95记 知识链接

152 甲公司是一家大型零售企业，其2×24年度发生的相关交易或事项如下：

（1）2×24年1月1日，甲公司与乙公司签订商业用房租赁合同，向乙公司租入A大楼一至四层商业用房用于零售经营。根据租赁合同的约定，商业用房的租赁期为10年，自合同签订之日起计算，乙公司有权在租赁期开始日5年以后终止租赁，但需向甲公司支付相当于6个月租金的违约金；每年租金为2 500万元，于每年年初支付。

如果甲公司每年商品销售收入达到或超过100 000万元，甲公司还需支付经营分享收入100万元；租赁到期后，甲公司有权按照每年2 500万元续租5年；租赁结束移交商业用房时，甲公司需将商业用房恢复至最初乙公司交付时的状态。同日，甲公司向乙公司支付第一年租金2 500万元。为获得该项租赁，甲公司向房地产中介支付佣金40万元。

甲公司在租赁期开始日经评估后认为，其可以合理确定将行使续租选择权；预计租赁期结束商业用房恢复最初状态将发生成本60万元。甲公司对租入的使用权资产采用年限平均法自租赁期开始日计提折旧，预计净残值为零。

（2）2×24年4月1日，经过三个月的场地整理和商品准备，甲公司在租入的A大楼一至四层开设的B商场正式对外营业。甲公司采用三种方式进行经营，第一种是自行销售方式，即甲公司从供应商处采购商品并销售给顾客；第二种是委托代销方式，即甲公司接受供应商的委托销售商品，并按照销售收入的一定比例收取费用；第三种是租赁柜台方式，即甲公司将销售商品的专柜租赁给商户经营，并每月收取固定的费用。

根据委托销售合同的约定，甲公司接受委托代销供应商的商品，供应商应当确保所提供的商品符合国家标准，代销商品的价格由供应商确定，在甲公司商场中的售价不得高于所在城市其他商场中相同商品的价格。供应商应指派促销员在甲公司商场内负责代销商品的销售服务工作，妥善保管其在甲公司商场内的代销商品，并承担因保管不善及不可抗力而造成的一切风险和损失；

供应商负责做好代销商品的售后服务工作，并承担因代销商品所引起的所有法律责任；代销商品的货款由甲公司收银台负责收取，发票由甲公司负责对外开具，每月末甲公司与供应商核对无误后，将扣除应收代销费用后的金额支付给供应商，供应商应按甲公司代销商品收入的10%向甲公司支付代销费用。

在租赁柜台方式下，甲公司与商户签订3年的租赁协议，将指定区域的专柜租赁给商户，商户每月初按照协议约定的固定金额支付租金；商户在专柜内负责销售甲公司指定类别的商品，但具体销售什么商品由商户自己决定；商户销售商品的货款由甲公司收银台负责收取，发票由甲公司负责对外开具，每月末甲公司与商户核对无误后，将款项金额支付给商户。甲公司2×24年度应向商户收取的租金800万元已全部收到。

2×24年度，甲公司的B商场通过自行销售方式销售商品85 000万元，相应的商品成本73 000万元；通过委托销售方式销售商品26 000万元，相应的商品成本21 000万元；通过出租柜台方式销售

商品16 000万元，相应的商品成本13 000万元。

（3）甲公司的B商场自营业开始推行一项奖励积分计划。根据该计划，客户在B商场每消费100元（不包括通过委托销售方式和出租柜台销售的商品）可获得1积分，每个积分从次月开始在购物时可以抵减1元。截至2×24年12月31日，甲公司共向客户授予奖励积分850万个；客户共兑换了450万个积分。根据甲公司其他地区商场的历史经验，甲公司估计该积分的兑换率为90%。

其他有关资料：

第一，甲公司无法确定租赁内含利率，其增量借款利率为6%。

第二，年金现值系数：（P/A，6%，15）=9.7122，（P/A，6%，14）=9.2950，（P/A，6%，10）=7.3601，（P/A，6%，9）=6.8017；

复利现值系数：（P/F，6%，15）=0.4173，（P/F，6%，14）=0.4423，（P/F，6%，10）=0.5584，（P/F，6%，9）=0.5919。

第三，本题不考虑税费及其他因素。

要求：

(1) 根据资料（1），判断甲公司租入A大楼一至四层商业用房的租赁期，并说明理由。

(2) 根据资料（1），计算甲公司的租赁付款额及租赁负债的初始入账金额。

(3) 根据资料（1），计算甲公司使用权资产的成本，并编制相关会计分录。

(4) 根据资料（1），计算甲公司2×24年度使用权资产的折旧额。

(5) 根据资料（1），计算甲公司2×24年度租赁负债的利息费用，并编制相关会计分录。

(6) 根据资料（2），判断甲公司在委托销售方式下是主要责任人还是代理人，并说明理由。

(7) 根据资料（2），判断甲公司转租柜台是否构成一项租赁，并说明理由。

(8) 根据资料（2），判断甲公司转租柜台是经营租赁还是融资租赁，并说明理由。

(9) 根据资料（2），编制甲公司2×24年度委托销售和租赁柜台方式下确认收入的会计分录。

(10) 根据资料（2）和（3），计算甲公司2×24年度自行销售方式下商品和奖励积分应分摊的交易价格，并编制确认收入和结转已销商品成本的会计分录。

153 甲公司是一家上市公司，为建立长效激励机制，吸引和留住优秀人才，制定和实施了限制性股票激励计划。甲公司发生的与该计划相关的交易或事项如下：

（1）2×21年1月1日，甲公司实施经批准的限制性股票激励计划，通过定向发行股票的方式向20名管理人员每人授予50万股限制性股票，每股面值1元，发行所得款项8 000万元已存入银行，限制性股票的登记手续已办理完成。甲公司以限制性股票授予日公司股票的市价减去授予价格后的金额确定限制性股票在授予日的公允价值为12元/股。

上述限制性股票激励计划于2×21年1月1日经甲公司股东大会批准。根据该计划，限制性股票的授予价格为8元/股。限制性股票的限售期为授予的限制性股票登记完成之日起36个月，激励对象获授的限制性股票在解除限售前不得转让、用于担保或偿还债务。限制性股票的解锁期为12个月，自授予的限制性股票登记完成之日起36个月后的首个交易日起，至授予的限制性股票登记完成之日起48个月内的最后一个交易日当日止。

解锁期内，同时满足下列条件的，激励对象获授的限制性股票方可解除限售：激励对象自授予的限制性股票登记完成之日起工作满3年；以上年度营业收入为基数，甲公司2×21年度、2×22年度及2×23年度3年营业收入增长率的算术平均值不低于30%。限售期满后，甲公司为满足解除限售条件的激励对象办理解除限售事宜，未满足解除限售条件的激励对象持有的限制性股票由甲公司按照授予价格回购并注销。

（2）2×21年度，甲公司实际有1名管理人员离开，营业收入增长率为35%。甲公司预计2×22年度及2×23年度还有2名管理人员离开，每年营业收入增长率均能够达到30%。

（3）2×22年5月3日，甲公司股东大会批准董事会制定的利润分配方案，即以2×21年12月31日包括上述限制性股票在内的股份45 000万股为基数，每股分派现金股利1元，共计分派现金股利45 000万元。根据限制性股票激励计划，甲公司支付给限制性股票持有者的现金股利可撤销，即一旦未达到解锁条件，被回购限制性股票的持有者将无法获得（或需要退回）其在等待期内应收（或已收）的现金股利。

2×22年5月25日，甲公司以银行存款支付股利45 000万元。

（4）2×22年度，甲公司实际有1名管理人员离开，营业收入增长率为33%。甲公司预计2×23年度还有1名管理人员离开，营业收入增长率能够达到30%。

（5）2×23年度，甲公司没有管理人员离开，营业收入增长率为31%。

（6）2×24年1月10日，甲公司对符合解锁条件的900万股限制性股票解除限售，并办理完成相关手续。

2×24年1月20日，甲公司对不符合解锁条件的100万股限制性股票按照授予价格予以回购，并办理完成相关注销手续。在扣除已支付给相关管理人员股利100万元后，回购限制性股票的款项700万元已以银行存款支付给相关管理人员。

其他有关资料：本题不考虑相关税费及其他因素。

要求：

(1) 根据资料（1），编制甲公司与定向发行限制性股票相关的会计分录。

(2) 根据上述资料，计算甲公司2×21年度、2×22年度及2×23年度因限制性股票激励计划分别应予确认的损益，并编制甲公司2×21年度相关的会计分录。

(3) 根据上述资料，编制甲公司2×22年度及2×23年度与利润分配相关的会计分录。

(4) 根据资料（6），编制甲公司解除限售和回购并注销限制性股票的会计分录（答案中的金额单位用"万元"表示）。

154 2×23年和2×24年，甲公司多次以不同方式购买乙公司股权，实现对乙公司的控制。并整合两家公司的业务以实现协同发展，发生的相关交易或事项如下：

（1）2×23年3月20日，甲公司通过二级市场以1 810万元的对价购买100万股乙公司股票，持有乙公司5%的股权，不能对其施加重大影响，作为一项长期战略投资，甲公司将其指定为以公允价值计量且其变动计入其他综合收益的金融资产。2×23年3月20日，乙公司股票的每股公允价值为18元。2×23年3月5日，乙公司宣告发放现金股利，每10股获得现金股利1元，除权日为2×23年3月25日。2×23年12月31日，乙公司股票的每股公允价值为25元。

（2）2×24年4月30日，甲公司与乙公司大股东签署协议以协议方式受让乙公司股票1 400万股。受让价格为42 000万元，并办理了股权过户登记手续，款项已通过银行存款支付。当日，乙公司股票的每股公允价值为30元。交易完成后，甲公司共持有乙公司股票1 500万股，持有乙公司75%的股权，实现对乙公司的控制。

2×24年4月30日，乙公司净资产账面价值为6 000万（其中：股本2 000万元，资本公积2 000万元，盈余公积1 000万元，未分配利润1 000万元）。可辨认净资产公允价值为6 400万元，两者差异的原因是乙公司的一项品牌使用权，其账面价值为1 000万元，公允价值为1 400万元，该品牌预计尚可使用20个月，按直线法摊销，预计净残值为零。

（3）收购乙公司后，甲公司董事会2×24年5月通过决议整合甲公司和乙公司业务，批准甲、乙公司之间实施如下交易：

①乙公司将一项已经完工并计入存货的房地产出售给甲公司作为商业地产出租经营，该房地产的账面价值为5 000万元，出售价格为8 000万元。

②甲公司将其生产的一批设备出售给乙公司作为管理用固定资产，该批设备的账面价值为1 400万元，销售价格为2 000万元。

2×24年6月20日，上述交易完成，并办理价款支付和产权过户手续。甲公司将从乙公司取得的商业地产对外出租，将其分类为投资性房地产，采用公允价值模式进行后续计量，2×24年6月20日和2×24年12月31日，该房地产公允价值分别为8 000万元和8 500万元。乙公司将从甲公司购入的设备作为管理用固定资产入账并投入使用，预计使用10年，预计净残值为零，采用年限平均法计提折旧。除上述交易外，甲公司与乙公司之间未发生其他交易或事项。

（4）为了向整合后的业务发展提供资金，2×24年6月甲公司发行可转换公司债券60万份，该债券面值为100元，期限3年，票面年利率为6%，利息于每年末付息，每份债券发行后的任何时间转换为10份普通股，甲公司发行债券时，二级市场上与之类似按面值发行但没有转股权的债券的市场利率为9%。

2×24年6月20日，甲公司发行可转换公司债券的申请得到批复，6月30日，甲公司成功按面值发行可转换公司债券办理完毕相关发行登记手续，筹集的资金存入专户管理。

其他资料：

（1）（P/F，9%，3）=0.7722，（P/A，9%，3）=2.5313

（2）甲公司按实现净利润的10%计提法定盈余公积，不计提任意盈余公积。

（3）本题不考虑相关税费及其他因素。

要求：

(1) 根据资料（1），计算甲公司2×23年3月20日取得乙公司股权的初始入账金额，并编制甲公司2×23年取得及持有乙公司股权相关的会计分录。

(2) 根据资料（2），判断甲公司增持乙公司股权时，是否对甲公司个别财务报表损益产生影响，并说明理由；编制甲公司个别财务报表中与增持乙公司股权相关的会计分录。

（3）根据资料（1）、（2）和（3），计算甲公司购买乙公司所产生的合并商誉金额，并编制甲公司2×24年合并财务报表相关的抵销或调整分录。

（4）根据资料（4），计算甲公司所发行可转换公司债券在初始确认时权益成分的金额以及2×24年应确认的利息费用，并编制相关会计分录。

第56记、第48记、第59记、第63记、第64记、第61记、第27记 **99记** 知识链接

番外篇

同学们能够坚持到现在这个阶段，真的不容易，你非常棒，辛苦了！同时，留给你们的时间也越来越少了，回想一下在3月初开始学习时，每个人都那么雄心壮志，而你的可贵之处在于将这份决心坚持到了今天，我真心希望你们都成为今年顺利通关的"分子"。当然，也有一部分同学因为这样或那样的原因前期没有"时间"复习，现在是最后一次机会，你们一定要把握住。

我曾经也是一名注会考生，我深知注会的复习过程是枯燥的、艰辛的且身边的人还有可能不理解你，这个过程只有自己亲身经历过，才知道其中的滋味。但是，我想和你们说的是，此时此刻回忆2024年备考的全程，是不是会心一笑——自己"熬"过来了！我想，在考试结束后、查询分数后，再来回顾这段属于你自己独有的"历史"，你会感觉无比宝贵，注会学习不仅仅是学习专业知识，也锻炼了你的意志力和规划能力，因此，到时候你更会感谢今天努力的自己。

我们现在所做的一切准备，都是希望同学们在考场上能够诸事顺利。但是，我也需要提醒同学们，即使你复习得再全面，也有可能在考场上遇到盲点，特别是注会会计科目一定会有实务案例；而这些案例大概率是你的薄弱点，这个时候就是在比拼"谁能稳得住"。你始终要记得你的目标是顺利通过考试，即使个别题目不会做，也不要紧，更不要打乱你的答题思路，保证绝大多数题目的准确率才最关键所在。

最后，我想和大家说，努力过就无怨无悔，千言万语，尽在不言中。同学们，加油，祝今年必过！

比谁都渴望你能够通过的会计老师：

2024 CPA

会 计

注册会计师考试辅导用书·冲刺飞越

斯尔教育 组编

答案与解析

北京理工大学出版社
BEIJING INSTITUTE OF TECHNOLOGY PRESS

版权专有　侵权必究

图书在版编目（CIP）数据

冲刺飞越. 会计 : 全2册 / 斯尔教育组编. -- 北京:
北京理工大学出版社, 2024.5
注册会计师考试辅导用书
ISBN 978-7-5763-4024-2

Ⅰ.①冲… Ⅱ.①斯… Ⅲ.①会计学—资格考试—自
学参考资料 Ⅳ.①F23

中国国家版本馆CIP数据核字(2024)第101119号

责任编辑：申玉琴	文案编辑：申玉琴
责任校对：刘亚男	责任印制：边心超

出版发行 / 北京理工大学出版社有限责任公司
社　　址 / 北京市丰台区四合庄路6号
邮　　编 / 100070
电　　话 /（010）68944451（大众售后服务热线）
　　　　　（010）68912824（大众售后服务热线）
网　　址 / http://www.bitpress.com.cn
版 印 次 / 2024年5月第1版第1次印刷
印　　刷 / 三河市中晟雅豪印务有限公司
开　　本 / 787mm×1092mm　1/16
印　　张 / 23.25
字　　数 / 590千字
定　　价 / 45.50元（全2册）

图书出现印装质量问题，请拨打售后服务热线，负责调换

目录

必刷客观题　答案与解析

第一模块　基础必拿40分 ··· 1

第二模块　突破提升50分 ·· 28

第三模块　不必纠结10分 ·· 49

必刷主观题　答案与解析

第一模块　基础必拿40分 ·· 51

第二模块　突破提升50分 ·· 60

必刷客观题答案与解析

第一模块　基础必拿40分

一、单项选择题

1	D	2	C	3	D	4	C	5	A
6	B	7	A	8	B	9	D	10	C
11	A	12	B	13	A	14	C	15	B
16	C	17	B	18	B	19	A	20	A
21	B	22	D	23	D	24	A	25	B
26	D	27	B	28	C	29	B	30	C
31	D	32	A	33	D	34	C	35	A
36	A	37	B	38	B	39	D	40	D

二、多项选择题

41	ABCD	42	ABC	43	AB	44	ABC	45	AB
46	ACD	47	ABD	48	BC	49	AD	50	BD
51	BC	52	ACD	53	ABCD	54	ACD	55	ABCD
56	CD	57	AC	58	ABD	59	ABCD	60	ACD
61	BCD	62	ABC	63	CD	64	AD	65	ABD

66	AB	67	ACD	68	BD	69	AD	70	AD
71	ABD	72	ABCD	73	BD	74	ABCD	75	BCD
76	ABC

一、单项选择题

1 斯尔解析▶ **D** 本题考查中国注册会计师职业道德。内容包括诚信、客观公正、独立性、专业胜任能力和勤勉尽责、保密、良好职业行为，选项D当选；选项A不当选，违背客观公正的职业道德要求；选项B不当选，违背独立性的职业道德要求；选项C不当选，违背保密原则的职业道德要求。

2 斯尔解析▶ **C** 本题考查的是会计信息质量要求中谨慎性的具体应用。谨慎性要求企业不应高估资产或者收益、低估负债或者费用，企业将未来预计发生的质量保修费用确认预计负债，因尚未实际发生，但根据不低估负债的要求，满足负债确认条件时将其确认为负债体现谨慎性要求，选项C当选，选项ABD不当选。

3 斯尔解析▶ **D** 本题考查存货成本的计算。2×24年12月31日，甲公司100件存货账面价值=100×5=500（万元）；当日，存货的可变现净值=100×4.5=450（万元），应确认存货跌价准备50万元；因甲公司按月计提存货跌价准备，2×25年1月31日，存货的可变现净值=100×4.4=440（万元），本月应计提存货跌价准备10万元（450-440）；2×25年2月28日，存货的可变现净值=100×4.8=480（万元），符合存货跌价准备转回的条件，存货的账面价值为当日可变现净值，即480万元，甲公司销售该批存货时，应当按照480万元结转主营业务成本，选项D当选，选项ABC不当选。

4 斯尔解析▶ **C** 本题考查固定资产初始入账金额的计算。建造期间发生的工程物料盘亏损失和采矿结束后环境恢复预计支出应计入矿井成本，因此，2×24年末甲公司上述矿井的成本=5 000+3 000+100+200=8 300（万元），选项C当选；选项A不当选，建筑施工费误按实际支付乙公司账款计入成本，且未考虑建设期间发生的工程物资盘亏；选项B不当选，未考虑建设期间发生的工程物资盘亏；选项D不当选，建筑施工费误按实际支付乙公司账款计入成本。

5 斯尔解析▶ **A** 本题考查固定资产的后续支出。固定资产发生资本化后续支出时，应将相关固定资产的账面价值（含原计提的固定资产减值准备）转入在建工程，并停止计提折旧，存在被替换资产的，需要将替换资产的账面价值从在建工程中扣除，选项A当选，选项CD不当选；根据《企业会计准则解释第15号》的规定，固定资产试运行产出的产品对外销售，应分别确认收入并结转成本，而非冲减固定资产入账成本，选项B不当选。

应试攻略

对于固定资产达到预定可使用状态前产出的产品或副产品对外销售（以下简称"试运行销售"）的会计处理，在《企业会计准则解释第15号》中进行了重新修订，同学们需要尤为关注：

第一，对试运行相关的收入和成本分别进行会计处理，计入当期损益，不应将试运行销售相关收入抵销相关成本后的净额冲减固定资产成本；

第二，测试固定资产可否正常运转（即是否符合其技术和物理性能）而产出的产品或副产品，属于固定资产达到预定可使用状态前的必要支出，应计入固定资产成本。

上述规定对于自行研发的无形资产也同样适用。

6 **斯尔解析** ▶ **B** 本题考查的是固定资产资本化后续支出的会计处理。生产线计提折旧的时间为2×16年1月至2×23年12月，2×24年1月起不再计提折旧，所以，生产线已计提折旧8年，更新改造前生产线账面价值=5 000-5 000/20×8=3 000（万元）；更新改造时被替换装置的账面价值=800-800/20×8=480（万元），更新改造后生产线的入账价值=更新改造前固定资产账面价值-被替换部件账面价值+更新改造支出=3 000-480+（1 000+80+400）=4 000（万元），选项B当选；选项A不当选，误将改造过程中产生的进项税额计入固定资产入账金额（甲公司为增值税一般纳税人）；选项C不当选，无法通过计算得出此答案；选项D不当选，误按固定资产原值与人工费用和工程物资合计作为入账金额。

7 **斯尔解析** ▶ **A** 本题考查无形资产摊销金额的计算。2×24年1月1日~2×24年6月30日期间应当计提的摊销金额=（200-20）/4×6/12=22.5（万元），2×24年6月30日无形资产账面价值=200-（200-20）/4×2.5（2×22年1月1日~2×24年6月30日）=87.5（万元）；会计估计变更后，2×24年7月1日~2×24年12月31日期间应当计提的摊销=（87.5-40）/1.5×6/12=15.83（万元）。综上，甲公司2×24年度无形资产摊销金额=22.5（2×24年1月1日~2×24年6月30日）+15.83（2×24年7月1日~2×24年12月31日）=38.33（万元），选项A当选，选项B不当选；选项C不当选，误按扣除净残值20万元后在4年内摊销；选项D不当选，误按原值在4年内摊销。

8 **斯尔解析** ▶ **B** 本题考查的是投资性房地产的会计处理。出租人提供免租期的，出租人应将租金总额在不扣除免租期的整个租赁期内，按直线法或其他合理的方法进行分配，免租期内应当确认租金收入，所以，甲公司2×24年应确认租金收入=应收租金总额÷租赁期限×时间权重=60×（5×12-3）/5×6/12=342（万元），选项A不当选；企业对某项投资性房地产进行改扩建等再开发行为，且将来仍作为投资性房地产的，在再开发期间应继续将其作为投资性房地产，再开发期间不计提折旧或摊销，选项B当选，选项D不当选；与投资性房地产有关的后续支出，满足投资性房地产确认条件的，应将其资本化，计入投资性房地产成本，选项C不当选。

9 **斯尔解析** ▶ **D** 本题考查土地增值税的会计处理。企业交纳的土地增值税通过"应交税费——应交土地增值税"科目核算。转让固定资产或在建工程的土地使用权及地上建筑物，转让时应交纳的土地增值税，借记"固定资产清理"科目"在建工程"科目，贷记"应交税费——应交土地增值税"科目，选项D当选；兼营房地产业务的企业，在项目全部竣工结算前转让房地产取得的收入，按税法规定预交的土地增值税，借记"应交税费——应交土地增值税"科目，贷记"银行存款"等科目，选项A不当选；应由当期收入负担的土地增值税，借记"税金及附加"科目，贷记"应交税费——应交土地增值税"科目，选项B不当选；该项目全部竣工、办理结算后进行清算，收到退回多交的土地增值税，借记"银行存款"等科目，贷记"应交税费——应交土地增值税"科目，选项C不当选。

10 **斯尔解析** C 本题考查的是职工薪酬的会计处理，本题为否定式提问。为高管租入住房属于非货币性职工福利，应作为职工薪酬核算，选项A不当选；带薪休假属于带薪缺勤，应作为职工薪酬核算，选项B不当选；为员工垫付购房款项应作为其他应收款核算，不属于职工薪酬，选项C当选；支付员工经济补偿属于辞退福利，应作为职工薪酬核算，选项D不当选。

11 **斯尔解析** A 本题考查的是借款费用的范围，本题为否定式提问。发行股票支付的承销商佣金及手续费属于权益性融资费用，在发生时应冲减"资本公积——股本溢价"科目，溢价不足冲减的冲减留存收益，不属于借款费用，选项A当选；承租人租赁使用权资产发生的融资费用属于借款费用，选项B不当选；各项形式的借款利息均属于借款费用，包括以咨询费的名义向银行支付的借款利息，选项C不当选；因外币借款而发生的汇兑差额属于借款费用，选项D不当选。

12 **斯尔解析** B 本题考查的是一般借款利息资本化金额的计算。因为甲公司2×24年度购建生产线占用了一般借款，甲公司尚有两笔一般借款，所以应先计算一般借款资本化率=（2 000×5.5%+3 000×4.5%）/（2 000+3 000）×100%=4.9%，其中，"（2 000×5.5%+3 000×4.5%）"为所占用一般借款当期实际发生的利息之和，"（2 000+3 000）"为所占用一般借款本金加权平均数，一般借款累计资产支出加权平均数=（1 800+1 600−3 000）×10/12+2 000×4/12=1 000（万元），其中，"（1 800+1 600−3 000）×10/12"为累计支出超过专门借款部分占用一般借款的金额与时间权重，累计支出=1 800+1 600=3 400（万元），专门借款3 000万元，超过部分400万元，"2 000×4/12"为9月1日占用一般借款的金额与时间权重。一般借款利息资本化金额=1 000×4.9%=49（万元），选项B当选；选项A不当选，误将2×24年借入的一般借款年利率作为一般借款资本化率；选项C不当选，误将2×23与2×24年借入一般借款年利率的平均利率作为一般借款资本化率；选项D不当选，误将2×23年借入的一般借款年利率作为一般借款资本化率。

13 **斯尔解析** A 本题考查的是借款费用的会计核算。在计算应付利息时，应当按合同约定本金和利率计算确定，选项A当选；2×23年10月1日，同时满足资产支出已经发生、借款费用已经发生、为使资产达到预定可使用或者可销售状态所必要的购建或者生产活动已经开始，资本化的时点为2×23年10月1日，选项B不当选；专门借款利息资本化金额应当以专门借款当期实际发生的利息费用，减去尚未动用闲置资金收益的金额确定，选项C不当选；购建或生产符合资本化条件的资产达到预定可使用或者可销售状态时应停止资本化，2×24年10月31日办公楼达到预定可使用状态，应停止资本化，所以，资本化期间为2×23年10月1日至2×24年10月31日，选项D不当选。

14 **斯尔解析** C 本题考查的是借款费用计算。2×24年1月1日为借款日，2×24年4月1日为开工日和资产支出日，同时满足借款费用开始资本化条件的日期为2×24年4月1日，甲公司借入专门借款，无须考虑资产支出情况，所以，2×24年为建造该大型设备应予以资本化的借款费用=2 000×4%×9/12−（2.5−0.5）=58（万元），选项C当选；选项A不当选，误从2×24年1月1日开始计算借款利息费用资本化金额；选项B不当选，误以投入的工程款以及时间为权重"（500×4%×9/12+700×4%×6/12+400×4%×3/12）"计算借款利息资本化金额；选项D不当选，误以实际支付的工程款"（500+700+400）"为基础计算借款利息资本化金额。

应试攻略

借款费用资本化金额的计算，是每年注会考试中计算型客观题的常考点，在计算时，需要关注以下情形：

（1）确定借款费用资本化期间，即主要关注开始资本化、暂停资本化以及停止资本化的时间点。

（2）辨别相关活动占用的借款类型。

仅占用专门借款应予以资本化的利息金额=发生在资本化期间的专门借款全部利息费用−闲置专门借款的利息收益。

提示：

①无须考虑资金占用金额，只要是在资本化期间，全部应予以资本化；

②若存在闲置资金产生的理财收益，则需要予以扣除；

③若为外币借款，则相关的本金和利息的汇兑差额在满足条件时可以资本化。

仅占用一般借款应予以资本化的利息金额=累计资产支出超过专门借款部分的资产支出加权平均数×所占用一般借款的资本化率

提示：

①上述中"加权平均数"的"权"指的是相关一般借款占用的时间权重；

②一般借款的资本化率可以简单理解为是一般借款的加权平均利率；

③占用多少，多少资本化；占用多长时间，多长时间资本化；

④若为外币借款，仅有其在占用期间产生的借款利息可以资本化，其本金和利息的汇兑差额不能资本化。

（3）既有专门借款，也有一般借款。

在计算资本化利息金额时，应当遵循"先专门，后一般"的原则。

15 **斯尔解析** B 本题考查的是所有者权益转入损益的范围。股本溢价系企业收到投资者出资超过其在股本中份额的部分，股本溢价未来可以转增资本，但不能转入损益，选项A不当选；现金流量套期工具产生的利得或损失中，属于有效套期的部分计入其他综合收益，套期终止时将其转入当期损益，选项B当选；直接指定的非交易性权益工具投资公允价值变动额计入其他综合收益，该项金融工具终止确认时，持有期间累计确认的其他综合收益转入留存收益，选项C不当选；发行可转换公司债券在初始确认时，应将权益成分计入其他权益工具，在转股时将其转入股本和资本公积，选项D不当选。

16 【斯尔解析】 C 本题综合考查无形资产摊销与减值的会计处理。2×24年与无形资产有关的业务对利润的影响包括累计摊销和减值准备。（1）摊销对2×24年利润总额的影响计算如下：2×22年12月31日，无形资产账面价值=600−600/6×3/12=575（万元）；2×23年12月31日，计提减值准备前无形资产的账面价值=575−600/6=475（万元），计提100万元减值准备后，无形资产账面价值=475−100=375（万元）；该无形资产剩余摊销期限=6×12−3−12=57（月），2×24年应计提摊销金额=375/57×12=78.95（万元），计入管理费用，导致利润总额减少；（2）减值对2×24年利润总额的影响计算如下：2×24年12月31日，考虑本期应计提减值前无形资产账面价值=375−78.95=296.05（万元）；无形资产可收回金额以公允价值减去处置费用后的净额与预计未来现金流量的现值孰高计量，无形资产可收回金额为200万元，无形资产应计提减值金额=296.05−200=96.05（万元），计入资产减值损失，导致利润总额减少。综上，对利润总额的影响金额=78.95+96.05=175（万元），选项C当选，选项ABD不当选。

17 【斯尔解析】 B 本题考查的是资产组减值的计算。2×24年1月1日，合并报表中确认商誉的金额=合并成本−应享有被投资方可辨认净资产公允价值份额=1 800−2 500×60%=300（万元）。2×24年12月31日，完全商誉的金额=300/60%=500（万元），乙公司包含完全商誉的资产组账面价值=2 600+500=3 100（万元），可收回金额为2 700万元，则乙公司资产组发生减值的金额=3 100−2 700=400（万元），因完全商誉为500万元，所以减值金额全部冲减商誉，不涉及其他资产减值。合并利润表中应当列报的是归属于甲公司承担的减值的部分400×60%=240（万元），选项B当选，选项C不当选；选项A不当选，未按完全商誉计算资产账面价值且未按母公司持股比例确认减值损失金额；选项D不当选，未按母公司持股比例确认减值损失金额。

应试攻略

关于商誉减值金额计算的考查，在近几年属于热门考点，也是属于实务中的热点话题，特别是2021年的注会会计考试，将商誉的减值测试与合并财务报表的调整抵销分录等进行了综合考查，因此对于商誉减值测试的相关问题，需要引起各位同学们的重视。

（1）仔细审题很重要，一定要注意题目所述为"控股合并"还是"吸收合并"；

（2）关于"控股合并"形成商誉的减值测试按以下步骤计算：

第一步，计算合并形成的商誉价值。

第二步，将合并报表中的商誉价值恢复为完全商誉价值。

第三步，计算包含完全商誉的资产组账面价值。包含完全商誉的资产组账面价值=子公司可辨认净资产账面价值+完全商誉价值。

第四步，比较包含完全商誉的资产组账面价值和可收回金额，确认减值金额。

结果A，确认减值金额=完全商誉金额，无须特殊处理，直接冲减商誉价值，即最终合并报表中的商誉金额为0；

结果B，确认减值金额>完全商誉金额，先冲减商誉价值（即合并报表中的商誉金额为0），再按照资产组内其他资产账面价值比例分摊剩余减值金额；

结果C，确认减值金额<完全商誉金额，合并报表中应确认的商誉减值金额=确认减值金额×母公司持股比例。

需要说明的是，上述三种结果其实内在逻辑一致，即切记合并报表中仅体现归属于母公司的商誉价值，在确认减值时，母公司和少数股东要做到"有难同当"，即按比例确认商誉减值金额。

18　**斯尔解析** ▶ **B**　本题考查的是政府补助与收入的判断。政府补助是指企业从政府无偿取得货币性资产或非货币性资产，其形式主要包括：政府对企业的无偿拨款、税收返还、财政贴息，以及无偿给予非货币性资产等。本题中，甲公司从国外进口丙材料按照固定价格销售给生产企业，然后从政府获得差价属于甲公司的日常经营方式，并构成丙材料销售对价的一部分，不符合政府补助的无偿性特征，不应当作为政府补助进行处理，选项AD不当选；选项C不当选，政府与企业之间也不属于投资与被投资关系；应将其作为收入进行处理，选项B当选。

19　**斯尔解析** ▶ **A**　本题考查的是政府补助的会计处理。退回的增值税额应作为与收益相关的政府补助，并于收到时确认为其他收益，选项A当选；为当地政府开发的交通管理系统取得的价款是与政府互惠性交易，应执行收入准则，不属于政府补助，选项B不当选；当地政府给予的开发高新技术设备补助款作为与资产相关的政府补助，在收到时应计入递延收益，并随资产使用年限进行摊销，于2×24年应摊销计入其他收益的金额为100/10×3/12=2.5（万元），选项C不当选；通常情况下，直接减征、免征、增加计税抵扣额、抵免部分税额等不涉及资产直接转移的经济资源，不属于政府补助，选项D不当选。

20　**斯尔解析** ▶ **A**　本题考查的是政府补助的会计处理。事项（1），属于与收益相关的政府补助，直接计入当期损益（其他收益）；事项（2），企业从政府取得的经济资源，与企业销售商品或提供劳务等活动密切相关，且来源于政府的经济资源是企业商品或服务的对价或者是对价的组成部分，应当按照《企业会计准则第14号——收入》的规定进行会计处理，不属于政府补助；事项（3），增值税出口退税不属于政府补助；事项（4）属于与收益相关的政府补助，直接计入当期损益（营业外收入）。综上，甲公司应当作为政府补助确认并计入2×24年度损益的金额=50+100=150（万元），选项A当选；选项B不当选，误将出口退税款计入政府补助，但未将政府赈灾补贴款计入政府补助；选项C不当选，未将赈灾补贴计入政府补助；选项D不当选，误将限价补贴款计入政府补助，未将政府奖励奖金计入政府补助。

21　**斯尔解析** ▶ **B**　本题考查的是政府补助的会计处理。收到政府拨付的房屋补助款或用于新型设备的款项属于与资产相关的政府补助，需要区分采用总额法还是净额法核算，如果采用总额法核算，收到的政府补助应当先确认为递延收益，待到房屋或新型设备达到预定可使用状态开始计提折旧时，将相关政府补助的摊销计入其他收益，选项AD不当选；收到先征后返的增值税应确认为与收益相关的政府补助，应计入其他收益，选项B当选；收到政府追加的投资应作为政府投入资本（所有者权益）进行核算，选项C不当选。

22 〖斯尔解析〗 D 本题考查的是政府补助的会计处理。财政将贴息资金直接拨付给受益企业，在这种方式下，由于企业先按照同类贷款市场利率向银行支付利息，所以实际收到的借款金额通常就是借款的公允价值，企业应当将对应的贴息冲减相关借款费用，属于按照净额法进行会计处理，选项A不当选；总额法下相关资产在使用寿命结束时或结束前被处置，尚未分摊的递延收益余额应当一次性转入资产处置当期损益，不再予以递延，选项B不当选；综合性项目政府补助同时包含与资产相关的政府补助和与收益相关的政府补助，企业需要将其进行分解并分别进行会计处理；难以区分的，企业应当将其整体归类为与收益相关的政府补助进行处理，选项C不当选；同类或类似政府补助业务只能选用一种方法，同时，企业对该业务应当一贯地运用该方法，不得随意变更，即<u>企业可以对不同的业务分别采用总额法和净额法分别进行会计处理</u>，选项D当选。

应试攻略

从近些年考试来看，对政府补助的考查热度有所上升，但考点也比较固定，主要包括但不限于以下几种情形：

（1）政府补助的判断。

需要关注直接减征、免征、增加计税抵扣额、抵免部分税额等不涉及资产直接转移的经济资源，不属于政府补助。

对于当期直接减免的增值税，借记"应交税费——应交增值税（减免税款）"科目，贷记"其他收益"科目，注意，直接减免的增值税不属于政府补助。

（2）政府补助对损益的影响（总额法）。

政府补助分类	与资产相关	与收益相关
影响损益的事项	（1）收到的政府补助随着资产使用寿命等进行的摊销，计入其他收益； （2）相关资产在达到预定可使用状态后计提的折旧/摊销； （3）相关资产处置时，产生的处置损益计入资产处置损益或营业外收支，剩余递延收益一次性转入其他收益或营业外收入	（1）若为补偿已发生成本或费用的，在收到时一次性计入当期损益（其他收益/营业外收入）； （2）若为补偿以后期间成本费用的，其在后续期间发生的摊销计入当期损益（其他收益/营业外收入）

23 [斯尔解析] D 本题考查的是外币折算的计算。2×23年3月10日，甲公司购入乙公司股票，指定为以公允价值计量且其变动计入其他综合收益的金融资产（权益工具投资指定为第二类金融资产就是其他权益工具投资），初始入账金额=（5×20+1）×6.6=666.6（万元人民币），选项B不当选；其他权益工具投资出售时，应将处置价款与其账面价值的差额计入留存收益，原计入其他综合收益的金额转入留存收益，2×24年2月5日，甲公司出售其他权益工具投资时确认留存收益=8×20×6.8-（666.6+161.4）=260（万元人民币），原计入其他综合收益的161.4万元人民币转入留存收益，选项A不当选；其他权益工具投资公允价值变动及汇兑差额均计入其他综合收益，2×23年12月31日，甲公司应确认其他综合收益=6×20×6.9-666.6=161.4（万元人民币），选项C不当选，选项D当选。

甲公司应编制的会计分录为：

（1）2×23年3月10日

借：其他权益工具投资——成本　　　　　　　　666.6
　　贷：银行存款　　　　　　　　　　　　　　　　　　666.6

（2）2×23年12月31日

借：其他权益工具投资——公允价值变动　　　　161.4
　　贷：其他综合收益　　　　　　　　　　　　　　　　161.4

（3）2×24年2月5日

借：银行存款　　　　　　　（8×20×6.8）1 088
　　贷：其他权益工具投资——成本　　　　　　　　　　666.6
　　　　　　　　　　　　——公允价值变动　　　　　　161.4
　　　　盈余公积、利润分配——未分配利润　　　　　　260

借：其他综合收益　　　　　　　　　　　　　　161.4
　　贷：盈余公积、利润分配——未分配利润　　　　　　161.4

24 [斯尔解析] A 本题考查外币合并财务报表折算的会计处理。归属于少数股东的外币报表折算差额应在"少数股东权益"项目列示，选项A当选；外币货币性项目以母公司或子公司的记账本位币反映，应在抵销长期应收应付项目的同时，将其产生的汇兑差额转入"其他综合收益"项目，选项BC不当选；外币货币性项目以母、子公司的记账本位币以外的货币反映，应将母、子公司此项外币货币性项目产生的汇兑差额相互抵销，差额转入"其他综合收益"项目，选项D不当选。

25 [斯尔解析] B 本题考查的是非货币性资产交换的判断。甲公司以一批产成品交换乙公司一台汽车，属于以存货换取其他企业固定资产，甲公司应执行收入准则，不执行非货币性资产交换准则，选项A不当选；甲公司持有联营企业丙公司20%股权属于非货币性资产，乙公司原材料属于非货币性资产，以联营企业股权交换原材料，属于非货币性资产交换，执行非货币性资产交换准则，选项B当选；甲公司以专利权交换乙公司非专利技术的交易中，由于补价比例超过25%，不属于非货币性资产交换，不执行非货币性资产交换准则，选项C不当选；甲公司以持有的丁公司其他债权投资交换乙公司办公用房，甲公司应执行金融工具准则，选项D不当选。

26. **斯尔解析** D 本题考查的是非货币性资产交换准则的会计处理。甲公司换出存货适用收入准则中的非现金对价的相关规定，不执行非货币性资产交换准则，应以换入股权的公允价值确认收入，按照机器设备账面价值结转成本，不影响资产处置损益，选项AB不当选；丙公司应以换出股权的公允价值计算换入机器设备的成本，并将换出股权的公允价值与账面价值之间的差额计入投资收益，选项C不当选，选项D当选。

27. **斯尔解析** B 本题考查的是债务重组中债务人的会计处理。债务人以日常活动产出的商品或服务清偿债务的，应当将所清偿债务账面价值与存货等相关资产账面价值之间的差额，计入其他收益，甲公司应确认的其他收益=清偿债务的账面价值-转让资产的账面价值（含增值税销项税额）=600-［（400-50）+500×13%］=185（万元），选项B当选；选项A不当选，误以抵债商品的公允价值（含增值税额）与债务账面价值的差额作为确认其他收益金额；选项C不当选，误以抵债商品的公允价值和账面价值的差额作为确认其他收益金额；选项D不当选，误以抵债商品的账面余额和债务账面价值的差额作为确认其他收益金额。甲公司应编制的会计分录为：

借：应付账款　　　　　　　　　　　　　600
　　存货跌价准备　　　　　　　　　　　 50
　贷：库存商品　　　　　　　　　　　　　　400
　　　应交税费——应交增值税（销项税额）　65
　　　其他收益　　　　　　　　　　　　　　185

> **应试攻略**
>
> 　　从近年考情分析，债务重组仍具有一定的可考性。2021年，财政部会计准则委员会还就该准则发布了一系列实施问答，并且相关问题在2021年考试中有所考查。因此本章中所涉及的部分内容还需要引起同学们重视，现为大家总结如下：
> 　　(1) 关于债务重组定义的理解。
> 　　①债务重组强调"不改变交易对手方"的情况下进行的交易；
> 　　②债务重组不强调"债务人发生财务困难"的背景；
> 　　③债务重组无须考虑"债权人是否做出让步"。
> 　　(2) 关于债务重组的范围。
> 　　①若通过债务重组形成企业合并（即债务人以股权投资清偿债务或将债务转为自身权益工具），在合并报表层面，适用《企业合并》准则相关规定；
> 　　②若债务重组构成权益性交易的，适用权益性交易有关会计处理规定，债权人和债务人不能确认构成权益性交易的债务重组相关损益。

（3）债务重组的会计处理。

情形	债权人会计处理	债务人会计处理
金融资产	金融资产以公允价值计量，金融资产的确认金额与债权终止确认日账面价值的差额，计入投资收益	将债务的账面价值与偿债金融资产账面价值的差额，计入投资收益
非金融资产	①放弃债权的公允价值与相关税费之和作为受让资产的入账成本； ②放弃债权的公允价值与账面价值的差额，计入投资收益	债务的账面价值与转让资产账面价值的差额，无须区分资产处置损益和债务重组损益，直接计入其他收益
债务转为权益工具	同债权人受让金融资产的会计处理	①债务人初始确认权益工具时，应首选权益工具的公允价值计量，（若无法可靠计量，按照所清偿债务的公允价值计量）； ②清偿债务账面价值与权益工具确认金额的差额，计入投资收益

28 **斯尔解析** C 本题考查应交税费项目在资产负债表的填列。企业因转让商品收到的预收款适用新收入准则进行会计处理时，不再使用"预收账款"、"递延收益"等，选项B不当选；企业尚未向客户履行转让商品的义务而已收或应收客户对价中的增值税部分，不符合合同负债的定义，不应确认为合同负债，选项A不当选；已收货款中含待转销项税额的，在资产负债表中"其他流动负债"或"其他非流动负债"项目列示，选项C当选，选项D不当选。

29 **斯尔解析** B 营业利润=12 000（营业收入）–8 000（营业成本）–100（税金及附加）+320（公允价值变动收益）–820（资产减值损失）=3 400（万元），选项B当选（增值税属于价外税，不影响营业利润，其他债权投资公允价值变动计入其他综合收益，不影响营业利润，报废专利技术净损失计入营业外支出，不影响营业利润）；选项A不当选，误将其他债权投资公允价值变动计入营业利润；选项C不当选，未将交易性金融资产公允价值变动计入营业利润；选项D不当选，未将交易性金融资产公允价值变动计入营业利润，且误将其他债权投资公允价值变动计入营业利润。

30 **斯尔解析** C 本题考查的是关联方的判断，本题为否定式提问。甲公司能够控制乙公司，乙公司是丁公司的合营方，甲公司和丁公司构成关联方，选项A不当选；乙公司和丙公司同受甲公司控制，构成关联方，己公司是丙公司的合营企业，与丙公司构成关联方，所以，乙公司和己公司构成关联方，选项B不当选；戊公司和庚公司系受同一关联方（乙公司和丙公司）重大影响的企业之间不构成关联方，选项C当选；丙公司和乙公司同受甲公司控制，乙公司对戊公司具有重大影响，属于关联方关系，所以，丙公司和戊公司构成关联方关系，选项D不当选。

提示：

本题构成关联方关系的公司包括：

甲公司和乙公司，甲公司和丙公司，甲公司和丁公司，甲公司和戊公司，甲公司和己公司，甲公司和庚公司，乙公司和丙公司，乙公司和丁公司，乙公司和戊公司，乙公司和己公司，乙公司和庚公司，丙公司和己公司，丙公司和庚公司，丙公司和丁公司，丙公司和戊公司，丁公司和己公司，丁公司和戊公司，丁公司和庚公司，己公司和戊公司，己公司和庚公司。

不构成关联方关系的包括：戊公司和庚公司。

题干所述关系可参照下图进行理解：

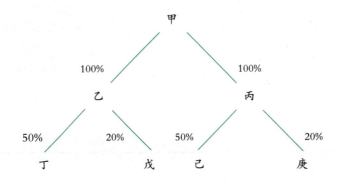

其中，"100%"代表母子公司关系；"50%"代表合营企业关系；"20%"代表联营企业关系。

31 斯尔解析▶ D 本题考查的是可转债的会计处理。甲公司在发行可转换公司债券时应确认的其他权益工具金额=发行价格–负债成分公允价值=100.5×1 000–100 150=350（万元），因可转换公司债券的转换应确认资本公积（股本溢价）的金额=转股日负债成分的账面价值+其他权益工具–股本金额=100 050+350–1 000×4=96 400（万元），选项D当选；选项A不当选，误将权益成分的公允价值作为转股时资本公积的确认金额；选项B不当选，误将转股的股本金额确认为资本公积；选项C不当选，未将权益工具公允价值结转至资本公积。

甲公司应编制的会计分录为：

借：应付债券——可转换公司债券（账面价值）　　100 050
　　其他权益工具　　　　　　　　　　　　　　　　350
　　贷：股本　　　　　　　　　　　　　　　　　　　　　4 000
　　　　资本公积——股本溢价　　　　　　　　　　　　96 400

> **应试攻略**
>
> 对于可转换公司债券的考查,近两年的热度有所上升。在考试时,需要做的就是区分发行方还是投资方的会计处理。
> 首先,从发行方的角度需要关注的核心问题。
> (1) 初始确认时负债成分及权益成分入账价值的确定;
> (2) 转股时对资本公积的影响;
> (3) 利息是否参与转股;
> (4) 对稀释每股收益的影响;
> 其次,从投资方的角度需要关注的核心问题。
> 可转换公司债券通过嵌入转股权(衍生工具),企业获得的收益在基本借贷安排的基础上,会产生基于其他因素变动的不确定性。企业将可转换公司债券作为一个整体进行评估,由于可转换公司债券不符合本金加利息的合同现金流量特征,企业持有的可转换公司债券投资应分类为以公允价值计量且其变动计入当期损益的金融资产。

32 【斯尔解析】 **A** 本题考查的是基本每股收益的计算。甲公司合并乙公司为同一控制下企业合并,分母股数无须考虑时间权重,分子应将归属于母公司部分计入合并净利润中,即扣除少数股东损益后的余额。甲公司合并报表中基本每股收益=[6 500−2 500×(1−80%)]÷(32 000+8 000)=0.15(元/股),选项A当选,选项BCD不当选。

33 【斯尔解析】 **D** 本题考查的是稀释每股收益稀释作用的判断,本题为否定式提问。对于盈利企业,发行的购买价格低于当期普通股平均市场价格的认股权证和股票期权,具有稀释性,选项AB具有稀释性,不当选;对于盈利企业,持有可转换债券的增量股每股收益小于当期基本每股收益的,具有稀释性,选项C具有稀释性,不当选;股东增资对企业净利润及发行在外普通股股数无影响,不具有稀释性,选项D当选。

34 【斯尔解析】 **C** 本题考查承诺回购普通股对稀释每股收益的影响。因签订远期回购合同,企业应调整增加的普通股股数=(回购价格×承诺回购的普通股股数÷当期普通股平均市场价格−承诺回购的普通股股数)×时间权重=(300×6/5−300)×10/12=50(万股),2×24年甲公司稀释每股收益=600/(1 500+50)=0.39(元/股),选项C当选,选项ABD不当选。
提示:在选取普通股平均市场价格时应当保持与回购协议所在时间段一致。

> **应试攻略**
>
> 每股收益的计算(含基本每股收益和稀释每股收益)属于每年的必考点,同时也是同学们在考试时的必拿分考点。对每股收益的考查属于每年为数不多的计算型客观题考点之一,考查方式较为固定,主要包括:
> (1) 稀释每股收益的计算。
> 对企业基本每股收益具有稀释性影响的因素主要包括:可转换公司债券、认股权证、股份期权、限制性股票及企业承诺回购其股份,请同学们参照99记篇相关知识点链接进行强化记忆。

（2）每股收益在列报期间的重新计算。

企业需要重新计算列报期间每股收益的情形包括：企业派发股票股利；公积金转增资本；拆股或并股等；配股；对以前年度损益进行追溯调整或追溯重述的。

需要说明的是，在重新计算每股收益时，无须考虑上述事项发生的时间，即全部按照12个月进行计算。

35 斯尔解析 ▶ **A** 本题考查的是持有待售在报表中的列报。母公司出售部分股权，丧失对子公司控制权，但仍能施加重大影响的，应当在母公司个别报表中将拥有的子公司股权整体划分为持有待售类别，在合并财务报表中将子公司的所有资产和负债划分为持有待售类别分别进行列报，选项A当选，选项BCD不当选。

36 斯尔解析 ▶ **A** 本题考查的是持有待售在报表中的列报。甲公司出售其子公司股权，对子公司丧失控制权，在甲公司个别报表中应将对子公司投资整体划分为持有待售类别，在合并报表中将子公司所有资产和负债划分为持有待售类别，选项A当选，选项D不当选；转让业务所涉及的资产组满足划分为持有待售条件，甲公司应将该资产组中所涉及的固定资产和无形资产在个别报表中列示为"持有待售资产"，选项B不当选；拟转让业务所涉及的资产组的公允价值减去出售费用高于账面价值的差额不作会计处理，选项C不当选。

37 斯尔解析 ▶ **B** 本题考查的是资产划分为持有待售类别后的列报。该固定资产2×24年6月30日划分为持有待售固定资产前的账面价值=1 000−1 000/10×6.5=350（万元），其中"6.5"为已计提折旧年限，即从2×18年1月1日至2×24年6月30日，2×24年6月30日划分为持有待售固定资产的公允价值减去出售费用后的金额=320−5=315（万元），固定资产被划分为持有待售类别时，按以上两者孰低计量，即按照315万元计量，选项B当选；选项A不当选，未考虑出售费用；选项C不当选，误按固定资产账面价值减去出售费用后的净额列报；选项D不当选，误按固定资产的账面价值列报。

应试攻略

对于持有待售非流动资产、处置组的考查，频率并不高，但是其可能会结合长期股权投资、合并财务报表等内容在综合题中进行考查，所以同学们还是有必要在该考点下功夫，以避免丢分。

持有待售准则主要适用于固定资产、无形资产、以成本模式计量的投资性房地产、长期股权投资等资产。

在复习时应着重关注的问题主要包括：

（1）持有待售类别的分类原则；

（2）持有待售的长期股权投资的列报；

（3）持有待售类别在不同时点的计量等问题。

38 斯尔解析▶ **B** 本题考查的是会计政策变更的判断。事项（1）和（2），因管理金融资产业务模式发生变化，将金融资产由以摊余成本计量的金融资产重分类为以公允价值计量且其变动计入当期损益的金融资产，以及将投资性房地产转换为无形资产，均属于本期发生的交易或者事项与以前相比具有本质差别而采用新的会计政策，不属于会计政策变更，选项CD不当选；事项（3），执行新收入准则，将收入确认时点的判断标准由以风险报酬转移变更为以控制权转移，针对相同的交易或事项由原来的政策变更为新政策，属于会计政策变更，选项B当选；事项（4），改变低值易耗品的摊销方法属于对不重要的交易或事项采用新的会计政策，不属于会计政策变更，选项A不当选。

39 斯尔解析▶ **D** 本题考查的是会计估计变更的会计处理。固定资产折旧年限的改变属于会计估计变更，采用未来适用法进行会计处理，选项A不当选；会计估计变更按照未来适用法处理，应在变更当期（2×24年4月30日）及以后期间确认，选项B不当选；固定资产折旧年限的变更并不是因为原会计估计有错误，所以，不应作为前期差错更正处理，选项C不当选；甲公司购入新办公楼按最新可利用的信息预计其使用年限属于会计估计，是对新购入资产的会计估计，新办公楼从购置之初预计使用寿命为40年，不存在变更，不属于会计估计变更，选项D当选。

40 斯尔解析▶ **D** 本题考查资产负债表日后调整事项。甲公司资产负债表日后期间为2×24年1月1日至4月1日，上述资料均发生于资产负债表日后期间（第一步）。甲公司签订购买子公司的协议并完成股权过户登记手续、发行新股、以及所在存货市场价格下跌等会对财务报表产生有利或不利影响（第二步），但是在2×23年12月31日并不存在（第三步），属于非调整事项，选项ABC不当选；甲公司发现重要前期差错会对财务报表产生有利或不利影响（第二步），且该事项在2×23年12月31日已经存在（第三步），属于调整事项，选项D当选。

二、多项选择题

41 斯尔解析▶ **ABCD** 本题考查的是实质重于形式原则的应用。未持有权益主体在法律形式上不能纳入合并范围，但合并应当以控制为基础（经济实质为控制），所以将能够控制的结构化主体纳入合并范围体现实质重于形式，选项A当选；优先股从法律形式上属于权益工具，但根据合同条款（经济实质）将其分类为负债，体现实质重于形式，选项B当选；商业承兑汇票出售从法律形式上应终止确认，但根据合同条款（附追索权）不满足终止确认条件，将其作为质押贷款（经济实质）体现实质重于形式，选项C当选；企业接受的非控股股东现金捐赠等单方面利益输送，其经济实质属于非控股股东的资本性投入，将其确认为资本公积，体现实质重于形式，选项D当选。

应试攻略

在考查"实质重于形式"原则时，同学们请重点关注考试中出现的"指鹿为马"的现象（形式为"马"，实质为"鹿"），在考试中经常涉及的具体交易或事项包括：

(1) 合并范围的确定（例如"小股合并"）；
(2) 金融负债与权益工具的区分（例如"名债实股"）；

(3) 分期付款购买固定资产；

(4) 具有重大融资成分的收入确认；

(5) 附有追索权的票据贴现；

(6) 控股股东或非控股股东的债务豁免。

42 **斯尔解析** ABC 本题综合考查具体会计核算。事项（1），甲公司拟出售对乙公司的股权投资，但乙公司的法人主体并未注销，满足持续经营的基本假设，因此乙公司的财务报表应按持续经营假设对会计要素进行确认、计量和报告，选项C当选；事项（2），由于漏记的费用金额仅占2×23年净利润的0.2%而无须调整2×23年财务报表，是重要性的体现，选项B当选；事项（3），甲公司根据其商业惯例，即使在合同或法律规定中没有相应的条款，但提供产品质量保证，属于一项推定义务，选项A当选；事项（4），甲公司未经法院最终判决的诉讼事项，应按或有事项准则要求，按照需承担赔偿责任的最佳估计数确认预计负债，甲公司对该事项未进行会计处理，不符合及时性要求，选项D不当选。

43 **斯尔解析** AB 本题考查的是存货计量的会计处理。生产设备发生的日常维修费用、季节性停工期间生产车间发生的停工损失应当计入存货成本，选项AB当选；企业在采购入库后发生的仓储费用，应计入当期损益，但在生产过程中为使存货达到下一个生产阶段所必需的仓储费用计入存货加工成本，选项C不当选；在生产过程中发生的超定额废品损失，属于非正常消耗的直接材料、直接人工及制造费用，应计入当期损益，选项D不当选。

44 **斯尔解析** ABC 本题考查存货的期末计量。由于企业持有存货的目的不同（如用于后续生产产品或直接对外出售），确定存货可变现净值的计算方法也不同，因此企业在确定存货的可变现净值时，应考虑持有存货的目的，选项A当选；确定存货可变现净值时，应当以资产负债表日取得最可靠的证据估计的售价为基础，资产负债表日至财务报告批准报出日之间存货售价发生波动的，如有确凿证据表明其对资产负债表日存货已经存在的情况提供了新的或进一步的证据，则在确定存货可变现净值时应当予以考虑，否则不应予以考虑，选项B当选，选项D不当选；如果企业持有存货的数量少于销售合同订购数量，实际持有与该销售合同相关的存货应以销售合同所规定的价格作为可变现净值的计算基础，选项C当选。

45 **斯尔解析** AB 本题考查的是分期购买无形资产的会计核算。2×23年1月1日确认无形资产=400×4.3295=1 731.8（万元），选项C不当选；2×23年财务费用增加=长期应付款期初摊余成本×实际利率=1 731.8×5%=86.59（万元），选项A当选；2×23年12月31日长期应付款摊余成本=1 731.8+86.59−400=1 418.39（万元），选项D不当选；2×24年财务费用增加=［1 731.8−（400−86.59）］×5%=70.92（万元），选项B当选。

甲公司应编制的会计分录为：

2×23年：

借：无形资产　　　　　　　　　　　　　　　1 731.8

　　未确认融资费用　　　　　　　　　　　　268.2

　　贷：长期应付款　　　　　　　　　　　　　　　　2 000

借：财务费用	86.59	
贷：未确认融资费用		86.59
借：长期应付款	400	
贷：银行存款		400

2×24年：

借：财务费用	70.92	
贷：未确认融资费用		70.92
借：长期应付款	400	
贷：银行存款		400

46 〔斯尔解析〕 **ACD** 本题考查无形资产的会计处理。研发支出1 500万元中，允许资本化的开发支出1 000万元形成无形资产，研究支出500万元全部计入管理费用，选项D当选；培训费用计入管理费用，选项A当选；新产品宣传推广费用计入销售费用，选项C当选；申请新产品专利发生支出是使无形资产达到预定用途所发生的必要支出，计入资产成本，选项B不当选。

47 〔斯尔解析〕 **ABD** 本题考查的是投资性房地产的会计核算。资料（1），甲公司对投资性房地产采用公允价值模式后续计量，2×24年末出租厂房应以1 650万元计量，选项C不当选；资料（2）和资料（3），将非投资性房地产转为公允价值模式后续计量的投资性房地产，公允价值小于账面价值的差额计入公允价值变动损益，公允价值大于账面价值的差额计入其他综合收益，选项AB当选；资料（4）存在免租期的情形下，出租人应当在不扣除免租期的租赁期内分摊租赁收入，所以每月应当确认的收入金额为540÷12=45（万元），选项D当选。

48 〔斯尔解析〕 **BC** 本题考查的是增值税的会计核算。小规模纳税人将自产的产品分配给股东、视同销售货物计算缴纳的增值税应记入"应交税费——应交增值税"科目，不构成销售成本，选项A不当选；一般纳税人当期直接减免的增值税，应借记"应交税费——应交增值税（减免税款）"科目，贷记"其他收益"科目，选项B当选；一般纳税人月终计算当月应交或未交的增值税，通过"应交税费——未交增值税"科目核算，选项C当选；小规模纳税人采用简易计税方法核算应缴纳的增值税，通过"应交税费——应交增值税"科目核算，选项D不当选。

49 〔斯尔解析〕 **AD** 本题考查的是职工薪酬的会计核算。企业以其生产的产品作为非货币性福利提供给职工的，应当按照该产品的公允价值（而非成本）和相关税费，计量应计入成本费用的职工薪酬金额，选项A当选；企业应当将满足条件的利润分享计划确认相关的应付职工薪酬，并计入当期损益或者相关资产成本，而不作利润分配处理，选项B不当选；甲公司向职工提供累积带薪缺勤，甲公司应在职工提供了服务从而增加其未来享有的带薪缺勤权利时，确认与累积带薪缺勤相关的职工薪酬，并以累积未行使权利而增加的预期支付金额计量，甲公司应确认的职工薪酬为10×（9-7）×300/10 000=0.6（万元），并计入当期损益（管理费用），选项C不当选，选项D当选。

50 〔斯尔解析〕 **BD** 本题考查的是职工薪酬会计处理，本题为否定式提问。企业为职工提供的非货币性福利应以其公允价值进行计量，选项A不当选；以本企业生产的产品作为福利提供给职工的，属于非货币性福利，应该按照相关产品的公允价值计量职工薪酬，选项B当选；因辞退福利而确认的职工薪酬，应当计入管理费用，无须按照辞退对象进行分摊，选项D当选；重新计量设定受益计划净负债或净资产而产生的变动计入其他综合收益，选项C不当选。

51 **斯尔解析** ▶ **BC** 本题考查的是其他综合收益重分类计入损益的范围。外币报表折算差额在未来处置境外投资时可以将其转入当期损益，选项A不当选；重新计量设定受益计划相关的其他综合收益以后期间不可转入当期损益，选项B当选；指定为以公允价值计量且其变动计入当期损益的金融负债因企业自身信用风险的变动形成的其他综合收益以后期间应转入留存收益，选项C当选；其他债权投资公允价值变动形成其他综合收益的，在其处置时可以转入当期损益，选项D不当选。

52 **斯尔解析** ▶ **ACD** 本题综合考查资本公积的核算内容。同一控制下企业合并中支付的合并对价账面价值小于取得净资产账面价值的差额计入资本公积，选项A当选；存货转换为采用公允价值模式计量的投资性房地产时，转换日公允价值大于账面价值的差额计入其他综合收益，选项B不当选；母公司在不丧失控制权的情况下部分处置对子公司的长期股权投资应作为权益性交易，处置价款大于处置长期股权投资相对应享有子公司自购买日开始持续计算净资产份额的差额，应计入资本公积，选项C当选；<u>因联营企业接受新股东的资本投入，投资方仍采用权益法核算时应享有联营企业净资产份额发生变动的部分应计入资本公积</u>，选项D当选。

> **应试攻略**
>
> 从近些年的考试来看，对于"所有者权益"内容的考查越来越灵活，包括但不限于以下几种形式：
> （1）单纯考其他综合收益的重分类问题；
> （2）综合所有者权益相关项目考查能否重分类至损益；
> （3）考查权益工具与金融负债重分类问题等。
> 在复习时，请同学们关注99记篇相关内容进行汇总，并提升举一反三能力。

53 **斯尔解析** ▶ **ABCD** 本题考查的是资产减值的会计处理。事项（1），对于尚未达到预定可使用状态的无形资产，由于其价值具有较大的不确定性，应当每年年末进行减值测试，选项D当选；事项（2），以前报告期间的计算结果表明，资产可收回金额显著高于其账面价值，之后又没有发生消除这一差异的交易或者事项的，资产负债表日可以不重新估计该资产的可收回金额，选项A当选；事项（3），资产的公允价值减去处置费用后的净额与资产预计未来现金流量的现值，只要有一项超过了资产的账面价值，就表明资产没有发生减值不需再估计另一项金额，选项C当选；事项（4），资产的公允价值减去处置费用后的净额如果无法可靠估计的，应当以该资产预计未来现金流量的现值作为其可收回金额，选项B当选。

54 **斯尔解析** ▶ **ACD** 本题考查的是资产组减值的计算。2×23年末，预计资产组的未来现金流量现值为4 000万元、公允价值减去处置费用后的净额为4 100万元，资产组的可收回金额以上述两者孰高计量，即4 100万元，其账面价值为5 500万元，2×23年末应确认的减值金额合计为1 400万元（5 500-4 100），选项B不当选；首先冲减资产组中包含的商誉金额为300万元，选项C当选；其次冲减资产组中其他资产减值1 100万元，商誉计提减值准备后的账面价值为零（300-300），商誉减值准备一经计提不得转回，2×24年末商誉的账面价值为0，选项D当选；甲公司资产组中均为非金融长期资产，减值准备一经计提不得转回，2×24年资产组的账面价值为3 800万元，选项A当选。

55 【斯尔解析】 **ABCD** 本题考查的是外币交易的会计处理。对于以成本与可变现净值孰低计量的存货，如果其可变现净值以外币确定，则在确定存货的期末价值时，应先将可变现净值折算为记账本位币，再与以记账本位币反映的成本进行比较，选项A当选；企业为购建或生产符合资本化条件的资产而借入的专门借款为外币借款时，在借款费用资本化期间内，相关本金和利息的汇兑差额应当予以资本化，选项B当选；以外币计价的交易性金融资产，期末应将公允价值按当日的即期汇率折算为记账本位币金额，再与原记账本位币金额进行比较，差额计入公允价值变动损益，选项C当选；企业收到投资者以外币投入的资本，应采用交易日即期汇率折算，不得使用合同约定汇率或即期汇率的近似汇率，选项D当选。

56 【斯尔解析】 **CD** 本题考查的是汇率变动的会计处理，本题为否定式提问。应收账款属于外币货币性项目，因汇率变动产生的汇兑差额计入财务费用，选项A不当选；债券投资产生的应收利息属于外币货币性项目，因汇率变动产生的汇兑差额计入财务费用，选项B不当选；外币衍生金融负债通过"交易性金融负债"科目核算，其汇率变动导致的汇兑差额应计入公允价值变动损益，选项C当选；已指定的外币非交易性权益工具投资由于汇率变动导致的汇兑差额应计入其他综合收益，选项D当选。

57 【斯尔解析】 **AC** 本题考查的是外币合并财务报表折算的会计处理。外币货币性项目以母公司或子公司的记账本位币反映，应在抵销长期应收应付项目的同时，将其产生的汇兑差额转入"其他综合收益"项目，选项A当选，选项D不当选；外币货币性项目以母、子公司的记账本位币以外的货币反映，应将母、子公司此项外币货币性项目产生的汇兑差额相互抵销，差额转入"其他综合收益"项目，选项B不当选；归属于少数股东的外币报表折算差额应在"少数股东权益"项目列示，选项C当选。

58 【斯尔解析】 **ABD** 本题考查的是外币报表折算汇率的选择。企业收到投资者以外币投入的资本，采用交易日即期汇率折算，选项A当选；以公允价值计量且其变动计入其他综合收益的金融资产（资产类项目）采用资产负债表日即期汇率折算，选项B当选；资产负债表中未分配利润项目在折算时是多个汇率累积的金额，没有固定汇率折算，其来源于各年实现的净利润经过提取、分配后的余额，选项C不当选；盈余公积应按当年实现的净利润提取，而净利润属于利润表数据，利润表可以采用按照系统合理的方法确定的、与交易发生日即期汇率近似汇率折算（平均汇率），选项D当选。

应试攻略

外币折算相关考点，在每年的考试中必然会涉及一个题目，有可能是客观题，也有可能是主观题（2020年曾考查计算分析题），考试逻辑很固定，因此该考点应属各位同学必拿分考点。在复习时一定要能够区分究竟是考查外币交易的会计处理，还是考查外币财务报表折算的处理，当然，这两者也是同学们在复习时最容易混淆的，先帮同学们总结如下：

（1）外币交易，重点在"交易"。

从考试来看，外币交易一般都是以人民币作为记账本位币的公司发生的以外币计价或者结算的交易。可能是买入（卖出）商品或劳务、借入（借出）货币资金、接受外币投资等。因此，在外币交易中可能会涉及货币性项目，也可能会涉及非货币性项目。

（2）外币财务报表折算，重点在"报表"。

外币财务报表强调的是将企业境外经营的财务报表折算为以企业记账本位币反映的财务报表，折算要求如下：

资产负债表：

①资产、负债项目：采用资产负债表日的即期汇率折算；

②所有者权益（除未分配利润）：采用发生时的即期汇率折算；

③当期计提的盈余公积采用与利润表项目一致的汇率折算。

利润表：

①收入、费用项目：交易发生日的即期汇率或期汇率的近似汇率折算；

②其他：按照确定好的收入、费用项目金额计算而得。

产生的外币财务报表折算差额，在编制合并财务报表时，列示为"其他综合收益"项目。

（3）记账本位币发生变更。

记账本位币发生变更时，应采用变更当日的即期汇率将所有项目折算，不产生汇兑差额。（该考点基本每年都会涉及，需要重点关注）

59 斯尔解析 **ABCD** 本题考查的是非货币性资产交换的判断，本题为否定式提问。事项（1），以原材料抵偿应付账款，一方面应付账款不属于非货币性资产，另一方面交换中涉及货币资金比例为30%，第三是换出资产为存货，因此该事项不适用非货币性资产交换准则，选项A当选；事项（2），以持有的对子公司的股权投资换取对联营企业的投资，应适用企业合并和合并财务报表准则，选项B当选；事项（3），银行承兑汇票（核算时用应付票据科目）不属于资产，以其支付租金不适用非货币性资产交换准则，选项C当选；事项（4），自身普通股不属于资产，以其取得乙公司60%股权，不适用非货币性资产交换准则，选项D当选。

60 斯尔解析 **ACD** 本题考查的是非货币性资产交换的会计处理。事项（1），甲公司以其拥有50年使用权的土地换取丙公司持有的乙公司40%股权，属于以无形资产交换对联营企业的长期股权投资,应按《非货币性资产交换》准则进行会计处理,选项A当选;事项(2),丙公司发行自身权益工具属于丙公司的所有者权益,以其换取甲公司生产线,不适用《非货币性资产交换》准则,选项B不当选;甲公司换出土地使用权账面价值与公允价值之间的差额,确认资产处置损益,选项C当选;丙公司应当按照换出乙公司40%股权的公允价值计量换入土地使用权的成本,选项D当选。

应试攻略

在复习该考点时,请同学们着重关注以下考点:

(1)识别选项中的货币性资产。

货币性资产是指企业持有的货币资金和收取固定或可确定金额的货币资金的权利;主要包括:现金、银行存款、应收账款和应收票据等。

(2)判断相关交易是否属于非货币性资产交换。

判断一项交易是否为非货币性资产交换交易属于近两年的热门考点,基本上每年都会以客观题进行考查,在判断时,请同学们关注以下几点:

①从非货币性资产交换的定义判断;

②交换属于企业间的互惠转让;

③交换过程中可能会涉及少量的货币性资产(即补价);

④从自身角度出发进行判断;

⑤反向排除法(即关注不属于非货币性资产交换的事项)。

61 【斯尔解析】 **BCD** 本题考查债务重组中债权人的会计处理。甲公司作为债权人在该项债务重组协议中受让金融资产和非金融资产,对于金融资产,应当按照金融工具确认和计量准则的相关规定进行处理,对于受让的非金融资产,应当在债务重组合同生效日(2×24年10月12日)的公允价值比例,对放弃债权在合同生效日的公允价值扣除受让金融资产当日公允价值后的净额进行分配,并以此来确认受让的非金融资产的入账成本。甲公司在该项重组交易中应确认的应收票据入账价值为债务重组日的公允价值,即120万元,选项B当选;丙产品入账价值=放弃债权的公允价值−合同生效日受让金融资产的公允价值−增值税进项税额=1 024−120−8×100×13%=800(万元),选项CD当选;甲公司应确认的债务重组收益=放弃债权的公允价值−债权的账面价值=1 024−(1 200−240)=64(万元),选项A不当选。甲公司债务重组日的会计分录为:

借:应收票据　　　　　　　　　　　　　　　　　120
　　库存商品　　　　　　　　　　　　　　　　　800
　　应交税费——应交增值税(进项税额)　(800×13%)104
　　坏账准备　　　　　　　　　　　　　　　　　240
　贷:应收账款　　　　　　　　　　　　　　　　1 200
　　　投资收益　　　　　　　　　　　　　　　　　64

62 **斯尔解析** ▶ **ABC** 本题考查或有事项的会计处理，本题为否定式提问。企业应当在资产负债表日对预计负债的账面价值进行复核，有确凿证据表明该账面价值不能真实反映当前最佳估计数的，应当按照当前最佳估计数对账面价值进行调整，选项A当选；或有事项形成的潜在义务，不满足负债确认条件，不能确认为负债，选项B当选；企业预期可获得的补偿应当在基本确定能够收到时确认为一项资产，不能与预计负债抵销后以净额列示于资产负债表中，选项C当选；预计负债应当按照履行相关现时义务所需支出的最佳估计数进行计量，选项D不当选。

63 **斯尔解析** ▶ **CD** 本题考查的是或有事项的会计处理。负债是指企业过去的交易或者事项形成的、预期会导致经济利益流出企业的现时义务，存在不确定性的潜在义务不满足负债定义，不能确认为负债，选项A不当选；或有资产只有在基本确定能够收到且金额能够可靠计量时，才能作为资产单独确认，选项B不当选；在确定最佳估计数计量预计负债时考虑与或有事项有关的风险、不确定性、货币时间价值和未来事项等，选项C当选；待执行合同变为亏损合同的，应作为或有事项，并按照退出合同的最低净成本计量预计负债，选项D当选。

64 **斯尔解析** ▶ **AD** 本题考查的是或有事项的会计核算。事项（1），对于担保事项，由于在2×24年12月31日已经判决，满足负债的确认条件，应当确认负债1 500万元，选项A当选；企业清偿预计负债所需支出全部或部分支出预期由第三方补偿的，补偿金额只有在基本确定能够收到时才能作为资产单独确认，且确认补偿金额不应超过所确认负债的账面价值，选项C不当选；事项（2），企业计提2×24年度产品质量保证金应当确认预计负债，同时计入主营业务成本，选项D当选；事项（3），关闭分公司事项尚未对外公布也未采取任何实质性措施，不满足重组义务的确认条件，无须确认负债，选项B不当选。

65 **斯尔解析** ▶ **ABD** 本题考查的是重整事项的会计处理。甲公司重整事项基本执行完毕，且很可能得到法院对该重整协议履行完毕的裁决，可以判断企业能进行持续经营，选项A当选；应在2×24年财务报表附注中披露重整事项的有关情况，选项B当选；因重整情况的执行和结果在资产负债表日存在重大不确定性，应在法院裁定破产重整协议履行完毕后确认重整收益，选项C不当选，选项D当选。

应试攻略

与或有事项相关的内容属于每年的必考点，分值基本处在2～4分之间，由于该知识点难度不高，属于必拿分考点，因此建议同学们在复习时要谨慎，避开考试时常常设置的"坑"。

对于或有事项的考查，前些年比较热衷于考查或有事项的具体运用，近两年比较热衷于考查或有事项的确认、计量和列报。因此，为了保险起见，在复习时应当全面掌握以下内容。

（1）未决诉讼或未决仲裁。

情形	会计处理
前期已合理预计	预计金额与实际发生金额的差额直接计入或冲减当期营业外支出
前期预计金额与当时事实严重不符	按照重大会计差错更正的方法进行处理
前期无法合理预计而未进行确认	直接计入实际发生当期营业外支出

需要说明的是，对于未决诉讼或未决仲裁的会计处理，同学们需要关注与资产负债表日后事项、前期会计差错等事项综合考查主观题。

（2）产品质量保证。

①在确定最佳估计数时，往往会采用求加权平均数的方法；

②对于与之相关的"预计负债"科目余额的冲销需要关注产品质保期是否已满，而非该产品是否继续生产；

③注意和《收入》准则中"附有质量保证条款的销售"内容的区分。

（3）亏损合同。

履行合同的成本主要包括：

①履行合同的增量成本（直接人工、直接材料等）；

②与履行合同直接相关的其他成本分摊金额（用于履行合同的固定资产的折旧费用分摊金额等）。

（4）重组义务。

与重组义务相关的直接支出主要包括：

①自愿遣散和强制遣散发生的辞退支出（核算时通过"应付职工薪酬"科目）；

②将不再使用的厂房的租赁费撤销（核算时通过"预计负债"科目）。

66　**斯尔解析** ▶　AB　本题考查的是资产负债表的净额列示范围。同一合同下的合同资产和合同负债应当以净额列示，选项A当选；合同明确约定以净额结算的应收款项和应付款项，可以按净额进行列示，选项B当选；因或有事项而产生的义务和基本确定能够获得的第三方赔偿，对于负债部分确认为负债，对于基本确定可获得的第三方赔偿，需要单独确认为其他应收款，选项C不当选；虽然风险相同可以作为组合处理，但交易对象不同，需要分别列示，选项D不当选。

67　**斯尔解析** ▶　ACD　本题考查的是资产负债表流动项目的列报。资料（1），购买的国债将于2×23年5月到期，从2×22年12月31日起计算不足12个月需要变现，属于流动资产，选项C当选；资料（2），定制产品属于存货，应作为流动资产列报（因生产周期较长等导致正常营业周期长于一年的，尽管相关资产往往超过一年才变现、出售或耗用，仍应当划分为流动资产），选项A当选；资料（3），债券于2×23年11月到期兑付，从2×22年12月31日起计算不足12个月需要支付现金，属于流动负债，选项D当选；资料（4），甲公司有意图且有能力自主展期一年以上的借款，属于非流动负债，选项B不当选。

应试攻略

关于资产负债表列报要求的考查，属于重点内容，也属于必拿分内容，因此同学们需要了解考试套路，做到以不变应万变。

从考试来看，资产负债表列报的考查主要涉及两个内容：（1）资产和负债流动性的划分；（2）特殊项目（特别是与近两年新准则相关的项目）的列报。

下列表格所述内容是与近两年新准则相关的具体交易的列报，请同学们着重关注。

（1）与金融工具准则相关。

科目名称	特征	列报名称
交易性金融资产	自资产负债表日起超过一年且预期持有超过一年	其他非流动金融资产
	其他	交易性金融资产
应收票据/应收账款	分类为以公允价值计量且其变动计入其他综合收益的应收票据或应收账款	应收款项融资
其他债权投资	自资产负债表日起一年内到期的长期债权投资	一年内到期的非流动资产
	购入的以公允价值计量且其变动计入其他综合收益的一年内到期的债权投资	其他流动资产
	其他	其他债权投资
债权投资（减去债权投资减值准备）	自资产负债表日起一年内到期的长期债权投资	一年内到期的非流动资产
	购入的以摊余成本计量的一年内到期的债权投资	其他流动资产
	其他	债权投资

（2）与租赁准则相关。

科目名称	特征	列报名称
租赁负债	自资产负债表日起一年内应予以清偿的租赁负债的期末账面价值	一年内到期的非流动负债
	其他	租赁负债
使用权资产	减去"使用权资产累计折旧""使用权资产减值准备"后的余额	使用权资产

68 【斯尔解析】 BD 本题考查的是影响净利润的交易范围。设定受益计划净负债产生的保险精算收益，应当计入其他综合收益，不影响净利润，选项A不当选；自用办公楼转为以公允价值计量的投资性房地产，公允价值小于账面价值的差额，计入公允价值变动损益，影响净利润，选项B当选；其他投资方单方增资导致应享有联营企业净资产份额的变动，计入资本公积，不影响净利润，选项C不当选；因职工提供服务而与职工达成的基于利润分享计划应支付给管理人员的价款应作为职工薪酬，并计入管理费用，影响净利润，选项D当选。

69 【斯尔解析】 AD 本题综合考查财务报表列报。收到的扣缴个人所得税手续费属于与收益相关的政府补助，在利润表"其他收益"项目列报，选项A当选；出售子公司产生的利得或损失在利润表应该作为"投资收益"项目在利润表中列报，选项B不当选；支付短期租赁的租赁保证金应计入经营活动现金流出，选项C不当选；企业实际收到的政府补助，无论是与资产相关还是与收益相关，在编制现金流量表时均作为经营活动产生的现金流量列报，选项D当选。

70 【斯尔解析】 AD 本题考查的是现金流量表项目的区分。甲公司支付的固定租金属于租赁负债初始计量的构成要素，应当作为筹资活动现金流出，选项A当选；甲公司支付的租赁保证金，应作为筹资活动的现金流出，选项B不当选；甲公司支付的31万元中，26万元作为筹资活动产生的现金流出，5万元作为经营活动产生的现金流出，选项C不当选；基于销售额计算的变动租金，在支付时直接计入相关成本费用，应当作为经营活动现金流出，选项D当选。

71 【斯尔解析】 ABD 本题考查的是现金流量的分类。当期缴纳所得税、收到活期存款利息以及支付基于股份支付方案给予高管人员的现金增值额均属于经营活动现金流量，选项ABD当选；发行债券过程中支付的交易费用，属于筹资活动现金流量，选项C不当选。

应试攻略

现金流量表的编制基础，不同于资产负债表和利润表，其采用收付实现制，所以在填报时要着重关注现金的收付情况。另外，从考试来看，现金流量的具体分类属于重点考查对象，同学们需要重点关注，现将易混淆项目总结如下：

（1）人员工资。

事项	列报分类
支付给一般员工或离退休员工工资	经营活动
支付给工程人员或研发人员工资	投资活动

（2）购买固定资产。

事项	列报分类
一般情形下购买	投资活动
分期付款方式购买	筹资活动

(3) 银行承兑汇票贴现。

事项	列报分类
不符合金融资产终止确认条件（附追索权）	筹资活动
符合金融资产终止确认条件（不附追索权）	经营活动

(4) 承租人支付租金及保证金。

事项	列报分类
一般模型下，偿还租赁负债本金和利息、支付预付租金和租赁保证金	筹资活动
简化模型下（短期+低价值），支付的租赁付款额、支付预付租金和租赁保证金	经营活动
支付未纳入租赁负债的可变租赁付款额	经营活动

(5) 代扣代缴个人所得税手续费返还款项、与资产相关政府补助收到的款项：经营活动产生的现金流量。

(6) 购买定期存单支付的款项：投资活动产生的流量。

(7) 合并报表中购买少数股东股权：筹资活动产生的现金流量。

72. 【斯尔解析】 **ABCD** 本题考查的是关联方的认定。乙公司为甲公司联营企业，两者构成关联方关系，选项A当选；丙公司为甲公司联营企业（乙公司）的全资子公司，其与甲公司构成关联方关系，选项B当选；丁公司为甲公司母公司（戊公司）的联营企业，其与甲公司构成关联方关系，选项C当选；戊公司和甲公司属于母子公司关系，两者构成关联方关系，选项D当选。

提示：本题所述关系可参见下图进行理解：

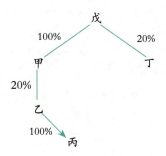

其中，"100%"代表母子公司关系；"20%"代表联营企业关系。

73. 【斯尔解析】 **BD** 本题考查的是中期财务报告的编制。编制中期财务报告时的重要性应当以中期财务数据为基础，而不得以预计的年度财务数据为基础，选项A不当选；中期财务报告编制时采用的会计政策、会计估计应当与年度报告相同，选项B当选；对于会计年度中不均匀发生的费用，除了在会计年度末允许预提或者待摊的之外，企业均应当在发生时予以确认和计量，不应当在中期财务报表中预提或者待摊，选项C不当选；报告中期处置了合并报表范围内子公司的，中期财务报告中应当包括被处置子公司当期期初至处置日的相关信息，选项D当选。

74 **斯尔解析▶** ABCD 本题考查的是重述比较期间每股收益的范围。企业派发股票股利、公积金转增资本、拆股或并股等，会增加或减少其发行在外普通股或潜在普通股的数量，但不影响所有者权益总额，也不改变企业的盈利能力，为了保持会计指标前后期可比性，企业应当在相关报批手续全部完成后，按调整后的股数重新计算各列报期间的每股收益，选项AC当选；同一控制下企业合并，作为对价发行的普通股股数，应当计入各列报期间普通股的加权平均数，需要重述比较期间每股收益，选项B当选；对于前期差错并且采用追溯重述法重述上年度损益的，需重新计算列报期间每股收益，选项D当选。

75 **斯尔解析▶** BCD 本题考查的是资产负债表日后调整事项的范围。甲公司2×24年度资产负债表日后期间为2×25年1月1日至2×25年3月20日。甲公司的上述事项均发生于资产负债表日后期间（第一步），且均会对甲公司财务报表产生有利或不利影响（第二步）；甲公司发布重大资产重组公告收购下游公司，在2×24年12月31日并不存在（第三步），不属于资产负债表日后调整事项，选项A不当选；根据报告年度利润支付或有对价、发生销售退回、未决诉讼结案在2×24年12月31日已经存在（第三步），属于资产负债表日后调整事项，选项BCD当选。

76 **斯尔解析▶** ABC 本题考查的是资产负债表日后调整事项的范围，本题为否定式选择题。在报告期资产负债表日已经存在的债务，在其资产负债表日后期间与债权人达成的债务重组交易不属于资产负债表日后调整事项，不能调整报告期相关报表项目，选项A当选；资产负债表日后事项期间发生的同一控制下企业合并，属于资产负债表日后非调整事项，选项B当选；资产负债表日后事项期间满足划分为持有待售类别的条件，该情况在资产负债表日不存在，属于资产负债表日后非调整事项，选项C当选；资产负债表日后期间发现报告年度重要差错，属于资产负债表日后调整事项，选项D不当选。

第二模块 突破提升50分

一、单项选择题

77	D	78	C	79	D	80	C	81	A
82	B	83	A	84	B	85	A	86	B
87	B	88	D	89	D	90	C	91	B
92	C	93	C	94	C	95	B	96	C
97	A	98	A	99	C	100	D	101	C

二、多项选择题

102	AB	103	ABD	104	BD	105	CD	106	BC
107	ABC	108	CD	109	BC	110	ABC	111	AC
112	AD	113	BD	114	BD	115	AD	116	AC
117	CD	118	BCD	119	BC	120	ABC	121	ABCD
122	AD	123	ABC	124	ACD	125	ABD	126	AC
127	AC	128	ABD						

一、单项选择题

77 斯尔解析▶ **D** 本题考查的是所得税费用的计算。根据税法规定，企业购入环境保护专用设备投资额的10%可以从当年应纳税额中抵免，即应纳税额中可以抵免的金额=3 000×10%=300（万元），2×24年不考虑投资额抵免的应交所得税=1 000×25%=250（万元），可抵免金额大于应纳所得税额，所以，当年应纳所得税为零。税法规定，当年不足抵免的部分可以在以后5个纳税年度抵免，且甲公司未来5年很可能获得足够的应纳税所得额用来抵扣税额抵免额，所以，超过部分应确认递延所得税资产50万元（300-250），因抵免的是所得税税额而不是应纳税所得额，尚未抵免的部分50万元直接确认递延所得税资产，所得税费用=当期所得税费用-递延所得税收益=0-50=-50（万元），选项D当选；选项A不当选，未考虑超出50万元抵免额应确认递延所得税资产的情况；选项B不当选，误将抵免额300万元作为应纳税所得额的抵减；选项C不当选，未考虑抵免额抵免当期应交所得税的情况。

会计分录为：

借：递延所得税资产　　　　　　　　　　　　50

　　贷：所得税费用　　　　　　　　　　　　　　　　50

78　**斯尔解析▶**　C　本题考查特殊交易或事项中涉及递延所得税的确认和计量。可转换公司债券初始入账金额与计税基础之间的差异应确认递延所得税并计入所有者权益（其他权益工具），选项A不当选；内部研发形成的无形资产初始入账金额与计税基础之间的差异不确认递延所得税，选项B不当选；与股份支付相关的支出，如果预计未来期间可抵扣暂时性差异的金额超过等待期内确认的成本费用，超过部分形成的递延所得税资产计入所有者权益（资本公积），选项C当选；以公允价值计量且其变动计入其他综合收益的非交易性权益工具投资的公允价值变动产生的暂时性差异应确认递延所得税并计入其他综合收益，选项D不当选。

79　**斯尔解析▶**　D　本题考查的是现金结算股份支付的范围。以现金结算的股份支付，是指企业为获取服务而承担的以股份或其他权益工具为基础计算的交付现金或其他资产的义务的交易。以低于市价向员工出售限制性股票的计划，属于权益结算的股份支付（限制性股票），选项A不当选；授予高管人员低于市价购买公司股票的期权计划，属于权益结算的股份支付（股票期权），选项B不当选；公司承诺达到业绩条件时向员工无对价定向发行股票的计划，属于权益结算的股份支付，选项C不当选；授予研发人员以预期股价相对于基准日股价的上涨幅度为基础支付奖励款的计划，属于现金结算的股份支付（现金股票增值权），选项D当选。

80　**斯尔解析▶**　C　本题考查的是权益结算股份支付的计量。甲公司授予高管人员的股票期权应当作为权益结算的股份支付，权益结算的股份支付在等待期内应确认的费用金额=（授予的职工人数-等待期内预计离开的总人数）×授予每人的期权份数×期权在授予日的公允价值×本期占等待期的时间权重=（50-5）×1×15×1/3=225（万元），选项C当选。选项A不当选，误以2×24年12月31日股票期权的公允价值为基础计算应确认费用金额；选项B不当选，未扣除等待期内预计离开总人数，且误以2×24年12月31日股票期权的公允价值为基础计算应确认费用金额；选项D不当选，在计算行权人数最佳估计数时，未扣除等待期内预计离开的总人数。

应试攻略

股份支付在等待期内应确认的成本费用金额属于热门考点，同学们在进行计算时，请参照以下步骤。

第一步，根据题干分析属于权益结算股份支付还是现金结算股份支付；

第二步，若为权益结算的股份支付，在等待期内应确认的成本费用金额=授予日权益工具的公允价值×预计行权人数最佳估计数×时间权重−上期余额。

需要说明的是：

（1）上述公式实际代表的是职工提供服务折算成授予权益工具的价值。由于以权益结算的股份支付对于企业而言属于权益工具，无须考虑后续权益工具公允价值变动对成本费用确认金额的影响，因此，在计算时采用授予日权益工具的公允价值。

（2）关于权益工具公允价值的确定，若题目直接给出，作为已知条件直接应用；若未直接给出，需要用内在价值进行计算。

权益工具的内在价值=授予日股票的公允价值−行权时员工需要支付的金额

第三步，若为现金结算的股份支付，在等待期内应确认成本费用的金额=等待期内每个资产负债表日权益工具的公允价值×预计行权人数最佳估计数×时间权重−上期余额

需要说明的是，由于以现金结算的股份支付对于企业而言属于金融负债，需要考虑后续权益工具公允价值变动对成本费用确认金额的影响，因此在计算时需要根据等待期内每个资产负债表日权益工具的公允价值确定本期应确认成本费用金额。

81 【斯尔解析】 A 本题考查的是金融资产的分类。理财产品的合同现金流量特征不满足基本借贷安排，无法通过合同现金流量测试，应分类为以公允价值计量且其变动计入当期损益的金融资产，其公允价值变动计入公允价值变动损益，选项A当选，选项BCD不当选。

应试攻略

金融工具准则近两年趋近于成熟状态，考题设置也是越来越灵活。最近两年考试在对金融工具相关考点进行考查时，往往会先考查对于相关金融工具分类的判断，然后再进行账务处理。因此，能否将金融工具正确归类，其实是此类题目能够得分的关键所在。现将金融资产分类的复习核心要点为大家总结如下（金融负债与权益工具的区分在后续题目进行介绍）：

（1）严守两个标准。

在对金融资产进行分类时，一定要遵循金融资产分类标准（属于答题的采分点）。金融资产的分类标准为：

①企业管理金融资产的业务模式；

②金融资产的合同现金流量特征。

(2) 三个分类、四个科目。

根据上述两个标准，可以将金融资产分为三个类别，并在核算时主要应用四个科目，现总结为下表：

类别	核算科目
以摊余成本计量的金融资产	债权投资
以公允价值计量且其变动计入其他综合收益的金融资产	（债）其他债权投资
	（股）其他权益工具投资
以公允价值计量且其变动计入当期损益的金融资产	交易性金融资产

(3) 注意两类性质的投资。

虽然在金融资产分类决策树中出现了"债务工具投资""衍生工具投资"和"权益工具投资"三种性质的投资，但实际在考试中出现频率较高的依旧是"债务工具投资"和"权益工具投资"，因此同学们在复习时应注意两种性质投资的具体分类。

(4) 关注六种实务热点投资，请同学们参看99记篇中第46记相关内容进行复习。

82 斯尔解析▶ B 本题考查的是金融资产摊余成本的计算。2×24年12月31日，甲公司该债券的摊余成本=期初摊余成本+实际利息收益（投资收益）-票面利息收入（应收利息）=（1 050+2）+35-1 000×5%=1 037（万元）。债权投资如果未发生减值的，账面余额等于其摊余成本，选项B当选；选项A不当选，误以债权投资的面值与本期确认投资收益之和作为期末账面余额；选项C不当选，未将交易费用金额计入债权投资账面余额且误将"利息调整"明细科目增加债权投资账面余额；选项D不当选，误将"利息调整"明细科目增加债权投资账面余额。

会计分录为：

2×24年1月1日：

借：债权投资——成本　　　　　　　　　　　　1 000
　　　　　　——利息调整　　　　　　　　　　　52
　　贷：银行存款　　　　　　　　　　　　　　　　　　　1 052

2×24年12月31日：

借：应收利息　　　　　　　　　　　（1 000×5%）50
　　贷：投资收益　　　　　　　　　　　　　　　　　　　35
　　　　债权投资——利息调整　　　　　　　　　　　　15

83 斯尔解析▶ A 本题考查的是其他债权投资的会计核算，本题为否定式提问。应将收取的价款作为银行存款核算，选项A当选；甲公司应用"其他债权投资"科目核算该项国债投资，甲公司出售国债符合金融资产终止确认条件，应终止确认该金融资产，选项D不当选；出售时应将取得价款与金融资产账面价值的差额计入投资收益，并将持有期间因公允价值变动计入其他综合收益的金额转入投资收益，选项BC不当选。

甲公司应编制的会计分录为：

借：银行存款　　　　　　　　　　　　　　　8 000
　　贷：其他债权投资　　　　　　　　　　　　　　7 800
　　　　投资收益　　　　　　　　　　　　　　　　　200

提示：因题目中未给定持有期间公允价值变动，所以，未编制相关会计分录。

84. 【斯尔解析】 B　本题考查的是其他权益工具投资的会计核算。甲公司应将该股票投资作为其他权益工具投资核算，在处置时，甲公司应确认的留存收益金额=处置收到的价款-处置当天账面价值+持有期间确认其他综合收益转入=10 967-（1 000×10）+［（10×1 000）-8 016］=2 951（万元），选项B当选；选项A不当选，未考虑持有期间产生的其他综合收益转入对留存收益的影响；选项C不当选，未将发生的相关交易费用计入其他权益工具投资的初始入账成本；选项D不当选，无法通过计算得出。甲公司应编制的会计分录为：

2×24年6月2日：

借：其他权益工具投资——成本　（8 000+16）8 016
　　贷：银行存款　　　　　　　　　　　　　　　8 016

2×24年12月31日：

借：其他权益工具投资——公允价值变动
　　　　　　　　　　　　　（10×1 000-8 016）1 984
　　贷：其他综合收益　　　　　　　　　　　　　1 984

2×25年8月20日：

借：银行存款　　　　　　　　　　　　　　　10 967
　　贷：其他权益工具投资——成本　　　　　　　8 016
　　　　　　　　　　　　——公允价值变动　　　1 984
　　　　盈余公积　　　　　　　　　　　　　　　96.7
　　　　利润分配——未分配利润　　　　　　　　870.3

借：其他综合收益　　　　　　　　　　　　　1 984
　　贷：盈余公积　　　　　　　　　　　　　　　198.4
　　　　利润分配——未分配利润　　　　　　　1 785.6

85. 【斯尔解析】 A　本题考查的是交易性金融资产的会计核算。2×24年度影响投资收益的事项包括：确认现金股利收益和出售金融资产产生的净损益。需要说明的是，初始取得时支付的交易费用也计入投资收益，但是，此交易发生在2×23年，并非是在2×24年，因此，2×24年甲公司确认的投资收益=8（现金股利）+（11.6-9）×100（售价与账面价值的差额）=268（万元），选项A当选；选项B不当选，未将持有期间现金股利确认的投资收益计算其中；选项C不当选，误将持有期间公允价值变动确认的公允价值变动损益确认为投资收益；选项D不当选，未将持有期间现金股利确认的投资收益计算其中，且误将持有期间公允价值变动确认的公允价值变动损益确认为投资收益。甲公司应编制的会计分录为：

2×23年2月5日：

借：交易性金融资产——成本　　　　　　　700
　　投资收益　　　　　　　　　　　　　　1.4
　　贷：银行存款　　　　　　　　　　　　　　　　701.4

2×23年12月31日：

借：交易性金融资产——公允价值变动　　　200
　　贷：公允价值变动损益　　　　　　　　　　　　200

2×24年2月20日：

借：应收股利　　　　　　　　　　　　　　8
　　贷：投资收益　　　　　　　　　　　　　　　　8

借：银行存款　　　　　　　　　　　　　　8
　　贷：应收股利　　　　　　　　　　　　　　　　8

2×24年3月20日：

借：银行存款　　　　　　　　　　　　　　1 160
　　贷：交易性金融资产——成本　　　　　　　　　700
　　　　　　　　　　——公允价值变动　　　　　　200
　　　　投资收益　　　　　　　　　　　　　　　　260

86. **斯尔解析** ▶ **B** 本题考查的是预期信用损失的概念。信用损失，是指企业按照原实际利率折现的、根据合同应收的所有合同现金流量与预期收取的所有现金流量之间的差额，即全部现金短缺的现值，选项B当选，选项ACD不当选。

87. **斯尔解析** ▶ **B** 本题考查的是重大影响的判断。丁公司股东会规定，相关活动的决策需要60%以上表决权通过才可作出，甲公司、A公司和B公司各自持股比例均未超过60%，不能单方控制甲公司；甲公司和A公司、甲公司和B公司的持股比例均可以达到60%以上，不属于共同控制（共同控制合营方组合是唯一且最小）。所以，甲公司对丁公司产生重大影响，丁公司是甲公司的联营企业，选项B当选，选项ACD不当选。

应试攻略

关于股权投资的分类不仅会以客观题的形式进行考查，而且往往也会结合主观题（股权投资的相关核算）进行考查。特别是在主观题考查时，若不能准确判断投资的分类，很有可能导致后续问题的回答也会出错，因此，合理判断股权投资的分类至关重要。现将与股权投资分类相关的判断依据为各位同学总结如下：

从总体来看，企业会计准则将股权投资区分为应按照金融工具确认和计量准则进行核算，和应当按照长期股权投资准则进行核算两种情况。

对于按照金融工具准则核算的投资主要涉及两类，即以公允价值计量且其变动计入当期损益的金融资产，和指定的以公允价值计量且其变动计入其他综合收益的金融资产。

对于按照长期股权投资准则核算的投资主要涉及三类，即对联营企业的投资、对合营企业的投资以及对子公司的投资。其划分的标准为投资方在取得投资后，能够对被投资单位施加影响的程度（而非持有期限长短）。

88 斯尔解析▶ D 本题考查的是长期股权投资初始投资成本的确定。购买乙公司股权后对其施加重大影响，属于非企业合并方式取得长期股权投资，长期股权投资初始投资成本=付出对价的公允价值+相关交易费用=300+5=305（万元），选项A不当选；购买丙公司股权后对其施加重大影响，属于非企业合并方式取得长期股权投资，长期股权投资初始投资成本=付出对价的公允价值+相关交易费用=450+0=450（万元），发行股票相关的手续费8万元，不属于取得股权支付的相关费用，应将发行费用冲减资本公积——股本溢价，选项B不当选；购买丁公司股权能够对其控制，属于企业合并方式取得长期股权投资（本题为同控），长期股权投资初始投资成本=被合并方在最终控制方合并报表中可辨认净资产账面价值的份额+最终控制方收购时所形成的商誉=600×80%+0=480（万元），企业合并方式取得长期股权投资支付的交易费用在发生时计入管理费用，选项C不当选；购买戊公司股权能够对其控制，属于企业合并方式取得长期股权投资（本题为非同控），长期股权投资初始投资成本=付出对价的公允价值=1 000（万元），企业合并方式取得长期股权投资支付的交易费用在发生时计入管理费用，选项D当选。

89 斯尔解析▶ D 本题考查的是长期股权投资采用权益法核算的会计处理。非企业合并方式取得长期股权投资，其初始投资成本为付出对价的公允价值，即4 000万元，大于投资时被投资单位可辨认净资产公允价值的份额（10 000×30%=3 000万元），因此，2×24年1月1日长期股权投资的入账金额为4 000万元；2×24年12月31日，A公司实现净利润，因投资时点A公司可辨认净资产的公允价值与账面价值不同，所以，需要对A公司净利润进行调整。具体为：（1）固定资产折旧的调整，固定资产账面价值与公允价值不同对当期折旧的调整金额=（800-500）÷5=60（万元）（此处为初始投资时点固定资产账面价值与公允价值不同，投资时点此项固定资产已经存在，全年12个月的折旧均需要调整）；（2）存货出售部分的调整，存货账面价值与公允价值不同对当期出售部分的调整金额=（1 700-1 000）×40%=280（万元）。A公司调整后的净利润=2 000-60-280=1 660（万元），甲公司应增加长期股权投资的金额=1 660×30%=498（万元），2×24年12月31日甲公司长期股权投资的账面价值=4 000+498=4 498（万元），选项D当选；选项A不当选，未考虑投资时点固定资产账面价值与公允价值不同对A公司净利润的调整；选项B不当选，未考虑投资时点固定资产和存货账面价值与公允价值不同对A公司净利润的调整；选项C不当选，未考虑投资时点存货账面价值与公允价值不同对A公司净利润的调整。

90 斯尔解析▶ C 本题考查的是权益法核算长期股权投资投资收益的计算。当年甲公司和乙公司内部交易损益=1 000-600=400（万元），当年实现内部交易损益=400/10/12×6=20（万元），未实现内部交易损益=400-20=380（万元），甲公司在其2×24年度的个别财务报表中应确认对乙公司投资的投资收益=（8 000-380）×30%=2 286（万元），选项C当选；选项A不当选，误按商品售价扣减乙公司当年实现的净利润；选项B不当选，未考虑当年实现内部交易损益对乙公司净利润的调整；选项D不当选，未考虑未实现内部交易损益对乙公司净利润的影响。

91 斯尔解析▶ B 本题考查的是长期股权投资权益法的核算。2×23年1月1日，甲公司取得乙公司股权时会计处理为：

借：长期股权投资	1 500	
贷：银行存款		1 500

长期股权投资初始投资成本＞所享有的被投资方可辨认净资产份额（4 800×30%），因而长期股权投资入账价值为1 500万；

2×23年末对乙公司实现的净利润进行调整：800−900×25%=575（万元）

甲公司按照其持股比例份额应当确认的投资收益=575×30%=172.5（万元）

借：长期股权投资	172.5	
贷：投资收益		172.5

甲公司按照其持股比例确认其应享有的被投资单位其他综合收益的金额为300×30%=90（万元）

借：长期股权投资	90	
贷：其他综合收益		90

2×23年末长期股权投资的账面价值为1 500+172.5+90=1 762.5（万元）

2×24年末对被投资方实现的净利润进行调整：1 000+900×25%=1 225（万元）

甲公司按照其持股比例份额应当确认的投资收益为1 225×30%=367.5（万元）

借：长期股权投资	367.5	
贷：投资收益		367.5

当年确认的股利收益：

借：应收股利	120	
贷：长期股权投资		120

2×24年末长期股权投资的账面价值=1 762.5+367.5−120=2 010（万元），选项B当选，选项ACD不当选。

92 【斯尔解析】 C 本题考查的是同控长期股权投资入账金额的计算。甲公司购买丙公司60%股权形成非同一控制下企业合并，合并商誉=合并成本−应享有被投资方可辨认净资产公允价值份额=5 200−6 000×60%=1 600（万元）；乙公司购买丙公司60%股权形成同一控制下企业合并，应确认的长期股权投资入账金额=被合并方在最终控制方合并报表中净资产账面价值份额+最终控制方收购时形成商誉=（6 000+2 000）×60%+1 600=6 400（万元），选项C当选；选项A不当选，未将最终控制方收购时所形成的商誉金额计入长期股权投资入账金额；选项B不当选，误以甲公司购买成本作为乙公司确认长期股权投资的入账金额；选项D不当选，误以甲公司购买丙公司股权时，丙公司可辨认净资产的账面价值作为长期股权投资入账金额。乙公司应编制的会计分录为：

借：长期股权投资	6 400	
贷：银行存款		5 000
资本公积——资本溢价		1 400

93 【斯尔解析】 C 本题考查的是公允价值计量金融资产转成本法核算的会计处理。影响甲公司2×24年6月损益的因素包括：（1）支付的评估费200万元（管理费用）；（2）原交易性金融资产账面余额与公允价值的差额（计入投资收益）。交易性金融资产账面余额与公允价

值差额=（8×1 000）÷50%×10%-2 000=-400（万元）。所以，该交易对甲公司损益的影响金额=-200-400=-600（万元），选项C当选，选项A不当选，未考虑支付评估费对损益的影响；选项B不当选，未考虑交易性金融资产在转换日公允价值与账面余额差额对损益的影响；选项D不当选，误将券商发行费作为影响损益事项。甲公司应编制的会计分录为：

①支付评估费和券商发行费时：

借：资本公积——股本溢价　　　　　　　　　　　300
　　管理费用　　　　　　　　　　　　　　　　　200
　贷：银行存款　　　　　　　　　　　　　　　　　　　500

②确认转换后长期股权投资的入账金额：

借：长期股权投资　　　　（8×1 000÷50%×60%）9 600
　　投资收益　　　　　　　　　　　　　　　　　400
　贷：交易性金融资产　　　　　　　　　　　　　　　 2 000
　　　股本　　　　　　　　　　　　　　　　　　　　　1 000
　　　资本公积　　　　　　　　　　　　　　　　　　　7 000

94 【斯尔解析】 C 本题考查的是成本法转权益法的会计核算。甲公司个别报表中应确认的投资收益金额=处置时所取得的价款-处置部分长期股权投资的账面价值=700-800×70%=140（万元），选项C当选，选项ABD不当选。甲公司应编制的会计分录为：

（1）处置部分：

借：银行存款　　　　　　　　　　　　　　　　　700
　贷：长期股权投资　　　　　　　　　　　　　　　　　560
　　　投资收益　　　　　　　　　　　　　　　　　　　140

（2）对剩余部分进行追溯调整：

①调整长期股权投资的入账价值：

剩余30%股权的初始投资成本为800×30%=240（万元），所享有的被投资企业净资产公允价值的份额为600×30%=180（万元），无须调整。

②按照持股比例确认持有期间乙公司产生的净利润及其他综合收益。

借：长期股权投资——损益调整　　　　（50×30%）15
　　　　　　　　——其他综合收益　　　（20×30%）6
　贷：盈余公积　　　　　　　　　　　　　　　　　　　1.5
　　　利润分配——未分配利润　　　　　　　　　　　　13.5
　　　其他综合收益　　　　　　　　　　　　　　　　　6

95 【斯尔解析】 B 本题考查的是投资在个别财务报表和合并财务报表的会计处理。甲公司在合并财务报表中，向丙公司投出房屋视为顺流交易，需要抵销未实现内部交易损益，该房屋在合并财务报表中应以700万元列示，选项A不当选；丙公司所有者权益的总额=1 000+250=1 250（万元），少数股东权益=1 250×20%=250（万元），选项B当选；甲公司以房屋作为对价新设丙公司，在个别财务报表中应当按照处置确认资产处置损益300万元（1 000-700），按房屋的公允价值1 000万元确认对丙公司的长期股权投资，选项CD不当选。

96 [斯尔解析] C 本题考查的是合同变更的会计处理。在合同开始日，因1 000件A商品是可明确区分的，因此将交付1 000件A商品作为单项履约义务。在合同变更日，追加A商品200件，不能反映该项商品的单独售价，属于合同变更情形二（合同变更不属于情形一，且在合同变更日已转让商品与未转让商品之间可明确区分），所以，甲公司应当将该合同变更作为原合同终止，同时，将原合同中未履约的部分与合同变更部分合并为一份新合同进行会计处理，选项C当选，选项ABD不当选。

应试攻略

对于合同变更和合同合并，近两年考查频率有所上升，特别是2021年，曾在主观题中同时考查上述两个考点。因此，合理判断多个合同是否应进行合同合并，以及合理区分属于合同变更中的某一特定情形，对于后续进行正确账务处理尤为重要，现为同学们进行提示：

（1）合同合并。

企业与同一客户（或该客户的关联方）同时订立或在相近时间内先后订立的两份或多份合同，满足下列条件之一时，应进行合同合并：

①基于同一商业目的而订立并构成一揽子交易；

②一份合同的对价金额取决于其他合同的定价或履行情况；

③合同中所承诺的商品（或每份合同中所承诺的部分商品）构成单项履约义务。

（2）合同变更的判断逻辑可以参考下图：

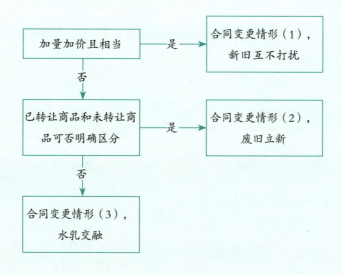

97 [斯尔解析] A 本题考查的是非现金对价的会计核算。企业以存货换取客户的非货币性资产的，换出存货的企业相关会计处理适用收入准则中关于"非现金对价"的相关规定进行处理。所以，甲公司换入专利技术的入账价值应为其合同开始日的公允价值，即900万元，选项A当选；选项B不当选，误以换出存货的成本与支付补价之和作为换入资产的入账价值；选项C不当选，误以换出存货的成本作为换入资产的入账价值；选项D不当选，误以换出存货的公允价值作为换入资产的入账价值。

98 **斯尔解析▶** A 本题考查的是售后回购的会计处理。甲公司存在与客户的远期安排而负有回购义务，且回购价格高于原售价，应当将其作为融资交易，选项A当选，选项BCD不当选。

99 **斯尔解析▶** C 本题考查租赁期的判断。承租人拥有续租选择权，但租赁期开始日不能合理确定将会行使该选择权的，租赁期不包括续租选择权涵盖的期间，选项D不当选；只有出租人有权终止租赁的，不可撤销的租赁期包括终止租赁选择权所涵盖的期间，选项C当选，选项AB不当选。

应试攻略

关于租赁期的判断，一直属于热门考点。在客观题中，考查方式主要包括：(1)确定租赁期开始日；(2)确定租赁期；(3)结合投资性房地产转换考查转换日的确定等。在主观题中，通常作为其中一个小问进行考查，但是对于该问题的回答和判断会影响到后续租赁负债和使用权资产的计量问题，所以，能否准确判断租赁期显得尤为重要。现结合上述几种考查方式为同学们整理判断的依据。

(1) 租赁期开始日的确定。

租赁期开始日是指出租人提供租赁资产使其可供承租人使用的起始日期。

(2) 确定租赁期。

①租赁期是承租人有权使用租赁资产且不可撤销的期间。

②承租人有续租选择权，且合理确定将行使该选择权的，租赁期应包含续租选择权涵盖期间。

③承租人有终止租赁选择权，但合理确定将不会行使该选择权的，租赁期应包含终止租赁选择权涵盖的期间。

(3) 转换日的确定标准。

情形	转换日
持有以备经营出租的空置建筑物或在建建筑物	董事会（或类似机构）作出书面决议（明确用于经营出租且持有意图短期内不再发生变化）的日期
投资性房地产开始自用	房地产达到自用状态（用于生产商品、提供劳务或经营管理）的日期
投资性房地产转为存货	租赁期届满、企业董事会（或类似机构）作出书面决议明确表示将其重新开发用于对外销售的日期
存货（或自用建筑物/土地使用权）转为出租	租赁期开始日

100 **斯尔解析▶** D 本题考查的是出租人会计处理。出租人对于取决于指数或者比率的可变租赁付款额应计入应收融资租赁款的入账价值，其他可变租赁付款额于实际发生时计入当期损益，选项A不当选；经营租赁下，出租人发生的与经营租赁有关的初始直接费用应当资本化

至租赁标的资产的成本，在租赁期内按照与租金收入相同的确认基础分期计入当期损益，选项B不当选；融资租赁下，出租人应当按照固定的周期性利率（而非直线法）计算并确认租赁期内各个期间的利息收入，选项C不当选；经营租赁下，出租人提供免租期的，出租人应将租金总额在不扣除免租期的整个租赁期内，按直线法或其他合理的方法进行分配，免租期内应确认租金收入，选项D当选。

101 斯尔解析▶ C 本题考查的是存在免租期情形下出租人经营租赁收入金额的确定。出租人提供免租期的，出租人应将租金总额在不扣除免租期的整个租赁期内，按直线法或其他合理的方法进行分配，免租期内应当确认租金收入。租赁期间内，甲公司收取的租金总额=（240÷12）×（4×12-3）=900（万元），2×24年甲公司应当确认的租金收入=900÷4×1/2=112.5（万元），选项C当选；选项A不当选，在计算本年租金收入时，未考虑时间权重；选项B不当选，误以实际收到的租金金额作为本年确认租金收入金额；选项D不当选，无法通过计算得出。

二、多项选择题

102 斯尔解析▶ AB 本题考查的是递延所得税资产的确认，本题为否定式提问。该设备于2×23年12月31日达到预定可使用状态，从2×24年1月开始计提折旧，2×24年度该设备应计提折旧额=5 100×2/20=510（万元），需要说明的是，设备设计年限为25年，不能作为计提折旧的期限，应按预计使用年限作为计提折旧的期限。2×24年末该设备账面价值=5 100-510=4 590（万元），选项A当选，选项D不当选；2×24年末该设备计税基础=5 100-（5 100-100）/20=4 850（万元），资产账面价值小于计税基础，形成可抵扣暂时性差异=4 850-4 590=260（万元），应确认的递延所得税资产=260×25%=65（万元），因为以前年度未涉及递延所得税资产，所以，当期形成可抵扣暂时性差异金额既是当期发生额，也是期末余额，选项C不当选。新增可抵扣暂时性差异调增应纳税所得额，甲公司当期应交所得税=（3 000+260）×25%=815（万元），选项B不当选。

103 斯尔解析▶ ABD 本题综合考查递延所得税资产的确认，本题为否定式提问。内部研发形成的无形资产，因其账面价值与计税基础不同形成可抵扣暂时性差异，不确认递延所得税资产（该业务不是企业合并，在初始确认时既不影响会计利润也不影响应纳税所得额），选项A当选；股份支付产生的暂时性差异，如果预计未来期间可抵扣的金额超过等待期内确认的成本费用，超出部分形成的递延所得税应计入所有者权益，选项B当选；以公允价值计量且其变动计入其他综合收益的非交易性权益工具投资的公允价值变动产生的暂时性差异，应确认递延所得税并计入所有者权益，选项C不当选；企业发行可转换公司债券初始入账金额与计税基础之间的差异，应确认递延所得税并计入所有者权益，选项D当选。

104 斯尔解析▶ BD 本题考查的是递延所得税负债的确认。甲公司2×23年将固定资产转为投资性房地产，应确认其他综合收益（22 000-20 000）×（1-25%）=1 500（万元），选项AC不当选；影响甲公司2×24年度利润总额的事项包括：（1）确认的租金收入，计入其他业务收入，金额为1 000万元；（2）投资性房地产发生的公允价值变动，计入公允价值变动损益，金额=22 200-22 000=200（万元），所以，2×24年度实现利润总额=1 000+200=

1 200（万元），选项B当选；2×24年末，投资性房地产账面价值为22 200万元，计税基础=20 000-20 000/50=19 600（万元），递延所得税负债余额=（22 200-19 600）×25%=650（万元），选项D当选。

105 〔斯尔解析〕 **CD** 本题考查的是所得税费用的计算。事项（1），其他权益工具投资期末公允价值大于成本160万元，形成应纳税暂时性差异（资产账面价值大于计税基础），应确认递延所得税负债=160×25%=40（万元），计入其他综合收益，选项C当选；事项（2），收到与资产相关政府补助1 600万元，在收到时会计将其确认为递延收益，税法规定，将其全部计入应纳税所得额，形成可抵扣暂时性差异，确认递延所得税资产=1 600×25%=400（万元），计入所得税费用，选项D当选；甲公司2×24年应交所得税=（5 200+1 600）×25%=1 700（万元），选项B不当选；甲公司当期应确认的所得税费用=当期所得税费用+递延所得税费用=1 700-400=1 300（万元），选项A不当选。会计分录为：

借：所得税费用　　　　　　　　　　　　1 300
　　递延所得税资产　　　　　　　　　　　400
　　贷：应交税费——应交所得税　　　　　　　　　1 700
借：其他综合收益　　　　　　　　　　　　40
　　贷：递延所得税负债　　　　　　　　　　　　　　40

106 〔斯尔解析〕 **BC** 本题综合考查长期股权投资与所得税的会计处理。甲公司对乙公司具有重大影响，采用权益法进行后续计量。长期股权投资的初始投资成本为付出对价公允价值（450万元），小于应享有乙公司可辨认净资产公允价值份额=1 600×30%=480（万元），因此长期股权投资的入账金额为480万元，选项A不当选；长期股权投资初始投资成本与入账金额的差额30万元确认为营业外收入，选项B当选；因该长期股权投资拟长期持有，所以因投资年末账面价值与其计税基础不同产生的应纳税暂时性差异不确认递延所得税负债，选项C当选；权益法核算长期股权投资，被投资单位其他综合收益变动，投资方应按持股比例计算其应享有部分确认为其他综合收益，选项D不当选。

应试攻略

对于存在暂时性差异但无须确认递延所得税的考查，属于所得税章节的一种重点考查方式。考查的形式不限于客观题，偶尔也会在主观题中出现，现将考试中常常涉及的情形为同学们总结如下：

（1）非同一控制下的企业合并，如果满足税法规定计税时作为免税合并的情况下，商誉的计税基础为0，其账面价值与计税基础形成应纳税暂时性差异，但不确认相关递延所得税负债。

需要说明的是，此处所述"免税合并"，实质上是税法中的"特殊性税务重组"，是否构成"免税合并"一般为题目已知条件，无须额外进行判断。

(2) 准备长期持有的权益法核算的长期股权投资。

①对初始投资成本的调整产生的暂时性差异预计未来期间不会转回，对未来期间没有所得税影响；

②因确认投资收益产生的暂时性差异，如果未来期间逐期分回现金股利或利润时免税，也不存在对未来期间的所得税影响；

③应确认应享有被投资单位其他权益变动而产生的暂时性差异，在长期持有的情况下预计未来期间也不会转回。

综上，拟长期持有的权益法核算长期股权投资账面价值与计税基础之间的差异，不确认递延所得税影响。

需要说明的是，若持有意图由长期持有转变为拟近期出售的情况下（一般会和持有待售的长期股权投资综合出题），因长期股权投资账面价值与计税基础不同产生的暂时性差异，应确认相关递延所得税。

(3) 自行研发无形资产不是产生于企业合并交易，在确认时不影响会计利润也不影响应纳税所得额，资产账面价值与计税基础之间形成的可抵扣暂时性差异，不确认递延所得税资产。

107 〔斯尔解析〕 **ABC** 本题考查的是金融负债的确认。本题为否定式提问。按照销售合同的约定预收的销货款确认为合同负债，未来需要以货物进行清偿，不属于《企业会计准则第22号——金融工具确认和计量》准则范围的金融负债，选项A当选；按照劳动合同的约定应支付的职工工资确认为应付职工薪酬，不属于《企业会计准则第22号——金融工具确认和计量》准则范围的金融负债，选项B当选；按照产品质量保证承诺预计的保修费确认为预计负债，未来以维修服务进行清偿，不属于《企业会计准则第22号——金融工具确认和计量》准则范围的金融负债，选项C当选；金融负债是一种合同义务，会形成另一方的合同资产，需要用现金或者其他金融资产进行偿还。按照采购合同的约定应支付的设备款应当确认为应付账款或长期应付款，属于上述所说的合同义务，属于《企业会计准则第22号——金融工具确认和计量》准则范围的金融负债，选项D不当选。

108 〔斯尔解析〕 **CD** 本题考查的是金融资产的分类，本题为否定式提问。分类为以摊余成本计量的金融资产同时满足下列条件：（1）企业管理该金融资产的业务模式是以收取合同现金流量为目标；（2）该金融资产的合同条款规定，在特定日期产生的现金流量，仅为对本金和以未偿付本金金额为基础的利息的支付。可随意支取的银行定期存款和现金均满足上述合同现金流量特征，如果企业持有其目的是收取合同现金流量，则可以分类为以摊余成本计量的金融资产，选项AB不当选；与黄金价格指数挂钩的结构性存款，其现金流量不满足基本借贷安排，无法通过合同现金流量测试，不能分类为以摊余成本计量的金融资产，选项C当选；企业在非同一控制下企业合并中确认的或有对价构成金融资产的，该金融资产应分类为以公允价值计量且其变动计入当期损益的金融资产，而非以摊余成本计量的金融资产，选项D当选。

109 斯尔解析▶ **BC** 本题考查的是金融负债和权益工具的区分。该投资合同条款约定"利率跳升"机制，且不设上限、投资者有权赎回条款等，对于甲公司构成间接义务（向其他方交付现金或其他金融资产的合同义务），不能分类为权益，应分类为负债，且不属于复合金融工具，选项AD不当选；一般的金融负债应作为以摊余成本计量的金融负债核算，选项C当选；但是，有时为了减少会计错配等因素，可以指定某项金融负债作为以公允价值计量且其变动计入当期损益的金融负债进行核算，选项B当选。

应试攻略

关于金融负债与权益工具的区分在近两年的考试中考查频率有所上升，而且考查形式不仅局限于客观题，也会作为主观题的小问，综合考查分类及会计处理。因此是否能够准确做出分类是该类题型得分的关键一步，现结合金融负债与权益工具区分的基本原则，做如下分析。

金融负债与权益工具区分的基本原则主要包括以下两项：（1）是否存在无条件地避免交付现金或其他金融资产的合同义务；（2）是否通过交付固定数量的自身权益工具结算。在考试中，考查第一条原则的频率要更高。

（1）是否存在无条件地避免交付现金或其他金融资产的合同义务。

判断结论：如果企业不能无条件避免该项合同义务，则应将其分类为金融负债；反之，如果同时满足所发行的金融工具没有到期日且合同对手方没有回售权，或虽有固定期限但发行方有权无限期递延，此时应将其分类为权益工具。

（2）是否通过交付固定数量的自身权益工具结算。

①基于自身权益工具的非衍生工具。

对于非衍生工具，如果发行方未来有义务交付可变数量的自身权益工具进行结算（作为现金或其他金融资产的替代品），则该非衍生工具为金融负债，否则是权益工具。

②基于自身权益工具的衍生工具。

对于衍生工具，如果发行方只能通过以固定数量的自身权益工具交换固定金额的现金或其他金融资产进行结算（即"固定换固定"），则该衍生工具为权益工具，其他情形（至少有一方可变）为金融负债。

110 斯尔解析▶ **ABC** 本题考查的是金融工具减值的会计处理。对于购买或源生的已发生信用减值的金融资产，企业应当在资产负债表日仅将自初始确认后整个存续期内预期信用损失的累计变动确认为损失准备，选项A当选，选项D不当选；金融工具形成的损失准备的增加或转回金额，应当作为减值损失或利得计入当期损益，选项B当选；如果该金融工具的信用风险自初始确认后已显著增加，企业应当按照相当于该金融工具整个存续期内预期信用损失的金额计量其损失准备，选项C当选。

111 斯尔解析▶ **AC** 本题综合考查各项交易的会计处理。现金结算的股份支付形成的负债在可行权日后结算前资产负债表日公允价值变动计入公允价值变动损益，影响当期损益，选项A

当选；将分类为权益工具的金融工具重分类为金融负债时公允价值与账面价值的差额计入资本公积（股本溢价），不影响当期损益，选项B不当选；以摊余成本计量的金融资产重分类为以公允价值计量且其变动计入当期损益的金融资产时公允价值与原账面价值的差额计入公允价值变动损益，影响当期损益，选项C当选；自用房地产转换为采用公允价值模式计量的投资性房地产时公允价值大于原账面价值的差额计入其他综合收益，不影响当期损益，选项D不当选。

112 〔斯尔解析〕 **AD** 本题考查的是金融资产转移的会计处理。根据题目表述，甲公司转让5%股权给A公司，但A公司暂时并不拥有与该5%股权对应的表决权和利润分配权，说明5%股权的风险和报酬尚未转移，因此，甲公司不能终止确认5%的股权，选项A当选，选项B不当选；此项交易需要披露，但不应作为或有事项进行披露，选项C不当选；应将收到的款项作为一项金融负债，选项D当选。需要说明的是，或有事项是指过去的交易或事项形成的，其结果需由某些未来事项的发生或不发生才能决定的不确定事项，本题中所述交易属于确定事项，因此，不能作为或有事项进行披露。

113 〔斯尔解析〕 **BD** 本题考查的是权益法核算长期股权投资的会计处理。乙公司分派股票股利，对其自身所有者权益总额无影响，甲公司无须进行账务处理，选项A不当选；购买日，乙公司存货评估增值，且当年已部分对外出售，甲公司在按照权益法核算长期股权投资时，需要调整乙公司净利润，从而影响甲公司确认的投资收益金额，选项B当选；投资时甲公司投资成本小于应享有乙公司可辨认净资产公允价值的份额应当计入营业外收入，不影响投资收益，选项C不当选；乙公司将账面价值200万元的专利权作价360万元出售给甲公司作为无形资产，产生了未实现内部交易损益，甲公司在按照权益法核算长期股权投资时，需要调整乙公司净利润，从而影响甲公司确认的投资收益金额，选项D当选。

114 〔斯尔解析〕 **BD** 本题考查的是企业合并形成长期股权投资的会计处理，本题为否定式提问。为控股合并支付的审计等中介费用在发生时计入管理费用，选项A不当选；非同一控制下企业合并形成的长期股权投资，其入账金额在个别报表中应以付出资产、承担负债或发行权益性证券的公允价值为基础确定，选项B当选；同一控制下企业合并形成的长期股权投资，其入账金额在个别报表中应按被合并方在最终控制方合并财务报表中的净资产账面价值份额与最终控制方收购被合并方时所形成的商誉为基础确定，选项C不当选；子公司将未分配利润转增资本，但未向投资方提供等值现金股利或利润的选择权，投资方并未获得收取现金或利润的权力，该项交易通常属于子公司自身权益结构的重分类，投资方不应确认相关投资收益，选项D当选。

115 〔斯尔解析〕 **AD** 本题考查的是长期股权投资的初始计量。购买乙公司股权后对其施加重大影响，属于非企业合并方式取得长期股权投资，长期股权投资初始投资成本=付出对价的公允价值+相关交易费用=300+5=305（万元），选项A当选；购买丙公司股权后对其施加重大影响，属于非企业合并方式取得长期股权投资，长期股权投资初始投资成本=付出对价的公允价值+相关交易费用=450+0=450（万元），发行股票相关的手续费8万元，不属于取得股权支付的相关费用，应将发行费用冲减资本公积——股本溢价，选项B不当选；购买丁公司股权能够对其控制，属于企业合并方式取得长期股权投资（本题为同控），长期股权投资初始投资成本=被合并方在最终控制方合并报表中可辨认净资产账面价值的份额+最终控制方收购时所形成的商誉=600×80%+0=480（万元），企业合并方式取得长期股权投资支付的交易费用在发生时计入管理费用，选项C不当选；购买戊公司股权能够对其控制，属于企业合并方式取得长期股权投资（本题为非同控），长期股权投资初始投资成本=付出对价的公允价值=1 000（万元），企业合并方式取得长期股权投资支付的交易费用在发生时计入管理费用，选项D当选。

116 **斯尔解析▶** **AC** 本题考查的是金融资产的后续计量。甲公司持有乙公司30%的股权并能对其施加重大影响，后续计量时应当采用权益法核算，选项A当选；甲公司持有丙公司50%股权并能与丙公司的另一投资方共同控制丙公司，后续计量时应当采用权益法核算，选项B不当选；甲公司持有丁公司5%股权，对丁公司不具有控制、共同控制和重大影响，后续计量时应当采用公允价值计量，选项C当选；甲公司持有戊公司结构化主体的权益并能对其施加重大影响，后续计量应当采用权益法核算，选项D不当选。

117 **斯尔解析▶** **CD** 本题综合考查各类金融资产的会计核算，本题为否定式提问。风险投资机构投资取得具有重大影响的股权，其目的是为获利而并非参与被投资单位的管理，所以应分类为以公允价值计量且其变动计入当期损益的金融资产，选项A不当选；甲公司能够控制戊公司，应由原权益法转为成本法，选项B不当选；只有企业改变其管理金融资产的业务模式时，满足条件才能将金融资产重分类，甲公司应考虑其他类别债券信用减值，因其并未改变管理金融资产的业务模式，所以不应将其进行重分类，选项C当选；企业对权益类投资金融资产分类应基于其持有目的，分类为以公允价值计量且其变动计入当期损益的金融资产是为交易目的而持有的，不得重分类为以公允价值计量且其变动计入其他综合收益的金融资产，选项D当选。

118 **斯尔解析▶** **BCD** 本题考查的是长期股权投资核算方法的转换。以公允价值计量且其变动计入其他综合收益的金融资产（其他权益工具投资）转为权益法核算的长期股权投资，原计入其他综合收益的公允价值变动金额应转入留存收益，选项A不当选；20%股权投资属于权益法核算的长期股权投资，其初始投资成本为原股权投资公允价值与新增投资支付对价的公允价值之和，选项B当选；增资后20%股权投资的初始投资成本小于应享有被投资单位可辨认净资产公允价值份额的差额计入营业外收入，选项C当选；甲公司对乙公司增资后能够对其施加重大影响，后续按权益法核算，选项D当选。

119 **斯尔解析▶** **BC** 本题考查的是投资性主体在合并范围中的豁免。如果母公司（乙公司）是投资性主体，则只应将那些为投资性主体的投资活动提供相关服务的子公司（丙公司）纳入合并范围，其他子公司（丁公司）不应予以合并，母公司对其他子公司（丁公司）的投资应当按照以公允价值计量且其变动计入当期损益，选项B当选，选项AD不当选；一个投资性主体（乙公司）的母公司（甲公司）如果其本身不是投资性主体（甲公司为制造业企业，不是投资性主体），则应将其控制的全部主体（乙公司、丙公司和丁公司）纳入合并范围，选项C当选。

120 **斯尔解析▶** **ABC** 本题考查投资性主体的合并范围。因乙公司属于投资性主体，其子公司均为对外投资（不属于为投资性主体提供服务的子公司），所以，乙公司不需编制合并报表，选项A当选；根据准则规定，投资性主体投资项目执行《企业会计准则第22号——金融工具的确认与计量》，即按公允价值计量其公允价值变动计入当期损益，选项C当选；因丙公司系股权基金，对投资项目按公允价值计量其公允价值变动计入当期损益，选项B当选。投资性主体的母公司本身不是投资性主体，则应当将其控制的全部主体，包括那些通过投资性主体所间接控制的主体，纳入合并财务报表范围，选项D不当选。

应试攻略

关于特定主体持有投资的分类：

（1）关于风险投资机构、共同基金等主体持有的投资分类。

①风险投资机构、共同基金以及类似主体持有的，在初始确认时按照金融工具准则的规定以公允价值计量且其变动计入当期损益的金融资产，无论以上主体是否对该部分投资具有重大影响，应按照金融工具准则进行确认和计量；

②投资方对联营企业的权益性投资，其中一部分通过风险投资机构、共同基金以及类似主体间接持有的，无论以上主体是否对该部分投资具有重大影响，投资方都可以按照金融工具准则相关规定，对间接持有的该部分投资选择以公允价值计量且其变动计入当期损益，对其余部分采用权益法核算。

提示：通过风险投资机构、共同基金等特殊主体持有的投资，无须考虑上述主体是否对该部分投资具有重大影响，均应当确认为以公允价值计量且其变动计入当期损益的金融资产，不能将其指定为以公允价值计量且其变动计入其他综合收益的金融资产。

（2）投资性主体持有的投资分类。

①如果母公司是投资性主体，则只将那些为投资性主体的投资活动提供相关服务的子公司纳入合并范围（作为长期股权投资核算），对其他子公司的投资应当按照公允价值计量且其变动计入当期损益；

②一个投资性主体的母公司如果其本身不是投资性主体，则应当将其控制的全部主体（包括投资性主体以及通过投资性主体间接控制的主体），纳入合并范围（作为长期股权投资核算）。

121 〔斯尔解析〕 **ABCD** 本题考查的是合并报表中固定资产抵销的会计处理。合并报表中的抵销分录：

（1）2×22年：

借：资产处置收益　　　　　　　　（2 600-2 000）600
　　贷：固定资产（选项D当选）　　　　　　　　　　　600

（2）2×23年：

借：年初未分配利润　　　　　　　（2 600-2 000）600
　　贷：固定资产　　　　　　　　　　　　　　　　　600

借：固定资产　　　　　　　　　　　　　　　　　（600/10）60
　　贷：管理费用（选项A当选）　　　　　　　　　　　　　　60
（3）2×24年：
借：年初未分配利润　　　　　　　　　　　　　　　　　600
　　贷：固定资产　　　　　　　　　　　　　　　　　　　　600
借：固定资产　　　　　　　　　　　　　　　　　（600/10）60
　　贷：年初未分配利润　　　　　　　　　　　　　　　　　60
未分配利润年初数抵销=600-60=540（万元），选项C当选。
借：固定资产　　　　　　　　　　　　　　　　　（600/10）60
　　贷：管理费用　　　　　　　　　　　　　　　　　　　　60
固定资产项目抵销=600-60-60=480（万元），选项B当选。

122　**斯尔解析▶**　**AD**　本题考查的是合并财务报表特殊交易。购买日（2×22年2月1日）长期股权投资入账价值为4 000万元（非同控企业合并），大于购买日乙公司可辨认净资产的公允价值的份额3 000（5 000×60%）万元，合并报表应确认商誉的金额=4 000-3 000=1 000（万元），2×23年1月1日，甲公司购买少数股东股权，在合并报表中作为权益性交易，应按购买日子公司可辨认净资产公允价值持续计算的份额确认新增长期股权投资的金额=6 000×20%=1 200（万元），个别报表中应确认长期股权投资为1 500万元，在合并报表中应冲减资本公积的金额=1 500-1 200=300（万元），2×24年1月1日，处置部分股权致丧失控制权，个别报表应确认处置损益（投资收益）=6 000-（4 000+1 500）/（60%+20%）×40%=3 250（万元），选项D当选；个别财务报表中，剩余的长期股权投资的账面价值=7 000×40%+（1 000+300）/（60%+20%）×40%=3 450（万元），选项B不当选；合并报表应确认处置损益（投资收益）=（6 000+6 000）-（7 000×80%+1 000）=5 400（万元），选项C不当选；合并报表中，剩余的长期股权投资的账面价值即为公允价值6 000万元，选项A当选。

123　**斯尔解析▶**　**ABC**　本题考查的是集团股份支付的会计处理，本题为否定式提问。甲公司作为结算公司，授予子公司高管非自身权益工具，应作为以现金结算股份支付处理；乙公司作为接受服务企业不具有结算义务，应作为以权益结算股份支付处理，选项D不当选，选项ABC当选。

124　**斯尔解析▶**　**ACD**　本题考查的是集团股份支付的会计处理，本题为否定式提问。甲公司的母公司（乙公司）作为结算企业，以其持有的甲公司普通股（非自身权益工具）进行结算，母公司（乙公司）应将该股份支付作为现金结算的股份支付进行处理；接受服务企业（甲公司）没有结算义务，应将该股份支付作为权益结算股份支付，选项A当选，选项B不当选；对于权益结算的股份支付，在等待期内的每个资产负债表日（而非一次性确认），应按照授予日（2×24年1月1日）权益工具的公允价值确认相关股份支付费用和资本公积，选项CD当选。

125　**斯尔解析▶**　**ABD**　本题考查的是交易费用的会计处理。取得以公允价值计量且其变动计入当期损益的金融资产发生的交易费用，计入投资收益，选项A当选；企业合并方式下取得的长期股权投资所发生的直接相关费用，计入管理费用，选项B当选；取得以摊余成本计量的金融资产发生的交易费用，计入债权投资成本，选项C不当选；<u>生产商或经销商出租人取得融资租赁所发生的成本不属于初始直接费用，不计入租赁投资净额，而是计入当期损益</u>，选项D当选。

126 斯尔解析▶ **AC** 本题考查的是合同成本的会计处理。约定每签订一份销售合同，甲公司按照合同价款的10%向乙公司支付销售佣金，应确认应付账款=6 000×10%=600（万元），选项A当选；企业为取得合同发生的增量成本预期能够收回的，应当作为合同取得成本确认为一项资产，应确认合同取得成本600万元，甲公司签订销售合同的总价款6 000万元中，2 000万元于2×24年确认收入，剩余4 000万元确认为合同负债，所以，应支付乙公司的销售佣金600万元中有200万元（600×2 000/6 000）应确认为销售费用，400万元（600×4 000/6 000）在2×24年12月31日的合同取得成本余额中，选项C当选，选项BD不当选。

甲公司应编制的会计分录为：

借：合同取得成本　　　　　　　　　　　　　　　600
　　贷：应付账款　　　　　　　　　　　　　　　　　　600
借：销售费用　　　　　　　　　　　　　　　　　200
　　贷：合同取得成本　　　　　　　　　　　　　　　　200

127 斯尔解析▶ **AC** 本题考查的是PPP项目合同的会计处理，本题为否定式提问。社会资本方在项目运营期间，满足有权收取可确定金额的现金（或其他金融资产）条件的，应在拥有该权利时确认为应收款项，选项A当选；运营期占项目资产全部使用寿命的PPP项目合同，即使项目合同结束时项目资产不存在重大剩余权益，但如果政府方能够控制或管制社会资本方使用PPP项目资产必须提供的公共产品和服务的类型、对象和价格，则适用PPP项目合同相关会计处理规定，即需要满足"双控制"条件的第一条规定，选项B不当选；在混合模式下，社会资本方应在PPP项目资产达到预定可使用状态时，应将相关PPP项目资产的对价金额或确认的建造收入金额，超过有权收取可确定金额的现金（或其他金融资产）的差额，确认为无形资产，选项C当选；社会资本方根据PPP项目合同，自政府方取得作为应付合同对价一部分的其他资产，应将该资产按照收入准则相关规定（非现金对价）进行会计处理，选项D不当选。

128 斯尔解析▶ **ABD** 本题考查的是集团股份支付和权益结算股份支付的判断。事项（1），结算企业（甲公司）以现金结算或者以集团内其他企业权益工具结算，接受服务企业（乙公司）没有结算义务，接受服务企业作为权益结算的股份支付（股票期权），选项A当选；事项（2），乙公司授予其研发人员20万份现金股票增值权，这些研发人员在乙公司连续服务2年，即可按照乙公司股价的增值幅度获得现金，属于现金结算的股份支付（现金股票增值权），选项C不当选；事项（3），乙公司自市场回购本公司股票100万股，并与销售人员签订协议，如未来3年销售业绩达标，销售人员将无偿取得该部分股票，属于权益结算的股份支付（股票期权），选项B当选；事项（4），股份支付是以股份为基础的支付，支付对象可以是职工，也可以是其他方，乙公司向丁公司发行500万股本公司股票，作为支付丁公司为乙公司提供咨询服务的价款，属于权益结算的股份支付，选项D当选。需要说明的是，事项（4）既不是限制性股票，也不是股票期权，仅是股票的直接支付。

第三模块　不必纠结10分

一、单项选择题

| 129 | C | | 130 | D |

二、多项选择题

| 131 | BCD | | 132 | ABCD | | 133 | AC |

一、单项选择题

129 〔斯尔解析〕 **C**　本题考查的是所得税的会计处理，本题为否定式提问。在企业合并中，购买方取得的可抵扣暂时性差异，按照税法规定可以用于抵减以后年度应纳税所得额，但在购买日不符合递延所得税资产确认条件而不予以确认。购买日后12个月内，如取得新的或进一步信息表明购买日的相关情况已经存在，预期被购买方在购买日可抵扣暂时性差异带来的经济利益能够实现的，应当确认相关的递延所得税资产，同时减少商誉，商誉不足冲减的，差额部分确认为当期损益，选项A不当选；合并报表中资产的账面价值大于个别报表中该项资产的计税基础的，在合并报表中确认递延所得税负债，同时，冲减资本公积，选项B不当选；合并财务报表中固定资产账面价值为集团内部销售方期末固定资产的账面价值，计税基础为集团内部购货方期末按税法规定确定的账面价值，选项C当选；母公司购买子公司少数股东股权的，在合并报表中不确认投资收益，合并报表中的商誉不会因持股比例改变而改变，选项D不当选。

130 〔斯尔解析〕 **D**　本题考查的是事业单位会计处理，本题为否定式提问。科研事业单位开展技术咨询服务收取的劳务费（不含增值税）在预算会计下应计入事业预算收入，选项A不当选；年度终了，根据本年度财政直接支付预算指标数与本年财政直接支付实际支出数的差额，预算会计确认财政拨款预算收入，选项B不当选；财政授权支付方式下，年度终了时根据代理银行提供的对账单核对无误后注销零余额账户用款额度的余额并于下年年初恢复，选项C不当选；单位对于纳入部门预算管理的现金收支业务，同时采用财务会计和预算会计核算，不纳入部门预算管理的现金收支业务，不采用预算会计核算，选项D当选。

二、多项选择题

131 〖斯尔解析〗 **BCD** 本题考查的是公允价值计量的会计处理。活跃市场中相同资产或负债未经调整的报价属于第一层次输入值，不属于第二层次输入值，选项A不当选；第二层次输入值是除第一层次输入值之外的相关资产或负债直接或间接可观察的输入值，具体包括：（1）活跃市场中类似资产或负债的报价，选项B当选；非活跃市场中相同或类似资产或负债的报价，选项CD当选；（3）除报价以外的其他可观察输入值；（4）市场验证的输入值等。

132 〖斯尔解析〗 **ABCD** 本题考查的是事业单位预算会计核算。事业单位按规定从经营结余中提取专用基金时，按提取金额记入"专用结余"科目的贷方，选项A当选；年末结转后，"财政拨款结转"科目除了"累计结转"明细科目外，其他明细科目应无余额，选项B当选；年末应将"事业预算收入"科目本年发生额中的专项资金收入转入"非财政拨款结转（本年收支结转）"科目，选项C当选；因发生会计差错调整以前年度财政拨款结余资金的，按调整金额调整"资金结存"和"财政拨款结余（年初余额调整）"科目，选项D当选。

133 〖斯尔解析〗 **AC** 本题考查民间非营利组织会计核算。

（1）2×22年1月1日甲基金实际收到捐赠款项2 000万元时：

借：银行存款　　　　　　　　　　　　　　2 000
　　贷：捐赠收入——限定性收入（选项B不当选）　　　　2 000

（2）当年发生治疗支出及管理费用时：

借：业务活动成本（选项A当选）　　　　　　1 800
　　管理费用　　　　　　　　　　　　　　　8
　　贷：银行存款　　　　　　　　　　　　　　　1 808

（3）2×22年12月31日剩余部分10%解除限定：

借：捐赠收入——限定性收入　　　　　　　20
　　贷：捐赠收入——非限定性收入　　　　　　　20

（4）剩余部分90%退还给捐赠人：

借：管理费用　　　　　　　　　　　　　　180
　　贷：其他应付款（选项C当选）　　　　　　　180

（5）期末结转捐赠收入：

借：捐赠收入——限定性收入　　　　　　　180
　　贷：限定性净资产　　　　　　　　　　　　180
借：捐赠收入——非限定性收入　　　　　　20
　　贷：非限定性净资产　　　　　　　　　　　20

（6）2×23年1月15日，支付应退还款项。

借：其他应付款　　　　　　　　　　　　　180
　　贷：银行存款（选项D不当选）　　　　　　　180

第一模块　基础必拿40分

134 斯尔解析▶

（1）会计处理原则：企业以其生产的产品作为非货币性福利提供给职工的，应当按照该产品公允价值和相关税费计量应计入成本费用的职工薪酬金额（1分），并按受益对象计入相应成本费用中，相关收入的确认、销售成本的结转和相关税费的处理，与正常商品销售相同（1分）。

甲公司应编制的会计分录为（1分+1分+1分）：

借：应付职工薪酬　　　　　　　　　　　　　　67.8
　　贷：主营业务收入　　　　（3 000×200/10 000）60
　　　　应交税费——应交增值税（销项税额）
　　　　　　　　　　　　（3 000×200×13%/10 000）7.8

借：主营业务成本　　　　（1 800×200/10 000）36
　　贷：库存商品　　　　　　　　　　　　　　36

借：制造费用　　［30×3 000×（1+13%）/10 000］10.17
　　生产成本　　［170×3 000×（1+13%）/10 000］57.63
　　贷：应付职工薪酬　　　　　　　　　　　　67.8

（2）会计处理原则：甲公司应当在2×24年12月31日预计由于员工累积未使用的带薪年休假权利而导致预期将支付的职工薪酬金额（1分）。根据甲公司预计2×25年职工的年休假情况，有150名销售部门人员和50名总部管理人员将平均享受8.5天休假，平均每名员工每个工作日工资为400元，2×24年因累积带薪缺勤应确认销售费用=（8.5-7）×150×400÷10 000=9（万元）（0.5分），因累积带薪缺勤应确认管理费用=（8.5-7）×50×400÷10 000=3（万元）（0.5分）。

甲公司应编制的会计分录为（1分）：

借：管理费用　　　　　　　　　　　　　　　　3
　　销售费用　　　　　　　　　　　　　　　　9
　　贷：应付职工薪酬　　　　　　　　　　　　12

（3）会计处理原则：甲公司应当根据职工提供服务情况，按照受益对象将相关工资总额计入当期损益或相关资产成本（1分）。

甲公司应编制的会计分录为（0.5分+0.5分+0.5分+0.5分+0.5分+0.5分）：

①确认并结转费用化支出：

借：研发支出——费用化支出　　　　　　　　120
　　贷：应付职工薪酬　　　　　　　　　　　120

借：应付职工薪酬　　　　　　　　　　　　　120
　　贷：银行存款　　　　　　　　　　　　　　　　120
借：管理费用　　　　　　　　　　　　　　　120
　　贷：研发支出——费用化支出　　　　　　　　　120
②确认并结转资本化支出：
借：研发支出——资本化支出　　　　　　　80
　　贷：应付职工薪酬　　　　　　　　　　　　　　80
借：应付职工薪酬　　　　　　　　　　　　80
　　贷：银行存款　　　　　　　　　　　　　　　　80
借：无形资产　　　　　　　　　　　　　　80
　　贷：研发支出——资本化支出　　　　　　　　　80

（4）会计处理原则：甲公司应将因为分公司关闭计划产生的支付给员工的辞退福利，一次性确认当期费用，无须按照受益对象分摊（1分）。对于预计以后期间陆续支付的补偿金额，按照其现值确认应当计入当期损益的职工薪酬金额（1分）。

甲公司应编制的会计分录为（1分+1分）：
借：管理费用　　　　　　　　（2 400+1 200）3 600
　　贷：应付职工薪酬　　　　　　　　　　　　　3 600
借：应付职工薪酬　　　　　　　　　　　2 400
　　贷：银行存款　　　　　　　　　　　　　　　2 400

应试攻略

对于职工薪酬相关内容的考查近几年一直热度不减，其核心考点主要体现在以下几方面：

（1）带薪缺勤。

对于带薪缺勤的考查，需要通过分析带薪缺勤权利是否能够结转下期而判断题干所述内容属于累积带薪缺勤还是非累积带薪缺勤。

从考试来看，累积带薪缺勤的考查频率要远高于非累积带薪缺勤。

（2）短期利润分享计划。

对于"利润分享"计划的掌握核心在于需要清楚利润分享计划属于职工薪酬的一部分，应通过"应付职工薪酬"科目进行核算，而非利润分配，因此不能通过"利润分配"科目，在考试中，将"利润分享"和"利润分配"混淆属于常见的命题点。

（3）非货币性职工福利。

对于非货币性职工福利，可以大致分成三种形式，即以产品发放、房屋租赁和向职工提供支付补贴的商品或服务。

（4）辞退福利。

对于"辞退福利"的掌握，核心关键点在于无须区分辞退对象，均应于辞退计划满足负债确认条件的当期一次计入费用（管理费用），不计入资产成本。

135 斯尔解析▶

事项（1），甲公司会计处理不正确（0.5分）。

理由：企业从政府取得的经济资源，如果与企业销售商品或提供劳务等活动密切相关（0.5分），且来源于政府的经济资源是企业商品或服务的对价或者是对价的组成部分，应当按照《企业会计准则第14号——收入》的规定进行会计处理，不适用政府补助准则（0.5分）。

甲公司应编制的更正分录为（0.5分+0.5分+0.5分）：

借：递延收益　　　　　　　　　　　　13 600
　　贷：合同负债　　　　　　　　　　　　　　　13 600
借：营业外收入　　　　　　　　　　　11 200
　　贷：递延收益　　　　　　　　　　　　　　　11 200
借：合同负债　　　　　　　　　　　　11 200
　　贷：主营业务收入　　　　　　　　　　　　　11 200

税法规定，企业自国家取得的资金除作为出资外，应计入取得当期应纳税所得额计算交纳企业所得税。甲公司将上述政府给予的补助计入2×24年度应纳税所得额。计算并交纳企业所得税（0.5分）。

合同负债账面价值=13 600-11 200=2 400（万元），计税基础=0（万元），产生可抵扣暂时性差异2 400万元，应确定递延所得税资产=2 400×25%=600（万元）（0.5分）。

借：递延所得税资产　　　　　　　　　600
　　贷：所得税费用　　　　　　　　　　　　　　600

（0.5分）

提示：更正分录的思路如下表所示。

甲公司不正确处理①	更正分录②	正确处理③=①+②
借：银行存款　13 600 　　贷：递延收益　13 600 借：递延收益　11 200 　　贷：营业外收入　11 200 借：主营业务成本　23 520 　　贷：库存商品　23 520 借：银行存款　16 800 　　贷：主营业务收入　16 800	借：递延收益　13 600 　　贷：合同负债　13 600 借：营业外收入　11 200 　　贷：递延收益　11 200 借：合同负债　11 200 　　贷：主营业务收入　11 200 借：递延所得税资产　600 　　贷：所得税费用　600	借：银行存款　13 600 　　贷：合同负债　13 600 借：合同负债　11 200 　　银行存款　16 800 　　贷：主营业务收入　28 000 借：主营业务成本　23 520 　　贷：库存商品　23 520 借：递延所得税资产　600 　　贷：所得税费用　600

其中，甲公司本年度应确认的商品销售收入金额=［15（实际售价）+10（每件获得政府补贴）］×1 120=28 000（万元）；本年应冲销的"政府补贴款"金额=1 120×10=11 200（万元）。

事项（2），甲公司会计处理不正确（0.5分）。

理由：

①"研发支出——费用化支出"期末应结转至"管理费用"中（0.5分）；

②无形资产的账面价值小于计税基础，产生可抵扣暂时性差异，但不确认递延所得税资产，因为企业发生的交易或事项不属于企业合并（0.5分），并且该交易发生时既不影响会计利润也不影响应纳税所得额（0.5分），因而产生的可抵扣暂时性差异不确认递延所得税资产。

甲公司应编制的更正分录为（0.5分+0.5分）：

借：管理费用——研发费用　　　　　　　　300
　　贷：研发支出——费用化支出　　　　　　　　300
借：所得税费用　　　　　　　　　　　　　125
　　贷：递延所得税资产　　　　　　　　　　　　125

提示：更正分录的思路如下表所示。

甲公司不正确处理①	更正分录②	正确处理③=①+②
借：研发支出——费用化支出 300 　　　——资本化支出 500 　　贷：银行存款 800 借：递延所得税资产 125 　　贷：所得税费用 125	借：管理费用——研发费用 300 　　贷：研发支出——费用化支出 300 借：所得税费用 125 　　贷：递延所得税资产 125	借：研发支出——费用化支出 300 　　　——资本化支出 500 　　贷：银行存款 800 借：管理费用——研发费用 300 　　贷：研发支出——费用化支出 300

事项（3），甲公司会计处理不正确（0.5分）。

理由：

①甲公司此项长期股权投资符合划分为持有待售非流动资产条件，根据企业会计准则规定，对联营企业或合营企业的权益性投资全部或部分分类为持有待售资产的应当停止权益法核算（0.5分），对于未划分为持有待售资产的剩余权益性投资，应当在划分为持有待售的那部分权益性投资出售前继续采用权益法进行会计处理（0.5分）。

②长期股权投资采用权益法核算，因账面价值高于其计税基础形成应纳税暂时性差异的，需要分析持有意图（0.5分），如果企业拟长期持有，投资企业一般不确认相关的所得税影响（0.5分）。但如果投资企业改变持有意图拟对外出售，应确认相关所得税影响（0.5分）。

长期股权投资2×24年12月31日的账面价值=3 200+（1 000+200）×30%=3 560（万元），其计税基础为2 600万元，形成应纳税暂时性差异=3 560-2 600=960（万元），应确认递延所得税负债=960×25%=240（万元）（0.5分）。

甲公司应编制的更正分录为（0.5分+0.5分+0.5分）：

借：投资收益　　　　　　　　［（1 600-1 000）×30%］180
　　贷：长期股权投资　　　　　　　　　　　　180
借：持有待售资产——长期股权投资　　　　3 560
　　贷：长期股权投资　　　　　　　　　　　　3 560

借：所得税费用　　　　　　　　　　　　　　　　　　225
　　其他综合收益　　　　　　　（200×30%×25%）15
　　贷：递延所得税负债　　　　　　　　　　　　　　　　　240

提示：更正分录的思路如下表所示。

甲公司不正确处理①	更正分录②	正确处理③=①+②
借：长期股权投资　540 　贷：投资收益　480 　　　其他综合收益　60	借：投资收益　180 　贷：长期股权投资　180 借：持有待售资产——长期股权投资　3 560 　贷：长期股权投资　3 560 借：所得税费用　225 　　其他综合收益　15 　贷：递延所得税负债　240	借：长期股权投资　360 　贷：投资收益　300 　　　其他综合收益　60 借：持有待售资产——长期股权投资　3 560 　贷：长期股权投资　3 560 借：所得税费用　225 　　其他综合收益　15 　贷：递延所得税负债　240

事项（4），甲公司会计处理不正确（0.5分）。

理由：对于附有质量保证条款的销售，企业应当评估该质量保证是否在向客户保证所销售商品符合既定标准之外提供了一项单独的服务（0.5分）。本题目中企业提供的质量保证并非法定要求，且企业向客户提供的质量保证服务可明确区分，所以，甲公司维修服务应当作为单项履约义务进行会计处理，并按履约进度确认收入（0.5分）。

提供维修服务应分摊的交易价格=100/（920+100）×1 000=98.04（万元）（0.5分），因维修服务期是2年，2×24年根据时间进度确定的履约进度=12/24=50%，提供维修服务应确认收入=98.04×50%=49.02（万元）（0.5分）。

甲公司应编制的更正分录为（0.5分+0.5分）：

借：主营业务收入　　　　　　　　　　　　　　　　　49.02
　　贷：合同负债　　　　　　　　　　　　　　　　　　　49.02
借：预计负债　　　　　　　　　　　　　　　　　　　　80
　　贷：主营业务成本　　　　　　　　　　　　　　　　　80

该事项不会产生税会差异，因此无须对所得税进行调整。

提示：更正分录的思路如下表所示。

甲公司不正确处理①	更正分录②	正确处理③=①+②
借：银行存款　1000 　贷：主营业务收入　1000 借：主营业务成本　700 　贷：库存商品　700 借：主营业务成本　80 　贷：预计负债　80	借：主营业务收入　49.02 　贷：合同负债　49.02 借：预计负债　80 　贷：主营业务成本　80	借：银行存款　1000 　贷：主营业务收入　901.96 　　　合同负债　98.04 借：主营业务成本　700 　贷：库存商品　700 借：合同负债　49.02 　贷：主营业务收入　49.02

应试攻略

本题属于以"会计调整"为切入点，综合政府补助、内部研发无形资产、长期股权投资、附有质量保证条款的销售、所得税等知识点进行的考查，综合性较强，难度较高，在复习时，请同学们着重关注以下内容：

第一，关于"会计调整"的调整方法。

大部分同学在做这种题目时会觉得压力较大，无从下手，所以同学们在复习时需要着重关注题目解析中"提示"部分的调整思路，即"题干中不正确处理+会计调整=正确会计处理"，反复练习，熟练以后才能在考试时直接编写调整的会计分录。

第二，"会计调整"仅是方法，具体的账务处理需要回归至99记篇对应内容。

(1) 政府补助在与"会计调整"综合考查时，常常以政府补助和收入的区别作为切入点。此时同学们务必关注"政府补助"的特征中包含"无偿性"，若属于政府与企业之间的互惠交易或者构成企业商品销售对价的一部分时，不能按照"政府补助"进行确认。

(2) 内部研发无形资产在与"会计调整"综合考查时，常常以递延所得税的确认作为切入点。此时同学们务必关注内部研发无形资产属于存在可抵扣暂时性差异，但不确认递延所得税资产的特殊情形。

(3) 长期股权投资（权益法）在与"会计调整"综合考查时，常常以递延所得税的确认作为切入点。此时同学们务必关注企业持有长期股权投资的期限，若拟长期持有，则不确认递延所得税。

(4) 附有产品质量保证条款的销售在与"会计调整"综合考查时，常常以质量保证的辨别作为切入点。此时同学们务必关注题干中所述属于"服务类质保"还是"保证类质保"；若为"服务类质保"，需要分摊交易价格并在满足收入确认条件时，确认收入，否则应执行或有事项准则，确认预计负债，并计入主营业务成本。

136 斯尔解析▶

（1）甲公司对事项（1）的会计处理不正确（0.5分）。

理由：2×24年12月31日之前研发支出资本化条件尚未满足，在满足资本化条件后对于未满足资本化条件而进行费用化处理的研发支出不应进行追溯调整（0.5分）。

甲公司应编制的更正分录为（1分）：

借：管理费用　　　　　　　　　　　　　　100
　　以前年度损益调整　　　　　　　　　　500
　　贷：研发支出　　　　　　　　　　　　　　　600

提示：更正分录的思路如下表所示。

甲公司不正确处理①	更正分录②	正确处理③=①+②
借：研发支出——资本化支出 600 　　贷：以前年度损益调整 500 　　　　管理费用 100	借：管理费用 100 　　以前年度损益调整 500 　　贷：研发支出 600	无须额外处理

（2）甲公司对事项（2）的会计处理不完全正确（0.5分）。

理由：甲公司将上年处理作为会计差错予以更正是正确的（0.5分），但关于融资费用的处理不正确，不应将融资费用全部计入2×24年度，该融资费用应在2×23年度与2×24年度之间进行分摊（0.5分）。

甲公司应编制的更正分录为（0.5分）：

借：以前年度损益调整　　　　　　　　　　　　50
　　贷：财务费用　　　　　　　　　　　　　　　　50

提示：更正分录的思路如下表所示。

甲公司不正确处理①	更正分录②	正确处理③=①+②
借：以前年度损益调整（2×23年营业收入） 1 000 　　贷：其他应付款 1 000 借：库存商品 600 　　贷：以前年度损益调整（2×23年营业成本） 600 借：其他应付款 1 000 　　财务费用 100 　　应交税费——应交增值税（进项税额） 143 　　贷：银行存款 1 243	借：以前年度损益调整 50 　　贷：财务费用 50	借：以前年度损益调整（2×23年营业收入） 1 000 　　贷：其他应付款 1 000 借：库存商品 600 　　贷：以前年度损益调整（2×23年营业成本） 600 借：其他应付款 1 000 　　以前年度损益调整 50 　　财务费用 50 　　应交税费——应交增值税（进项税额） 143 　　贷：银行存款 1 243

（3）甲公司对事项（3）的会计处理不正确（0.5分）。

理由：上年度对诉讼事项的预计负债是基于编制上年度财务报表时的情形作出的最佳估计（0.5分），在没有明确证据表明上年度会计处理构成会计差错的情况下，有关差额应计入当期损益（0.5分）。

甲公司应编制的更正分录为（0.5分+0.5分）：

借：营业外支出　　　　　　　　　　　　　　　50
　　贷：以前年度损益调整　　　　　　　　　　　　50
借：预计负债　　　　　　　　　　　　　　　150
　　贷：其他应付款　　　　　　　　　　　　　　150

提示：更正分录的思路如下表所示。

甲公司不正确处理①	更正分录②	正确处理③=①+②
借：以前年度损益调整 50 　　贷：预计负债　　　　50	借：营业外支出　　　　50 　　贷：以前年度损益调整　50 借：预计负债　　　　150 　　贷：其他应付款　　150	借：营业外支出　　　　50 　　预计负债　　　　100 　　贷：其他应付款　　150

（4）甲公司对事项（4）的会计处理不正确（0.5分）。

理由：折旧年限变更属于会计估计变更，不应追溯调整（0.5分）。估计变更后，剩余年限中每年折旧金额为：（1 200－1 200×3/12）÷6＝150（万元），即每半年折旧金额为75万元（0.5分）。

2×24年应计提折旧金额＝1 200÷12×6/12＋75＝125（万元）（0.5分）。

甲公司应编制的更正分录为（0.5分）：

借：累计折旧　　　　　　　（216.66－125）91.66
　　贷：以前年度损益调整　　　　　　　　　　83.33
　　　　管理费用　　　　　　　　　　　　　　 8.33

提示：更正分录的思路如下表所示。

甲公司不正确处理①	更正分录②	正确处理③=①+②
借：以前年度损益调整 83.33 　　管理费用　　　　133.33 　　贷：累计折旧　　　216.66	借：累计折旧 　　（216.66－125）91.66 　　贷：以前年度损益调整 83.33 　　　　管理费用　　　　8.33	借：管理费用　　　　125 　　贷：累计折旧　　125

应试攻略

本题属于以"会计调整"为切入点，综合内部研发无形资产、售后回购、未决诉讼、固定资产折旧年限变更等知识点进行的考查，综合性较强，难度较高，在复习时，请同学们着重关注以下内容：

第一，关于"会计调整"的调整方法。

大部分同学在做这种题目时会觉得压力较大，无从下手，所以同学们在复习时需要着重关注题目解析中"提示"部分的调整思路，即"题干中不正确处理＋会计调整＝正确会计处理"，反复练习，熟练以后才能在考试时直接编写调整的会计分录。

第二，"会计调整"仅是方法，具体的账务处理需要回归至99记对应内容。

（1）内部研发无形资产在与"会计调整"综合考查时，常常以资本化和费用化阶段的划分作为切入点。此时同学们需要关注在满足资本化条件后，对于之前未满足资本化条件而进行的费用化处理的研发支出无须进行追溯调整。

（2）售后回购业务在与"会计调整"综合考查时，常常以该业务能否确认收入作为切入点。此时同学们需要关注，售后回购业务一般不满足商品控制权转移的条件，不能确认收入。在进行会计处理时，需要关注回购价与原售价的关系，进一步判断属于融资交易还是租赁交易。若为融资交易，需要将回购价与原售价的差额作为融资费用并分摊计入损益。

（3）未决诉讼在与"会计调整"综合考查时，常常以该业务是否属于或有事项作为切入点。在复习时，建议同学们按照下表进行强化练习：

情形	会计处理
前期已合理预计	预计金额与实际发生金额的差额直接计入或冲减当期营业外支出
前期预计金额与当时事实严重不符	按照重大会计差错更正的方法进行处理
前期无法合理预计而未进行确认	直接计入实际发生当期营业外支出

（4）固定资产折旧方法、年限等变更与"会计调整"综合考查时，常常会以会计政策、会计估计的判断作为切入点。同学们在复习时务必关注，固定资产、无形资产等折旧（摊销）方法、年限等进行的变更属于会计估计变更，应当采用未来适用法进行会计核算，而无须进行追溯调整。

第二模块　突破提升50分

137 斯尔解析▶

（1）长期股权投资的初始投资成本为2 000万元，小于按照持股比例确认应享有乙公司可辨认净资产公允价值的份额＝7 000×30%＝2 100（万元），因此应确认的长期股权投资入账价值为2 100（万元）（1分）。

甲公司应编制的会计分录为（1分）：

借：长期股权投资——投资成本　　　　　　2 100
　贷：银行存款　　　　　　　　　　　　　　　　2 000
　　　营业外收入　　　　　　　　　　　　　　　　100

（2）乙公司经调整后的净利润＝1 000－（3 000－1 000）/10×（1－25%）＝850（万元）（0.5分）；

提示：本题考虑所得税影响，乙公司评估增值的专利权当年应调减净利润金额＝（3 000－1 000）/10×（1－25%）＝150（万元）。

甲公司2×24年应确认投资收益金额＝850×30%＝255（万元）（1分）

应确认其他综合收益金额＝50×30%×（1－25%）＝11.25（万元）（1分）

甲公司应编制的会计分录为（1分）：

借：长期股权投资——损益调整　　　　　　255
　　　　　　　　　　——其他综合收益　　　11.25
　贷：投资收益　　　　　　　　　　　　　　　　255
　　　其他综合收益　　　　　　　　　　　　　　11.25

（3）甲公司不确认与长期股权投资相关的递延所得税（2分）。

理由：甲公司拟长期持有乙公司的股权，因长期股权投资初始投资成本的调整产生的暂时性差异，预计未来期间不会转回，对未来期间没有所得税影响（0.5分）；因确认投资收益产生的暂时性差异，如果在未来期间逐期分回现金股利或利润时免税，也不存在对未来期间的所得税影响（0.5分）；因确认应享有被投资单位其他权益变动而产生的暂时性差异，在准备长期持有的情况下预计未来期间也不会转回（0.5分）；因此甲公司准备长期持有的情况下，采用权益法核算的乙公司长期股权投资账面价值与计税基础之间的差异，不应确认递延所得税（0.5分）。

（4）甲公司从政府取得2 000万元资金用于开发新型节能环保建筑材料，但研究成果归政府所有，不属于政府向企业无偿性的资产转移，不应按照政府补助进行会计处理（1分）。

甲公司应编制的会计分录为（1分）：

借：银行存款　　　　　　　　　　　　　　2 000
　贷：合同负债　　　　　　　　　　　　　　　　2 000

（5）甲公司办公楼竣工决算属于资产负债表日后调整事项（1分）。

理由：办公楼在资产负债表日前已达到预定可使用状态并已经按暂估金额入账，资产负债表日后完成竣工决算手续，可以进一步确定该资产的成本，应对已入账的资产成本进行调整，属于资产负债表日后调整事项（1.5分）。

2×24年12月31日资产负债表中应列示的金额=68 000−62 000÷50=66 760（万元）（1分）

提示：已达到预定可使用状态但尚未办理竣工决算的固定资产，应按暂估价值确定固定资产，并按有关计提固定资产折旧的规定计提折旧，待办理竣工决算手续后，调整原暂估价值，但无须调整原已计提折旧金额。

甲公司应编制的会计分录为（1分）：

借：固定资产　　　　　　　　　（68 000−62 000）6 000
　　贷：其他应付款　　　　　　　　　　　　　　　6 000

本题实际上是对长期股权投资、所得税、政府补助、资产负债表日后事项的综合考查，属于"拼盘式"题目，这类题目的好处在于同学们不会因为某个知识点复习不到位而导致整个题目得分不理想，这种类型的题目在近两年的考试中出现频率有所上升，对于同学们通过考试不得不说是一个利好消息。

本题需要重点关注的考点主要包括：

（1）权益法核算的长期股权投资期末账面价值与计税基础的计算及递延所得税的确认。

账面价值：权益法核算的长期股权投资，投资方需要根据被投资方净资产的变动相应调整长期股权投资的账面价值。

计税基础：权益法核算的长期股权投资计税基础为初始投资成本。

（2）对递延所得税确认的影响：

若投资方拟长期持有该项投资，则账面价值与计税基础之间形成的差异不确认递延所得税；

若持有意图由长期持有转变为拟近期出售的情况下，因长期股权投资账面价值与计税基础不同产生的暂时性差异，应确认相关递延所得税。

（3）考试中经常考查对政府补助的认定，同学们在复习时需要着重关注涉及的两个特征：政府补助是来源于政府的经济资源；政府补助是无偿的。

若通过题干描述，企业从政府取得的资源属于商品交易对价的一部分，或者属于政府与企业间的互惠交易，则不能作为政府补助进行处理。

（4）关于资产负债表日后调整事项的确认和会计处理。

在判断交易事项是否属于资产负债表日后调整事项时，请参照99记篇中第33记相关内容进行辨析，若属于调整事项，则需要进行会计调整，若属于非调整事项，且对报表使用者预期产生重大影响，应在报告附注中进行披露。

138 斯尔解析

（1）①固定资产，需要确认递延所得税资产（0.5分）；

理由：该项固定资产账面价值（12 000万元）小于计税基础（15 000万元），形成可抵扣暂时性差异，需要确认递延所得税资产（0.5分）。

②无形资产：不需要确认递延所得税资产（0.5分）；

理由：该项无形资产是由于研究开发形成的，其不来源于企业合并，且初始确认时既不影响会计利润也不影响应纳税所得额，由于加计扣除产生的可抵扣暂时性差异，无须确认递延所得税（1分）。

③其他债权投资：需要确认递延所得税负债（0.5分）；

理由：该项其他债权投资的账面价值（5 000万元）大于计税基础（3 000万元），且是由于公允价值变动造成的，形成应纳税暂时性差异，需要确认递延所得税（0.5分）。

④预计负债：需要确认递延所得税资产（0.5分）；

理由：该项预计负债的账面价值（600万元）大于计税基础（0），形成可抵扣暂时性差异，需要确认递延所得税（0.5分）。

⑤发生的广告费需要确认递延所得税资产（0.5分）；

因为该广告费实际发生的金额为1 500万元，其可以税前扣除的金额为1 000万元，税法规定允许未来税前扣除的金额为500万元，因此，形成可抵扣暂时性差异，需要确认递延所得税资产（1分）。

（2）其他债权投资的暂时性差异产生的所得税影响应该计入所有者权益（0.5分）。

理由：其他债权投资产生的暂时性差异通过其他综合收益进行核算，其确认的递延所得税也应对应其他综合收益科目，影响所有者权益（0.5分）。

（3）固定资产形成可抵扣暂时性差异期末余额=15 000-12 000=3 000（万元）。

递延所得税资产的期末余额=3 000×25%=750（万元）（0.5分）

预计负债形成的递延所得税资产期末余额=600×25%=150（万元）

广告费形成的递延所得税资产的本期发生额=500×25%=125（万元）

因此递延所得税资产的本期发生额=（750+150）-100（递延所得税资产期初余额）+125=925（万元）（0.5分）

综上，甲公司2×24年度应确认的递延所得税费用=递延所得税负债发生额-递延所得税资产发生额=0-925=-925（万元）（1分）。

应试攻略

本题主要考查资产、负债等项目产生暂时性差异对递延所得税确认的影响，题目难度不高，解答本题的核心在于掌握不同资产、负债项目计税基础的确认，具体知识点请参见99记中第35记相关内容进行复习。

除此以外，对于本题的复习，还需要同学们关注以下几点：

（1）自行研发无形资产，税法中加计扣除的相关规定，会产生可抵扣暂时性差异，但无须确认递延所得税（该考点已经多次考到，需要同学们引起重视）；

（2）与直接计入所有者权益的交易或事项相关的递延所得税应计入所有者权益，在考试中常涉及的事项主要包括：

①会计政策变更（投资性房地产后续计量模式的变更）采用追溯调整法进行调整，相关递延所得税计入留存收益；

②前期差错更正采用追溯重述法进行调整，需要关注题干要求是否需要通过"以前年度损益调整"科目，若需要通过该科目核算，相关的递延所得税应计入留存收益；

③以公允价值计量且其变动计入其他综合收益的金融资产（其他债权投资、其他权益工具投资）公允价值变动，相关递延所得税计入其他综合收益等。

139 斯尔解析▶

（1）甲公司应将其持有的对乙公司的投资作为长期股权投资核算（0.5分），同时将该项回售权分类为以公允价值计量且其变动计入当期损益的金融资产（0.5分）。

理由：甲公司能够参与乙公司的生产经营决策，并能够对乙公司产生重大影响，因此应将该项投资分类为长期股权投资（0.5分）；由于该项回售权导致乙公司存在无法避免向投资方交付现金的合同义务，对于乙公司来讲，应将其作为一项金融负债，但是从甲公司角度来讲，不满足本金加利息的合同现金流量特征，因此应将回售权作为一项嵌入衍生工具并分类为以公允价值计量且其变动计入当期损益的金融资产（0.5分）。

（2）甲公司应将该项理财产品分类为以公允价值计量且其变动计入当期损益的金融资产（0.5分）。

理由：该理财产品的资金投向是固定收益类的资产池，该理财产品采用动态管理模式，主要通过持有基础资产赚取收益以及出售基础资产赚取差价，不满足本金加利息的合同现金流量特征（1分），因此应将其分类为以公允价值计量且其变动计入当期损益的金融资产。

（3）甲公司的会计处理方式不正确（0.5分）。

理由：划分为持有待售资产的条件之一是企业对处置该组成部分作出决议，如需得到股东批准，还应当取得股东大会或相应权力机构的批准（0.5分）。但是从本案例来看，2×24年资产负债表日，股东大会尚未对该项董事会决议进行审议，因此不满足持有待售划分条件（0.5分）。

正确的处理方式：如果股东大会批准发生在资产负债表日后期间，甲公司不能因该批准调整相关资产在报告年度资产负债表日的列报方式，因为股东大会的决议可能直接改变交易或事项的状态，应当作为资产负债表日后非调整事项（0.5分），应在2×24年度报告进行披露（0.5分）。

（4）该永续债应分类为权益工具（0.5分）。

理由：第一，尽管甲公司多年均支付普通股股利，但由于甲公司能够自主决定普通股股利的支付，并进而影响永续债利息的支付，对甲公司而言，该永续债并未形成支付现金或其他金融资产的合同义务（0.5分）；第二，虽然存在利率跳升安排，但该安排利率水平并非畸高，尚不构成间接义务（0.5分）；第三，合同约定的投资人保护条款要求甲公司在处置主要经营性资产时永续债持有人有回售权，该事项属于甲公司可自主决定的事项，可以无条件避免（0.5分）；第四，在发行方清算时需以现金进行结算的约定不影响上述金融工具分类为权益工具。综上，该永续债应分类为权益工具（0.5分）。

会计分录（0.5分）：

借：银行存款　　　　　　　　　　　　　　10 000
　　贷：其他权益工具　　　　　　　　　　　　　　　10 000

应试攻略

本题综合了长期股权投资、金融工具、持有待售资产等相关考点，但由于各个资料段相关性不高，因此总体难度不大，属于"拼盘式"题目，在回答上述问题时，需要着重关注下述问题：

（1）附回售条款的股权投资。

站在被投资方角度，其存在无法避免地向被投资方交付现金的合同义务，因此应将其作为金融负债进行会计处理。

站在投资方角度，需要进行分析：

第一，分析投资方的持股比例及对被投资方影响程度：

若投资方对被投资方没有重大影响，一般应将其持有的该项股权投资分类为以公允价值计量且其变动计入当期损益的金融资产；

若投资方对被投资方具有重大影响，需要进行第二步分析。

第二，考虑该投资附带的回售权以及回售权需满足的特定目标是否表明投资方的风险报酬特征明显不同于普通股：

若投资方实质承担的风险报酬与普通股股东明显不同，一般应将其整体作为以公允价值计量且其变动计入当期损益的金融资产；

否则，应将该投资分类为长期股权投资，回售权视为一项嵌入衍生工具，进行分拆处理。

（2）关于持有待售类别分类的基本要求与资产负债表日后事项。

非流动资产或处置组划分为持有待售类别，应当同时满足两个条件：

①可立即出售；

②出售极可能发生（已获得批准、已获得确定的购买承诺、一年内能够完成）

（3）非流动资产或处置组在资产负债表日至财务报告批准报出日之间满足持有待售类别划分条件的，应当作为资产负债表日后非调整事项进行会计处理，并在附注中披露。

140 斯尔解析 ▶

（1）甲公司对乙公司股权投资的初始投资成本=2 500×6=15 000（万元）；甲公司按照其持股份额享有乙公司净资产的金额=55 000×30%=16 500（万元），大于初始投资成本，调整后长期股权投资入账价值为16 500（万元）（0.5分）。

应编制的会计分录为（0.5分+0.5分）：

借：长期股权投资——投资成本　　　　　　　　15 000
　　贷：股本　　　　　　　　　　　　　　　　　　　　　2 500
　　　　资本公积——股本溢价　　　　　　　　　　　　　12 500
借：长期股权投资——投资成本　　　　　　　　1 500
　　贷：营业外收入　　　　　　　　　　　　　　　　　　1 500

（2）购买日，乙公司固定资产账面价值与公允价值的差额应调减利润金额=（固定资产公允价值-账面价值）/预计剩余使用年限=［20 000-（30 000-15 000）］/20=250（万元）；

甲公司与乙公司发生的未实现内部交易损益应调减利润金额=内部交易损益×内部留存比例=（300-250）×50%=25（万元）

2×23年度甲公司应确认的投资收益=（3 600-250-25）×30%=997.5（万元）（1.5分）

应编制的会计分录为（1分）：

借：长期股权投资——损益调整　　　　　　　　997.5
　　　　　　　　　　——其他综合收益　　　　　30
　　贷：投资收益　　　　　　　　　　　　　　　　　　　997.5
　　　　其他综合收益　　　　　　　　　　　　　　　　　30

（3）甲公司出售所持乙公司15%股权产生的损益=（处置部分所收到价款+剩余股权投资公允价值）-原长期股权投资账面价值+其他综合收益结转=（12 000+12 000）-（15 000+1 500+997.5+30）+30=6 502.5（万元）（2分）。

提示：甲公司出售其所持乙公司15%股权后，剩余部分股权投资已不再具有重大影响（作为金融资产核算），因此需要视同甲公司长期股权投资全部处置；"15 000+1 500+997.5+30"代表2×23年末甲公司按照权益法调整后长期股权投资的账面价值。

应编制的会计分录为（1分+0.5分）：

借：其他权益工具投资——成本　　　　　　　　12 000
　　银行存款　　　　　　　　　　　　　　　　12 000
　　贷：长期股权投资——投资成本　　　　　　　　　　　16 500
　　　　　　　　　　　——损益调整　　　　　　　　　　997.5
　　　　　　　　　　　——其他综合收益　　　　　　　　30
　　　　投资收益　　　　　　　　　　　　　　　　　　　6 472.5
借：其他综合收益　　　　　　　　　　　　　　30
　　贷：投资收益　　　　　　　　　　　　　　　　　　　30

提示：由于该笔其他综合收益产生于"分类为以公允价值计量且其变动计入其他综合收益的金融资产"的公允价值变动，实质为其他债权投资的公允价值变动，在处置时可以转入当期损益。

（4）2×24年12月31日（0.5分+0.5分+0.5分）：

借：其他权益工具投资——公允价值变动（14 000-12 000）2 000
　　贷：其他综合收益　　　　　　　　　　　　　　　　　2 000

2×25年1月1日：

借：银行存款　　　　　　　　　　　　　　14 000
　　贷：其他权益工具投资——成本　　　　　　　　12 000
　　　　　　　　　　　——公允价值变动　　　　　 2 000
借：其他综合收益　　　　　　　　　　　2 000
　　贷：盈余公积　　　　　　　　　　　　　　　　　 200
　　　　利润分配——未分配利润　　　　　　　　　 1 800

应试攻略

本题主要考核的是权益法核算的长期股权投资相关会计处理，具有一定的综合性。权益法核算在历年考试中都属于重要考点，且具有一定的复习难度。

因此同学们在复习时，需要给予足够的重视。现将与权益法核算的相关内容总结如下：

（1）权益法适用范围及会计处理。

①权益法的适用范围。

主要包括个别报表中对联营企业投资和对合营企业投资的后续计量，和合并报表中将母公司长期股权投资调整为权益法核算。

②会计处理。

情形	个别报表考虑事项	合并报表考虑事项
与可辨认净资产公允价值份额进行比较（后续简称"净资产份额"）	①初始投资成本＞净资产份额，无须调整； ②初始投资成本＜净资产份额，计入营业外收入	①合并成本＞净资产份额，确认为商誉； ②合并成本＜净资产份额，计入当期损益
对被投资方实现净利润的调整	①考虑投资的时间权重； ②考虑购买日被投资方净资产公允价值≠账面价值对净利润的影响； ③未实现内部交易损益	①考虑投资的时间权重； ②考虑购买日被投资方净资产公允价值≠账面价值对净利润的影响；
被投资方宣告分派现金股利	按照持股份额冲减长期股权投资账面价值	需要编制的调整分录为： 借：投资收益 　　贷：长期股权投资
被投资方实现其他综合收益	按照持股比例确认应享有份额，计入其他综合收益	
被投资方实现其他权益变动	按照持股比例确认应享有份额，计入资本公积	

(2)权益法核算的长期股权投资转换。

①增资【权益法→成本法(非同控)】：

个别报表处理	合并报表处理
长期股权投资入账价值=原投资账面价值+新增投资公允价值；原投资无须视同处置	合并成本=原投资公允价值+新增投资公允价值；原投资在合并报表中视同处置，处置差额根据原投资类型确认为投资收益或留存收益

②减资【权益法→金融资产】：

个别报表处理	合并报表处理
视同权益法核算的长期股权投资全部处置，对剩余部分股权投资按照公允价值计量（交易性金融资产、其他权益工具投资）；原权益法核算时产生的其他综合收益、资本公积，在终止采用权益法核算时转入投资收益或留存收益	—

141 斯尔解析▶

（1）①甲公司个别财务报表中长期股权投资的账面价值=原投资的账面价值+新增投资的公允价值=600+3 000=3 600（万元）（0.5分）。

②甲公司应编制的会计分录为（0.5分+0.5分）：

借：长期股权投资　　　　　　　　　　3 000
　　贷：银行存款　　　　　　　　　　　　　　3 000
借：管理费用　　　　　　　　　　　　100
　　贷：银行存款　　　　　　　　　　　　　　100

③合并报表中应确认商誉金额=合并成本-乙公司可辨认净资产公允价值的份额=（1 500+3 000）-3 000×90%=4 500-2 700=1 800（万元）（0.5分）。

提示：本题属于多次交易实现非同一控制下企业合并，合并成本=原投资公允价值+新增投资公允价值=1 500+3 000=4 500（万元）。

④该交易对甲公司合并财务报表的损益影响=-100+（1 500-600）=800（万元）（0.5分）。

提示：对合并财务报表损益的影响主要来源于两方面：第一是在合并过程中发生的直接相关费用100万元，第二是在合并财务报表层面原投资视同处置，公允价值和账面价值之间的差额=1 500-600=900（万元）。

（2）自2×24年1月1日起，甲公司对乙公司持股90%并采用成本法核算。对乙公司宣告分派的现金股利按照应享有的份额确认投资收益（0.5分）。

对乙公司提取盈余公积和以未分配利润转增股本，甲公司无须进行会计处理（0.5分）。

甲公司应确认的投资收益=90×90%=81（万元）（0.5分），甲公司应编制的会计分录为（0.5分）：

借：应收股利　　　　　　　　　　　　　　　　　　81
　　贷：投资收益　　　　　　　　　　　　　　　　　　81
（3）①甲公司出资时应编制的会计分录为（1分）：
借：长期股权投资　　　　　　　　　　　　　1 000
　　累计摊销　　　　　　　　　　（500-400）100
　　贷：无形资产　　　　　　　　　　　　　　　　500
　　　　资产处置损益　　　　　　　　　　　　　　600
②甲公司确认相关投资收益时应编制的会计分录为：
丙公司调整后的净利润=220-（1 000-400）+（1 000-400）/40=-365（万元）
提示：合营方向合营企业投出非货币性资产所产生的相关损益应当参照顺流交易进行会计处理，即需要抵销相关未实现内部交易损益。以非货币性资产出资需要调减的会计利润金额=（1 000-400）-（1 000-400）/40=585（万元）。
甲公司应确认的投资收益=-365×50%=-182.5（万元）（0.5分）
借：投资收益　　　　　　　　　　　　　　　182.5
　　贷：长期股权投资　　　　　　　　　　　　　　182.5
（0.5分）
（4）①甲公司购买丁公司40%股权的初始投资成本为4 000万元（0.5分）。
②甲公司应编制的会计分录为（0.5分）：
借：长期股权投资　　　　　　　　　　　　　4 000
　　贷：银行存款　　　　　　　　　　　　　　　4 000
③丁公司调整后的净利润=900-3 000/20=750（万元）；
甲公司应确认投资收益=750×40%=300（万元）
甲公司在权益法下应享有的丁公司其他综合收益的份额=200×40%=80（万元）（0.5分）
④甲公司应编制的会计分录为（1分）：
借：长期股权投资　　　　　　　　　　　　　　380
　　贷：投资收益　　　　　　　　　　　　　　　　300
　　　　其他综合收益　　　　　　　　　　　　　　80

应试攻略

说明"对被投资方实现净利润进行调整的方法及注意事项"包括以下内容：

（1）购买日，被投资方净资产账面价值≠公允价值时，对净利润的调整：

情形一：购买日，被投资方存货评估增值。

	第一年	第二年
调整后净利润=账面净利润-评估增值金额×本年度对外出售比例		同左侧

情形二：购买日，被投资方固定资产（或无形资产）评估增值。

第一年	第二年
调整后净利润=账面净利润−评估增值金额/预计剩余使用寿命×时间权重 提示：由于该项资产一直在集团内部，所以若为固定资产，无须考虑当月增加，当月不提折旧	调整后净利润=账面净利润−评估增值金额/预计剩余使用寿命

需要说明的是，大多数题目给出的都是资产评估增值，相应地需要调减被投资方账面净利润。

（2）投资方与被投资方内部交易产生的未实现内部交易损益（无须区分顺流或逆流）对净利润的调整：

情形一：内部存货交易（存货→存货）。

第一年	第二年
调整后净利润=账面净利润−内部交易毛利×内部留存比例	调整后净利润=账面净利润+内部交易毛利×本年度出售比例

情形二：内部固定资产交易（存货→固定资产）。

第一年	第二年
调整后净利润=账面净利润−内部交易毛利+内部交易毛利/预计使用年限×时间权重 提示：需要考虑固定资产当月增加，当月不提折旧	调整后净利润=被投资方账面净利润+内部交易毛利/预计使用年限

提示：

①个别报表中，无须区分顺流交易还是逆流交易；

②对于未实现内部交易损益：存货通过向独立第三方出售而实现，固定资产通过后续折旧实现；

③如果内部交易产生损失，且该损失由于资产减值所致，此时对该损失"视而不见"。

142 **斯尔解析**▸

（1）乙公司为甲公司建造A酒店2期项目属于在某一时段履行的履约义务，应在履约的各个期间确认收入（1分）。

理由：由于在甲公司所属土地上建造A酒店2期项目，在建造过程中甲公司能够控制乙公司在履约过程中在建的A酒店2期项目（1分）。

（2）截至2×21年的履约进度=3 600÷（3 600+8 400）×100%=30%。

累计应确认的收入=16 000×30%=4 800（万元）

截至2×22年的履约进度=10 800÷18 000×100%=60%

累计应确认的收入=16 000×60%=9 600（万元）

2×22年应确认的收入=9 600-4 800=4 800（万元）（1分）

2×23年应确认的收入=16 000-4 800-4 800=6 400（万元）（1分）

（3）（0.5分+0.5分+0.5分+0.5分+0.5分+0.5分）

借：合同履约成本　　　　　　　　　（10 800-3 600）7 200
　　贷：原材料　　　　　　　　　　　（7 200×60%）4 320
　　　　应付职工薪酬　　　　　　　　（7 200×40%）2 880
借：合同结算——收入结转　　　　　　4 800
　　贷：主营业务收入　　　　　　　　　　　　　　4 800
借：主营业务成本　　　　　　　　　　7 200
　　贷：合同履约成本　　　　　　　　　　　　　　7 200
借：主营业务成本　　［（18 000-16 000）×（1-60%）］800
　　贷：预计负债　　　　　　　　　　　　　　　　　800

提示：在2×22年底，由于该合同预计总成本（18 000万元）大于合同总收入（16 000万元），预计发生损失总额为2 000万元，其中1 200万元（2 000×60%）已经反映在损益中，因此应将剩余的、为完成工程将发生的预计损失800万元确认为当期损失。根据《企业会计准则第13号——或有事项》的相关规定，待执行合同变成亏损合同的，该亏损合同产生的义务满足相关条件的，则应当对亏损合同确认预计负债。因此，为完成工程将发生的预计损失800万元应当确认为预计负债。

借：应收账款　　　　　　　　　　　　5 600
　　贷：合同结算——合同价款　　　　　　　　　　5 600
借：银行存款　　　　　　　　　　　　5 500
　　贷：应收账款　　　　　　　　　　　　　　　　5 500

乙公司2×22年12月31日因履行该合同义务确认的负债在资产负债表中列示名称为合同负债，金额为800万元（1分）。

提示：合同结算贷方余额在资产负债表中根据流动性列报为"合同负债"或"其他非流动负债"，本题中，剩余工程款将在2×23年收取，应作为"合同负债"项目列示，确认金额=［4 800（2×21年结算金额）+5 600（2×22年结算金额）-4 800（2×21年收入结转金额）-4 800（2×22年收入结转金额）］。

（4）A酒店2期项目的实际成本=16 000（所支付的建筑工程款）+［6 000÷50×2.5］（2×21年4月至2×23年9月土地使用权的摊销）=16 300（万元）（1分）。

应试攻略

本题主要考查的是在某一时段内履行的履约义务的判断及相关会计处理，在处理该类问题时，需要着重掌握以下几点：

（1）一般情形下，满足下列条件之一，属于在某一时段内履行的履约义务：

①客户在企业履约的同时即取得并消耗企业履约所带来的经济利益（边履约边受益）；

②客户能够控制企业履约过程中在建的商品（边建造，边转移）；

③企业履约过程中产出的商品具有不可替代用途，且该企业在整个合同期间内有权就累计至今已完成的履约部分收取款项（不可替代用途+合格收款权）。

（2）若属于授予知识产权许可（构成单项履约义务），则需要同时满足下列条件，属于在某一时段内履行的履约义务：

①企业将从事对该项知识产权有重大影响的活动；

②该活动对客户产生有利或不利的影响；

③该活动不会导致向客户转让商品。

（3）企业应当考虑商品的性质，采用产出法或者投入法确定恰当履约进度（投入法或产出法）。

提示：根据历年考试情况分析，投入法的运用比较常见，并且在计算时往往采用"已发生成本/预计总成本=履约进度"方式计算。

（4）关于会计处理及"合同结算"科目余额的列报要求如下：

期末，"合同结算"科目若出现贷方余额，系企业与客户结算但尚未履行履约义务的金额，属于企业的负债，应根据流动性，将其列报为"合同负债"或"其他非流动负债"项目；

反之，若出现借方余额，系企业已履行履约义务但尚未与客户结算的金额，属于企业的资产，应根据流动性，将其列报为"合同资产"或"其他非流动资产"项目。

143 斯尔解析▶

（1）授予日：2×24年1月2日（1分）。

理由：甲公司与高管人员在当日签订了股权激励协议并经股东大会批准。

2×24年，甲公司应确认的成本费用=（50×40 000×5×1/1+50×40 000×5×1/2+50×40 000×5×1/3）/10 000=1 833.33（万元）（1.5分）

提示：

股权激励费用分摊表　　　　　　　　　　　单位：万元

	第一期	第二期	第三期	合计
计入2×24年	50×4×5×1/1	50×4×5×1/2	50×4×5×1/3	1 833.33
计入2×25年	—	50×4×5×1/2	50×4×5×1/3	833.34
计入2×26年	—	—	50×4×5×1/3	333.33
合计	1 000	1 000	1 000	3 000

甲公司应编制的会计分录为（1分）：

借：管理费用　　　　　　　　　　　　　　1 833.33
　　贷：资本公积——其他资本公积　　　　　　　　　　　1 833.33

2×25年，甲公司应确认的成本费用＝（50×40 000×5×1/1+50×40 000×5×2/2+50×40 000×5×2/3）/10 000－1 833.33＝833.34（万元）（1.5分）。

相关会计分录为（1分）：

借：管理费用　　　　　　　　　　　　　　833.34
　　贷：资本公积——其他资本公积　　　　　　　　　　833.34

（2）因职工行权增加的股本＝50×40 000/10 000×1＝200（万元）（1分）。

提示：2×25年，甲公司50名高管人员将至2×24年末到期可行权的股票期权全部行权，2×24年末到期的股票期权数量为40 000万股。

形成的股本溢价＝（50×40 000×8+50×40 000×5×1/1）/10 000－200＝2 400（万元）（1分）

借：银行存款　　　　　　　　　　　　　　1 600
　　资本公积——其他资本公积　　　　　　1 000
　　贷：股本　　　　　　　　　　　　　　　　　　　200
　　　　资本公积——股本溢价　　　　　　　　　　2 400

（3）甲公司2×24年的基本每股收益＝12 000/5 000＝2.4（元/股）（1分）。

应试攻略

本题主要考查的是一次授予分期行权形式的股份支付的会计处理。该类形式的股份支付协议约定的特点包括：

(1) 在授予日一次授予员工若干权益工具，之后每年分批达到可行权条件；

(2) 每个批次是否可行权的结果通常相互独立；

在会计处理时，应将其作为同时授予的几个独立的股份支付计划进行会计处理。

本题中，该项股份支付属于权益结算的股份支付，因此，在等待期内确认的成本费用金额应以授予日权益工具的公允价值为基础进行计算。

144 斯尔解析

（1）（每小格0.25分，2×24年不写0不得分）

单位：万元

项目	2×20年12月31日	2×21年12月31日	2×22年12月31日	2×23年12月31日	2×24年12月31日
账面价值	4 000	2 400	1 200	400	0
计税基础	4 800	3 600	2 400	1 200	0
暂时性差异	800	1 200	1 200	800	0

（2）2×24年1月1日转换日（1分）：

借：投资性房地产——成本　　　　　　　　　1 300
　　累计折旧　　　　　　　　　　　　　　　　400
　　贷：固定资产　　　　　　　　　　　　　　　　　800
　　　　其他综合收益　　　　　　　　　　　　　　　900

2×24年12月31日确认该投资性房地产公允价值变动（0.5分）：

借：投资性房地产——公允价值变动　（1 500-1 300）200
　　贷：公允价值变动损益　　　　　　　　　　　　　200

（3）2×24年7月1日购入该国债时（0.5分）：

借：债权投资　　　　　　　　　　　　　　　1 000
　　贷：银行存款　　　　　　　　　　　　　　　　1 000

2×24年12月31日确认利息收益（0.5分）：

借：应收利息　　　　　　　　　（1 000×5%/2）25
　　贷：投资收益　　　　　　　　　　　　　　　　　25

（4）2×20年固定资产账面价值4 000万元，计税基础4 800万元，可抵扣暂时性差异余额800万元（4 800-4 000），应确认递延所得税资产余额=400×12.5%+400×25%=150（万元）。（1分）

提示：2×20年产生的暂时性差异余额为800万元，其中，400万元在2×23年（适用税率为12.5%）转回，另外400万元在2×24年（适用税率为25%）转回。

2×21年固定资产账面价值2 400万元，计税基础3 600万元，可抵扣暂时性差异余额1 200万元（3 600-2 400），应确认递延所得税资产余额=400×12.5%+800×25%=250（万元）。（1分）

提示：2×21年暂时性差异余额为1 200万元，其中400万元在2×23年（适用税率12.5%）转回，另外800万元在2×24年（适用税率25%）转回。

2×22年固定资产账面价值1 200万元，计税基础2 400万元，可抵扣暂时性差异余额1 200万元（2 400-1 200），应确认递延所得税资产余额=400×12.5%+800×25%=250（万元）。（1分）

提示：2×22年暂时性差异余额和2×21年相同，本年未发生其他可抵扣暂时性差异，递延所得税资产余额与2×21年相同。

2×23年固定资产账面价值400万元，计税基础1 200万元，可抵扣暂时性差异余额800万元（1 200-400），应确认递延所得税资产余额=800×25%=200（万元）。（1分）

提示：2×23年暂时性差异余额为800万元，在2×24年（适用税率为25%）转回。

（5）①甲公司2×24年应纳税所得额=4 500-800（转回固定资产的可抵扣暂时性差异）-（200+800/50）（投资性房地产应纳税暂时性差异）-25（国债利息免税）+（600-4 500×12%）（公益性捐赠支出超过限额部分）=3 519（万元）（1分）。

提示："（200+800/50）"为2×24年12月31日投资性房地产的账面价值（期末公允价值）为1 500万元，计税基础=800-400-800/50（2×24年按照税法规定计提折旧）=384（万元）形成应纳税暂时性差异1 116万元，其中在转换日由于公允价值和账面价值的差额形成应纳税暂时性差异900万元，所以，本期产生的应纳税暂时性差异为216万元。

甲公司2×24年的应交所得税=3 519×25%=879.75（万元）（1分）

②甲公司2×24年递延所得税费用=（200+800/50）×25%（投资性房地产确认的递延所得税负债）+800×25%（固定资产转回的递延所得税资产）-（600-4 500×12%）×25%（公益性捐赠确认的递延所得税资产）=239（万元）。

甲公司2×24年的所得税费用=当期所得税费用+递延所得税费用=879.75+239=1 118.75（万元）（1分）

③2×24年末递延所得税资产余额=（600-4 500×12%）×25%=15（万元）（0.5分）。

提示：本题中产生可抵扣暂时性差异的事项包括：（1）固定资产的折旧方法不同；（2）可以结转以后年度扣除的公益性捐赠，由于本年度固定资产折旧产生的税会差异全部转回，所以，对本期末递延所得税资产余额产生影响仅为可结转以后年度扣除的公益性捐赠支出。

④2×24年末递延所得税负债余额=900×25%+（200+800/50）×25%=279（万元）（0.5分）。

⑤会计分录为（1.25分+0.5分）：

借：所得税费用　　　　　　　　　　　　　1 118.75
　　贷：应交税费——应交所得税　　　　　　　879.75
　　　　递延所得税负债　　　　　　　　　　 54
　　　　递延所得税资产　　　　　　　　　　185
借：其他综合收益　　　　　　　（900×25%）225
　　贷：递延所得税负债　　　　　　　　　　225

应试攻略

本题主要考查与所得税确认计量相关的会计处理，本题的亮点在于与税收优惠相结合，提升了题目的新颖度，同时在一定程度上增加了题目的难度。但是需要说明的是，本题虽然有一定难度，但由于各个小问之间相对独立，因此，遇到该类题目的时候，同学们首先需要做的是要沉住气，别慌，把能够拿分的问题解决掉。

本题涉及的核心考点主要包括：

（1）固定资产的计税基础=固定资产原值-按税法标准计提的累计折旧。

（2）投资性房地产的计税基础=投资性房地产原值-按税法标准计提的投资性房地产累计折旧（摊销）。

（3）债权投资的计税基础=摊余成本（计提减值准备除外）。

（4）对于固定资产，需要关注其税法规定的折旧方法、年限等与会计确认的不同，同时需要关注固定资产是否计提减值准备，该类差异均会导致递延所得税的确认，并需要将其计入所得税费用。

（5）对于投资性房地产，需要关注的问题主要包括：

①非投资性房地产转为公允价值模式计量的投资房地产时，公允价值大于账面价值的差额计入其他综合收益，由其产生的递延所得税影响应计入其他综合收益；

②以公允价值模式计量的投资性房地产，期末公允价值与账面价值的差额计入公允价值变动损益，由其产生的递延所得税影响应计入所得税费用。

（6）对于债权投资，需要关注的问题主要包括：

①债权投资若在核算时未计提减值准备，一般不会产生暂时性差异；

②若债权投资核算的是企业持有的国债，则持有期间产生的国债利息收入属于免税收入（永久性差异），在计算应纳税所得额时需要进行调减，但对递延所得税无影响。

（7）对于递延所得税负债，应以相关应纳税暂时性差异转回期间按照税法规定适用的税率计量，且不要求折现。

（8）对于递延所得税资产，应以预期收回该资产期间的适用税率为基础计量，且不要求折现。

（9）当期所得税（应交税费——应交所得税）＝应纳税所得额×当期税率＝（利润总额＋纳税调增－纳税调减）×当期税率。

提示：在计算应纳税所得额时进行的纳税调整既包括暂时性差异，也包括永久性差异。

（10）递延所得税：是递延所得税资产与递延所得税负债当期发生额的综合结果，但不包括计入所有者权益的交易或事项的所得税影响。

145 斯尔解析▶

（1）甲公司应将持有乙公司债券分类为"以公允价值计量且其变动计入其他综合收益的金融资产"（0.5分）。

理由：甲公司持有该债券的业务模式为既收取合同现金流量又出售（保证日常流动性需求的同时，维持固定的收益率），该债券可以通过合同现金流量测试，满足基本借贷安排，即以相关金融资产在特定日期产生的合同现金流量仅为对本金和以未偿付本金金额为基础利息的支付（1分）。

会计分录为：

①购入时（0.5分）：

借：其他债权投资——成本　　　　　　　　5 000

　　贷：银行存款　　　　　　　　　　　　　　　　5 000

②确认利息时（0.5分）：

借：应收利息　　　　　　　（5 000×6%×6/12）150

　　贷：投资收益　　　　　　　　　　　　　　　　150

③确认公允价值变动时（0.5分）：

借：其他债权投资——公允价值变动　（5 200－5 000）200

　　贷：其他综合收益　　　　　　　　　　　　　　200

④出售时（0.5分+0.5分）：

借：银行存款　　　　　　　　　　　　　5 202
　　投资收益　　　　　　　　　　　　　　148
　　贷：其他债权投资——成本　　　　　　　　　　　5 000
　　　　　　　　　　——公允价值变动　　　　　　　200
　　　　应收利息　　　　　　　　　　　　　　　　　150

提示：由于对于该项投资于2×24年1月1日出售，但是其所产生的利息是在每年的6月30日进行支付，因而本年度出售的价款中实际上包括了被投资方已到付息期但尚未领取的利息，此部分利息需要单独确认。

借：其他综合收益　　　　　　　　　　　200
　　贷：投资收益　　　　　　　　　　　　　　　　　200

（2）甲公司应将持有丙公司可转换公司债券分类为"以公允价值计量且其变动计入当期损益的金融资产"（0.5分）。

理由：由于嵌入了一项转股权，甲公司所持有丙公司可转债在基本借贷安排的基础上，会产生基于其他因素变动的不确定性，不符合以本金和未偿付本金金额为基础的利息支付的合同现金流量特征（0.5分）。

会计分录为：

①购入时（0.5分）：

借：交易性金融资产——成本　　　　　　1 050
　　投资收益　　　　　　　　　　　　　　15
　　贷：银行存款　　　　　　　　　　　　　　　　1 065

②计息时（0.5分）：

借：应收利息　　（10×100×1.5%×6/12）7.5
　　贷：投资收益　　　　　　　　　　　　　　　　7.5

③公允价值变动（0.5分）：

借：交易性金融资产——公允价值变动　（1 090-1 050）40
　　贷：公允价值变动损益　　　　　　　　　　　　40

（3）甲公司应将其发行的优先股分类为权益工具（0.5分）。

理由：①由于本次发行的优先股不设置投资者回售条款，甲公司能够无条件避免赎回优先股并交付现金或其他金融资产的合同义务（0.5分）；②由于甲公司有权取消支付优先股当期股息，甲公司能够无条件避免交付现金或其他金融资产支付股息的合同义务（0.5分）；③在发生强制付息事件的情况下，甲公司根据相应的议事机制能够决定普通股股利的支付，因此也就能够无条件避免交付现金或其他金融资产支付股息的合同义务（0.5分）。

会计分录为（0.5分）：

借：银行存款　　　　（1 000×100-3 000）97 000
　　贷：其他权益工具——优先股　　　　　　　　　97 000

应试攻略

本题主要考查金融工具的分类及会计处理,现将金融资产核算的关注要点为同学们整理如下:

会计科目	初始计量	后续计量	处置
债权投资		以摊余成本进行后续计量。 (1)分期付息到期还本期末摊余成本=期初摊余成本+本期确认投资收益−本期收回的应收利息−本期已偿还本金; (2)到期一次性还本付息期末摊余成本=期初摊余成本+本期确认投资收益	到期收回本金和利息,一般不会产生损益,若提前处置,相关差额计入投资收益
其他债权投资	入账价值=公允价值+相关交易费用	以公允价值进行后续计量。 (1)期末按照摊余成本计算实际利息收益,摊余成本的计算参见"债权投资"; (2)期末根据账面余额(价值)和公允价值的差额确认公允价值变动,并计入其他综合收益	(1)处置价款与处置当天账面价值(余额)的差额计入投资收益; (2)持有期间产生的其他综合收益结转至投资收益
其他权益工具投资		以公允价值进行后续计量。 (1)期末公允价值变动金额计入其他综合收益; (2)持有期间确认的股利收益计入投资收益	(1)处置价款与处置当天账面价值(余额)的差额计入留存收益; (2)持有期间产生的其他综合收益结转至留存收益
交易性金融资产	入账价值=公允价值	以公允价值进行后续计量。 (1)期末公允价值变动金额计入公允价值变动损益; (2)持有期间确认的股利或利息收益计入投资收益	处置价款与处置当天账面价值(余额)的差额计入投资收益

斯尔解析

(1)甲公司应将其分类为以公允价值计量且其变动计入当期损益的金融资产核算(1分)。

理由:甲公司购入的优先级A类资产支持证券所属的基础资产(股权投资和应收款项),不满足合同现金流量特征的条件(1分)。

(2)甲公司应将其分类为以公允价值计量且其变动计入当期损益的金融资产核算(1分)。

理由:根据甲公司购买银行理财产品合同的约定,将客户投资理财产品募集的资金投资于3A级公司债券、申购新股和购买国债,底层资产不满足基本借贷安排,即无法通过合同现金流量测试,所以应分类为以公允价值计量且其变动计入当期损益的金融资产（1分）。

（3）①甲公司持有私募基金应确认为以公允价值计量且其变动计入当期损益的金融资产（0.5分）。

理由：私募基金投资于其他公司股权，其现金流量不满足基本借贷安排，无法通过合同现金流量测试，因此，应分类为以公允价值计量且其变动计入当期损益的金融资产（1分）。

②会计分录为（0.5分）：

借：交易性金融资产　　　　　　　　　　　　50 000
　　贷：银行存款　　　　　　　　　　　　　　　　50 000

（4）甲公司发行的永续债应当分类为权益工具（0.5分）。

理由：甲公司根据合同条款可以无条件避免交付现金或其他金融资产（0.5分），即甲公司有权取消支付永续债当期的利息，且不构成违约（0.5分），本次发行的永续债不设置投资者回售条款也不设置强制转换为普通股的条款（0.5分），所以，应分类为权益工具。

会计分录为（1分）：

借：银行存款　　　　　　　　　　　　　　　　3 000
　　贷：其他权益工具　　　　　　　　　　　　　　3 000

应试攻略

本题主要考查金融工具的分类及会计处理，现将应收账款在金融工具准则核算体系下需要注意的知识点为同学们整理如下：

合同现金流量测试	业务模式	分类	列报项目
与基本借贷安排相一致，即在特定日期产生的合同现金流量仅为对本金和以未偿付本金金额为基础的利息的支付	收取合同现金流量	第一类金融资产（以摊余成本计量的金融资产）	应收账款
	收取合同现金流量+出售	第二类金融资产（以公允价值计量且其变动计入其他综合收益的金融资产）	应收款项融资
	其他（出售）	第三类金融资产（以公允价值计量且其变动计入当期损益的金融资产）	交易性金融资产/其他非流动金融资产

147 斯尔解析

（1）长期股权投资入账金额=15 000×80%+800=12 800（万元）（0.5分）；

会计分录为（1分）：

借：长期股权投资　　　　　　　　　　　　12 800
　　资本公积　　　　　　　　　　　　　　　　200
　　贷：银行存款　　　　　　　　　　　　　　　13 000

（2）甲公司取得丙公司股权应作为预付账款处理（0.5分）。

理由：甲公司取得丙公司股权属于一项取得控制权的交易，并构成"一揽子交易"，应将整个交易作为一项取得控制权的交易进行处理，所以，支付价款取得丙公司30%股权应作为预付账款进行会计处理。（1分）

（3）（0.5分+0.5分）

借：其他权益工具投资　　　　　　　　　　　1 000
　　贷：银行存款　　　　　　　　　　　　　　　　　1 000
借：其他权益工具投资　　　　　　　　　　　　20
　　贷：其他综合收益　　　　　　　　　　　　　　　　20

（4）合并成本=原投资公允价值+新增投资公允价值=1 020+6 120=7 140（万元）；（0.5分）

合并商誉=合并成本-应享有被购买方可辨认净资产公允价值份额=7 140-10 000×70%=140（万元）（0.5分）

甲公司应编制的会计分录为（0.5分+0.5分）：

借：长期股权投资　　　　　　　　　　　　7 140
　　贷：其他权益工具投资　　　　　　　　　　　　1 020
　　　　银行存款　　　　　　　　　　　　　　　　6 120
借：其他综合收益　　　　　　　　　　　　　20
　　贷：盈余公积　　　　　　　　　　　　　　　　　　2
　　　　利润分配——未分配利润　　　　　　　　　　18

（5）①将固定资产调整为公允价值（0.5分+0.5分）：

借：固定资产　　　　　　　　　　　　　　　500
　　贷：资本公积　　　　　　　　　　　　　　　　　500
借：管理费用　　　　　　　　　　　　　　　100
　　贷：固定资产　　　　　　　　　　　　　　　　　100

提示：丁公司按照购买日净资产公允价值持续计算净利润=1 800-100=1 700（万元）。

②将母公司长期股权投资在合并报表调整为权益法（0.5分+0.5分）：

借：长期股权投资　　　　　　　　　　　　1 190
　　贷：投资收益　　　　　　　　[（1 800-100）×70%]1 190
借：投资收益　　　　　　　　　　　（300×70%）210
　　贷：长期股权投资　　　　　　　　　　　　　　　210

③抵销子公司所有者权益和母公司长期股权投资（1分）：

借：股本　　　　　　　　　　　　　　　　4 000
　　资本公积　　　　　　　　　　（1 000+500）1 500
　　盈余公积　　　　　　　　　　（1 500+180）1 680
　　其他综合收益　　　　　　　　　　　　　300
　　年末未分配利润　　（2 700+1 800-100-180-300）3 920
　　商誉　　　　　　　　　　　　　　　　　140
　　贷：长期股权投资　　　　　（7 140+1 190-210）8 120
　　　　少数股东权益　[（4 000+1 500+1 680+300+3 920）×30%]3 420

提示：

①年末未分配利润=年初未分配利润+本年调整后的净利润-计提盈余公积-分派现金股利=2 700+（1 800-100）-180-300=3 920（万元）；

②长期股权投资=原个别报表中长期股权投资+合并报表权益法调整=7 140+（1 190-210）=8 120（万元）。

④抵销母公司投资收益和子公司利润分配（1分）：

借：投资收益　　　　　　　　　　　　　　　1 190
　　少数股东损益　　　　　　　（1 700×30%）510
　　年初未分配利润　　　　　　　　　　　　2 700
　贷：提取盈余公积　　　　　　　　　　　　　　180
　　　向所有者（或股东）的分配　　　　　　　　300
　　　年末未分配利润　　　　　　　　　　　　3 920

⑤抵销内部商品交易（逆流）（0.5分+0.5分+0.5分）：

借：营业收入　　　　　　　　　　　　　　　1 500
　贷：营业成本　　　　　　　　　　　　　　　1 500
借：营业成本　　　　　　　　　　　　　　　　180
　贷：存货　　　　　　　　　　　　　　　　　　180
借：少数股东权益　　　　　　　（180×30%）54
　贷：少数股东损益　　　　　　　　　　　　　　54

⑥抵销内部债权债务（0.5分+0.5分）：

借：应付账款　　　　　　　　　　　　　　　1 500
　贷：应收账款　　　　　　　　　　　　　　　1 500
借：应收账款　　　　　　　　　　　　　　　　150
　贷：信用减值损失　　　　　　　　　　　　　　150

（6）甲公司应确认该笔补偿款，并将其作为以公允价值计量且其变动计入当期损益的金融资产进行确认（0.5分）。

理由：非同一控制下企业合并中，由于出现新的情况导致对原估计或有对价进行调整的，不能对企业合并成本进行调整，而应将其作为以公允价值计量且其变动计入当期损益的金融资产核算，公允价值变动等计入当期损益（1分）。

甲公司在2×24年末应编制的会计分录为（0.5分）：

借：交易性金融资产　　　　　　　　　　　　　140
　贷：投资收益　　　　　　　　　　　　　　　　140

（7）包含商誉的乙公司净资产账面价值=15 200+800/80%=16 200（万元），可收回金额为15 500万元，应计提减值准备=16 200-15 500=700（万元），因合并报表中仅包含母公司商誉，所以商誉应减值的金额=700×80%=560（万元），在合并报表中列报商誉的金额=800-560=240（万元）（1分）。

会计分录为（0.5分）：

借：资产减值损失　　　　　　　　　　560
　　贷：商誉　　　　　　　　　　　　　　　560

 应试攻略

本题主要考查与合并报表相关的会计处理，主要涉及以下问题：

（1）分步实现非同一控制下企业合并的会计处理（含一揽子交易）；

（2）企业合并过程中涉及的或有对价的会计处理；

（3）合并报表中涉及调整抵销分录的编制；

（4）商誉减值测试等。

第一，分步实现非同一控制下企业合并：

（1）构成一揽子交易：

购买方以一揽子交易方式分步取得对被投资单位的控制权，双方协议约定，若购买方最终未取得控制权，一揽子交易将整体撤销，并返还已支付价款。这种情况下，购买方应按相关规定恰当确定购买日和企业合并成本，在取得控制权时确认长期股权投资，取得控制权之前已支付的款项应作为预付投资款项处理。

提示：上述问题在证监会2021年发布的《监管规则适用指引——会计类第2号》中进行了明确，因此各位同学在复习时应引起重视。

（2）不构成一揽子交易：

情形	个别报表	合并报表
原投资为金融资产	①长期股权投资入账价值=原投资公允价值+新增投资公允价值；②原投资视同处置，按照公允价值重新计量，并根据原投资具体类别进行相应会计处理	①合并成本=原投资公允价值+新增投资公允价值；（同个别报表处理）②原投资在合并报表中无须进行额外会计处理
原投资为权益法核算长期股权投资	①长期股权投资入账价值=原投资账面价值+新增投资公允价值；②原投资以账面价值计量，无须额外处理	①合并成本=原投资公允价值+新增投资公允价值；②原投资视同处置，按照公允价值重新计量，并将原权益法核算时产生的资本公积、其他综合收益转至投资收益或留存收益

第二，企业合并中涉及的或有对价的会计处理（参见下图）：

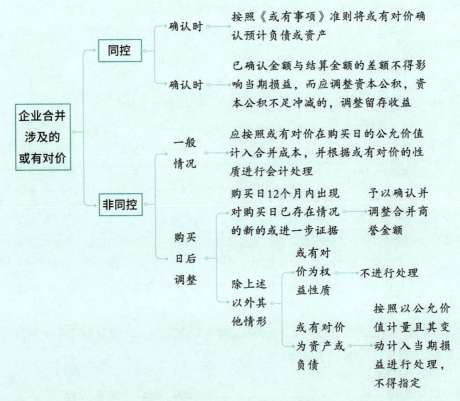

提示：在考试时，尤其是对于主观题的考查，经常会以"购买日后调整"中"或有对价为资产"的情形作为切入点，同学们在复习时，请参照上述例题进行强化。

第三，合并报表中涉及的调整抵销分录的编制

请同学们参照第63～64记进行复习，此处不再赘述。

第四，商誉减值测试。

请同学们参照第17题进行复习，此处不再赘述。

148 斯尔解析▶

（1）长期股权投资的初始投资成本=原投资账面价值+新增投资公允价值=5 400+13 000=18 400（万元）（1分+0.5分）。

借：长期股权投资　　　　　　　　　　　　13 000
　　贷：银行存款　　　　　　　　　　　　　　　　13 000

合并成本=原投资公允价值+新增投资公允价值=6 200+13 000=19 200（万元）（1分）

商誉=合并成本-所享有被购买方可辨认净资产公允价值份额=（6 200+13 000）-20 000×80%=3 200（万元）（1分）

提示：多次交易分步实现非同一控制下企业合并（不构成一揽子交易），在合并报表中合并成本为原权益法核算的长期股权投资公允价值与新增投资公允价值之和。

（3）应确认的投资收益=（6 200-5 400）+30=830（万元）（1分）。

提示：在合并报表中视同将原权益法核算的长期股权投资处置，所以，应确认的投资收益为原权益法核算的长期股权投资账面价值与公允价值的差额，以及权益法核算时确认的资本公积转入投资收益。

（4）

①将子公司评估增值无形资产调整为公允价值（0.5分+0.5分）：

借：无形资产　　　　　　　　　　　　　　　　　2 000
　　贷：资本公积　　　　　　　　　　　　　　　　　　　2 000
借：管理费用　　　　　　　　　　　　　　　　　　200
　　贷：无形资产　　　　　　　　　　　　　　　　　　　　200

②将原权益法核算的长期股权投资调整为公允价值（0.5分+0.5分）：

借：长期股权投资　　　　　　　　　　　　　　　800
　　贷：投资收益　　　　　　　　　　　　　　　　　　　　800
借：资本公积　　　　　　　　　　　　　　　　　　30
　　贷：投资收益　　　　　　　　　　　　　　　　　　　　　30

③将长期股权投资调整为权益法（1分）：

借：长期股权投资　　　　　　　　　　　　　　　288
　　贷：投资收益　　　　　　　［（500-200）×80%］240
　　　　其他综合收益　　　　　　　（60×80%）48

④抵销母公司长期股权投资和子公司所有者权益（2分）：

借：股本　　　　　　　　　　　　　　　　　　15 000
　　资本公积　　　　　　　　　　（2 000+100）2 100
　　其他综合收益　　　　　　　　　　　　　　　　60
　　盈余公积　　　　　　　　　　　　（290+50）340
　　年末未分配利润　　　（2 610+500-200-50）2 860
　　商誉　　　　　　　　　　　　　　　　　　　3 200
　　贷：长期股权投资　　　　（18 400+800+288）19 488
　　　　少数股东权益　　　　　　　　　　　　　　4 072

⑤抵销投资收益和子公司利润分配（1.5分）：

借：投资收益　　　　　　　　　　　　　　　　　240
　　少数股东损益　　　　　　［（500-200）×20%］60
　　年初未分配利润　　　　　　　　　　　　　2 610
　　贷：提取盈余公积　　　　　　　　　　　　　　　　50
　　　　年末未分配利润　　　　　　　　　　　　　2 860

（5）个别报表中应确认的投资收益=（20 000-18 400÷80%×70%）+30+（2 500-2 300）=4 130（万元）。（1分）

提示："（20 000-18 400÷80%×70%）"为70%股权公允价值与账面价值的差额；"30"为原个别报表权益法核算时确认的资本公积（需要说明的是，上述将资本公积30万元转入投资收益是在合并报表中进行的会计处理，而个别报表中并未处理，现将子公司股权处置而丧失控制权的，在个别报表中应将原权益法核算的资本公积和可转损益部分的其他综合收益转入投资收益）；"（2 500-2 300）"为剩余10%股权公允价值与账面价值的差额，视同"先卖再买"。（1分+1分+1分）

借：银行存款	20 000
贷：长期股权投资	16 100
投资收益	3 900
借：资本公积	30
贷：投资收益	30
借：交易性金融资产	2 500
贷：长期股权投资	（18 400-16 100）2 300
投资收益	200

（6）甲公司2×24年度合并财务报表中因处置70%股权应确认的投资收益=（20 000+2 500）-（18 000+2 000+500-200+60）×80%-3 200+60×80%=3 060（万元）。（1分）

提示：处置子公司股权而丧失控制权的，视同将子公司全部股权出售，再按公允价值将剩余股权回购。所以，在合并报表中应将80%股权公允价值与乙公司自购买日持续计算净资产公允价值份额与商誉之和确认投资收益，原计入其他综合收益（可转损益）转入投资收益。其中"（20 000+2 500）"为80%股权的公允价值；"（18 000+2 000+500-200+60）×80%"为自购买日按公允价值持续计算乙公司净资产公允价值的份额；"3 200"为乙公司商誉；"60×80%"为应确认的乙公司其他债权投资公允价值变动产生的其他综合收益份额。

应试攻略

本题主要考查合并报表相关的会计处理。包括对以下考点的考查：

（1）多次交易分步实现非同一控制下企业合并的会计处理（具体可参见第147题）；

（2）处置对子公司投资的会计处理。

现将处置对子公司投资需要关注的重要考点整理如下：

第一，不丧失控制权的情况下部分处置对子公司长期股权投资：

不丧失控制权情况下部分处置对子公司长期股权投资，实质为权益性交易，在合并报表中进行的会计处理，不能影响损益和商誉的价值，具体核算如下：

个别报表	合并报表
出售股权取得的价款（对价的公允价值）-所处置部分长期股权投资账面价值=投资收益	处置价款-子公司自购买日（合并日）开始持续计算（可辨认）净资产×处置份额=资本公积

提示：

在运用上表中所列明的"合并报表"处理的计算公式时，核心关注点为"子公司自购买日（合并日）开始持续计算（可辨认）净资产"的价值，在考试时需要分以下几种情形分别处理：

情形一：直接给定相关条件

题目在给出相关条件时，表述方式可以为：

（1）"子公司自购买日（合并日）开始持续计算（可辨认）净资产价值为××万元"；

（2）"子公司净资产按照购买日评估的公允价值持续计算的金额为××万元"。

若在题目中出现上述类似表述，请直接使用相关条件。

但需要注意的是，若题目给定的表为"子公司期末净资产账面价值为××万元"，则需要辨别是否属于"源生同控"，若为"源生同控"则可以直接使用上述条件。

情形二：题目未直接给定，且为非同一控制下企业合并，需要进一步计算（多出现于主观题）

计算逻辑为：

子公司自购买日开始持续计算（可辨认）净资产账面价值＝[（子公司购买日净资产账面价值）±（购买日相关资产/负债评估增减值金额）]＋（子公司本年实现的公允口径净利润＋子公司本年实现的其他综合收益＋子公司本年实现的其他权益变动）－子公司本年度对外分派现金股利/利润

其中"子公司实现的公允口径净利润"需要考虑题目中是否存在以下情形：

（1）购买日子公司相关资产或负债账面价值≠公允价值；

（2）母子公司本年度发生了未实现内部交易损益。

第二，母公司因一次交易处置对子公司长期股权投资而丧失控制权：

情形	个别报表	合并报表
成本法→权益法	①处置部分：收到价款－处置部分长期股权投资账面价值＝投资收益；②剩余部分：追溯调整	①跨表，视同处置，类似于处置权益法下核算的长期股权投资；②投资收益＝（收到价款＋剩余部分投资公允价值）－（原享有子公司自购买日开始持续计算净资产账面价值的份额＋商誉）＋其他综合收益（可转损益部分）×原持股比例＋其他权益变动×原持股比例
成本法→金融资产	①跨准则（长期股权投资→金融工具）；②视同原投资全部处置，（处置价款＋剩余股权投资公允价值）－原长期股权投资账面价值＝投资收益	

提示：对于在合并报表中的会计处理，请同学们重点关注对合并报表中投资收益影响金额的计算。

149 斯尔解析

（1）

①甲公司与乙公司在原合同基础上签订的补充协议属于合同变更（1分）。

合同变更部分应作为单独合同进行会计处理（1分）。

理由：合同变更增加了200件A产品，与原500件A产品可明确区分；且新增200件A产品的合同价格（每件24万元）反映了新增200件A产品的单独售价（1分）。

提示：判断新增合同价款是否反映了新增商品的单独售价时，应当考虑为反映该特定合同的具体情况而对新增商品价格所做的适当调整。例如，在合同变更时，企业由于无需发生为发展新客户等所须发生的相关销售费用，可能会向客户提供一定的折扣，从而在新增商品单独售价的基础上予以适当调整。

②甲公司销售A产品应按在某一时点履行的履约义务确认收入。（1分）

甲公司销售A产品确认收入的时点：2×23年12月10日。（1分）

理由：乙公司已取得A产品的控制权。（0.5分）

③甲公司应编制的会计分录为（0.5分+0.5分+0.5分）：

借：银行存款　　　　　　　　　（25×500×20%）2 500
　　贷：合同负债　　　　　　　　　　　　　　　2 500
借：银行存款　　　　　　　　　（24×200×20%）960
　　贷：合同负债　　　　　　　　　　　　　　　960
借：合同负债　　　　　　　　　　　　　　　3 460
　　银行存款　　　　　　　　　　　　　　　16 089
　　贷：主营业务收入　　　　　　　　　　　17 300
　　　　应交税费——应交增值税（销项税额）　2 249

（2）乙公司购入A产品的成本总额=（25×500+24×200）+200+20+5=17 525（万元）（0.5分）。

乙公司购入A产品的单位成本=17 525÷700=25.04（万元）（0.5分）

（3）①甲公司与丙公司分别签订的采购大型机械设备并安装合同、对大型机械设备的重大修改合同，这两份合同应当合并为一个合同（0.5分）。

理由：甲公司与丙公司虽然分别签订了两份合同，但该两份合同基于同一商业目的而订立，并构成一揽子交易（或两份合同形成单项履约义务）（1分）。

②该合并后的合同包含一项履约义务，即为丙公司提供大型机械设备并进行重大修改。（0.5分）

理由：甲公司向丙公司转让的大型机械设备的承诺，与后续重大修改的承诺之间不可明确区分。（1分）

③甲公司与丙公司签订的服务合同为一份单独的合同。（0.5分）

甲公司与丙公司签订的服务合同包含一项履约义务，即为丙公司提供设备后续维护服务。（0.5分）

（4）①2×24年7月1日无形资产的账面价值与计税基础的差异不应确认递延所得税资产。（0.5分）

理由：按照会计准则规定，初始确认时既不影响会计利润也不影响应纳税所得额，不属于企业合并的情况下，资产的账面价值小于计税基础的差异不确认递延所得税资产。（1分）

②2×24年12月31日无形资产的账面价值=1 600−1 600÷10÷2=1 520（万元）（0.5分）

2×24年12月31日无形资产的计税基础=1 600×（1+100%）−[1 600×（1+100%）÷10÷2]=3 200−160=3 040（万元）（0.5分）

③当地政府拨付甲公司的补助款应作为政府补助，先计入递延收益，按无形资产的预计使用年限分期计入其他收益。（1分）

当地政府拨付甲公司补助款应计入2×24年度利润总额的金额=200÷10÷2=10（万元）。（0.5分）

应试攻略

本题综合了收入、所得税、政府补助等多个准则的问题进行考查，具有一定综合性，但整体难度不高，在备考时需要核心关注的考点主要包括以下几点：

（1）关于合同合并和合同变更的识别与会计处理（具体可参见第96题）；

但需要提示的是：判断新增合同价款是否反映了新增商品的单独售价时，应当考虑为反映该特定合同的具体情况而对新增商品价格所做的适当调整。例如，在合同变更时，企业由于无需发生为发展新客户等所须发生的相关销售费用，可能会向客户提供一定的折扣，从而在新增商品单独售价的基础上予以适当调整。

（2）关于合同中存在的履约义务的识别：

在识别合同中存在的单项履约义务时需要从商品层面以及合同层面两个维度进行区分，即商品本身能够明确区分，且转让该商品的承诺在合同中可明确区分，两者同时满足时，才能作为单项履约义务。

合同层面不可明确区分的情形主要包括（即需要将整个合同所涉及的内容作为单项履约义务）：

①企业提供重大的服务以将该商品与合同中承诺的其他商品进行整合，形成合同约定的某个或某些组合产出转让给客户；（重大整合服务）

②该商品对合同中承诺的其他商品予以重大修改或定制；（重大修改或定制）

③该商品与合同中承诺的其他商品具有高度关联性。（高度关联）

提示：对于"高度关联"的判断，在2021年证监会发布的《监管规则适用指引——会计类第2号》中进行了明确，其核心强调合同中承诺的各单项商品或服务之间会受到彼此的重大影响，而非仅存在功能上的单方面依赖，需要重点予以关注。

（3）关于所得税中存在暂时性差异但无须确认递延所得税情形的考查进行强化记忆；

（4）关于政府补助与收入等的区分（请参见第22题）进行强化记忆。

150 斯尔解析

（1）（1分+1分）

借：银行存款　　　　　　　　　　　　　　　　2 000
　　贷：主营业务收入　　　　　　　　　［20×100×（1-8%）］1 840
　　　　预计负债——应付退货款　　　　　　［20×100×8%］160
借：主营业务成本　　　　　　　　　　［12×100×（1-8%）］1 104
　　应收退货成本　　　　　　　　　　　　　（12×100×8%）96
　　贷：库存商品　　　　　　　　　　　　　　　　　　1 200

（2）（0.5分+0.5分）

借：预计负债——应付退货款　　　　　　　　（200×19×8%）304
　　贷：主营业务收入　　　　　　　　　　［（200×8%-10）×19］114
　　　　银行存款　　　　　　　　　　　　　　　　（19×10）190
借：库存商品　　　　　　　　　　　　　　　　　　　120
　　主营业务成本　　　　　　　　　　　　　　　　　　72
　　贷：应收退货成本　　　　　　　　　　　　（12×200×8%）192

提示：甲公司预估的退货率为8%，即预估退回数量=200×8%=16（件），实际退回10件，由于退货期已满，需要将原已确认的预计负债、应收退货成本的金额冲减为0。

（3）（0.5分+0.5分）

借：预计负债——应付退货款　　　［20×（8%-5%）×100］60
　　贷：主营业务收入　　　　　　　　　　　　　　　　　60
借：主营业务成本　　　　　　　　　［12×（8%-5%）×100］36
　　贷：应收退货成本　　　　　　　　　　　　　　　　　36

（4）①甲公司销售Y型号产品的合同附有两项单项履约义务：

第一，销售500件Y型号产品并提供质保期内的维修服务；

第二，质保期满后提供未来3年的产品维修服务。（1分）

理由：两项单项履约义务中，每一项履约义务均可单独区分；并按合同约定各自单独履行义务。（1分）

②销售Y型号产品应分摊的合同价格为9 800万元，质保期满后未来3年的维修服务价格为300万元。（1分）

③甲公司在销售Y型号产品1年的质保期内因质量问题提供的维修服务，应当按照或有事项的会计处理原则进行确认和计量（1分）；质保期满后未来3年对甲公司销售给丁公司的Y型号产品提供的维修服务，应当按照收入准则的规定，于提供维修服务的各期确认相关的收入。（1分）

应试攻略

本题的核心考点主要包括：（1）附有销售退回条款的销售；（2）附有产品质量保证条款的销售。

对于附有销售退回条款的销售与附有产品质量保证条款的销售，请同学们参照99记中第74和75记相关内容进行强化。

151 斯尔解析 ▶

（1）（1分+0.5分+0.5分）

2×21年2月1日：

借：投资性房地产——成本　　　　　　　　2 000
　　累计折旧　　　　　　　　　　　　　　　400
　　　贷：固定资产　　　　　　　　　　　　　　　　1 000
　　　　　其他综合收益　　　　　　　　　　　　　　1 400

2×21年12月31日：

借：投资性房地产——公允价值变动　　　　100
　　　贷：公允价值变动损益　　　　　　　　　　　　100

借：银行存款　　　　　　　　　　　　　　120
　　　贷：其他业务收入　　　　　　　　　　　　　　110
　　　　　预收账款　　　　　　　　　　　　　　　　10

（2）甲公司该办公楼在其2×21年度个别报表中列报为投资性房地产，在合并报表中列报为固定资产（0.5分）。

理由：在甲公司个别报表中，已出租的建筑物属于投资性房地产（0.5分）；在甲公司编制合并财务报表时，应站在企业集团角度对该特殊交易事项予以调整，其实质为办公楼仍处于自用状态，在合并财务报表层面应作为固定资产列报（0.5分）。

（3）乙公司转租业务应分类为经营租赁。（0.5分）

理由：在对转租赁进行分类时，乙公司应基于原租赁中产生的使用权资产进行分类。转租赁期限占原租赁剩余期限比例为2/4=50%（低于75%），所以应分类为经营租赁。（0.5分）

会计处理：乙公司应继续确认使用权资产的折旧费用和租赁负债的利息，并确认转租赁的租赁收入。（0.5分）

（4）①年付款额现值=1 200×（P/A，5%，5）=5 195.4（万元）；

提示：

年租赁付款额的现值中包含两部分：（1）每期真正的租赁付款额；（2）每期需要负担的融资费用，因此需要进行分摊。

与融资相关的部分=超额售价=实际售价-资产销售当日公允价值=5 500-5 000=500（万元）

与租赁相关的付款额现值=5 195.4-500=4 695.4（万元）

提示：该金额实际上为"租赁负债"科目的初始入账金额。与租回资产相关的比例=租赁付款额现值/资产销售当日公允价值，以该比例确认"使用权资产"科目的初始入账金额和与销售资产相关的损益金额。

使用权资产入账金额=（6 500-2 000）×（4 695.4÷5 000）=4 225.86（万元）（1分）

②出售设备的利得=5 000-（6 500-2 000）=500（万元）。

与转让至丁公司权利相关的利得=500-500×（4 695.4÷5 000）=30.46（万元）（1分）

提示：租回部分确认为使用权资产，不满足终止确认条件，不能确认损益，所以确认损益金额=（资产公允价值-资产账面价值）×（1-租赁付款额现值/资产销售当日公允价值）。

（5）甲公司应编制的会计分录为（1分+1分）：

与额外融资相关：

借：银行存款　　　　　　　　　　　　　500

　　贷：长期应付款　　　　　　　　　　　　　500

与租赁相关：

借：银行存款　　　　　　　　　　　　5 000

　　累计折旧　　　　　　　　　　　　2 000

　　使用权资产　　　　　　　　　　　4 225.86

　　贷：固定资产　　　　　　　　　　　　　6 500

　　　　租赁负债　　　　　　　　　　　　4 695.40

　　　　资产处置损益　　　　　　　　　　　30.46

应试攻略

本题的核心考点为租赁的特殊业务。对于租赁特殊业务的考查，近两年并未涉及，但是随着该准则体系的不断完善，对特殊业务的会计处理应当逐渐引起重视，本题着重为各位同学介绍售后租回业务（资产转让属于销售）的计算逻辑。

第一，不必纠结，对于售后租回交易中的"资产转让"行为是否属于"销售"，在题目中会作为已知条件，大家不必纠结。（本文以上述习题为例进行阐述）。

第二，务必明确，题干所述的两个价值（售价和年租金）均需要拆分。拆分后的结果为：

（1）【售价=公允价值+额外融资】；

（2）【租金=真正租赁付款额+额外融资费用】。

第三，必须分清：

（1）该交易中共涉及两种交易和两个主体。

两种交易分别为销售和租赁；

两种主体分别为销售方（承租人）和购买方（出租人）。

对应关系如下：

交易类型	甲公司	A公司
销售交易	销售方	购买方
租赁交易	承租人	出租人

（2）甲公司与该资产"控制权"之间的关系。

销售交易	甲公司销售该"固定资产——生产设备"满足收入确认条件，相关控制权已经转移
租赁交易	甲公司通过签订租赁协议将该资产租回，取得了对"使用权资产——生产设备"的控制权

(3) 真正需要确认损益的金额。

销售交易	若为单纯的资产销售交易，甲公司应确认的全损益金额=资产公允价值−资产账面价值
租赁交易	甲公司通过租回，取得对该资产使用权的控制（不满足终止确认条件），所以，该部分不应确认处置损益（需要将该部分所对应的损益金额予以剔除）

152 斯尔解析▶

（1）租赁期为15年。（1分）

理由：在租赁期开始日，甲公司（承租人）评估后认为可以合理确定将行使续租选择权，所以，租赁期应包括续租选择权所涵盖的期间，即租赁期=10+5=15（年）。（1分）

（2）租赁付款额=14×2 500=35 000（万元）；（0.5分）

租赁负债的初始入账金额=2 500×（P/A，6%，14）=23 237.5（万元）（0.5分）

（3）使用权资产的成本=租赁负债的初始计量金额+租赁期开始日支付的租赁付款额+初始直接费用+复原成本的现值=23 237.5+2 500+40+60×（P/F，6%，15）=25 802.54（万元）。（1分）

甲公司应编制的会计分录为（1分）：

借：使用权资产　　　　　　　　　　　　　25 802.54

　　租赁负债——未确认融资费用

　　　　　　　　　　（35 000−23 237.5）11 762.5

　贷：租赁负债——租赁付款额　　　　　　　35 000

　　　银行存款　　　　　　　　　　　　　　2 540

　　　预计负债　　　　　　　　　　　　　　25.04

（4）甲公司2×24年度使用权资产的折旧额=25 802.54÷15=1 720.17（万元）。（0.5分）

（5）甲公司2×24年度租赁负债的利息费用=租赁负债期初摊余成本×增量借款利率=23 237.5×6%=1 394.25（万元）。（1分）

甲公司应编制的会计分录为（0.5分）：

借：财务费用　　　　　　　　　　　　　　1 394.25

　贷：租赁负债——未确认融资费用　　　　　1 394.25

（6）甲公司属于代理人。（0.5分）

理由：企业在向客户转让商品之前不能控制该商品，供应商应当确保所提供的商品符合国家标准，代销商品的价格由供应商确定，甲公司只是按照代销商品收入的10%收取代销手续费，并且代销商品在甲公司商场中的风险和损失与代销商品的售后服务工作由供应商承担，所以，甲公司属于代理人。（1分）

（7）构成一项租赁。（0.5分）

理由：一项合同被分类为租赁，必须要满足三要素：（1）存在一定期间，甲公司与商户签订3年的租赁协议；（0.5分）（2）存在已识别资产，甲公司将指定区域的专柜租赁给商户；（0.5分）（3）资产供应方向客户转移对已识别资产使用权的控制，该专柜使用期间几乎全部经济利益由商户获得。（0.5分）

（8）属于经营租赁。（0.5分）

理由：转租赁期限为3年，使用权资产租赁期限为15年，转租赁期限占原租赁期限的比例小于75%，因此属于经营租赁。（1分）

（9）2×24年度委托销售确认收入应编制的会计分录为（0.5分）：

借：银行存款　　　　　　　　　　　　　　　26 000
　　贷：其他应付款　　　　　　　　　　　　　　　23 400
　　　　其他业务收入　　　　　　　　　（26 000×10%）2 600

2×24年度租赁柜台方式确认收入应编制的会计分录为（0.5分）：

借：银行存款　　　　　　　　　　　　　　　800
　　贷：租赁收入　　　　　　　　　　　　　　　　800

（10）奖励积分应分摊的交易价格=850×90%/（85 000+850×90%）×85 000=758.18（万元）。（0.5分）

商品应分摊的交易价格=85 000−758.18=84 241.82（万元）（0.5分）

积分兑换确认收入金额=450/（850×90%）×758.18=445.99（万元）（0.5分）

甲公司应编制的会计分录为（0.5分+0.5分+0.5分）：

借：银行存款　　　　　　　　　　　　　　　85 000
　　贷：主营业务收入　　　　　　　　　　　　　84 241.82
　　　　合同负债　　　　　　　　　　　　　　　758.18
借：主营业务成本　　　　　　　　　　　　　73 000
　　贷：库存商品　　　　　　　　　　　　　　　73 000
借：合同负债　　　　　　　　　　　　　　　445.99
　　贷：主营业务收入　　　　　　　　　　　　　445.99

应试攻略

本题属于对租赁准则和收入准则相关内容综合考查，虽然综合性较强，但难度不高。属于拼盘式题目，核心需要关注的考点主要包括：

（1）关于主要责任人和代理人的确定，请参见99记篇中第76记内容进行复习；
（2）关于附有额外购买选择权销售的会计处理，请参见第77记内容进行复习；
（3）关于使用权资产与租赁负债的初始及后续计量，请参见第84记内容进行复习；
（4）关于租赁识别相关类型的判断等，请参见第82记进行复习。

153 斯尔解析 ▶

（1）发行限制性股票的会计分录（1分+1分）：

借：银行存款　　　　　　　　　　　　　　8 000
　　贷：股本　　　　　　　　　　　　　　　　　1 000
　　　　资本公积——股本溢价　　　　　　　　　7 000
借：库存股　　　　　　　　　　　　　　　8 000
　　贷：其他应付款　　　　　　　　　　　　　　8 000

（2）2×21年度因限制性股票激励计划应予确认的损益=（20-1-2）×12×50×1/3=3 400（万元）；（1分）

2×22年度因限制性股票激励计划应予确认的损益=（20-1-1-1）×12×50×2/3-3 400=3 400（万元）（1分）

2×23年度因限制性股票激励计划应予确认的损益=（20-1-1）×12×50×3/3-6 800=4 000（万元）（1分）

2×21年会计分录为（1分）：

借：管理费用　　　　　　　　　　　　　　3 400
　　贷：资本公积——其他资本公积　　　　　　　3 400

（3）①2×22年5月3日宣告发放现金股利时（1分+1分）：

借：利润分配　　　　　（44 000×1+17×50×1）44 850
　　其他应付款　　　　　　　　（3×50×1）150
　　贷：应付股利　　　　　　　　　　　　　　 45 000
借：其他应付款　　　　　　　（17×50×1）850
　　贷：库存股　　　　　　　　　　　　　　　　850

提示：现金股利可撤销，所以，预计未来不能行权的3人所对应的现金股利部分冲减其他应付款，剩余17人所对应的现金股利通过利润分配和其他应付款进行会计处理。

也可以单独编制会计分录：

非限制性股票股东现金股利部分：

借：利润分配　　　　　　　　（44 000×1）44 000
　　贷：应付股利　　　　　　　　　　　　　　44 000

限制性股票预计未来可解锁部分：

借：利润分配　　　　　　　　（17×50×1）850
　　贷：应付股利　　　　　　　　　　　　　　　850

同时，

借：其他应付款　　　　　　　　　　　　　　 850
　　贷：库存股　　　　　　　　　　　　　　　　850

限制性股票预计未来不可解锁部分：

借：其他应付款　　　　　　　　（3×50×1）150
　　贷：应付股利　　　　　　　　　　　　　　　150

②2×22年5月25日实际发放时（1分）：

借：应付股利　　　　　　　　　　　　45 000
　　贷：银行存款　　　　　　　　　　　　　　　45 000

③2×23年利润分配相关会计分录为：

重新估计调增未来现金股利可解锁部分（1分+1分）：

借：利润分配　　　　　　　　　　　　50
　　贷：应付股利　　　　　　　（1×50×1）50
借：其他应付款　　　　　　　（1×50×1）50
　　贷：库存股　　　　　　　　　　　　　　　50

重新估计调减未来现金股利不可解锁部分（2分）：

借：应付股利　　　　　　　　　　　　50
　　贷：其他应付款　　　　　　（1×50×1）50

提示：根据实际离职人数对原已确认的利润分配和其他应付款进行调整，原预计离职人数为3人，实际离职人数为2人，差额1人进行会计调整。

（4）（1.5分+1.5分）

借：其他应付款　　　　　　　　　　　7 000
　　贷：库存股　　　　　　　　　　　　　　 6 300
　　　　银行存款　　　　　　　　　　　　　 700

提示：其他应付款科目贷方余额=8 000-850-150-50+50=7 000（万元）；银行存款支付金额为需要回购的2人所对应的扣除现金股利后的金额，即应支付的银行存款=2×50×8-2×50×1=700（万元）；库存股为倒挤金额（7 000-700）。

借：股本　　　　　　　　　　　（2×50）100
　　资本公积——其他资本公积（3 400+3 400+4 000）10 800
　　贷：库存股　　　　　　　　　（2×50×8）800
　　　　资本公积——股本溢价　　　　　　10 100

提示：也可以按以下方式编制会计分录。

可解锁部分其他应付款和库存股对冲：

借：其他应付款　　　　　　[18×50×(8-1)] 6 300
　　贷：库存股　　　　　　　　　　　　　 6 300

可解锁部分在等待期确认的资本公积（其他资本公积）结转至资本公积（股本溢价）：

借：资本公积——其他资本公积　　　　10 800
　　贷：资本公积——股本溢价　　　　　　10 800

不可解锁部分回购及注销的会计分录：

借：其他应付款　　　　　　[2×50×(8-1)] 700
　　贷：银行存款　　　　　　　　　　　　　700
借：股本　　　　　　　　　　　（2×50）100
　　资本公积——股本溢价　　　　　　　700
　　贷：库存股　　　　　　　　　（2×50×8）800

应试攻略

本题的核心考点在于限制性股票的会计处理。限制性股票的会计处理有一定的理解难度，但综合性不高，其难点主要在于上市公司在等待期内发放现金股利的会计处理。2021年财政部曾发布《股份支付准则应用案例——授予限制性股票》，使得限制性股票的相关会计处理再次成为实务的热点和重要考点。现将其会计处理的核心问题总结如下：

（1）授予日。

会计分录	说明
借：银行存款 　　贷：股本 　　　　资本公积——股本溢价 借：库存股 　　贷：其他应付款	①确认收到的认股款，并将认购的激励对象确认为"股东"； ②就公司的回购义务确认负债，并记入"其他应付款"

（2）等待期。

基于上述对"限制性股票的形式"分析，该类情形的股权激励属于以权益结算的股份支付，因此等待期内的会计处理同"权益结算的股份支付"。

（3）等待期内分派现金股利的会计处理。

提示：

①"现金股利可撤销"与"现金股利不可撤销"一般不会在同一题目中同时出现；但是"可解锁"和"不可解锁"大多会在同一题目中出现；

②现金股利可否撤销，可以将其简单理解为"发出去的股利是否能够退回"，其主要影响要不要冲减"其他应付款"科目余额。

具体来看，现金股利可撤销，意味着发出去的股利需要"退回"（抵减公司的回购义务），所以，需要冲减"其他应付款"科目；反之，发出去的股利无须"退回"，在分派股利时，不会涉及"其他应付款"科目。

③可否解锁，可以将其简单理解为"激励对象能否成为股东"，其主要影响分派股利时是否通过"利润分配"科目进行核算。

具体来看，若可以解锁，在分派现金股利时，可将其视为"股东"，通过"利润分配"科目核算；反之，应直接确认为当期损益（管理费用等）。

（4）解锁日。

①对于"已解锁，无须回购"的部分，应将授予日对该部分确认的负债予以反冲；

②对于"未解锁，需要回购"的部分，在回购后需要进行注销处理。

154 斯尔解析▶

（1）甲公司2×23年3月20日取得乙公司股权的初始入账金额=18×100=1 810-1×100/10=1 800（万元）。（1分）

提示：乙公司2×23年3月5日宣告发放现金股利，除权日为2×23年3月25日，甲公司购买乙公司股权的日期介于两者之间，支付的购买价款中包含已宣告但尚未发放的现金股利，在计算初始入账金额时需要将其扣除。

取得时会计分录：（0.5分）

借：其他权益工具投资——成本（18×100）1 800
　　应收股利　　　　　　　　　　　（1×100/10）10
　　贷：银行存款　　　　　　　　　　　　　　　1 810

持有时会计分录：（0.5分）

借：其他权益工具投资——公允价值变动[（25-18）×100] 700
　　贷：其他综合收益　　　　　　　　　　　　　　　700

（2）增持不会对甲公司个别财务报表损益产生影响。（0.5分）

理由：以公允价值计量且其变动计入其他综合收益的非交易性权益工具投资增持转为成本法核算的长期股权投资，其公允价值与账面价值之间的差额，以及原计入其他综合收益的累计公允价值变动应计入留存收益，不会影响损益。（1分）

会计分录：（1分+1分）

借：长期股权投资　　　　　　（30×100+42 000）45 000
　　贷：其他权益工具投资——成本　　　　　　　　1 800
　　　　　　　　　　　　——公允价值变动　　　　　700
　　　　银行存款　　　　　　　　　　　　　　　42 000
　　　　盈余公积　　　　　　[（30-25）×100×10%] 50
　　　　利润分配——未分配利润　[（30-25）×100×90%] 450

借：其他综合收益　　　　　　700
　　贷：盈余公积　　　　　　　　　　　　（700×10%）70
　　　　利润分配——未分配利润　　　　　（700×90%）630

（3）合并商誉=45 000-6 400×75%=40 200（万元）（1分）。

购买日应编制的调整抵销分录为：（0.5分）

①确认资产评估增值：

借：无形资产　　　　　　　　　　400
　　贷：资本公积　　　　　　　　　　　　　　　　400

②抵销子公司所有者权益和母公司长期股权投资：（1分）

借：股本　　　　　　　　　　　　　　　　　2 000
　　资本公积　　　　　　　　　　（2 000+400）2 400
　　盈余公积　　　　　　　　　　　　　　　　1 000
　　年末未分配利润　　　　　　　　　　　　　1 000
　　商誉　　　　　　　　　　　　　　　　　　40 200
　　贷：长期股权投资　　　　　　　　　　　　　　　　45 000
　　　　少数股东权益　　　　　　　　　　　　　　　　 1 600

资产负债表日应编制的调整抵销分录为：

①确认资产评估增值：（0.5分）

借：无形资产　　　　　　　　　　　　　　　　 400
　　贷：资本公积　　　　　　　　　　　　　　　　　　　400

②确认评估增值对子公司净利润的影响：（0.5分）

借：管理费用　　　　　　　　　　（400/20×9）180
　　贷：无形资产　　　　　　　　　　　　　　　　　　　180

③内部商品房出售业务抵销：（1分+1分）

借：营业收入　　　　　　　　　　　　　　　　8 000
　　贷：营业成本　　　　　　　　　　　　　　　　　　5 000
　　　　投资性房地产　　　　　　　　　　　　　　　　3 000

借：投资性房地产　　　　　　　　　　　　　　3 000
　　贷：其他综合收益　　　　　　　　　　　　　　　　3000

提示：上述内部交易抵销过程参见下表。

个别报表账务处理	内部交易抵销分录	合并报表最终结果
乙公司：（属于商品房出售业务） 借：银行存款　8 000 　　贷：营业收入　　　8 000 借：营业成本　5 000 　　贷：存货　　　　　5 000 甲公司：（以公允价值模式后续计量的投资性房地产） 借：投资性房地产　8 000 　　贷：银行存款　　　8 000 借：投资性房地产　500 　　贷：公允价值变动收益　500	借：营业收入　　8 000 　　贷：营业成本　　　5 000 　　　　投资性房地产　3 000 借：投资性房地产　3 000 　　贷：其他综合收益　3 000	借：投资性房地产　8 000 　　贷：存货　　　　　5 000 　　　　其他综合收益　3 000 借：投资性房地产　500 　　贷：公允价值变动收益　500

④内部生产设备出售业务的抵销：（1分+0.5分）

借：营业收入　　　　　　　　　　　　　　　　　　2 000
　　贷：营业成本　　　　　　　　　　　　　　　　　　1 400
　　　　固定资产　　　　　　　　　　　　　　　　　　　 600
借：固定资产　　　　　　　　　　（600/10×1/2）30
　　贷：管理费用　　　　　　　　　　　　　　　　　　　 30

提示：本题中因未告知子公司2×24年实现的净利润等权益变动，因此无须编制母公司长期股权投资和子公司所有者权益相关的抵销分录。

（4）负债成分的入账金额=60×100×（P/F，9%，3）+60×100×6%×（P/A，9%，3）=5 544.47（万元）（0.5分）。

权益成分的入账金额=60×100−5 544.47=455.53（万元）（1分）

2×24年应确认的利息费用=[60×100×（P/F，9%，3）+60×100×6%×（P/A，9%，3）]×9%×6/12=249.5（万元）（1分）

会计分录：（0.5分+0.5分）

借：银行存款　　　　　　　　　　　　　　　　　　6 000
　　应付债券——可转换公司债券（利息调整）　　　 455.53
　　贷：应付债券——可转换公司债券（面值）　　　　6 000
　　　　其他权益工具　　　　　　　　　　　　　　　 455.53
借：财务费用　　　　　　　　　　　　　　　　　　 249.5
　　贷：应付利息　　　　　　　（6 000×6%×6/12）180
　　　　应付债券——可转换公司债券（利息调整）　　　69.5

📌 应试攻略

　　本题将金融资产、合并财务报表与金融负债结合进行考查。需要在此题目中提示各位同学的是，在考试时综合题一定是跨章跨节地考查，因此，不要因为主体内容是你不熟悉甚至是不会的内容就放弃整体题目，在考场上要懂得"经营"，综合题难度系数虽然高，但是，并不是每个问题难度系数都高，有一些题目是可以拿分的。最后，想再次提醒同学们，认真读题，认真审题能够在考试时增加2-3分。加油吧！